미디어철학

미디어철학

프랑크 하르트만 지음 / 이상엽 · 강웅경 옮김

북코리아

몇 년 전에 이 책이 출판된 이후 미디어철학에 대한 지대한 관심이 생겨났다. 이 책은 다양한 전공의 학생들에게 매우 유익한 것이었다. 왜냐하면 미디어라는 테마는 어디에서나 중요한 것이 되었기 때문이다. 수많은 동료들이 이 논의에 참여했고 새로운 강좌들이 이러한 연관성 속에서 생겨났다. 그리고 이것은 반가운 일이다. 왜냐하면 철학은 오래된 존경할 만한 작업이기는 하나 이제 어느 정도는 비대한 것이 되었고 또한 세상과 동떨어진 것이 되었기 때문이다. 물론 철학자들은 특정한 텍스트 전통의 전문가로 등장해야 할 것이다. 하지만 철학자들은 헤겔의 말을 빌리면 시대 안에 있는 것을 사유로 파악하는 이러한 자신의 고유한 과제를 생각해야만 할 것이다.

우리는 새로운 기술과 새로운 형태의 커뮤니케이션과 세계지각을 탄생시킨 시대에 살고 있는 것이 사실이다. 물론 새로운 미디어는 담론에서의 기생식물 같은 것으로 여겨져 많은 사람들로부터 철학의 성스러운 강당에서 추방될 수 있다. 하지만 역으로 철학의 외부에서, 다시 말해 미디어가 사용되는 일상에서 거대한 철학이론의 도움을 받아 새로운 현실을 파악하기 위해서 철학자를 기다리는 사람은 아무도 없다. 이와 같은 실천은 철학자들 없이도 아주 잘 이루어지고 있다.

나는 이 책에서 대학철학의 외부에서 미디어철학의 흔적 찾기를 시도했고 우리의 새로운 상황을 이해하는 데 기여할 수 있는 이론형성에 접근해 갔다. 여기서 나는, 철학자들은 사유하려고 했을 때 대개 단지 글 쓰는 것만을 했고 그리고 이와 관련된 견해 차이를 의도적으로 덮어버렸다는 의심을 강력하게 피력했다. 나는 나의 연구를 하나의 문제와 관련지었다. 말하자면 나는 나의 주장을 잘 알려진 위대한 이름에서가 아니라 중간영역에서 전개시켰다. 즉 전문영역의 위대한 인물들이 그림자로 가리어져 있는 곳에서 전개시켰다. 이 책에서 논의된 사람 중 많은 사람의 이름은 독일어권에서도 그리 잘 알려져 있지 않다. 하지만 이것이 외국의 독자들에게 하나의 위안거리가 되기를 희망한다. 사람들은 비트겐슈타인은 알지만 마우트너는 모른다. 하이데거는 알지만 안더스는 모른다. 하지만 바로 이것이 이 책이 만들어낸 초대의 내용이다. 우리의 문제는 우리의 미디어문화를 성찰하는 데 있다. 물론 이것은 종결적인 차원에서 생각된 것이 아니다. 왜냐하면 계속되는 많은 물음과 흥미로운 과제설정이 존재하기 때문이다.

독일어권에서 이 책은 철학과 직접적으로 관련이 없는 독자들을 지금까지 많이 갖고 있다. 이들은 예컨대 교사, 디자이너, 프로그래머, 매니저 등과 같이 미디어와 관련된 직업을 갖고 있는 사람들이다. 이러한 생산적인 관심이 있음을 볼 때 나는 철학이론이 새로운 주제의 도전에 부응해야만 한다는 생각을 갖게 되었다. 대학의 많은 연구자들은 미디어철학이라는 이름이 붙은 새로운 전공과목을 기대하고 있다. 이에 대해서는 나는 좀 조심스럽다. 미래를 예견하는 자는 유럽의 수업계획의 새로운 질서 틀 속에서 이미 개척하고 있는 자라고 나는 생각한다. 새로운 전공과목이 중요한 것이 아니다. 중요한 것은 신문방송학, 복합미디어, 교직(내가 일하고 있는 분야만을 거론한다면)과 같은 연구에 미디어철학을 결합시키는 것이다. 이와 같이 필요한 영역에서 미래를 예견하고 도전하는 변형의 능력을 위해 철학을 이용하는 것이 중요한 것이다.

나는 나의 책을 한국어로 옮긴 두 명의 번역자, 이상엽 교수와 강응경 선생에게 감사와 존경을 표한다. 이분들의 작업이 없었다면 한국의 독자들은 나의 책을 읽을 수 없었을 것이다. 나는 나의 책이 한국의 독자들에게 지성적인 유익함을 가져다 줄 수 있기를 희망한다.

프랑크 하르트만

2006년 1월, 빈에서

머리말

미디어철학자 빌렘 플루서Vilém Flusser는 코무니콜로기Kommunikologie가 '예전에 철학이 담당했던 역할'을 넘겨받게 될 것이라고 말했다. 코무니콜로기는 미디어의 변화에 의해 생겨난 우리의 현재 문화상황과 관련해 새롭게 초점이 된 문제들을 다루는 커뮤니케이션이론이다. 정보사회에서 중요한 문제는 사회에서 상징이 생산되는 과정 전체를 파악하는 일이지, 이제 더 이상 텍스트를 해석하는 것에만 국한되지 않는다. 왜냐하면 지식을 생산하는 활동이 텍스트에 의해서만 일어나는 것이 결코 아니기 때문이다. 새로운 인터페이스는 인쇄미디어의 독점적 지배로부터 벗어났지만 우선은 혼란스러운 상황을 만들어내고 있다. 우리는 이러한 **문화변동**에 관한 여러 다양한 담론들에 익숙하지 않을 뿐만 아니라 이러한 상황을 적절하게 해석하는 능력도 발전시키지 못하고 있다. 물론 다른 한편으로는 이러한 사정이 커뮤니케이션에 관한 학문을 활성화시켰고 특히 미디어이론을 발전시켰던 것은 사실이다.

철학은 스스로에게 의미Sinn나 의의Bedeutung와 관련된 문제를 다룰 책임이 있다고 당연하게 생각한다. 그러나 정보사회의 문제와 관련해서는 이상하게도 침묵을 지키고 있다. '미디어철학'은 아마 전혀 연결될 수 없을지도 모를 두 개의 영역을 연결한다. 문화변동의 상황만이 미디어철학이란 제목을 정당화하고 있다고 할 수 있다. 이 책은 전체적인 맥락을 잡기 위한 시도이다. 이 책은 근·현대철학의 다양한 입장들이 어떻게 언어, 텍스트, 미디어의 사회적 기능에 대해 반성하고 있는지를, 그리고 그 반성의 잠재적 힘은 무엇인지를 기술주의적인 관점과는 다른 관점에서 재구성하고 있다. 이로써 계몽주의의 공적인 담론 이후 존재했던 **공지성**Publizität에 대한 요구가 보다 더 확장된 차원에서 정의될 수 있을 것이다.

현재, 오리엔테이션의 욕구가 존재하고 있는데, 이것은 당연한 현상이다. 이러한 욕구는 미디어이론이나 커뮤니케이션이론의 중요성을 점점 더 부각시키고 있다. 하지만 이 욕구는 기존의 신문방송학적인 접근에 의해서는 더 이상 만족스럽게 충족될 수 없다. 여러 '입장들'을 종합적으로 고찰하고 있는 이 책의 철학적 접근은 이러한 사실을 고려하고 있다. 미디어영역의 대부분은 일상에서 불투명한 방식 속에서 작동하고 있고, 그것은 체계적인 학문에서도 종종 수수께끼와 같은 것으로 나타난다. 물론 철학이 이러한 수수께끼를 반드시 풀 수 있는 것은 아니다. 하지만 철학은 정보사회 내지 지식사회에서 나타난 문화코드의 혁명이라는 문제를 다루고 해결하는 전략의 단초를 발전시켜야 할 것이다. 이 책에서의 재구성은 현재의 중요한 문제 중 많은 것들이 이미 오랜 역사를 갖고 있음을 보여주게 될 것이다.

이 책은 '미디어철학'이란 제목을 선택했다. 앞으로 다루어질 내용이 기술주의적 '미디어이론'이나 고고학적 관점을 취하는 '미디어이론'과 다르고 또한 문화인류학적 '커뮤니케이션이론'이나 주체중심적인 '의사소통이론'과도 다르다는 점을 고려했기 때문이다. 그리고 이 책에서 중요하게 생각하는 것은 윤리학의 문제도 아니고 이러한 새로운 기술변화 속에서 도대체 인간은 어디에 위치하는지에 관한 질문도 아니다. 이러한 것은 개념적으로 변변치 못한 철학에서나 기대할 수 있을 것이다. 중요한 것은 미디어혁명에 관해, 정확히 말해 기술문화에서 나타나는 미디어와 사회의 공동진화에 관해 통합적인 시각을 준비하는 것이다. 이 책은 인식론과 인식비판의 동기들을 이념사적으로 서술하고 언어철학과 언어비판을 다룬 후 미디어철학 이론의 '서론Prolegomena'으로 나아갈 것이다. 이 책의 논의가 원하는 것은 위대한 사유들의 신비적 요소를 벗겨냄으로써 그 사유들 속에 있는 '코무니콜로기적' 문제제기의 근본 토대를 들추어내는 일이다. 이 책은 이론적인 종합을 의도하지 않을 뿐만 아니라 어떤 한 학파나 어떤 한 이론가가 제시한 내용을 절대적인 해결책이라고 과장하지도 않는다. 물론 미디어시대의 철학적 반성은 이런 정도의 실망은 견뎌내야만 할 것이다.

1999년 8월, 빈에서
프랑크 하르트만
Frank.Hartmann@univie.ac.at

Contents

Contents

Contents

$\mathcal{C}$ ontents

C ontents

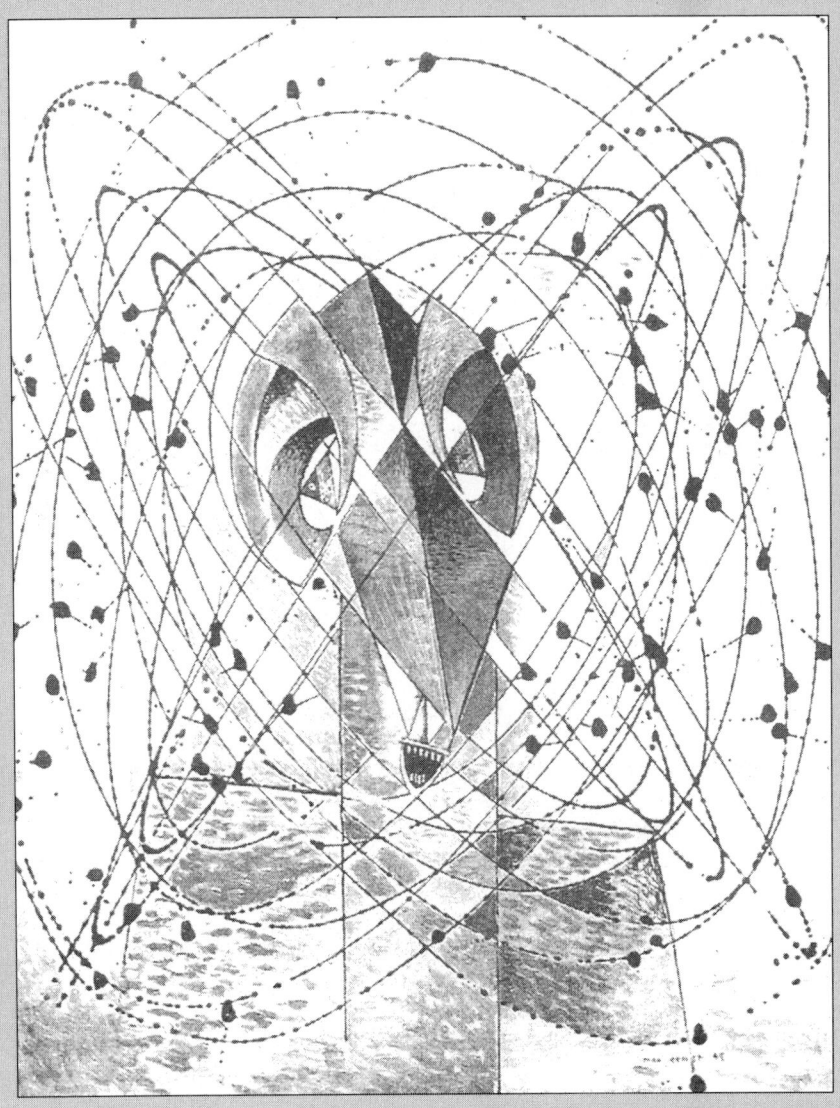

〈삽화 1〉 Max Ernst: 'Young Man Intrigued by the Flight of a Non-Euclidean Fly'(1942/47)

1 미디어적 실존

출발점

"오늘날 인간의 실존모습은 대부분 '추진해가는 것'만도 아니고
'추진되는 것'만도 아니고,
마찬가지로 '능동적으로 행동하는 것'만도 아니고
'수동적으로 행동되는 것'만도 아니다.
오히려 그 모습은 '능동적이고 수동적인 것의 중간형태'를 띤다.
우리의 이러한 실존방식을 '미디어적medial'이라고 부르자."

— 귄터 안더스(Günter Anders)

"우리의 '스타일'은 우주적이다."

— 빌렘 플루서(Vilém Flusser)

1. 현실가상

19세기 초와 20세기 초 사이의 기간에 학문적인 저서는 수만 배가 증가했고 이 기간에 등장한 책 제목은 대략 100만 개에 달했다. 이 기간의 학문적인 저서는 16년마다 대략 두 배씩 증가한 것으로 추정된다.[1] 이러한 수치

가 구체적으로 뜻하는 것은 틀림없이 매년 수십만 권의 책이 새롭게 출간되었다는 점과 이 새로운 책들은 신문이나 정기간행물과 더불어 권력과 시장에 영향을 미치는 중요요소가 되었다는 점이다. 이제 학문적인 공지성 Publizität은 그 영역이 개관될 수 없을 정도로 광범위해졌다. 특히 양적인 측면뿐만 아니라 질적인 측면, 즉 참조의 지시, 수없는 연결과 착종, 비기계적인 새로운 기술을 통한 엄청난 양의 자료와 네트워크화된 정보 생산물로의 접근가능성과 같은 요소까지 고려할 경우에 더욱 그렇다. 사회적 지식의 아카이브가 폭발적으로 늘어남에 따라 사회적 재생산의 영역에서 사회적 지식의 지위도 변화하게 되었다. 1970년대 이후 사회학자들은 새로운 정보경제에 대해 말했으며, 형성 중에 있던 포스트산업사회나 지식기반사회에 대해 논의했다.[2]

이러한 변화는 18세기의 백과전서학파로부터 시작되었다. 제약 없는 공지성에 대한 계몽주의적 요구로부터 시민적 공론장Öffentlichkeit의 구조변동이 다층적으로 일어났다. 이 구조변동은 오늘날까지도 특히 '디지털 혁명'의 모습 속에서 아직 종결되지 않고 계속되고 있다. 현재의 이러한 구조변동을 상징적으로 가장 잘 나타내주는 현상은 아마 사람들이 정보의 홍수 현상에 대해 두려워하는 모습일 것이다. 잠재적으로 이용 가능한 정보의 양이 개인의 현실적인 수용능력을 훨씬 넘어서 있기 때문이다. 덧붙여 말하면, 문자 중심적인 우리 문화가 새로운 다른 형태의 미디어 수용방식을 무시하거나 심지어 거부하는 태도 쪽으로 분위기를 몰아갔기 때문일 수도 있다.

과학과 기술혁신은 점점 더 빠른 주기 속에서 이루어져 우리가 통상 진

---

1 Andrew Cummings et al., *University Libraries and Scholarly Communication —A Study prepared for the Andrew W. Mellon Foundation*, 1992. *http://gopher.lib.verginia.edu/mellon/mellon.html*을 참조하라.

2 정보사회(Informationsgesellschaft)에 관한 논의는 마셜 맥루한(Marshall Mcluhan)과 앨빈 토플러(Alvin Toffler) 이후 대니얼이 확립하였다: Daniel Bell, *The Coming of Post-Industrial Society. A Venture in Social Forecasting*, New York 1973.

보라고 불러왔던 것의 기초를 새롭게 하고 있다. 지식생산물의 복제기술과 이것을 선택하고 수용하는 문화기술적인 도구 사이에는 간격이 있었는데, 이 간격은 최근의 전자기술을 통해서야 비로소 다시 극복될 수 있었다. 그러나 이러한 미디어기술은 새로운 결과들을 야기했다. 미디어기술이 현실에 대한 우리의 지각과 이해를 변화시킨다는 사실이 아마 가장 근본적인 새로운 결과라고 할 수 있다. 이미 오래 전부터 시청각미디어나 전자미디어는 우리의 일상에 속한다. 그럼에도 불구하고 사람들은 점점 더 빠르게 변화하는 환경 속에서 아직도 확고한 자리를 찾지 못하고 있다. 자신을 미디어적 실존의 조건 속에서 지각한다는 것은 기술에 의해 생산된 새로운 차원의 현실을 심층적으로 파악한다는 것을 뜻한다. 이때 중요한 문제는 **가상현실**Virtual Reality의 판타지도 아니고 이른바 진정한 현실 파악이라는 관점에서 주어진 현실로부터 회피하는 전략도 아니다. 그 중요한 문제는 새로운 미디어현실Medienwirklichkeit의 조건 속에서 상호작용이 점점 더 인공적으로 되어가고 있다는 사실이다. 우리는 전화목소리, 텔레비전화면, 음향환경, 사용자의 그래픽화면 등을 사용해 매일 상호작용하고 있다. 이러한 타자의 텔레매틱스적인 현존을 고려한다면, 증가하고 있는 **현실가상**reale Virtualität에 대해 말하는 것이 보다 바람직할 것이다.

정보시대에서 미디어는 기술적인 차원에서 새롭게 정의된다. 예컨대 맥루한에 따르면 미디어는 내용을 전달하는 매개자로 존재하는 것이 아니다. 이 미디어 개념은 사회적 생산을 위한 사회적 커뮤니케이션의 역할과 관련해 새로운 시각을 허용한다. 이때 미디어는 역설적이게도 바로 생산력으로 파악된다. 새로운 미디어기술은 혼란스러운 미디어현실을 만들어내는 **원인**Ursache으로서가 아니라 원칙적으로 이러한 증대된 복잡성에 대한 **반작용**Reaktion으로 파악되고 있는 것이다. 당혹스러운 것은 현실과 현실의 상징적 재현 사이의 구분이 많은 영역에서 점점 사라지고 있는 현상이다. 미디어와 미디어이론에 대한 현재의 매우 높아진 관심은 이러한 상황으로부터 설명될 수 있다. 고유한 생산방식을 갖고 있던 기계화와 산업화시대 이후, 자료와 정보의 처리과정에서 일어난 자동화는 이제 새로운 성찰을 촉구하고 있다. 정신과학과 문화과학은 이로부터 예외가 아니다. 정신과학과 문화과학은 더욱 더 커뮤니케이션이론의 문제들을 심층적으로 파악해야만 한다. 그러나 대학의 학문은 이미 수십 년 동안 문화적 혼란이 지속되고 있음에도 불구하고 아직도 이에 상응하는 적절한 교육과 연구역량을 제공하지 않고 있다. 이러한 교육과 연구는 아마 **미디어연구**media studies라는 명칭으로 기대될 수 있을 것이다. 인간의 지각·인식·행위(그리고 이와 함께 미학·이론·실천의 반성영역)가 이루어지는 방식은 기초적 기술의 조건에 따라 변화하게 된다. 두 개의 겉표지로 묶인 책 속에 표현되어 있으면서 전체적인 설명을 요구하는 종합적인 이론들은 점차 신뢰를 잃어가고 있다. 중요한 것은 새로운 미디어상황에 관한 메타담론을 정립할 수 있는지, 다시 말해 정보사회 내지 지식사회의 가능조건에 관한 메타담론을 정립할 수 있는지의 문제이다. 이러한 상황에 대한 가치판단이 중요한 것은 아니다. 통합적 표현인 '미디어철학'은 미디어에 의해 규정된 문화와 생활세계를 성찰하는 여러 사유들 속에서 점차 사용되고 있다.[3]

현재 이론형성의 차원에 있는 **미디어적 전환**Medial turn은 **현실가상의 문화**Kultur der realen Virtualität[4]를 분석하는 방향을 가리키고 있다. 정보사회에서는 모든 커뮤니케이션방식이 전자적으로 수렴되는 현상이 뚜렷하게 나타나고, 이로써 하나의 몰입형immersive 미디어현실이 생겨나게 된다. 이러한

---

3 "헤겔은 시대 안에 존재한 것을 사유로 파악하는 일을 철학의 과제로 규정했다. 오늘날에도 철학은 현재의 '심층구조' 속에서 일어나는 것을 반성함으로써만 자신을 정당화할 수 있다." Reinhard Margreiter, "Realität und Medialität. Zur Philosophie des 'Medial Turn'", in: *Medienjournal. Zeitschrift für Kommunikationskultur*, 23.Jg. Nr.1, 1999, Stefan Weber(Hg.), 10쪽.
4 "현실가상의 문화culture of real virtuality"에 관해서는 Manuel Castells, *The Rise of the Network Society. The Information Age — Economy, Society and Culture*, Vol.1, Oxford: Blackwell 1996, 272쪽 이하를 참조하라.

몰입형 미디어현실의 현상은 이제 더 이상 상징의 차원에서 이루어지는 경험적 반성대상으로 존재하는 것이 아니라 그 자체가 경험이 된다. 사람들은 현실을 상징의 조건 속에서만 지각할 수 있기 때문에, 경험가능한 현실이나 경험된 현실은 모두 엄밀한 의미에서는 언제나 가상현실virtuelle Wirklichkeit로 존재한다. 그렇다고 할지라도 몰입형 미디어현실은 새로운 미디어시대에 특수하게 나타난 새로운 현상이다. 마누엘 카스텔스Manuel Castells가 쓴 바와 같이, 전자미디어에 대한 비판자들이 새로운 상징세계는 현실을 재현할 수 없다고 불평을 늘어놓는다면 이 비판자들은 '진정한 현실wirkliche Wirklichkeit'이라는 매우 소박한 개념을 비밀스럽게 받아들이고 있는 것이다. '진정한 현실'에서는 코드화되지 않은 현실경험이 가능하다고 하는데, 하지만 이러한 현실경험은 결코 존재한 적이 없다. 모든 현실은 상징적으로 매개된다. 따라서 모든 현실은 '가상적으로virtuell' 지각된다. 언어(넓은 의미에서 텍스트)에 의한 매개는 일반적으로 기호에 의해 매개된 현실 중 하나의 특수한 경우에 해당될 뿐이다. 이러한 차원에서 모든 미디어는 의미를 생산한다고 할 수 있다.

이로써 새로운 미디어현실에 대한 논의가 정당성을 얻게 된다. 새로운 미디어현실이 현실에 관한 논의에서 제외되어서는 안 된다. 공론장의 구조변동은 19세기 말의 인쇄산업과 제지산업, 그리고 현재의 전자산업과 인터넷 같은 변화된 생산관계를 기초로 하여 지속되었다. 현재의 공지성의 변형 Transformation von Publizität, 다시 말해 사회적 커뮤니케이션관계의 패러다임 변화 전체는 이러한 정보경제의 변화에 영향을 미쳤던 기술적·경제적·사회사적 요인들이 모두 고려됨으로써만 적합하게 기술될 수 있을 것이다. 그러나 이 책이 앞으로 다룰 논의가 이것을 의도하고 있지는 않다. 이 책의 출발점은 확실히 이제 더 이상은 새로운 명제가 아니지만 대개의 경우 정말로 진지하게 받아들여지지는 않았던 다음과 같은 명제이다. '공론장'의 가능 조건이 이제 더 이상 인쇄미디어라는 하나의 주도적 미디어에 의해서만 설명될 수 없다는 명제가 그것이다. 현재의 일상 문화에서는 영상적 전환Pictorial Turn이라고도 불리는 점증하는 시각화Visualisierung와 텔레매틱스 인터페이스의 그래픽 사용자화면의 편재(偏在)가 알파벳숫자 코드alphanumerische Code를 몇 배나 능가하고 있다.[5]

2. 텍스트에서 텍스트성으로

이미 오래 전부터 텍스트Text만이 중심적인 문제는 아니다. 새로운 미디어가 실현된 장에서는 의미가 오직 명확히 해독 가능한 내용을 통해서만 생산되는 것이 아니라 불분명한 콘텍스트Kontext에 의해서도 생산된다. 커뮤니케이션미디어의 디지털화는 텍스트가 '텍스트성Textualität' 때문에 뒤로 물러나는 결과를 낳았다. 이로써 대개 아주 어렵게나마 정립되었던 텍스트와 텍스트의 콘텍스트 사이의 경계가 점차 사라지고 있다. 물론 텍스트와 저자의 탄생도 역사적으로 볼 때는 우연적인 코드화 방식에서 찾을 수 있다. 기술의 발전과 사용을, 그리고 기술의 승인을 결정하는 것이 사회구조라면, 예컨대 어떤 문화를 책문화로 특수하게 만드는 것은 기술이다. 사회에 비인과적으로 영향을 미치는 기술이 현재에는 더 부각되고 있는데, 이러한 현상은 유감스러운 문화의 몰락을 뜻한다기보다는 사회적 지식생산의 코드에서 어떤 변화가 일어났음을 보여주는 것이다. 말하자면 이제 문서작성Textverarbeitung의 중요성은 점점 더 약화되는 반면에 적절한 자료와 정보의 경영Datenund Informationsmanagement은 점점 더 중요시되고 있다.

---

5 알파벳숫자 코드에 대한 거리두기에 관해서는 Vilém Flusser, "Abbild-Vorbild", in: Vilém Flusser, *Lob der Oberflächlichkeit. Für eine Phänomenologie der Medien*, Schriften Band1, Mannheim: Bollmann 1993, 293쪽 이하를 참조하라. '영상적 전환(Pictorial Turn)'이란 표현은 William J. Mitchell, *Picture Theory*, Chicago: Univ. of Chicago Press, 1994에서 기원한다.

문화적 생산의 관습들뿐만 아니라 기초적인 조건들도 새로운 가능성들에 의해 해체된다. 문서작성에서 복잡한 지식경영에 이르기까지 전자적 정보의 처리방식은 확장된 환경을 마련하고, 이 환경 속에서 문화의 표현들은 복합미디어적인 방식으로 구성되는 것이다. 이제 정보는 기존의 정보와 동일하지 않다. 이제 종래의 상관적인 자료재현 모델은 새로운 구조에 의한 재현모델이나 목적지향적인 자료변형 모델과 경쟁하기 때문이다. 이와 같은 새로운 조건에 새로운 정보처리 수단과 방법이 반응하고 있다. 말하자면 자료은행이나 전자적 정보제공 내지 디지털 정보자원의 형태가 전통적인 문서보관소나 도서관의 역할을 실제로 넘겨받고 있다. 학문의 생산영역에 새로운 정보기술이 등장함으로써 정보처리의 자동화에 의해 정신노동의 광범위한 합리화가 일어났다. 그리고 이 합리화는 '정신'의 마지막 찌꺼기를 거의 정복했다고 할 수 있다. 동시에 정보에 대한 메타차원의 정보가 의미를 획득하게 된다.[6] 또한 오늘날 중요한 것은 지식의 획득 · 저장 · 전달뿐만이 아니라 정보의 네트워크화이다. 그리고 이러한 네트워크화는 다시 정보획득의 새로운 방식을 요구한다. 미래의 지식을 위해서는 새로운 비선형적인 내비게이션구조Navigationstruktur가 요구되고 있다.[7]

포스트모던시대에 지식은 과학기술과 문화기술의 결합의 토대 위에서 생산된다. 계몽주의시대는 이러한 결합에 대해 단지 꿈을 꾸는 것에 만족했을 뿐이다. 문명의 역사는 특정한 인지과정을 기계화함으로써 **계산기계**Rechenmaschine와 더 나아가 **사유기계**Denkmaschine를 만들려고 했던 수많은 시도들을 알고 있다. 불충분한 정밀기계 공업은 요하네스 케플러Johannes Kepler에

---

6 비판적인 기술적 실천에 대한 재정의가 여기에 해당된다. 이에 관해서는 Philip E. Agre, *Computation and Human Experience*, Cambridge Univ. Press, 1997을 참조하라.

7 Artur P. Schmidt, *Endo-Management. Nichtlinieare Lenkung komplexer Systeme und Interfaces*, Bern: Haupt 1998과 Artur P. Schmidt, *Der Wissensnavigator*, Stuttgart: DVA, 1999를 참조하라. *http://www.dva.de/wissensnavigator*를 참조하라.

서 찰스 배비지Charles Babbage에 이르는 많은 '철학자'의 계획을 강하게 방해
했다.[8] 1930년대에 이르러서야 비로소 독일의 건축기사였던 콘라트 추제
Konrad Zuse가 자동계산기 기술의 문제를 해결했다. 그 당시 그는 전자공학의
아무런 도움 없이 컴퓨터(프로그램이 제어하는 최초의 기계적 계산기)를 손수 만들
었던 것이다. 그 해결책은 라이프니츠Gottfried Wilhelm Leibniz를 모범으로 해
서 이진법을 사용한 데 있었다.[9] 오로지 0과 1의 상황만을 아는 이진법의 계
산이 십진법의 계산을 대신했다. 이러한 전환은 부울George Boole의 논리학과
진공관 대신 트랜지스터를 기초로 한 마이크로칩의 생산에 의해 보완되었는
데, 이 전환은 마침내 보편기계의 꿈을 현실로 만들었고 실제로 '사유를 분
명하게 하는 계산도구'를 제공했다. 이 계산도구는 300년 전에 라이프니츠가
새로운 '창조적 논리'의 전제로서 생각해냈던 것이다.

  라이프니츠는 철학자들이 더 이상 대화를 통해 논쟁하지 않고 책상에 앉
아 펜을 잡고 "우리 계산해봅시다!"라고 요구할 때가 언젠가는 올 것이라고
생각했다. 문자사회의 문화적 인터페이스, 즉 자료전달미디어로서의 필기도
구나 종이 같은 것은 자신의 임무를 다했다고 보았고 '계산하기Komputieren'
를 새로운 문화기술로 올바르게 예감했던 것이다. 우리 시대는 디지털코드
를 통해 일종의 이상적 언어를 자유자재로 사용하고 있다. 다시 말해 우리
시대는 '사유의 알파벳'(철학자가 미래의 온갖 종류의 '놀라운 발견'을 기대할 때 기
초로 삼았던 비밀스런 문법)을 다차원적인 백과사전 위에서, 즉 보편적인 지식
의 하이퍼텍스트 위에서 자유자재로 사용하고 있는 것이다.[10] 이와 동시에

---

8 예를 들면 19세기에 배비지는 아날로그 컴퓨터를 최종적인 계산기로 발전시켰으나 완전하
  게 작동하는 형태로는 만들지 못했다. Charles Babbage, *Passges from the life of a philosopher* (1864),
  독일어판 *Passagen aus einem Philosophenleben*, Berlin: Kadmos 1997.
9 컴퓨터시대의 고고학에 대해서는 Werner Wenzel und Peter Bexte, *Allwissen und Abstruz. Der
  Ursprung des Computers*, Frankfurt: Insel 1993과 Werner Wenzel und Peter Bexte, *Maschinendenken /
  Denkmaschinen. An den Schnittstellen zweier Kulturen*, Frankfurt: Insel 1996을 참조하라. 추제(Zuse)에
  관해서는 173쪽 이하를 참조하라.
10 Gottfried W. Leibniz, "Anfangsgründe einer allgemeinen Charakteristik"(1677), in: *Leibniz. Ausgewählt*

물론 이상적 질서도 현실화되고 있다. 이 이상적 질서 속에서는 모든 것이
모든 것과 연결되어 나타나며, **절대적인 미디어**에 대해 묻는 것이야말로 말
하자면 쓸데없는 일이 된다. 컴퓨터의 네트워크의 시대에서 미디어 개념은
더 이상 인간의 의족적(義足的) 확장차원에서의 도구가 아니다. 이제 미디어
개념은 어떤 질서원리를 나타내는 메타포이다. 우리는 이 질서원리에 따라
공지성을 형성하고 공론장을 만들게 될 것이다.[11]

3. 네트워크시대

방송사회 또는 매스미디어사회에서 네트워크사회 또는 정보사회로 이행
해가는 가운데 우리의 공론장과의 관계도 다르게 변했을 뿐만 아니라 사회
와 엘리트 간의 이른바 지식이동의 형태도 변했다. 예전에는 단지 지속적인
사회교육이나 전문교육을 통해서만 정보자원에 접근할 수 있었다면, 이제
는 텔레커뮤니케이션 네트워크를 통해 새롭게 정보자원에 대한 직접적인
연결과 접근이 가능하다. 정보의 광범위한 디지털화는 사회적 지식토대의
변형이라는 보다 본질적인 특징을 만들어냈다. 물질적인 자료전달미디어인
종이로부터의 점진적인 이탈이 그 예가 될 수 있다. 이로써 정보의 분배와
생산은 거의 무제한의 형태로 가능하게 되었다.

종이로부터의 이탈은 하나의 문화적 추세로서 계속되고 있다. 19세기에
발전했던 녹화와 녹음은 인간의 커뮤니케이션에서의 공간과 시간 제약성을

---

und dargestellt von Thomas Leinkauf, München 1996, 88쪽. 라이프니츠 견해의 위상에 대해서는
Umberto Eco, "Von Leibniz zur Enzyklopädie", in: Umberto Eco, *Die Suche nach der vollkommenen
Sprache*, München 1994, 276~298쪽을 참조하라.

11 Martin Burckhardt, *Metamorphosen von Raum und Zeit. Eine Geschichte der Wahrnehmung*, Frankfurt:
Campus 1994. Christoph Tholen/Nobert Bolz/Friedrich Kittler(Hg.), *Computer als Medium*. München:
Fink 1994.

문자와 인쇄를 통해 극복하는 기능측면에서 이미 당시 주도적 미디어였던 인쇄미디어와 경쟁했다. 언어의 기술복제는 커뮤니케이션관계에서의 새로운 상황을 고려하고 있고 또한 결정적인 기술의 '발명'시대[12] 이후 나타난 새로운 전달과 저장 미디어에 대한 사회적 요구를 이미 표현하고 있다. 이와 유사하게 전기공학에서 전자공학으로의 이행은 사회적 커뮤니케이션의 기능변화에 조응하는 기술 패러다임의 전환으로 이해될 수 있다.

인문학은 이러한 변화에 대해 성찰하는 잠재력을 실제로는 별로 보여주지 않고 있는데 이는 이상한 일이다. 현재의 새로운 미디어사용 환경에서 볼 때, 정신과학과 사회과학의 전문가문화는 대체적으로 사회적 지식이동의 새로운 조건에 대해 적절한 반응을 하지 않고 있다. 배타적 성향의 대학의 학문조직은 제한된 형태의 지식이동이라는 특성을 지니고 있는데(이는 전문가문화의 존재의 기초이다), 현재의 네트워크화된 정보형식(인터넷)을 기초로 하는 일반적인 산업화동력은 이미 이러한 학문조직에 맞서 대립해 있다.[13] 학문적인 노동형태의 합리화는 한편으로는 텍스트 유통속도가 빨라짐으로

---

12 발명의 시대는 개별적인 발명에 의해서가 아니라 예컨대 석판인쇄술과 같은 잘 알려진 기술의 지속적인 발명에 의해서 비롯되었다. 1839년 프랑스에서는 다게레오타입(Daguerreotypie)(은판사진법)뿐만 아니라 영국인 탈보트(William Fox Talbot)의 칼로타입(Kalotypie)도 선보이게 되었다. 같은 해에 영국의 물리학자이자 전신기(Telegraphie) 발명가인 휘트스톤(Charles Wheatstone)은 사진(Photographie) 개념을 도입했다. 녹음의 영역에서도 유사한 일이 벌어졌다. 에디슨(Thomas Edison)은 1877년 자신의 축음기를 선보였고 이것을 포노그래프(Phonograph)라고 불렀다. 그 반면 비슷한 시기에 벨(Alexander Graham Bell)은 그라포폰(Graphophon)을 발전시켰으며 그의 공동작업자인 베를리너(Emile Berliner)는 마르탱빌(Edouard Scott de Martinville)의 포나우토그래프(Phonautograph)(이 구상은 에디슨도 표절했다)를 더욱 발전시켜 그라모폰(Grammophon)을 만들었다. 에디슨은 이러한 '발명'으로 유명하게 되었지만, 프랑스인 크로(Charles Cros)는 동일한 시기에 팔레오폰(Paläophon)을 발명했음에도 불구하고 부족한 연구수단 때문에 한번도 이것의 시제품을 만들 수가 없었다. 이른바 이러한 발명에서는 여러 가지의 기술체계나 사용방식과 더불어 시장의 발전이라든지 특정한 새로운 기술의 사용영역이 서로 얽혀서 중요한 역할을 하게 된다. 이에 관해서는 Patrice Flichy, Tele. Geschichte der modernen Kommunikation, Frankfurt/Main, New York: Campus 1994를 참조하라.

13 Martin Rost, "Wissenschaft und Internet—Zunft trifft auf High-Tech", in: Martin Rost(Hg.), Die Netzrevolution. Auf dem Weg in die Weltgesellschaft, Frankfurt: Eichborn 1996, 165쪽 이하.

써, 다른 한편으로는 종래의 매개자들과 이들의 평가기준(편집부, 출판사 등)
이 힘을 상실함으로써 일어나고, 이러한 합리화는 다시 사회적 지식의 토대
자체를 변화시킨다. 지식은 이제 더 이상 관조적으로나 백과전서적으로 고
안되지 않는 대신에 사이버네틱스 패러다임을 따르거나 각각의 데이터상황
이 그때마다 요구하는 것을 따른다. 20세기의 끝 무렵에 새로운 지식문화가
싹트기 시작했다. 정보기술과 커뮤니케이션기술이 계속해 발전함으로써 학
문분과적인 지식의 가능조건 자체가 근본적으로 변화했기 때문이다. 다시
말해 "자연과학은 기술과학이라고 불려야 마땅하고 정신과학은 문화과학이
라고 불려야 마땅한데, 자연과학과 정신과학은 300년 이래 최초로 동일한
지식도구장치를 열심히 다루고 있"[14]기 때문이다.

　현대사회에서 점증하는 지식조직의 복잡성은 특정한 정신적 노동과정의
합리화를 만들어낸다. 그리고 정보처리의 기계화와 정보저장 과정의 일정
한 자동화는 정신과학에게 문화과학적인 새로운 접근을 하도록 강요한다.
이러한 새로운 접근은 대략 20여 년 전에 '포스트모던'이란 꼬리표를 얻었
는데, 이것의 의미는 다음과 같다. 근대 이후, 즉 무제한의 성장이념을 토대
로 한 산업화 단계 이후 우리 사회는 새로운 형태의 사회적 생산, 새로운
형태의 사회조직, 그리고 새로운 형태의 성찰로 발전해 나갔다는 것이 그것
이다.[15] 여기서 중요한 것은 단순하게 시대정신Zeitgeist이 아니라 그 이상의
것이다. 누구나 시대정신에 대해서는 거리를 둘 것이다. 중요한 것은 기술
적·사회적·문화적 혁신의 상호연관성을 파악하는 일이다. 앞에서 말한
바와 같이, 미디어영역에서 일어나는 급진적인 변화들은 사회의 욕구를 변

---

14 Friedrich Kittler, "Universitäten im Informationszeitalter", in: Gianni Vattimo, Wolfgang Welsch(Hg.),
　Medien-Welten Wirklichkeiten, München: Fink 1998, 141쪽. 이런 지식장치에 대해서 보편적 이론을
　만들기 위한 시도에 관해서는 Wolfgang Coy/ Georg Christoph Tholen/ Martin Warnke(Hg.),
　HyperKult. Geschichte, Theorie und Kontext digitaler Medien, Basel: Stroemfeld 1997을 참조하라.
15 Jean-François Lyotard, *La Condition postmoderne. Rapport sur le savoir*, Paris 1979, Wien: Passagen
　1999.

화시키는 원인이 아니라 언제나 그 자체가 이미 변화된 사회의 욕구를 표현하고 있는 것이다. 새로운 기술은 이와 같은 욕구 없이는 광범위하게 관철될 수 없을 것이다.

4. 기술적 상상

근대의 해체적인 상황은 우리에게 다음과 같은 중요한 질문들과 대결하도록 만든다. 새로운 문화기술은 어디를 향해 가는가? 새로운 문화기술은 인간의 현실구성에서 어떠한 의미를 지니는가? 우리는 다만 몰락논리의 증인일 뿐인가? 아니면 생성 중인 새로움의 증인인가? 새로운 미디어상황을 고려할 때 공론장은 어떤 것이고 공지성은 무엇을 의미하는가? 현재의 상황에 대한 문화비판적인 명제는 많이 있다. 우리는 인간의 문화발전을 거시적 관점에서 제시했던 미디어철학자 빌렘 플루서의 다음과 같은 말을 논의의 출발점으로 삼으려 한다. "우선 사람들은 생활세계로부터 뒤로 물러나 생활세계에 대해 상상한다. 그리고 나서 사람들은 상상으로부터 뒤로 물러나 상상을 기술한다. 그리고 나서 사람들은 선형적인 문헌비평으로부터 뒤로 물러나 문헌비평을 분석한다. 그리고 마침내 사람들은 분석에서 벗어나 새로운 상상력의 덕택으로 종합적인 형상을 투사한다."[16]

이와 같이 인류의 발전에서 나타난 거대한 문화적 전환점들이 대략적으로 제시되었다. 이러한 문화적 전환점들은 새로운 문명의 시작으로 해석될 수 있다. 역사시대의 초기에는 마법적 모사를 뒤따라 선형적linear 문자가 나타났다. 이 선형적 문자는 알파벳숫자 방식에 의해 형성된 사회를 탄생시킨

---

16 Vilém Flusser, "Eine neue Einbildungskraft", in: *Der Flusser-Reader zu Kommunikation, Medien und Design*, Mannheim 1995, 149쪽.

다. 선형적 문자는 예전에는 독점적인 문화기술이었지만 이제는 디지털 코드에 의해 대체되고 있다. 이제 문화는 형상의 우주Universum der Bilder로 되돌아가는 경향성을 띠고 있다. 이러한 전환점들은 15세기 서유럽에서 조판활자를 이용한 인쇄술이 발명된 것, 19세기 이후 사진과 영화 같은 아날로그적 저장미디어가 관철된 것, 그리고 끝으로 알파벳숫자 코드가 디지털시대의 계산코드에 의해 변환된 것을 뜻한다. 이때의 테제는 문화의 다양한 미디어의 실행은 각각의 사회의 변화된 욕구상황에 조응한다는 점이다. 미디어에 대해 가치판단을 해서는 안 된다. 두 개의 상반된 가치를 동시에 지닌 문화기술로서 미디어를 이해해야 하고, 사회적 생산을 위한 문화기술적인 기능의 측면에서 미디어를 이해해야 한다. 이로써 커뮤니케이션에 대한 우리의 해석은 근본적으로 달라진다. 이제 우리는 **커뮤니케이션**을 상호작용의 관계로, 또는 사회적 행위나 심리적 동기의 표현으로 이해하기보다는 정보이론적인 관점에서 이해한다. 다시 말해 **사회적인 정보처리**의 관점에서 이해한다. "우리의 문화가 정보사회로서 이해되는 한, 우리는 우리의 개념과 인식방식도 적합하게 바꿔야만 한다. 예전에는 사회가 도구와 행위에 의해(철기시대, 산업사회), 또는 상호작용의 관계에 의해(주인, 봉건주의, 독재) 정의되었다면, 오늘날에는 커뮤니케이션미디어와 정보처리과정이 정체성을 만드는 상징이 되었다."[17]

인쇄된 것이 문화적인 담론조직의 중심에서 벗어난 현상은 현재 뚜렷하게 나타나고 있는 것처럼 보인다. '새로운 상상력'이라는 신화적 표현이 배후에 갖고 있는 전제는 다음과 같다. 알파벳숫자 코드는 이와 다른 형태로 구성된 코드와 경쟁하고 있고 경우에 따라서는 이 코드에 의해 내몰리게 될 것이라는 생각이 그것이다. 다른 말로 표현하면, 표음문자는 '서양'에서

---

17 Michael Giesecke, "Geschichte, Gegenwart und Zukunft sozialer Informationsverarbeitung", in: Manfred Faßler(Hg.), *Alle möglichen Welten*, München: Fink 1999, 186쪽.

제1장 | 미디어적 실존―출발점 **29**

그릇된 형태의 자명성을 획득했고 이 자명성은 "알파벳, 합리성, 시민사회 사이에 존재하는 연관성에 관한 통찰을 가로막았다."[18] 새로운 미디어는 이러한 자명성을 상대화시킨다. 새로운 미디어는 책문화라는 핵심적인 신화를 우리 문화의 일차원성으로 간주하고 이 신화가 교육엘리트의 자기보존에 기여하고 이들의 제도를 공고히 하는 기능을 할 뿐이라고 비판한다. 이 테제는 '구텐베르크 은하계의 종말'이라는 제목 아래 지난 수십 년 동안 상당히 넓게 퍼져나갔다. 이러한 자극 속에서 드러난 점은 다음과 같다. 철학적·문화이론적 반성은 자신의 고유한 미디어 환경에 대해서, 특히 서양의 문자문화에 대해서 당시까지 너무나 조금 알고 있었고 따라서 문화기술의 역사적 우연성을 알지 못했다는 점이 그것이다. 책 인쇄, 근대의 합리성, 계몽주의, 근대과학의 지각론적 구상은 서로 아주 밀접한 연관성을 갖고 있다.[19] 기제케Michael Giesecke에 따르면, 과학은 "인쇄술에 의한 정보획득과 처리의 자식"이다. 그리고 과학은 자신의 고유한 도구를 정당화하는 경향성을 띠고 있다. 철학은 근대과학의 특수한 경우로서 텍스트에 주석을 달고 텍스트를 해석하고 텍스트를 관리한다. 철학은 상호작용과 무관한 반성공간에서 이루어지는 작업이고, 그렇기 때문에 철학은 자신의 미디어를 전혀 논의의 주제로 삼지 않는다. 커뮤니케이션은 철학에게는 중요한 주제가 아니다.[20]

이러한 이유들 때문에 새로운 미디어를 거부하는 관점들이 생겨났다. 그

---

18 볼츠(Nobert Bolz)는 데리다(Jacques Derrida)를 비평하면서 이렇게 말하고 있다. Nobert Bolz, *Am Ende der Gutenberg-Galaxis. Die neuen Kommunikationsverhältnisse*, München: Fink 1993, 187쪽을 참조하라.

19 Elisabeth Eisenstein, *Die Druckerpresse. Kulturrevolutionen im frühen modernen Europa*, Wien: Springer 1997 을 참조하라.

20 이러한 생각은 이제 비로소 시작되었다. 이것을 테마화한 것은 매우 적은 데, 그 중의 하나인 Hans-Dieter Bahr, "Medien und Philosophie. Eine Problemskizze in 14 Thesen", in: Sigrid Schade und Georg Christoph Tholen, *Konfigurationen. Zwischen Kunst und Medien*, München: Fink 1999, 50~68쪽을 참조하라. 텔레커뮤니케이션의 형이상학에 관해서는 Peter Sloterdijk, *Globen. Sphären Band2, Makrosphärologie*, Frankfurt: Suhrkamp 1999, 667쪽 이하를 참조하라.

리고 더 나아가 정보홍수, 영상홍수, 스펙터클사회 등과 같은 상투적인 생각들도 생겨났다. 이제는 새로운 미디어 환경에 대해서 특정한 철학적 관점을 적용하는 것이 아니라 이를 넘어 성찰된 차원의 이론을 만들어내야 한다. 그리고 이를 위해서는 기술적 미디어의 고고학뿐만 아니라 문화적 표현의 다양한 차원이 해석되는 과정에서의 이념사적 배경을 살피는 것도 필요하다. 물론 문제는 자료저장미디어인 종이, 즉 **문서**와 관련되지 않은 것은 지금까지 우리의 문명사에서 거의 없었고 모두가 이러한 역사의식 속에서 살아가고 있다는 점일 것이다. 아마 역사는 새로운 미디어에 의해서는 다르게 나타나게 될 것이다. 매우 확실한 것은 역사는 이제 더 이상 **글로 쓰이지만은** 않을 것이라는 점이다.

5. 미디어연합

역사는 우리가 상대적인 공간 안에서 살고 있다는 점을 가르치고 있다. 인간집단의 형성과 존재방식은 거대한 역사의 흐름 속에서 변화했고 동시에 인간의 감각지각 방식도 변화했다. 물론 언어와 문자 같은 문화기술도 자연적으로 주어진 것이거나 불변하는 것이 아니라 주로 사회적인 관습으로부터 발생된, 추상적인 어느 정도는 임의적인 구성물이다. 특히 단일미디어의 문화에서 복합미디어의 문화로의 이행과 같은 사회적 정보처리의 새로운 형식들은 현재 **인간의 조건**Conditio Humana을 변화시키고 있다.

공적인 커뮤니케이션의 매개형식은 종교개혁에서부터 계몽주의시대에 이르기까지 점점 더 강력하게 책문화의 명령을 따랐다. 따라서 그것은 인쇄미디어의 정보처리 조건의 지배를 받았던 것이다. 더욱이 이러한 상황은 이성을 이해하는 데에도 적용된다. 철학적 의식은 언어적 의식이기 때문이다. 이성에 대한 낭만주의의 비판과 경직된 계몽주의에 대한 낭만주의의 거부가 일어나면서부터 비로소 언어와 사유는 의식적인 반성관계 속에 놓이게 되었다. 성경비판과 함께, 다시 말해 문화의 규범적 토대의 성격을 지녔던 절대적 텍스트의 상실과 함께 언어와 사유의 관계는 새롭게 반성되었고 언어철학에서 다루어지게 되었다. 물론 이러한 현상이 일어난 것은 우연만은 아닐 것이다. 언어가 상징형식이라는 것을 확실하게 아는 일은 세계는 우리에게 보이는 것과 똑같이 존재하지 않는다는 인식론적인 충격을 완화시키는 데 도움을 준다. 우리의 세계는 매개된 세계이다. 말하자면 세계 자체는 인간이 자신의 감각을 통해 지각할 수 있는 그러한 형태로 결코 존재하지 않는다. 최근의 철학에서 인식론적인 문제의식은 이러한 인간지위의 상대화 때문에 생겨난 인간 주체의 자기애적인 분노와 새로운 확실성을 획득하기 위해 노력하는 모습과 깊은 연관성이 있다. '가상'을 꿰뚫어 통찰하는 것이 가능한지가 항상 근본적인 물음이다.

물론 문제는 여기서 끝나지 않는다. 왜냐하면 이러한 세계 자체로부터의 소외라는 문제에 다음과 같은 복잡성이 추가되기 때문이다. 우리는 이러한 매개된 세계를 단지 미디어(우선 언어, 감각기관, 의족적인 기술)를 통해서만 인식할 수 있고, 그리고 매개된 세계에 대한 우리의 인식도 단지 미디어를 통해서만 전달할 수 있다는 것이 그것이다. 이로써 세계이해는 유동적인 것이 된다. 그리고 이러한 근본적으로 일시적인 것은 예컨대 범주표에서처럼 일시적인 모든 것을 확정하려는 시도가 있다고 할지라도 현대의 사회심리적인 상태의 배후조건이 된다. 인간이 발전시킨 기술은 실질적으로는 인간의 주체적 역할을 약화시키는 데 기여했다. 그리고 그러는 사이에 '미디어연합 Medienver bund' 상황이 생겨났고, 이러한 미디어연합은 세계와 우리의 세계 인식방식 사이의 관계에 대해서 완전히 새로운 물음을 던지고 있다.[21]

---

21 Manfred Faßler und Wulf Halbach(Hg.), *Geschichte der Medien*, München: Fink(UTB) 1998, Einleitung, 22쪽. 파슬러는 더 나아가 "사회적 상호이해의 공간으로서의 미디어의 의미의 역사"에 대해서 말하고 있다. 이에 대해서는 Manfred Faßler, *Was ist Kommunikation?*, München: Fink(UTB)

사회적 진보는 기술적 혁신뿐만 아니라 무엇보다도 사회적·문화적 혁신에 의해 이루어진다. 플루서에 따르면 지난 수백 년 동안 발전한 기술은 코무니콜로기에 의해 필수적으로 보완될 필요가 있다. 삶의 모든 영역에 영향을 미친 산업사회는 19세기 말에 사회학, 다시 말해 사회과학적인 학문분과들을 발전시켰다. 이처럼 포스트산업적인 정보사회는 새로운 미디어학적인 접근의 필요성을 일깨울 것이다. 이러한 코무니콜로기적인 접근은 아직 하나의 학문분과로 정립되지는 않았지만 그 단초들은 이미 오래 전부터 상이한 학문분과들 안에서 인지되고 있다. 새로운 기술적 토대 위에서 커뮤니케이션의 의미는 변화되었다. 따라서 이제 중요한 것은 이러한 새로운 틀 속에서 일어나는 철학적 물음의 재맥락화Rekontextualisierung이다.

이러한 재맥락화는 단지 미디어연합 속에서만 작동한다. 그리고 재맥락화는 학술저서를 생산하는 학문적인 저자를 넘어서 있는 새로운 형태의 담론 연관을 뜻한다. 18세기 말에는 괴테와 같은 성공적인 저자들이 문학적 천재로서 칭송을 받았지만 계몽주의자들은 공론장의 매개방식에 대해 반성하기 시작했다. 그리고 그 당시에 저자의 역할을 책문화의 특수한 결과로 파악하고 따라서 저자역할의 타당성을 의심하는 상황이 벌어졌다. 노발리스의 1798년의 어떤 텍스트에는 "잡지는 실제로 이미 공동체의 책이다"라고 쓰여 있다. 그리고 또 다음과 같이 쓰여 있다. "사회 안에서 글쓰기는 흥미로운 징후이다. 이것은 거대한 작가활동의 형성을 암시하고 있다. 사람들이 언젠가는 대중 속에서 쓰고 생각하고 행동하게 될 것이다. 전체 공동체뿐만 아니라 국가들조차도 작품을 계획하게 될 것이다."[22] 이로써 저자에 앞서 있으면서 어느 정도 저자를 제약하는 커뮤니케이션에 관한 물음이 싹트기 시작했다. 예컨대 이 물음은 전문영역에 관한 가능한 진술에 관해 전

1997, 118쪽을 참조하라.

22 Novalis, Schriften, R. Samuel (Hg.), II, 645쪽. Hans Blumenberg, *Die Lesbarkeit der Welt*, Frankfurt: Suhrkamp 1989, 301쪽에 따라 인용한다.

문가들 사이에서 이루어지는 상호이해의 차원에서 이루어졌다. 저자는 자기 사유의 원재료를 쓰여지지 않은 종이 위에서 표현하는 자라고 할지라도 창조적인 작품 생산에서 결정적 요소로 간주되지 않았다. 오히려 저자는 커뮤니케이션 상황에서의 벡터로 이해되었다. 커뮤니케이션 상황이 표현을 가능하게 하는 어떤 형식을 미리 규정한다고 보았던 것이다. 하지만 거의 150여 년 동안의 시간이 흐른 후에야 비로소 사람들은 네트워크화된 커뮤니케이션이라는 비기계적인 조직에 관해 구체적인 제안을 하고 발전시키기 시작했다.[23]

전자네트워크 시대에서는, 글쓰기행위, 글쓰기행위의 파생물(내면적 독해, 관조적 관찰 등), 글쓰기행위에 도입된 미디어는 최근까지도 자명한 것으로 정의되었지만 이제 더 이상은 그러한 것이 아니다. 새로운 보편적 의무교육을 위해 도입된 문화기술이 평균화하고 훈육하는 성격을 갖고 있다고 할지라도 계몽주의의 문맹퇴치캠페인은 텍스트와 자아 사이의 연결이라는 특유의 이상(理想)을 선언했었다. 이제 이러한 이상을 고려한다면, 글쓰기행위와 관련된 현재의 일련의 변화가 비합리적인 불안뿐만 아니라 더 나아가 기술에 대한 공포까지도 일으킬 수 있는 상황임을 충분히 이해할 수 있을 것이다. 보수주의적 문화비판은 이러한 상황을 최대한 잘 이용했다. 대중에게 강력한 영향을 미친 텔레비전의 등장 이후 비로소 사람들은 일정한 거리를 유지하면서 '구텐베르크 은하계'의 특수한 지각과 사유방식을 이론적으로 진지하게 다루기 시작했다.[24] 그 후 텍스트와 자아 사이의 연결은 역사적인 구성물로 이해되고 있다. 모든 초등학교에서 전수되고 있는 기초적인 문화기술로서의 글쓰기, 읽기, 계산하기는 낡은 것은 아니지만 아마 앞으로 교육의 사

23 Vannevar Bush, "As We May Think", in: *The Atlantic Monthly*, July 1945. 이에 대해서는 보론 4를 참조하라.
24 Marshall McLuhan, *The Gutenberg Galaxy. The Making of Typographic Man*, Toronto 1962와 Marshall McLuhan, *Understanding Media. The Extensions of Man*, New York 1964를 참조하라.

회화 과정에서 주도적인 역할을 상실하게 될 것이다. "오늘날의 미디어 환경에서는 텍스트, 음향, 영상, 신체동작, 행동사건 등의 혼합이 '자기'와 '자아'를 형성시키고 있다고 해도 결코 잘못된 것이 아니다."[25]

따라서 학교에서의 지식전달의 미래에 대해서뿐만 아니라 학문과 미디어의 새로운 관계에 대해서도 깊이 생각해 볼 필요가 있다. 철학적 반성은 인식론에서 뻗어나가 언어철학과 언어비판의 입장을 넘어 더욱 더 구성주의적 관점을 취하고 있다. 또한 철학적 반성은 사유규칙이 아니라 우리의 세계이해를 규정하는 언어규칙에 관심을 기울이고 있다. 이 과정에서 철학적 반성은 사회적 연관관계 내지 문화적 연관관계를 간단하게 무시할 수 없음을 인정해야만 했다.[26] 철학적 반성도 근본적으로 그러한 연관관계 속에서 일어난다. 그러나 바로 그 정반대의 가정이 데카르트 이후 근대철학의 출발점을 형성시켰다. 앞으로 우리는, 데카르트가 확실성을 보장하는 새로운 상상의 사유공간을 어떻게 출판이란 수단을 이용함으로써 만들어내는지를 우선 다루게 될 것이다. 우리 시대의 슬로건은 네트워크이다. 그러나 근대철학은 이와 반대되는 방향으로 나아가는 (물론 나중에는 포기된) 운동과 함께 시작했다. 그리고 근대철학은 우리에게 친숙한 과학적인 '저자'의 모습을 탄생시켰다.

커뮤니케이션의 구조적 환경은 언어철학적 반성을 통해 더욱 더 명확하게 드러나고 있다. 공지성과 인간의 창의성은 이러한 커뮤니케이션 속에서 언어와 현실 사이의 의미창조적인 관계에 대해 새로운 명확성을 획득하려는 입장으로 나아간다. 바로 언어를 통해 언어를 넘어 사유하는 입장이 그것이다. 새로운 미디어의 등장과 정신적 과정의 합리화는 마침내 이러한 반성에 대해 새로운 환경을 창출한다. 이와 관련하여 미디어철학의 재구성은

---

25 Manfred Faßler, *Was ist Kommunikation?*, 같은 책, 63쪽.
26 Richad Rorty, *Hoffnung statt Erkenntnis. Eine Einführung in die pragmatische Philosophie*, Wien: Passagen 1994.

다음과 같은 통찰에 이른다. 지난 수십 년 동안의 커뮤니케이션학의 거시모델(예컨대 텍스트를 수용하는 자아나 전달자의 메시지를 수동적으로 받아들이는 수용자로서의 주체)은 미디어의 새로운 발전에 의해 상대화될 뿐만 아니라 (아직 명확하게 세분화되지 않았지만) 집단적으로 구조화된 기술적 상상의 모델에 의해 거부될 것이다.

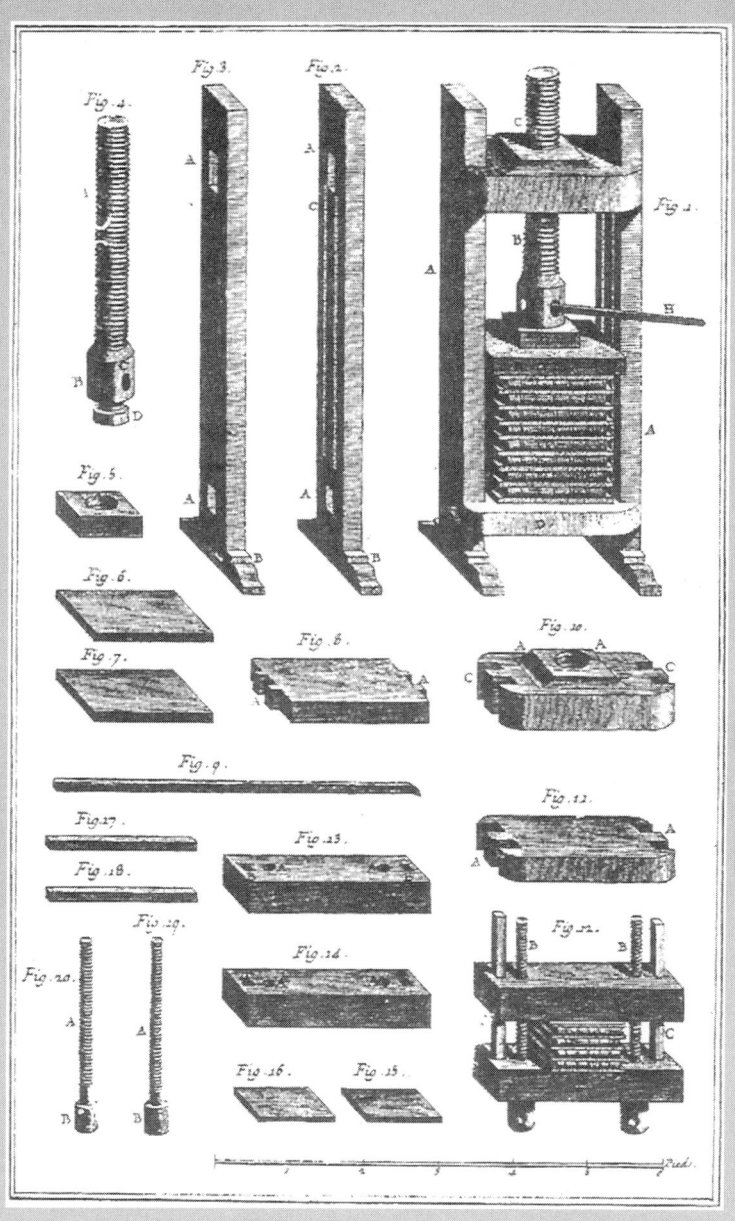

〈삽화 2〉백과전서에 수록되어 있는 제본기(1751년 경)

2

상상의 공간

르네 데카르트 또는
근대 저자의 출현

"…… 저자들에게는 커다란 결핍이 있다."

——몽테뉴(Michal de Montaigne)

1. 근대의 프로그램

근대 초기의 인간은 전통적인 규범을 의심하면서 태어났고 세계와의 일체감뿐만 아니라 자기 자신에 대한 정체성도 갖고 있지 않았다. '주체'는 전통적인 공동체보다 자기 자신을 중요시했고 개인적인 반성을 통해 전통의 억압들로부터 스스로를 해방시켰다. 그리고 개인적 반성은 **출판**이라는 수단을 통해 다시 문화적으로 객관화되었다.

성숙한 주체들이 새로운 원리에 따라 세계를 형성하기 시작했을 때, 다시 말해 한편으로는 철학적인 기초를 세우면서 사회질서를 고안하거나 다른 한편으로는 보편성을 요구하는 규범을 고안하기 시작했을 때, 이것은 전통과 미신에 대한 이성의 승리로 간주되었다. 세계는 복잡해졌고 전통과 미신은 힘을 잃었기 때문에 새로운 구상들이 고안되었다. 우선 근대로의 진입은 인식론적인 정당화 시도와 연결되었다. 인식론적인 정당화 시도는 현존재가 너무나 세속화되고 있다는 사실에 불만이 생겨나면서 발생했다. 근대 사유는 신앙과 기존의 실용 지식이 쓸모없게 되었다는 경험에서 출발했고 자신을 추상의 형식 속에서 새롭게 정당화하려 했다. 이때 근대 사유는 오직 반성 이외에는 다른 어떤 것의 도움도 받지 않는다. 근대 주체는 특유의 새로운 문제들을 갖게 되었고, 이러한 새로운 문제들에 새로운 형태의 합리성이 반응하게 된다.

이러한 상황을 자세히 관찰해보면, 여기에 어떤 정치적 동기가 숨겨져 있음을 발견할 수 있다. 역사의 특정한 시점부터 특정한 반성형식이 등장했고, 이것은 가톨릭 교리에 근거를 둔 '확실성'의 전통적 유산은 물론이고 이교적인 프로테스탄티즘도 거부했다.[1] 근대의 프로그램은 추상화의 과정이다. 이 추상화의 과정은 30년전쟁의 침체에서 벗어나 다시 도약하는 것을 약속했고 르네상스 인문주의의 거추장스러운 짐을 벗어던지는 것도 약속했다. 인지차원에서의 진보는 자연현상과 신비한 생명력에 대해 방법상 거리를 두는 조건 속에서만 가능한 것처럼 보였다. 데카르트는 이러한 방법적 추상능력을 통해 최고의 명성을 누렸고 더 나아가 스스로 중요한 메타포가 되었다. 그는 근대의 개인주의를 정초했음은 물론이고 이미 한 사람과 여러 사람 사이의 매개문제, 다시 말해 저자와 독자 사이의 매개문제를 다루고 있다.

우리에게 전승된 데카르트의 생각에 따르면, **이성의 문화**를 고안한다는 것은 먼저 자기 자신을 지배하는 행위를 뜻한다. 모든 반성의 출발점은 주체로 옮겨졌다. 그리고 전통문화 속의 공동체적 요소는 관습적인 커뮤니케

---

1 Stephen Toulmin, Kosmopolis. *Die unerkannten Aufgaben der Moderne*, Frankfurt: Suhrkamp 1991, 99쪽.

이션 형태들과 더불어 근본적으로 거부되었다. "데카르트는 가장 탁월한 인지적·소유적 개인주의의 실천가이자 설교자이다."[2] 그의 의식적으로 활동하는 '자아'는 성숙한 지성적 표현을 아주 집요하게 텍스트 안에 집어넣는다. 이때 텍스트의 물질성Materialität은 사유의 생산조건임에도 불구하고 무시되고 있는 것처럼 보인다. 반성의 토대가 실체로서 파악된 자아에게로 옮겨지면 옮겨질수록 더욱 그러하다.[3] 이 자아는 새롭게 시작해야만 했다. 말하자면 이 자아는 주어진 것을 활용할 수 없었고 또한 자신의 수신인도 새롭게 발견해야만 했다. 이 자아는 구조화된 연관관계를 갖고 있지 않기 때문에 이 연관관계를 창조해야만 했다. 이러한 이유 때문에 예컨대 논문이나 책의 저자가 생겨났던 것이다. 논문이나 책에서는 출판의 가치가 있는 주제와 주장은 물론이고 자기를 주제화하는 것도 언제나 중요한 일이 되었다. 명시적이건 암묵적이건 글쓰기 자체에 대해 쓰지 않은 저자는 거의 없었다.

토울민Stephen Toulmin과 같은 저자가 훌륭한 근거를 갖고 주장한 바와 같이, 데카르트를 이해하기 위해서는 몽테뉴를 살펴보는 것이 좋다. 여기서는 몽테뉴의 다음과 같은 불만이 언급될 것이다. 책에서 다른 어떤 대상보다도 책을 더 중요시 여기고, 사태 자체보다는 해석을 더 중요시 여기며, 다른 어떤 것보다도 각주와 인용을 더 중요시 여기는 것에 대해 몽테뉴는 불만

---

2 Ernest Gellner, *Descartes & Co. Von der Vernunft und ihren Feinden*, Hamburg: Junius 1995, 13쪽.

3 René Descartes: *Discours de la méthode pour bien conduire sa raison, et chercher la verité dans les sciences*(1637), in: ders., *Philosophische Schriften in einem Band*, Hamburg: Meiner 1996. 몇 가지 도덕적 결론에 관해서는 『방법서설』의 3부 5번째 단락(Driter Teil, Abs.5)을 참조하라. "나는 마지막으로 (……) 가장 좋은 것을 선택하기 위한 노력으로서 많은 사람들이 현세에서 영위하고 있는 여러 가지 일거리에 관해서 일별할 생각이었다. 그러나 다른 사람들의 일거리에 관해서 어떤 것도 말하기를 원치 않고, 나는 가능한 한에서 내 입장을 계속 추진시켜서 나의 모든 인생을 내 이성의 개발에 바치고, 또 가능한 한 내가 나 자신에게 규정했던 방법에 따라 진리의 인식을 계속하는 데 나의 일생을 바치려고 생각하였다"(44쪽). 데카르트는 형이상학의 토대에 관한 『방법서설』 4부에서 "나는 하나의 실체이고 이 실체의 본질 또는 본성은 사유하는 데 있고 이 실체는 존재하기 위해 장소를 필요로 하지 않고 어떤 물질적 사물에도 의존하지 않는다"(55쪽)는 인식에 대해서 쓰고 있다.

을 갖고 있었다. 몽테뉴는 "모든 것에는 주석이 우글거린다. 저자들에게는 커다란 결핍이 있다"[4]고 말한다. 마찬가지로 데카르트도 이와 같은 요구를 했다. 그는 다른 학자의 견해가 아니라 우선 사태 자체를 이해해야 하고, 그래서 단순한 주석가Kommentator로서가 아니라 저자Autor로서 존재해야 한다고 요구했다. 이와 같이 그는 적어도 자신의 고유한 입장을 제시했다. 자신의 고유한 텍스트의 생산이 일정한 맥락 속에서 이루어졌음에도 불구하고 그가 어떻게 이 맥락성Kontextualität을 전략적으로 부정하는지를 우리는 물론 앞으로 살펴볼 것이다.

혁신적인 데카르트의 방법(이 단수 형태에 주의하라)은 자주적인 저자로서 그리고 절대적으로 성숙한 진술에 도달할 것을 요구하는 차원에서도 전승된 것에 거리를 두고 있다. 칸트가 나중에 계몽주의에 관한 유명한 에세이에서 말하는 것처럼, 타율성이나 비이성은 대체로 동의되는 게으름 속에서 비롯된다. 말하자면 그것은 책 속에서 자신의 고유한 생각을 갖기보다는 그저 자료의 전달자로 존재하는 것을 의미한다. "내"가 스스로를 철학적 저자로 생각하지 않는 경우에나 아마 나는 그 책을 "이해할 수 있다"라고 말할 수 있을 것이다. 이러한 관점에서 볼 때, 책이라는 미디어는 우리의 고유한 사유를 전달할 수 있게 해주는 전달수단으로 등장했다. 책은 중요한 것이다. 왜냐하면 부수적인 문제에 대한 비판은 이러한 안전한 저장미디어인 '책'의 가치가 우선 인정될 때야 비로소 가능했기 때문이다. 한편으로 책은 지식을 저장한다. 물론 이 지식은 결코 개인적 사안은 아니다. 다른 한편으로 근대의 프로그램은 저자의 즉위(卽位)를 함축한다. 그리고 저자의 텍스트는 권위 있는 진술로서 사회성과 맥락성을 포괄한다.

---

4 Michel de Montaigne, *Von der Erfahrung, zit. aus Matthias Greffrath, Montaigne. Ein Panorama*, Frankfurt: Eichborn 1992, 303쪽.

2. 매개문제의 해결책으로서의 방법

무엇보다도 중요한 문제는 하나의 영역을 획득하거나 하나의 공간을 소유하는 것이다. 이러한 시도는 데카르트시대에는 그야말로 확고한 신앙영역에 대항했을 뿐만 아니라 마찬가지로 성공적인 수공업의 차원에서의 경험적 실천에도 대항했다. 데카르트의 "상상의 공간espaces imaginaires"[5]이 다름이 아니라 바로 그러한 공간인데, 이것은 텍스트의 물질성을 경시하면서 등장하게 된다. 이 상상의 공간은 우리에게 존재하는 것에 관해 의견을 표명할 것을 철학적인 차원에서 요구한다. 그리고 이 상상의 공간은 단순한 사태에 대한 기술(記述)을 거부한다. 그 이유는 간단히 경험적으로 확인가능한 영역에서 이루어지는 담론과 완전히 다른 형태의 담론도 가능하기 때문이다. 이 문제는 근대철학의 특성을 보여주는 문제이다.

단지 자기 자신과의 동일성에 대해서만 반성했던 주체에게 이제 자아와 세계 사이의 매개라는 매우 중요한 문제가 비로소 제기된다. 또한 새로운 지식을 생산해야 한다는 압력도 등장하게 된다. 새로운 지식은 미래적인 약속으로, 다시 말해 이미 경험적으로 주어진 것이 아니라 이제 생산될 것으로 여겨졌다. 존재하지 않는 것은 표현되기를 촉구하고, 철학자는 글을 쓰기 시작한다. 세계는 바로 아직 쓰여지지 않은 채 존재하는 하나의 텍스트처럼 여겨졌다. 이 텍스트는 아직 자신의 저자를 발견하지 못했기 때문에 맥락 만들기를 요구하고 있고 이러한 요구는 마치 도덕적인 의무와 같은 것이다. 이 의무는 나중에 학자공화국의 출판관습 속에서 끊임없이 계속해 수행되었다. 여하튼 고정된 지시관계의 틀을 만들어낸 것은 근대의 책인쇄[6]이다. 책인쇄의 통일적인 척도는 이성의 통찰에 알맞은 표현형태를 찾는 과정

---

5 René Descartes, *Discours*, Fünfter Teil, Abs.2, 같은 책, 70쪽.
6 Elisabeth Eisenstein, *Die Druckerpresse*, 같은 책.

에서 많은 기대 속에서 배치된다. 책인쇄는 수학과 기하학의 형식화능력에 필적할 만한 '순수' 철학적 방법을 비로소 허락했던 것이다. 망각된 것은 문화기술과 사유 사이의 연관성이다. 실천의 오류들은 추상적 접근 속에서 지양되는데, 이 추상적 접근은 해방의 철학으로서 합리적 행동규칙을 설정함으로써 선택을 해야만 하는 불가피성을 알고 있었다. 이것은 데카르트의 경우 방법적인 "숙고, 명확성, 문제분류, 철저성, 계산, 검산"[7]을 뜻한다.

공통분모는 점점 더 추상의 방법이 된다. 추상은 세계에 대해 '근대적인' 합리적인 태도를 취하라는 새로운 요구를 정당화하는 방법론적 명령이자 이상(理想)이다.[8] 철학적 진리와 더 나아가 우주의 질서는 이와 같이 새로운 방법의 원리 속에서 고려되었다. 왜냐하면 주체는 외부의 매개된 권위로부터 벗어나 스스로의 힘으로써 보편적인 의미와 타당성을 지니고 있고 따라서 세계의 매개에 유용한 것을 설득력 있게 획득해야만 하기 때문이다. 근대정신은 이중부정을 통해, 즉 신체적 자기를 부정하고 사회집단 안의 자신의 위치를 부정함으로써 자신의 성숙을 재촉한다. 이와 같이 근대정신은 전통문화를 오류와 미신의 근본적인 원천으로 간주하고 이로부터 지속적으로 벗어났다. 근대의 지식이 형성되는 과정에 관한 흔적은 깨끗이 사라졌다.

데카르트의 프로그램은 근대정신의 방법론적 기초를 제공했던 추상능력을 전적으로 대변한다. "데카르트가 정립했고 유일하게 타당한 것으로 인정했던 방법론의 척도에서 볼 때 물리학은 기하학에 필적할 만한 것이 되었다. 일반적인 개요에서 보면, 수학적 자연과학의 이념은 이미 쿠자누스 Nikolaus Cusanus와 다빈치Leonardo da Vinci가 파악하였고, 그 구체적인 경험적 내용들은 케플러의 『신천문학(新天文學)Astronomia nova』(1609)이나 갈릴레이

---

7 Ernest Gellner, *Descartes*, 같은 책, 18쪽.
8 여기서 '근대'는 이미 언급된 의미에서 시대로서 이해되기보다는 정당화의 새로운 습관으로서 이해된다. 시대구분의 어려움에 관해서는 Tolumin, *Kosmopolis*, 같은 책, Kapitel 1을 참조하라.

의 역학의 정초 속에서 채워졌다. 하지만 이러한 수학적 자연과학의 이념이 보편적으로 실행될 수 있도록 만든 사람은 바로 데카르트였다. 그가 이 이념에 방법적 기초를 제공하고 그렇게 함으로써 이 이념을 철학적으로 정당화했기 때문이다."[9]

존재하는 것에 대한 방법적 회의는 "감각의 세계를 파괴하고 역사적 전통을 부정한다." 이미 카시러Ernst Cassirer는 이러한 획기적인 행동을 '개인의 발견'으로 해독했다. 개인의 발견은 르네상스시대에서는 "시, 회화, 종교적 삶이나 정치적 삶에서 추구"되었지만, 이제 개인의 발견은 새로운 형태의 철학에서 "자신의 철학적 결론과 철학적 정당화를 획득"[10]했다. 하지만 카시러가 재구성한 철학사는 개체화의 물적 토대를 주제로 삼고 있지는 않다. 말하자면 데카르트가 대학 바깥의 개성 있는 저자로서, 그리고 이미 안정적으로 기능하는 인쇄업과 출판업을 배경으로 하여 활동한 측면을 다루지는 않는다.

그 대신에 추상능력이 논의되고 있다. 근대의 주체는 저자로서 세계에 대한 상호이해에 도달하기 위한 새로운 수단과 방법을 찾기 때문이다. 이때 중요한 문제는 매개문제이다. 매개문제에 관한 새로운 해결책이 추구되었다. 이와 같이 유럽 정신사의 특정한 시점부터는 전통, 권위, 경험, 또는 자신의 고유한 느낌을 주저 없이 믿는 일이 더 이상 가능하지 않았다. 17세기 초 원리주의적인 종교전쟁과 거대한 전쟁시대에는 '근본적으로 숙고된' 질서만이 약속된 의미를 유지할 수 있었다. 다시 말해 바로 철학적 반성에 의해서만 세계 이해에 몇 걸음 더 다가갈 수 있는 것처럼 보였다. 이른바 30년 전쟁은 유럽 전체 지역의 인구를 감소시켰고 동시대인들의 삶과 믿음의 기초를 무너뜨렸는데, 이러한 파멸적인 전쟁의 사회정치적 상황 속에서 다

---

9 Ernst Cassirer, "Descartes Wahrheitsbegriff. Betrachtungen zur 300-Jahresfeier des 'Discours de la Méthode'"(1939), in: René Descartes, *Philosophische Schriften*, 같은 책, LⅡ쪽.
10 앞의 책, LV쪽.

음과 같은 근본적인 물음이 등장했다. 그것은 이 세계에서 도대체 어떤 것을 확실하게 신뢰할 수 있는지 하는 물음이다. 정치적 전통이나 종교적 전통은 이러한 물음에 해답을 주지 못했다. 왜냐하면 정치적 전통과 종교적 전통은 자신의 타당성을 유럽의 헤게모니 투쟁 속에서, 기껏해야 폭력을 통해서나 요구할 수 있었기 때문이다.

데카르트란 이름은 근대의 합리적 세계관의 상징이다. 데카르트가 자신의 구상과 텍스트를 통해 세계의 바람직하기도 하고 바람직하지 않기도 한 현상에 대해 새롭게 사유하는 방식을 권유했던 것은 앞에서 말한 맥락들에서 본다면 전적으로 정치적인 입장표명이었다. 우리는 왜 우리의 오성을 사용할 능력이 없는가? 우리는 왜 이와 같은 종류의 비이성적인 세계 안에서 살고 있는가? 왜 학문은 이러한 중요한 물음들을 해결하는 데 크게 기여하지 못하는가? 우리는 이 질문자와 거의 400년이나 떨어져 있다. 하지만 저 질문들은 기본적으로 다시 반복하여 제기될 수 있다. 데카르트는 과학이 '불변의 참된 판단'을 가져온다고 믿고 과학을 신뢰했다면 우리는 물론 그 사이에 이러한 신뢰로부터 어느 정도는 거리를 두고 있다.[11] 그러나 오늘날 우리가 데카르트 저작을 읽을 때 중요하게 생각해야 할 것은, 과학과 과학 속에서 이루어지는 모든 것에 대한 그의 지지라기보다는 **방법**Methode 자체에 대한 그의 신뢰이다. 결국 과학을 완성하는 것이 방법이고, 방법은 대답의 방식이라기보다는 문제제기의 방식이다. 그는 존재하는 것을 경험적으로 입증만하는 것이 아니라 존재하는 것을 그야말로 창조하는 틀로서의 방법을 신뢰한 것처럼 보인다.

사람들은 세계에 관해 물음을 던졌다. 그런데 세계의 현실에 대한 관심은 한편으로는 극단적인 모습을 띠었고 다른 한편으로는 어떤 해답도 이 세계

---

11 René *Descartes*, *Regulae ad directionem ingenii*(ca. 1628). 규칙 1을 참조하라. "학문연구의 목표는, 발생하는 모든 것에 대해 확고한 참된 판단을 내리는 데 인식능력을 사용하는 것이라고 할 수 있다." René *Descartes*, *Philosophische Schriften*, 같은 책, 3쪽.

자체로부터 기대하지 않았다. 세계의 현상들은 오래 전부터 지식인들에게 는 더 이상 자명한 것이 아니었다. 따라서 회의하는 자 데카르트는 잘 알려 져 있듯이 의심스러운 것으로 된 경험이 아니라 오직 자기 자신만을 아주 극단적인 형태로 신뢰했던 것이다. 이와 같이 데카르트는 자신의 『성찰 Meditationes』에서 도대체 물질적 사물이 실제로 존재하는지와 같은 매우 섬 뜩한 질문을 던지고 있다. 인간의 이성이 정말로 무엇인가를 인식할 수 있 는 능력이 있는지에 관해 우선적으로 논의하지 않는다면, 철학자 데카르트 에게 세계에 대한 사변은 별로 의미 없는 것이었다. 하나의 사안은 인식능 력의 한계를 규정하는 일이고, 다른 하나의 사안은 인식하는 자인 우리와 인식되는 사태를 분리시키는 일이다.[12] 결국 요약하면, 문제는 인간과 세계 사이의 관계 구조와 더불어 사물의 질서[13]를 완전히 새롭게 규정하는 것이 다. 이를 위해 데카르트가 요구했던 것은 근본적인 완전한 독서를 통해 자 신의 진술을 인정할 수 있을 정도의 판단력 이외에 다른 어떤 높은 척도도 아니었다. 그는 무엇보다도 저자로서 진지하게 받아들여지기를 원했다. 그 는 탁월한 규칙들을 설정했고 이 규칙들에 따라 오성을 사용해야 한다고 했다. 그리고 그 스스로는 이것을 다른 사람을 위해 실행하려는 의도가 없 다고 했다. 다시 말해 오성사용의 일반이론을 정립하려는 의도는 없고 단지 어떻게 자신의 오성의 사용방법을 발견했는지에 대해 저자로서 알릴 뿐이 라는 것이다.[14] 그는 자신의 저술은 스스로의 엄밀한 반성을 통해 배운 것 을 재구성한 것이라고 설명했다. 그런데 이제 중요한 것은 그가 왜 이것을

---

12 René Descartes, *Regulae*, Regel8. 이 시도는 우선 'ingenii limites definire'를, 그리고 나서 우리 스 스로를 인식될 것과 구분되는 것으로 보는 데 있다. "res ipsas, quae cognosci possunt"에 대해서 'nos, qui cognitiones sumus capacet'를 구분하는 것이다(같은 책, 52쪽).

13 "(……) ordinis, vel in ipsa re existentis, vel subtiliter excogitati (……)". Descartes, *Regulae*, Rege l8, 같은 책 64쪽을 참조하라.

14 "Ainsi mon dessein n'est d'enseigner ici la méthode que chacun doit suivre pour bien conduire sa raison, mais seulement de faire voir en quelle sorte j'ai taché de conduire la mienne." René Descartes, *Discours*, Erster Teil, Abs.5, 같은 책, 6쪽.

기록했는지의 문제가 아니라 왜 이것을 출판했는지의 문제이다. 그는 『성찰』의 서언에서 자기 자신과 함께 숙고하려는 사람들만을 위해서 이 책을 출판한다고 공표했다. 그러나 분명히 공동체의 형성이 핵심적인 문제였을 것이다. 고독한 저자 데카르트는 우선은 친숙한 동료집단의 적은 독자들과 함께 하고 있지만 자신의 텍스트를 다름 아닌 세계 전체를 향해 내놓았던 것이다.

3. 방법적 계산

데카르트의 세계상의 특징은 정화의 과정Reinigungsprozeß이다. 이 과정에 따라 이성적인 정신은 모든 물질과 분리된 후 다시 이 물질과 관계하게 된다. 이때 문제가 생기는데, 양자 사이에 신뢰할 만한 연결을 추가적으로 만들거나 아니면 양자의 동일성을 적어도 납득할 만하게 정당화하는 문제가 그것이다. 이를 위해 전통은 일상적인 관습으로서나 권위적인 힘으로서나 간에 이제 더 이상 쓸모가 없다. 그리고 또한 우리가 이제 곧 보게 될 것처럼 기존 학자들의 견해들도 별로 만족스럽지 못하다. 전승된 문화로부터의 해방이 과학적인 이론형성의 기초가 되는 일이 데카르트에 의해 최초로 일어났다. 결국 타당한 것은 언제나 오로지 이성의 명증성뿐이다. 이러한 명증성은 무엇보다도 보편적이고 확실한 방법의 원리에 근거를 두고 있다. 이 방법의 원리에 동의하는 일이 외부의 권위나 압력에 의해 좌우되어서는 안 된다. 물론 이 방법의 원리는 자신의 고유한 맥락을 극단적으로 제거했다.

회고적 관점에서 보면 데카르트의 합리주의는 대개 억압적인 표상으로, 즉 근대의 사유를 억압했던 방법론적 질곡으로 간주될 것이다. 하지만 내재적 관점에서 보면 그의 합리주의는 절대적으로 많은 공간을 보장해 주었다. 많은 그릇된 것들(이것들은 사회적 폐해를 낳음에도 불구하고 '문화'로 불렸고 이렇게 계속 불리게 된다)로부터의 해방은 오로지 계몽적으로만 존재할 수밖에 없기 때문이다. 한편으로 스콜라적 담론의 특징을 띠며 강제적인 규준을 갖고 있던 중세의 대학시스템은 학문의 진보에 방해가 되는 것으로 여겨졌다. 다른 한편으로 세계에 관한 새로운 학문체계에 의해 물리와 도덕 영역이 서로 구분됨으로써 학문이 종교로부터 확실하게 해방될 수 있었다. 이로써 학문은 자율적으로 기능할 수 있었고, 이러한 자율성의 희망은 정신과 물질 내지 영혼과 신체로 구분된 관계 속에서 재생산되었다. 인간이 지구의 자연을 지배해야 한다면, 바로 실천과학이 사변철학을 대체해야만 한다는 것이다. 오직 지성만이 사변적 철학에 내적인 한계를 설정할 수 있다. 오직 지성만이 체계적인 의미에서의 지식을 소유할 능력을 갖고 있기 때문이다.[15]

다른 관점에서, 즉 공정한 회고적 관점에서 본다면 아래와 같이 말할 수 있다. 점점 더 기술적으로 되는 세계에서는, 다시 말해 실험적인 방법을 새로운 과학적 실천으로 높이 평가하고 이러한 기술로 살아가는 세계에서는 신체가 인간의 '보편적 도구'인 이성의 지배 하에서 자유롭게 처분될 수 있는 대상이 된다. 물론 신체는 기술적 기계나 더 나아가 자동기계의 형태와는 명확히 구분되고는 있다.[16] 데카르트는 『성찰』에서 신체를 '관절기계 Gliedermaschine'로 표현하기는 했지만, 그는 신체를 철저히 전체적인 유기체로 관찰했다. 다시 말해 전통의학의 생각과 마찬가지로 균형적인 하나의 체계로 이해했다. 그에 관한 잘못된 신화에서와 달리, 데카르트의 철학에서는 신체가 결코 부정되지 않았고 단지 신체의 고유한 감각만이 부정되었을 뿐이다. 신체의 감각은 자연에 등장하는 모든 다른 사물과 함께 하고 이로써 정신을 현저하게 기만하는 능력이 있기 때문이다. 약간 과장하여 표현하면, 데카르트는 신체와 정신의 관계를 정보전달의 문제로 보았다고 주장할 수

---

15 René Descartes, *Regulae*, Regel8, Abs.6: "(……) solum intellectum scientiae esse capacem (……)", 같은 책, 52쪽.
16 René Descartes, *Discours*, Fünfter Teil, Abs.9~10, 같은 책, 91쪽 이하.

있다. 뇌나 또는 뇌의 일부분이 정보의 전달에서 미디어의 역할을 하는 것이다. 신체적 지각은 매개된 인상인 반면에, 정신적 능력과 느낌(의지, 지각, 인식 등)은 내재적이기 때문에 직접적으로 주어져 있는 것이다.[17] 오직 순수한 합리적 사유만이 명석하고 판명한 생각을 보장하고, 사유하는 자아의 원리가 지니고 있는 흡인력을 정당화한다. 겔너Ernest Gellner는, 여기서 이성의 투명성은 자기목적성을 띠고 있고 방법적 계산을 검증할 수 있는 능력을 보장한다는 점을 보여주었다. 이른바 사유하는 자아와 수용자들 간의 동일성 속에서 다음과 같은 환상이 생겨났다. 인지적으로 확실한, 매개되지 않은 현실이 존재한다는 것이 그것이다. 즉 순수 정신이 존재한다. 철학을 움직이는 순수정신이 존재한다. 이와 같이 참된 사상가만이 특권적으로 접근할 수 있는 영역이 존재한다는 것이다.

특정한 시기에 일어난 학문의 기본적인 입장변화를 재구성함으로써 변화를 밝히는 작업이 왜 그러한 변화가 일어났는지를 이해하는 작업보다 쉬운 것이 사실이다. 명석과 판명이라는 철학적 인식의 이상(理想)은 어떤 관심을 가지고 있었던 것일까? 개별학자들에게 학문의 진보는 매우 추상적인 범주이다. 이것으로부터는 새로운 방법의 패러다임과 근대의 출현을 설득력 있게 설명할 수 있는 척도가 추론될 수 없다. 과학자들 스스로는 아마 후원자들에 의존하는 것에서 벗어나거나 이들이 연구에 청원하는 것에서 벗어나

---

17 René Descartes, *Meditationes*, 같은 책, Sechste Meditation, Abs. 19, 20. 특히 공상과학영화 분야는 인간의 본질에 관한 문제가 제기될 경우에 이러한 매개성과 비매개성을 가지고 즐겨 놀이한다. 인간의 본질 안에서는 삶과 인공적 삶 내지는 인공지능이 대조된다. 이에 관해서는 풍자적 공상과학영화 『다크 스타(Dark Star)』[감독: 존 카펜터(John Carpenter), 원작: 댄 오배넌(Dan O'Bannon), 1974]에 나오는 우주조종사와 폭탄과의 대화(*http://128.174.194.59/cybercinema/bomb 20.html*)를 참조하라. 또한 공상과학 컬트영화 『블레이드 러너(Blade Runner)』(감독: 리들리 스콧(Ridley Scott), 원작: 필립 K. 딕(Philip K. Dick), 1982)를 참조하라. 이 영화는 인간과 인조인간 (복제인간)의 구분을 다루고 있다(*http://www.minet.unijena.de/~vicay/BR-FAQ.html*). 또한 최근의 영화 『매트릭스The Matrix』[감독: 앤디 워쇼스키(Andy Wachowski), 래리 워쇼스키(Larry Wachowski), 1999]를 참조하라. 이 영화에서는 인간이 기계가 기획한 세계 안에서 환상으로 존재한다(*http://www.whatisthematrix.com*).

려는 이유에서 객관성의 이상을 선호했을 수도 있다. 그러나 넓은 의미에서 보면, 새로운 방법을 기초로 해 지식을 체계적으로 구분했던 것은 지역적 규모의 틀 속에서 얻을 수 있는 구속력과는 다른 형태의 구속력을 요구했던 시대사적 배경을 반영하고 있다.

4. 새로운 확실성의 추구

세계가 매개되어 있다는 사실, 그리고 바로 이러한 의미에서 세계가 난해하게 되었다는 사실이 근대가 확실성을 추구하도록 만든 동인이다. 특히 토울민의 해석을 받아들인다면, 데카르트적 사유방식의 탄생이 얼마나 많이 30년전쟁의 역사적 상황과 이 전쟁이 함축하고 있는 사회정치적 상황에 의존했는지를 알 수 있다. "불확실성, 모호성, 다원성이 실제로는 종교전쟁을 격화시켰을 뿐이라면, 이제 마침내 합리적 방법을 찾아야만 하는 시간이 도래했다. 사람들은 이 방법을 통해 삶에서 매우 중요한 철학, 과학, 신학 이론의 옳고 그름을 증명할 수 있었다."[18] 따라서 중요한 물음은 데카르트가 왜 지금 그러한 문제들을 다루었는지에 관한 것뿐만 아니라 이러한 논의들이 당시에 실제로 호응을 얻었는지에 관한 것이다. 특히 데카르트의 죽음 이후 유럽은 수십 년 동안 사회재건의 상태에 있었는데, 어떤 이유에서 사회적·역사적 상황을 도외시할 경우에 현실이 파악될 수 있다는 주장이 인기를 끌 수 있었는가?

데카르트가 제안한 인간인식의 확실한(명석판명하고 매개되지 않은) 토대는 하나의 프로그램에 불과한 것이고, 이 프로그램은 새로운 유형의 물리학에서 실제적으로 광범위하게 실행되지는 못했다. 데카르트는 이성의 올바른

---

18 Stephen Toulmin, *Kosmopolis*, 같은 책, 98쪽.

사용방법을 공표하고, 시험삼아 자신의 미완성 저술들에서, 예컨대 『방법서설Discours』의 연구시안으로 덧붙여진 **광선굴절학, 기하학, 유성**에 관한 설명들 속에서 그러한 과학을 수행했다. 이제 확실성의 추구는 성공을 거두게 된다. 왜냐하면 나중에 칸트가 철학적으로 체계화하는 인식론적 아프리오리가 여기서 원칙으로 요구되었기 때문이다. 다시 말해 경험에서 유래하지는 않지만 그렇다고 경험의 틀을 넘어서지도 않는 하나의 확실한 지식이 존재한다는 것이다. 예컨대 기하학 형식과 수학공식은 자연에서 발견될 수 없다. 마찬가지로 이른바 자연법칙도 자연에서 발견될 수 없다. 이러한 자연법칙의 발견과 인간정신의 파악능력 사이에는 아주 우연적인 일치관계가 있다. 이제부터 존재하는 것은 확실한 경계 안에 놓이게 된다. 그리고 이 경계는 순수하게 이론적으로 정초된다. 합리성의 대륙은 정복되기 시작했다.

데카르트는 『방법서설』에서 이미 서언에서 말했던 글을 쓰게 된 동기에 대해 다시 한번 중요하게 논의했을 뿐만 아니라 자신의 저술은 자신이 어떻게 오성을 계발하는 것에 몰두하게 되었는지를 알리는 '하나의 이야기une histoire'나 우화라고 매우 절제된 표현으로 말하고 있다. 이에 대해 카시러는 (이때에는 지난 시대의 파토스에 완전히 사로잡혀서) 다음과 같이 언급한다. 자기성찰이 고독의 집중하는 힘을 통해 자연과 문화의 중요성을 의식적으로 없애버림으로써 이 저자에게 "진리에게로 나아가도록" 만들었다는 것이다.[19] 카시러는 데카르트가 『방법서설』을 쓸 때 사용한 새로운 철학방식의 토대는 내면의 투쟁이라고 생각했다.[20] 이때 의아스러운 것은 외적인 형식을 논의의 대상으로 삼기는 했지만 곧바로 내면의 사유운동의 결과로 단순하게

19 Ernst Cassirer, *Descartes' Wahrheitsbegriff*, 같은 책, LVI쪽.
20 René Descartes, *Discours*, Abs.4: "진리의 인식으로 나아가는 데 우리를 방해하는 모든 어려움과 오류를 극복하려고 시도한다면 이것은 사실상 전투하는 것을 의미하기 때문이다(……)", 같은 책, 109쪽.

설명한 점이다.

데카르트는 자신을 진리의 전선에서 싸우고 있는 고독한 전사로 서술했고 또한 데카르트의 전기작가나 비평가들도 기꺼이 이러한 모습으로 데카르트를 묘사했다. 하지만 이러한 설명과는 다른 설명도 존재한다. 이론의 정화는 그 당시 요구되는 것이었다. 왜냐하면 유럽은 그 당시 종교전쟁의 위기와 이로부터 파생된 경제적 문제를 지니고 있었고, 그때까지 타당했던 세계시민적 질서가 코페르니쿠스 혁명 이후 더 이상 쉽게 유지될 수 없었고, 따라서 세상은 혼란스러운 상태에 빠져 있었기 때문이다. 이때 철학은 단지 정신의 운동에만 반응한 것이 아니라 드러나지 않게 당시의 역사적 사건에 대해서도 반응했다. 불확실한 시대상황은 하나의 태도를 만들었던 것이다. 따라서 토울민은 이 태도를 확실성의 **철학**이 아니라 확실성의 정치라고 부른다.

"16세기의 회의주의자들이 철학에 도전하면서 남겨 놓았던 물음들, 즉 확실성, 합리적 합의, 필연성에 관한 물음들은 (……) 이 시대상황에 적합한 것이었고 이론적 취향이나 이론적 입장의 문제를 넘어서 있는 것이었다. (……) 철학의 영역에서의 중심이 실천적인 것에서 오직 이론적인 것으로 이동하게 된 것은 데카르트의 변덕 때문이 아니다. 이때 지역적인, 특수한, 시간에 구속된, 구술적인 문제들 대신에 세계적인, 보편타당한, 시간을 초월한, 문자적인 문제가 중심문제로 떠올랐다. 근대철학의 모든 대변자는 이론을 선호했고 실천의 가치를 낮게 평가했으며 명석판명하고 확실한 인식의 토대의 필요성을 강조했다."[21]

이와 같이 합리주의의 시작은 이것이 유래한 사회정치적 배경 속에서 이해되어야 할 것이다. 르네상스 인문주의에서 합리주의로의 이행은 그 당시의 정치적 상황이 요구하는 논리를 따르고 있다. 철학적 확실성에 관한 구

---

21 Stephen Toulmin, *Kosmopolis*, 같은 책, 120쪽 이하.

상을 매력적인 것으로 만들었던 것은 17세기 초의 결코 평온하지 않았던 시대상황, 다시 말해 바로 "30년전쟁의 잔혹한 신학적인 소강상태"(토울민)였다. 토울민은 데카르트를 합리성의 난해한 분석가의 모습으로 볼 것이 아니라 프로그램 기획자의 모습으로 보라고 강조한다. 데카르트의 모습은 과학을 근대세계의 기초로 제안하는, 말하자면 자기 자신만 의지할 수 있을 뿐인 근대세계의 기초로 제안하는 프로그램의 기획자의 모습이라는 것이다.

5. 문화기술의 혁신

데카르트 철학에 대한 이러한 시각을 배경으로 해서, 문화기술의 중요한 혁신으로부터 생겨났던 시대변화를 살펴보게 될 것이다. 문화기술의 혁신은 일반적으로 근대의 정신적 태도로 지칭되는 것은 물론이고 이론적으로는 진보의 조건으로도 간주된다. 여기서 문화기술의 혁신은 책인쇄와 출판제도의 등장을 뜻한다. 출판제도는 구술언어로 진행되었던 학술논쟁에서 벗어났다. 미리 정신에서 물질 내지 신체로의 수직적 위계질서를 규정했던 기존의 배타적 견해도 빠른 속도로 일어나는 텍스트 생산과 수용의 순환과정 속에서 이제 기본적으로 힘을 상실하게 되었다. 이 시대에 나타난 합리적 논증은 문화기술의 혁신이 함축하고 있는 논리를 따르고 있다. 문화기술의 혁신은 또한 철학적 이론형성의 영역에서도 영향을 미쳤다. 예컨대 16세기의 인문주의적 회의주의자들은 인간이 경험할 수 있는 것을 보편적인 필연성보다 더 타당한 것으로 여겼다면, 17세기에는 인간의 구체적인 경험에 기초하는 실용주의로부터 이탈하는 현상이 나타났다. 이것은 이론적 보편주의 때문이었다. 토울민이 제시한 다음과 같은 4가지 행보는 중요한 것이다.

① **구술에서 문자로.** 형식논리가 수사학을 대체했고, 학문의 삶에서는 인쇄된 출판물이 구술논쟁이라는 개인적 형태의 커뮤니케이션을 점차 대체했

다. 구술에 의해 이루어지는 직접논증 대신에 문헌을 통한 증명이 이루어졌다. 이러한 증명은 공간적·시간적 거리 속에서 수용되고 평가되었다. "서유럽의 근대철학 전통은 1630년경부터는 설득을 원하는 주장이 맥락과 관련해 어떤 강점과 약점을 지녔는지에 관심을 두기보다는 글로 쓰여진 진술의 배열을 형식적으로 분석하는 데 집중하게 된다. 이러한 전통에서 **형식논리는 중요시되었고 수사학은 힘을 상실했다.**"[22]

② **특수에서 보편으로.** 신학의 경우와 반대로 도덕철학의 경우에는 보편법칙이 상세하게 도덕을 구별하는 결의론(決疑論)을 대체했다. 토울민은 1640년대 "수학자 파스칼의 가까운 친구인 아르토Antoine Artaud가 예수회 활동을 하는 도중에 파리의 교회법정으로부터 이단자로 고발된" 사례를 들고 있다. "파스칼은 그를 변호하기 위해 '지방에서 보낸 편지'를 익명으로 출간했다. 이 편지에서 그는 특정한 구체적인 '양심사안casus conscientiae'의 분석에 근거하는 예수회의 결의론의 방법을 논박했다. 이 신랄한 편지들은 예수회를 너무나 잔혹하게 웃음거리로 만들었다. 따라서 그 이후 모든 '사례윤리Fallethik'는 계속해서 나쁜 평판을 얻게 되었다."[23]

③ **지역적인 것에서 세계적인 것으로의 이행**이 나타났다. 이것은 도덕철학에서 보편법칙이 가치를 얻게 되는 것과 유사한 것이다. 추상적인 공리가 지역에 뿌리를 둔 사례들의 구체적인 다양성에 대립해서 관철되었다. 르네상스 인문주의가 민속학적·역사적 연구를 통해 특수한 맥락들에 관심을 가졌다면, 데카르트는 이러한 생각들을 단호하게 거부했다. "데카르트는 역사가와 민속학자의 호기심 안에서 인간의 특유한 성향을 보았다. 그러나 그는 철학적 인식은 특정 개별적인 인간이나 개별적인 경우에 대한 경험을 축적한다고 해서 생겨나는 것이 결코 아니라고 가르쳤다. 합리성의 명령은

---

22 앞의 책, 62쪽.
23 앞의 책, 62쪽 이하.

철학에게 추상적인 보편적 이념과 법칙을 추구하라고 요구한다. 이러한 이념과 법칙에 의해서 개별적인 경우들은 서로 관련짓게 된다."[24]

④ 구체적 다양성이 추상적 공리 때문에 포기되었을 때, 마침내 시간에 구속되어 있는 것에서 시간을 초월하는 것으로의 이행도 생겨났다. 철학적 인식이 확실한 토대를 추구할 경우, 이때 역사적인 우연적 토대는 별로 바람직한 것이 아니다. 따라서 점차적으로 시간을 초월한 보편타당한 법칙이 중요시되었다.

6. 근대 지성의 미디어로서의 책문화

철학적 사유의 전제는 문자성, 보편성, 세계화, 시대초월과 같은 중요한 키워드들로 요약된다. 철학적 사유는 '명석판명하게' 인식하는 토대 위에서 단지 추상적 사유의 결과만을 진리로 인정하기 때문이다. 하지만 **책문화도** 철학적 사유의 전제이다. 책문화도 지성적 행위를 위해 기능하는 토대인 것이다. 보편적인 지성적 활동의 내적 통일성은 확고한 미디어와 일관된 지시연관의 틀에 의해서 보장되어야만 한다.[25]

학자공화국Gelehrtenrepublik은 형성되고 있었다. 물론 이 학자공화국이 데카르트의 배타적인 생각을 기다리고 있었던 것은 아니다. 오히려 우리가 근

---

24 앞의 책, 64쪽. 데카르트는 다음과 같이 쓰고 있다: "물론 내가 단지 다른 사람의 생활방식을 관찰했던 동안에는 확실성을 주는 어떤 것도 발견할 수 없었다. 그리고 나는 여기서 예전의 철학자들의 이론들에서 알게 되었던 것과 거의 비슷하게 커다란 차이를 알게 되었다. 이로써 가장 유익했던 것은 사람들이 선례나 전승된 것을 통해 나를 설득시켰던 어떤 것도 확고하게 믿어서는 안 된다는 사실을 배운 것이라고 할 수 있다. 이와 같이 나는 서서히 우리 오성의 자연의 빛을 어둡게 하고 이성을 갖지 못하도록 만드는 많은 오류들로부터 나를 해방시켰다"(*Discours*, Abs.15, 같은 책, 17쪽).

25 "인간의 믿음이 신의 계시로부터 수학적 증명과 인간이 만든 지도 · 항해도 · 성좌표로 옮겨간 것처럼 가장 확신했던 출발점도 설명하도록 만들었던" 것이 책인쇄가 야기한 변화들이다. 이에 관해서는 Elisabeth Eisenstein, *Die Druckerpresse*, 같은 책, 247쪽을 참조하라.

대과학이 방법론적으로 정립되는 과정과 관련해서 살펴보아야 하는 것은 데카르트가 근대과학의 새롭고 잠재적인 패러다임을 알아차리고 전략적으로 사용하기 위해 저자로서 공동체와 어떤 관계를 맺었는지에 관한 것이다. 데카르트는 『방법서설』에서 다음과 같이 쓰고 있다. "몇 년 동안 세계라는 책 속에서 배우고 어떤 새로운 경험을 얻으려고 노력한 다음에, 어느 날 나는 나 자신 속에서 진리를 탐구할 결심을 했고, 또 내가 추구해야 할 길을 선택하는 데 내 정신의 모든 힘을 바치기로 결심했다. 만약에 내가 나의 고향과 나의 책에서 멀리 떠나지 않았었다면, 나는 더욱 더 성공했을 것이라고 생각한다."[26]

세계경험은 결국 자기의 경험에만 도움이 될 뿐이다. 그 반면에 학문의 출판제도는 초보의 형태이지만 이미 기능하고 있었다. 이러한 학문의 출판제도라는 환경이 마련되어 있지 않았다면 사적인 생각들은 그저 사적인 생각들에 불과했을 것이고 또한 과학적 방법의 새로운 정초에 기여하는 일도 결코 가능하지 않았을 것이다. 만약 데카르트가 사유행위를 할 때 사상가이자 동시에 그야말로 저자로서 존재하지 않았다면, 그의 프로그램은 자신이 극복하려고 했던 우연성에 굴복했을 것이다. 물론 그는 책의 세계에 대해 일종의 애증의 감정을 갖고 있다. 데카르트가 자신의 학교교육에 대해 이야기했던 바와 같이[27] 독서는 그를 만족시키지 못했다. 그럼에도 불구하고 그는 스스로가 혐오했던, 책을 통한 지식생산에 종사했던 것이다. 이러한 행보는 전략적인 동기에서뿐만 아니라 사회정치적인 이유에서 비롯되었다. 왜냐하면 지성적 노력과 사회정치적 상황 사이에는 당연히 연관성이 있기 때문이다. 사회정치적 상황은 본질적으로 교회와 국가가 규정하고 있었고,

---

26 René Descartes, *Discours*, Erster Teil, 같은 책 19쪽.
27 앞의 책, 9쪽. '연구의 책'과 '세계라는 거대한 책'에 대한 데카르트의 독해가 지닌 불일치에 관해서는 Hans Blumenberg, "Asymmetrien der Lesbarkeit", in: Hans Blumenberg, *Die Lesbarkeit der Welt*, Frankfurt: Suhrkamp 1981, VIII장, 86쪽 이하를 참조하라.

근대의 저자는 스스로 원하던 원치 않던 간에 이러한 사회정치적 상황에 대항해야만 했다.[28]

새로운 확실성의 추구는 순수주관성에 기초를 두고 있다. 따라서 데카르트는 다른 사람들에게 어떻게 사유해야 하는지를 가르치려 하지 않았다고 자주 강조했다.[29] 각각의 정신은 다르게 역할을 수행하지만, 개인의 지성은 **블랙박스**와 같은 것이다. 말하자면 그 속 안은 들여다 볼 수는 없다고 할지라도 그 기능만큼은 인정될 수밖에 없는 블랙박스와 같은 것이다. 단지 자료처리과정의 결과로서 가령 출판과 같은 형태로 나타난 것만이 학자공화국이 계속 발전시켜 나가는 전체 텍스트 안에서 평가될 수 있다. 『방법서설』의 제6부에 나타난 진술에 따르면 데카르트는 "책을 출판하는 직업"[30]을 경멸했다. 흥미로운 점은 이 학자가 여기서 자신의 텍스트의 생산환경에 대해 거론하고 있다는 것과 독자적인 출판물이 가져올 좋지 않은 제약적인 결과에 대해서도 잘 알고 있다는 것이다. 예컨대 1632년에 벌어진 갈릴레이에 대한 교회의 유죄판결이 상세히 언급되었고 이 때문에 그의 출판계획이 우선은 포기되었다.

그러나 외부의 권위는 행위에나 영향을 미칠 뿐이고, 사유는 '자유로운'

---

28 데카르트는 『세계(Le Monde)』라는 제목을 달고 있는, 우주론을 다룬 거대한 미간행된 책을 계획했다. 1633년 갈릴레이의 유죄판결을 경험했을 때 그는 이 계획을 중지했던 것이다. 블루멘베르크는 이에 대해 다음과 같이 언급한다: "세계에서 자기로의 필수적인 전환은 몽테뉴 이후 이제 더 이상 거대한 전환이 아니다. 왜냐하면 세계경험은 전적으로 자기경험으로 나아가기 위한 계기와 자극을 제공하기 때문이다"(Hans Blumenberg, *Die Lesbarkeit der Welt*, 같은 책, 92쪽을 참조하라). 아이젠슈타인은 지성적인 호기심 이외에도 지성적 작업을 주어진 기술의 가능성과 일치시키는 것이 중요한 문제였다는 점에 대해서 주의를 환기시키고 있다. 이에 대해서는 Elisabeth Eisenstein, "Die Wandlungen des Buches der Natur: Der Buchdruck und der Aufschwung der modernen Wissenschaft", in: Elisabeth Eisenstein, *Die Druckerpresse*, 같은 책, 7장, 170쪽 이하를 참조하라.

29 각주 14를 참조하라. 이와 관련된, 데카르트의 『철학의 원리(*Prinzipien der Philosophie*)』(1644)에서 '인식의 기계모델'에 대해서는 Hans Blumenberg, *Die Lesbarkeit der Welt*, 같은 책, 93쪽 이하를 참조하라.

30 René Descartes, *Discours*, Sechster Teil, "(……) mon inclination, qui m'a toujours fait hair le métier de faire les livres (……)"(같은 책, 98쪽 이하).

것이다. 사유는 오직 이성의 규칙만을 따르고 이성의 규칙은 정신의 매우 간단한 작업으로부터 마련되는 것이다. 인식능력의 정립을 위한 네 번째 규칙에서, 데카르트는 우선 "한 번도 학문을 해보지 않은" 사람들의 상식을 칭찬했다. 이 사람들은 "오로지 학교 안에만 있는" 스콜라 학자보다도 훨씬 "더 건강하고 정확하게" 판단할 수 있는 능력을 갖고 있다고 한다.[31] 데카르트는 기존 학설과의 논쟁은 피하려고 했다. 이러한 논쟁은 정신의 노력을 쓸데없이 낭비하는 것이기 때문이다. 중요한 것은 방법이다. 다시 말해 '정신적 직관'의 간단한 규칙과 '연역을 발견하는 방법'이다. 그 이상의 아무 것도 포괄적 인식을 위해 필요하지 않다. 데카르트의 세계관 전체가 기초하고 있는 이러한 명증성은 본질적으로는 자명한 것이라고 한다. 그런데도 그는 『방법서설』의 끝부분에서 왜 자신의 생각들이 **출판**되었는지에 관해 설명하는 것이 필요하다고 말했다(데카르트는 특히 명예로운 관직을 얻기 위해 출판한 것이 아니라고 끝부분에 설명하고 있다). 학문적 연구와 인식은 어떤 위대한 스승으로부터가 아니라 순수하게 주관적 이성으로부터 유래하는 것이지만, 데카르트는 이러한 학문적 연구와 인식의 타당성을 주장하기 위해 다시 반복하여 '건강한 지성(상식)'을 거론한다. 이 저자는 주관적 이성의 자기 만족에서 벗어나려고 했던 것이다. 달리 말하면, 데카르트는 읽혀지기를 원했던 것이다.

"나의 고유한 의견들과 관련해 말한다면 나는 내 의견들의 새로움을 다른 사람들에게 납득시키지 않는다. 나는 사람들이 내 의견들의 근거를 올바르게 숙고한다면 아주 간단하게 상식에 맞는 것으로 받아들일 것이라고 확신하기 때문이고, 또한 나의 의견들이 동일한 주제에 대해서 사람들이 가질 수 있는 다른 의견들보다 이상하거나 낯선 것으로 간주되지 않을 것이라고

---

31 René Descartes, *Regulae*, Regel4, "(……) quod etiam experientia comprobatur, cum saepissime videamus illos, qui litteris nunquam operam navarunt, longe solidius et clarius de obviis rebus judicare, quem qui perpetuo in scholis sunt versati"(같은 책, 22쪽 이하).

확신하기 때문이다. 물론 나는 어떤 새로운 것을 최초로 발견했다고 생각하지는 않는다. 그러나 내가 그것을 일찍이 받아들인 것은, 그것이 다른 사람에 의해 주장되었거나 아니면 한 번도 주장된 적이 없기 때문이 아니라 오로지 나의 이성이 그것에 확신을 가졌기 때문이다."[32]

7. 공론장의 새로운 역할

이제 비로소 공론장은 시간에 구속되어 있는 불완전한 지식의 일시성을 극복할 수 있게 해준다. 이것은 '인생의 짧음'과 이로부터 기인하는 '관찰의 부족함'을 극복할 수 있게 해주는 것을 뜻한다. 그렇기 때문에 데카르트는 다음과 같이 말한다. "내가 생각하기에, 이러한 두 개의 방해물에 대항하기 위한 수단으로 공론장보다 더 나은 것은 없다. 공론장은 별로 많지는 않지만 내가 발견한 모든 것을 정확히 알리고, 현명한 두뇌들을 이것에 참여해더 발전시키는 과제에 초대하는 데 적합한 것이다. 이들은 각각의 성향과 능력에 따라 제시된 관찰들을 살펴보고 마찬가지로 공론장에 자신들의 발견들을 알리며, 또 이들은 자신의 선배들이 중지했던 그곳에서부터 시작할 수 있을 것이다. 이러한 방식으로 다른 사람들의 인생과 작업이 결집됨으로써 우리들은 혼자서 할 수 있는 것보다 훨씬 더 많은 것에 함께 도달할 수 있을 것이다."[33]

학문적 연구의 공지성에 대한 이와 같은 요구 속에서 **연구와 해석의 공동체**Community of Investigators and Interpreters(퍼스Peirce)의 기본원칙들은 이미 표현되었다. 데카르트는 출판을 통해 주관적 인식능력을 맥락화하는 담론

---

32 René Descartes, *Discours*, Sechster Teil, 같은 책, 125쪽.
33 앞의 책, 103쪽.

문화를 추구했는데, 이러한 담론문화가 아무런 배경 없이 성공을 거두었던 것은 아니다. 물론 영원한 가치를 지닌 도구를 준비하려는 데카르트의 철학도 자신을 탄생시킨 담론문화를 초월할 수는 없는 것이다. 데카르트의 **방법**은 사실상 외관상으로만 그렇게 완전하게 전제가 없는 것처럼 보이는 것이다. 그는 과거의 전제들과 문화의 조건들 모두로부터 해방되기를 원했고 새로운 학문의 저자를 위해 **백지상태**tabula rasa를 원했기 때문에 그런 것처럼 보이는 것이다. 데카르트의 방법은 모든 지시관계를 없애고 모든 관련된 행위자를 사라지게 함으로써 그것을 실천했다. 데카르트는 기본적으로 아무것도 또 아무도 인용하지 않는다. 그는 완전히 인위적인 새로운 출발을 시작한다고 생각했던 것처럼 보인다. 그러나 그 당시의 맥락 속에서 데카르트의 구상을 재구성하게 된다면, 이 고독한 대사상가에 대해서 다른 시야가 열리게 될 것이다. "데카르트의 천재성은 기존 이론에 대해 아주 거리낌 없는 행동을 취했다는 데 있다. 그는 하나의 옷을 만들기 위해 조각, 파편, 이념을 약탈하고 접합하고 수선하고 비틀고 가린다. 그는 자신을 방해하는 것을 분리시키고, 임의적으로 말의 의미를 과장하거나 확장하거나 축소하고, 300년 동안의 작업을 단 세 줄로 파괴하고, 사소한 일에 대한 의견을 이십 페이지에 걸쳐 말한다."[34]

아우티어Michel Authier는 이러한 점을 관찰했기 때문에 데카르트의 작업에서 순수이성에 의해 정초된 과학성을 전혀 발견하지 못한다. 특히 데카르트의 자연과학적 성과가 중요시되는 경우에 더욱 그렇다.[35] 이와 반대로 이 비판가는 그 당시의 학설들이 데카르트의 책의 "각 페이지에 편재하고" 있

---

34 Michel Authier, "Die Geschichte der Brechung und Descartes' 'vergessene' Quellen", in: Michel Serres(Hg.), *Elemente einer Geschichte der Wissenschaften*, Frankfurt: Suhrkamp 1998, 445~485쪽, 여기서는 476쪽.

35 이성을 올바르게 사용하는 방법이 적용되어 이루어지는 과학적 연구는 데카르트에 의해서 3가지의 예, 즉 광선굴절학 또는 빛의 행태에 관한 이론, 유성에 관한 이론, 분석적 기하학으로 예시되었다.

다는 사실을 알아냈다. 아우티어는 "모든 발견들이 나타나 있지만, 발견의 주체들은 사라진 상태"라고 말한다. 그렇기 때문에 아우티어는 데카르트의 혁명에서 과학적 합리주의의 야만적인 정초행위를 확인한다. 과학적 합리주의는 선배들의 작업흔적을 급진적으로 없애려는 의도를 가졌던 것이다. 말하자면 "데카르트가 일으킨 것은 과학의 혁명이 아니라 기껏해야 과학적 결과의 서술방식의 혁명일 뿐이다."[36]

급진성은 반성의 영역에서가 아니라 일반적으로 표현의 차원에서 나타났다. 연구하는 학자를 스콜라적 학자로 간주하는 모델에는 아마 일정한 자의가 숨겨져 있을 것이다. 특히 이 모델은 학자집단에 대한 전통적인 규정으로부터 새로운 형식을 분리시키는 것을 의미한다. 이제 서술은 특유의 폐쇄성을 요구하고, 기존의 가설들은 오직 논리적 원칙 속에서만 설명된다. 데카르트가 자기를 묘사한 것을 보면, 그는 주권적이고 자립적인 저자로서 이미 계몽된 시민대중을 자신의 수신인으로 삼고 있다. 그는 학술적 권위의 틀을 통해서 자신의 진술의 타당성의 범위를 제한할 성직자들이나 스콜라학자들만을 수신인으로 생각한 것이 아니다. 그렇기 때문에 그는 의식적으로 광범위한 대중을 위해 글을 썼으며, 이를 위해 **대중의 언어**en langue vulgaire로 글을 썼다. "내가 장차 나의 스승의 언어인 라틴어가 아니라 내 나라의 언어인 프랑스어로 글을 쓴다면, 이것은 완전히 순수한 자연적인 이성만을 사용하는 사람들이 예전의 저작들만을 믿는 사람들보다 훨씬 잘 나의 의견에 대해 판단할 것이라고 내가 희망하기 때문이다. 상식이 학식과 연결되는 것과 관련해서 말한다면, 또 내가 나의 비평가들에게 희망하는 것에 대해 말한다면, 이들이 내가 나의 근거를 대중의 언어로 표현했기 때문에 나의 근거를 경청하는 것을 거부할 정도로 라틴어를 편파적으로 선호하는 편견을 갖지 않을 것이라는 점이다."[37]

---

36 Michel Authier, 같은 책, 472쪽 이하.
37 René Descartes, *Discours*, Sechster Teil, 같은 책, 127쪽.

이와 같이 자연이나 경험적인 입증행위가 이러한 근대과학이론의 형성의 준거점이라고 말할 수 없다. 오히려 그 비밀스러운 준거점은 근대철학의 특수한 기록체계Aufschreibesystem[38]이다. 데카르트는 『방법서설』의 제6부에서 저자로서 글을 쓰게 된 이유들에 대해 상세히 설명하고 있는데, 그는 여기서 인내심을 갖고 "전체를 세심하게 읽고" 가능한 "반론들을 (……) 나의 출판사에 보낼 것"[39]을 독자들에게 요청한다. 데카르트는 이 구절에서 이의제기나 논평의 출판에 대해서는 자신이 최종적인 결정권을 갖지만 항변이나 답변은 나중의 출판물에서 받아들일 것이라고 말했다. 이렇게 대화에 초대하는 노력은 일관성 있게 이루어지지 못했다. 데카르트는 『성찰』의 독자에 대한 서언에서 『방법서설』을 쓸 때 제기한 요청을 회상하지만, 그는 그 사이 도착한 이의제기 중 단지 두 개만이 '언급할 만한 가치가 있는 것'으로 간주한다. 그 하나는 그의 '순수이성적' 설명의 유효범위에 대한 이의제기인데, 그는 이것을 논리적 이성을 갖고 반박한다. 이어서 등장하는 것은 그가 다시 재구성한 신의 존재론적 증명을 받아들이지 않는 무신론적 이의제기에 대한 피상적인 답변이다(데카르트는 주지하다시피 인간정신의 유한성으로부터 개념화될 수 없는 무한한 신의 존재를 추론한다). 우리가 이러한 구절들 속에서 알수 있는 것은, 데카르트가 독자들이 자신의 텍스트를 꼼꼼히 읽지 않은 것에 대해 불쾌하게 생각한다는 점보다는 오히려 독자들이 기본적으로 자신의 논리적 연역을 따를 준비가 되어 있지 않은 것에 대해 근본적인 실망을 하고 있다는 점이다. 독자들에 대해 불쾌한 이유는 독자들이 텍스트를 다른 맥락에서 읽고 있기 때문이고, 데카르트의 신념에 따르면 독자들이 순수철학적 원리에 따라 완벽하게 연역된 결론에서, 말하자면 이러한 과학적 진보

---

38 철학용어, 사회집단, 저자 사이의 관계에 대해서는 데카르트 이후 수십 년 동안의 시기를 스피노자의 사례를 통해 분석한 들뢰즈의 작업을 참조하라. Gilles Deleuze, *Spinoza und das Problem des Ausdrucks in der Philosophie*(1968), München 1993.
39 René Descartes, *Discours*, Sechster Teil, 같은 책, 123쪽.

의 전개에서 단지 개연성만을 인정하고 있기 때문이다.

이러한 상황에서 도약은 좌절되고, 이 좌절된 도약은 '본래의 모습'으로 되돌아간다. 즉『방법서설』의 끝부분에서 약속되었던 개방된 공지성이 극단적으로 후퇴된 형태로 나타난다.『성찰』이 다시 지난날의 라틴어로 출판된 것은 이 철학자가 소르본 신학대학의 학자들에게 환심을 사기 위한 것과 관련이 있을 뿐만 아니라 자신의 독자를 찾지 못한 이 저자의 깊은 실망과도 관련이 있다. 이 극단적으로 새로운 것의 저자는 실망하여 다음과 같이 쓰고 있다. 그는 "이제 한 번 세계의 판단을 경험"했기 때문에, "많은 사람의 박수나 많은 수의 독자를" 기대하지 않는다고 한다. "왜냐하면 나는 진정으로 나와 함께 숙고하고 자신의 사유를 감각과 모든 편견으로부터 해방시킬 수 있고 또 해방시키기를 원하는 그러한 사람들을 위해서만 글을 쓰기 때문이다. 하지만 내가 알기로는 그러한 사람들은 매우 소수만이 존재한다."[40] 당시의 비교적 늦은 텍스트의 유통속도를 감안해 볼 때, 1641년『성찰』이 출판되고 1년 후에 이미 가상디Pierre Gassendi, 홉스Thomas Hobbes, 아르노Antoine Arnauld 같은 저자들의 중요한 이의제기가 뒤따랐다는 것은 놀라운 일이다. 또한 데카르트가 높이 평가한 소르본 대학도 반응했다. 물론 이 경우 아마 후원자이자 친구인 예수회 신부 메르센Marin Mersenne의 도움을 약간은 받았을 것이다. 많은 편지들 속에 기록된 바와 같이 초기의 학문적 커뮤니케이션 네트워크는 메르센을 중심으로 조직되었고, 메르센은 데카르트에 대한 비판적 이의제기를 묶은 책의 출간을 열성적으로 돌보았다.

여기에 저술을 하는 근대의 학자의 고독이 뚜렷하게 드러나게 된다. 이 학자는 커뮤니케이션 피드백의 중요성을 너무나 잘 알고 있기 때문에 이러한 피드백의 과정을 소홀히 다룰 수 없는 것이다. 책문화의 장점은 사람들이 학자로서 활동할 수 있게 해주었다는 데 있다. 그러나 책문화는 바로 다

---

40 René Descartes, *Meditationes*, Vorwort an den Leser, 같은 책, 19쪽.

음과 같은 단점도 초래했다. 대중적으로 성공하지 못한 출판물은 도착된 형태의 커뮤니케이션을 나타내는 단점이 그것이다. 일반적인 비판적 독해의 순환고리 속에서만 새로운 텍스트가 생겨나고 저자의 입장도 정립될 것이다. 고귀한 진리를 목표로 삼고 있다고 선언하는 일은 이러한 가능조건에서는 약화될 것인데, 이때 데카르트는 표면적으로는 성찰의 진정성을 요구하는 개인주의적 윤리를 제안한다. 여하튼 만약 공론장이 존재하지 않았다면, 전통적인 관습을 넘어서는 세속적인 사유는 고독하게 존재할 수밖에 없었을 것이다. 글쓰기 자체가 논의의 대상이 됨으로써 철학적인 저자와 학자공화국 사이의 의미창조적인 상관관계가 의식적인 차원으로 향상되었다. 이성의 새로운 문화는 상상의 공간인 공론장 안에서 계속 확장되어 나갔다.

요약

데카르트의 철학은 근대 유럽의 사회경제적 위기의 한가운데에서 새로운 확실성을 추구한다. 데카르트의 철학은 '명석판명한' 인식의 가능성을 토대로 하여 추상적 사유를 절대적 진리인식의 도구로 설정한다. 나와 세계 간의 매개는 불확실하게 되었는데, 그 매개는 이제 새로운 형태로 제안된다. 수학적 증명이 신의 계시를 대체하게 된다.

이제 학문사는 새로운 출발을 하게 되는데, 이때 새로운 출발이란 일반적으로 사회적 맥락의 추상화를 뜻한다. 그 새로운 출발의 결과 중 하나는 인식의 이원론적 구조, 즉 물질과 정신의 구분이다. 이러한 구분에서 비롯된 것 중 결과는 정신과학에서 강력한 이론 개념이 등장해 형이상학적인 것(자연 위에 있는 것)에 특권을 부여한 것이다. 자연과학의 경우 이 이론 개념은 하나의 해방으로 나타난다. 왜냐하면 그것은 새로운 연구방법을 개방하는 것이기 때문이다(신체는 이제 더 이상 신성불가침한 것이 아니다. 의학적 간섭은 '영혼을 건드리지 않는다'). 자기 의식적인 주체는 다름 아닌 세계의 현실에 대한 물음을 던진다. 이러한 일이 확실하게 일어날 수 있었던 것은 이미 기능하고 있던 기본조건, 즉 인쇄문화와 출판문화 때문이다. 근대적 사유는 이러한 특수한 책문화의 덕택이다. 철학자는 사유에 대해서뿐만 아니라 글쓰기에 대해 성찰하고 자신을 저자로서 새롭게 발견한다. 그는 학술적인 규준화의 압력에서 벗어나 보편적인 공론장에 관심을 갖는다. 이제부터 공론장은 그의 이론형성의 척도가 된다.

근대의 인식론적 문제는 세계의 특수한 '매개성'에서 출발점을 갖고 있다. 이 매개성은 합리주의 시대를 특징짓는 문화기술(진술의 문자성, 보편적 구속성, 보편적 요구, 영원성)과의 연관 속에서 논의되어야 한다. 과학적 진술의 서술방식에서의 구성효과는 철학적 기록체계에서의 저자의 역할과 마찬가지로 우선은 드러나 있지 않다. 칸트의 주관성의 비판철학은 새로운 사회적 현실의 반성을 위해 중심적 역할을 할 것이다. 칸트의 철학은 계속해서 지식과 행위와 도덕을 위한 새로운 근거와 통일적 규정(겔너)을 추구하고, 구속력 있는 세계시민적 질서(토울민)를 추구하며, 이를 위해 공지성의 원칙을 새롭게 정립한다.

〈삽화 3〉 블레(Étienne-Louis Boullée) : 뉴턴을 위한 기념비(1784)

3 계몽과 공지성

칸트의 이성적 진리의 조건

"…… 우리 인류가 자기 자신과 소통하는 모든 놀이는
이러한 전제 위에서……"

―임마누엘 칸트

1. 존재에서 현상으로

인간이 경험하고 사유한 세계는 매개된 것이다. 말하자면 세계 그 자체는 인간에게 현상하는 것처럼 존재하는 것이 결코 아니다. 이 말은 우선 모호하게 들린다. 누군가가 낯선 것 때문에 혼란스런 가상Schein에 직면했지만 이제 더 이상 신비스러운 매개자의 역할을 믿지 않는 사람이라면, 그는 철학적 사유의 프로그램을 발전시키게 될 것이다. 칸트는 당시 다음과 같이 생각했다. 철학적·정치적 전제조건이 근본적으로 혁신됨으로써,[1] 그리고

---

1 루소(Jean-Jacques Rousseau)가 1754년 『인간 불평등기원론(*Diskurs über die Ungleichheit der Menschen*)』을 출간하고 이로써 계몽주의를 급진적으로 만들었을 때 그는 이탈리아의 논쟁 속에서는 사회주의자로서 지칭되었다. 이에 대해서는 Ulrich Im Hof, *Das Europa der Aufklärung, München*:

세계경험을 가능하게 하는 범주수단의 새로운 형식이 고안됨으로써 커뮤니케이션의 모든 '익살극'이 종결되어야 한다는 것이다. 특히 라인Rhein강 오른쪽의 유럽문화가 정치적·사회적 해방을 완성할 수 없었던 것은 바로 공지성의 제한 때문이었다. 원칙은 분명해졌다. 이제 진리와 공론장을 서로 연결해야만 하는 정당한 근거들이 제시되어야 한다. 그것은 찬반의 논변을 통해 보다 나은 논변이 생겨날 수 있게 하기 위해서이다.

출발점의 물음은 다음과 같다. 실제로는 단지 현상Erscheinung만이 존재한다면, 도대체 '거기 현상하는 것'은 무엇인가? 물론 칸트는 자신의 『순수이성비판Kritik der reinen Vernunft』에서 가상의 경계를 규정하기 위해 사물 자체와 그 현상 사이의 차이에 관해 이론의 여지가 없을 정도로 명확하게 설명했지만, 이 차이는 그 이후의 모든 세대들을 당혹스럽게 만들었던 것이 사실이다. 사물 자체와 그 현상 사이의 차이는 자연과 인간자유의 잠재적 힘 사이의 모순을, 또는 존재영역과 사유영역 사이의 모순을 함축하고 있기 때문이다. 따라서 이러한 모순의 매개문제가 등장했다. 이것은 철학적 요구에 따라 어떻게 도대체 세계의 질서가 가능한지를 설명하려고 했다.

어떤 세계가 합리적 주체에게 매개된 것으로 나타난다면, 이 세계는 무엇인가에 의해, 말하자면 어떤 '통일점Sammlungspunkt'에 의해 결합될 필요가 있다. 그리고 이를 위해 하나의 척도가 발견되어야 할 것이다. 우리가 알고 있듯이 칸트의 경우, 이 척도는 이성 자체이다. 법칙들은 사물의 본성으로부터가 아니라 이성 자체로부터 도출되고, 이러한 법칙들은 사회를 심리적·정치적 연관관계로 보며, 사회도 기하학적 직선의 형식에 종속시킨다. 우리는 이러한 사회의 이상적 소실점(消失點)을 문화적 근대라고 부른다. 문화적 근대의 고고학은 어떻게 봉건지배층의 고전적 인식론이 몰락했는지, 그리고 어떻게 미적 가상이 더 이상 지탱될 수 없었는지를 증언하고 있는

Beck 1993, 219쪽을 참조하라.

이성의 상징들을 채굴한다.[2] 사적 영역은 시민의 자기의식이 싹트게 됨으로써 궁정의 대의영역Repräsentationssphäre을 대체하고, 이제부터 이성에 의해 만들어진 영역이 공론장으로 간주되기에 이른다. 이러한 공론장에는 좋은 논변을 갖고 함께 참여할 수 있는 자만이 들어갈 수 있다.[3]

봉건체제가 해체됨으로써 공허의 상태가 나타났고 새로운 관계에 대한 욕구가 생겨났다. 이것은 새로운 능력에 의해 채워져야 하는 것이었다. 하지만 새로운 관계는 자연의 영역에서는 새롭게 발견된 자연법칙에 의해 정립될 수 있었다 해도, 정신영역의 경우 역사적 확신이나 형이상학적 사변은 이러한 새로운 연관을 정립할 만한 충분한 능력을 갖지 못했다. 이러한 측면에서 보면, 칸트와 데카르트는 자신들의 철학이론을 만들려는 의도에서 볼 때 서로 일치하는 점을 갖고 있다. 그 의도는 주체의 실존이 우연적 경험에 좌우되어서는 안 된다는 것이다. 신의 존재증명이 여러 번에 걸쳐 철학적으로 시도되었지만, 새로운 지식개념은 지식의 논리적 가능조건에 관한 새로운 정당화가 요구될 정도로 신앙으로부터 해방되었다. 명확성의 엄밀한 형식으로서의 이성언어는 결국 모든 존재를 논리적·도덕적 질서에 종속시키는 새로운 방향설정의 성과물이다. 그리고 근대인의 근본 상황은 하나의 토대를 필요로 했다. 그 토대는 자연형태로 주어진 질서와는 다른 질서를 함축하는 것인데, 그 토대가 바로 **도덕의 형이상학**Metaphysik der Sitten이다. 여하튼 중요한 것은 역사적으로 생겨난 모든 우연성과 구분되는 확실성이다. 즉 칸트가 비의학적인 의미에서 즐겨 사용했던 **병리학적인 것**과 구분되는 확실성이다. 이러한 확실성은 외부로부터 주어질 수 없다. 왜냐하면 보편적 인간이성에 대해 말할 수 있는 구속력은 명석판명하게 인식

---

2 Jean Starobinski, 1789. *Die Embleme der Vernunft*, Friedrich Kittler(Hg.), München: Fink[o.J.].
3 이러한 일이 18세기 말의 문헌들에서 어떻게 반영되어 나타나고 있는지는 하버마스(Jürgen Habermas)에 의해서 재구성되었다. Jürgen Habermas, *Strukturwandel der Öffentlichkeit*, Frankfurt: Suhrkamp 1962.

된 자료를 통해서는 획득될 수 없는 것이기 때문이다.[4] 데카르트의 명석한 사유는 수학적 학문의 대상을 형성할 수 있을지는 모르지만, 라이프니츠가 이미 말한 바와 같이 내가 감각한 대상에 무엇인가를 첨가하는 것은 내 자신의 반성이거나 내 자신의 사유이다. "이와 같이 감각적인 것과 형상적으로 표상가능한 것sensible et imaginable 이외에 순수예지적인 내용이 있고 이 예지적인 내용이 순수지성의 대상인 것이다."[5]

이러한 예지력Intelligibilität은 경험을 넘어서 있는 것이며 어떤 경험에 의해서도 보증되지 않는 이성의 가능조건을 형성시킨다. 이성의 가능조건은 사유를 위한 새로운 토대이고 감각적 직관을 통해서는 접근될 수 없기 때문에 다르게 파악되어야 한다. 이성의 가능조건은 개별적 경험을 넘어서 있기 때문에 초험적transzendent이기는 하지만 가능한 경험의 지평 바깥에 있지는 않다. 따라서 사유도 경험이고, 이를 위해 칸트는 초월적transzendental이란 표현을 사용한다. 이 개념은 우리의 인식의 가능조건을 가리킨다. 다시 말해 이 개념은 우리의 인식의 가능조건이 모든 우리의 경험에 앞서서, 즉 우리에게 선험적으로aapriorisch 존재하는 방식을 가리키는데, 초월적 감성학에서는 공간과 시간이라는 주관적 직관형식을 뜻하고 초월적 논리학에서는 우리의 주관적 지성의 사용원칙을 뜻한다.[6] 이로써 객관적 인식을 획득하기

---

4 인식론의 반성은 특히 인식의 획득에 대해서, 다시 말해 종합판단에 대해서 관심을 갖기 때문에, 데카르트에서 시작하여 로크와 버클리를 거쳐 흄에 이르기까지의 인과법칙에 관한 논의가 여기서 다루어져야만 했다. 그러나 이 주제는 철학사적으로 볼 때 이미 종합적으로 고찰되었다고 볼 수 있다. 이 문제를 짧고 간명하게 서술한 Ferdinand Alquié, "Die Idee der Kausalität von Descartes bis zu Kant", in: Geschichte der Philosophie Band IV (Die Aufklärung), François Chatelet(Hg.), Frankfurt: Ullstein 1974, 192~207쪽을 참조하라.

5 Gottfried Wilhelm Leibniz, "Von dem, was jenseits der Sinne und der Materie liegt. (Sur ce qui passe les sens et la matiere.) Brief an die Königin Sophie Charlotte von Preußen"(1702), in: Ges. Werke, Gerh(Hg.), Band VI, 413쪽.

6 Friedrich Kaulbach, "Begründung der kritischen Transzendentalphilosophie im Bereich der theoretischen und praktischen Vernunft", in: Friedrich Kaulbach, Immanuel Kant, Berlin: de Gruyter 1982, 105~264쪽.

위해 **선험적으로** 존재하는 조건들이 철학적으로 명백해졌고 이 조건들은 모든 주체에게 동일한 의미로 존재한다. 이러한 철학은 세계의 본질을 설명하겠다는 생각을 이제 더 이상 갖지 않고, 우리에게 나타나는 현상의 영역에 스스로를 제한시킨다.

그렇다면 이성의 인지적 건축을 위한 토대는 어떤 것인가? 물론 감각경험이 이러한 인지적 요구를 감독하는 통제기준 중 하나이다. 18세기에는 "기본적으로 개별 관찰자가 사용할 수 있는 자료에 집중하고 이러한 자료를 세부적으로 다룸으로써 문화적으로 전승되어 도그마로 존재하는 환상들을 극복하는 데 도달했다"[7]고 할 수 있다. 하지만 경험을 통해 배우는 것보다 더 많은 것을 약속하는 그러한 신념들과 환상들도 또한 존재했다. 바로 18세기는 현세적 지식을 확장시키는 동시에 물질세계를 보다 실재적인 정신영역에 종속시킬 수 있다는 약속들로 충만되었던 시기이다. 예컨대 경험에 의해 은폐된 세계에 대한 신비로운 지식과 이 세계와의 비밀스러운 커뮤니케이션 통로에 대한 신비로운 지식이 등장했고, 이 비밀스러운 커뮤니케이션 통로는 상실감 속에 있는 근대인의 실존을 지금까지 학문적으로 알려진 차원과는 다른 차원에서 다시 통합시킬 수 있다고 약속했다. '유연한 미디어'는 힘의 중심으로서 물체를 관통하는 힘의 메커니즘을 조정하는 것이다. 이와 같이 유연한 미디어는 공간을 형성하는 힘으로서 유물론적으로 사유되었다.[8]

때때로 여러 곳에서 특수한 장치를 통해 실행된 전기(電氣)실험, 자기(磁

---

7 Ernest Gellner, *Descartes*, 같은 책, 194쪽.

8 Immanual Kant, "Metaphysicae cum Geometria iunctae ususin Philosophia Naturali, cuius Specimen Ⅰ. continet Monadologiam Physicam"(1756), in: *Werkausgabe*, Wilhelm Weischedel(Hg.), Frankfurt: Suhrkamp 1968, BandⅡ, 561쪽. 여기서 중요한 것은 형이상학적 요구와 기하학적 요구를 함께 사유하려는 시도이다. 그리고 이곳이 칸트의 저술들 중에서 미디어개념이 사용된 유일한 장소이다. 부연한다면 미디어는 물질에 의존하는 힘으로서 존재하며 그 예가 실체론적으로 생각된 에테르이다.

氣)실험, 수중실험 등은 인간의 감각으로 볼 수 없는 세계와 소통할 수 있다는 생각에 자극을 주었고 영적인 매개이론(유령론)[9]에 대한 오래된 희망에 활기를 불어 넣었던 것이 사실이다. 이러한 영적 세계로의 여행은 공론장에서 약간의 영향력을 갖고 있던 사변적 자연신학의 유산으로서 슈트라스부르크의 '자기최면술사'나 스톡홀름의 '스베덴보리 계통의 해석학적·박애주의적 단체'에 의해 실행되었다.[10] 하지만 학문적인 반성적 판단력은 이러한 영적 세계로의 여행에 대해 이미 그 구상에서부터 불만을 품고 있었다. 영적으로 매개된 세계를 비판한 가장 유명한 사람 중 한 사람은 다음과 같이 자신의 회의를 나타내고 있다. "그는 이러한 유령 현상들의 진실성 모두를 부정해야만 하는가? 그는 이러한 현상들을 반박하기 위해 어떤 근거를 제시할 수 있는가? 아니면 그는 이러한 설명 중 어떤 하나만이 개연성이 있다고 인정해야만 하는가?"[11]

2. 천사의 언어는 존재하는가

철학자 칸트는 다양한 차원에서 자극받았다. 세계 안에 존재하고 있는 것이 모든 것이 아니라면, 다시 말해 형이상학적인 것, 예지적인 것, 직접 감각적으로 경험할 수 없는 것이 권리를 주장한다면, 이러한 초험적인 것

---

9 에테르를 물질의 실체로서 생각하는 표상을 제거한 새로운 존재론은 19세기 중반에서야 비로소 패러데이(Michael Faraday)가 전기에 대한 실험적 연구(1844, 1846)를 하고 맥스웰(James Clerk Maxwell)이 전기, 자기학, 빛에 관한 물리이론을 이론적으로 통합(James Clerk Maxwell, *A Dynamical Theory of the Electromagnetic Field*, 1864)함으로써 생겨났다. 이에 관해서는 Arthur Zajonc, *Die gemeinsame Geschichte von Licht und Bewußtsein*, Hamburg: Rowohlt 1994.

10 Robert Darnton, *Der Mesmerismus und das Ende der Aufklärung in Frankreich*, München: Hansar 1983.

11 Immanuel Kant, "Träume eines Geistersehers, erläutert durch Träume der Metaphysik"(1766), in: *Werkausgabe*, 같은 책, Bd.II, 923쪽.

Überschuß의 가능성은 어떻게 파악될 수 있는가? 모든 문화는 각기 자신의 샤먼과 마술사를 갖고 있고, 이들은 보통의 경우 우리에게 은폐되어 있는 다른 세계로의 커뮤니케이션 통로를 연다. 역시 철학도 넓게 본다면 인간과 세계 사이의 이러한 연결에 관한 사변들과 깊은 관련이 있다. 미신이 예전부터 말했던 것과 같이, 물질은 아니라고 하지만 그럼에도 불구하고 물질적 공간에서 현존하는 유령에 대해 생각할 수 있는가? 스베덴보리Emanuel Swedenborg[12]는 유령에 대해 생각할 수 있다고 주장했다. 그는 다른 세계로의 자신의 여행과 유령들의 방문에 대해 상세히 보고했을 뿐만 아니라 이를 통해 자신의 동시대인들 속에서, 그리고 더 나아가 궁정에서도 일정한 성공을 거두었다. 한편, 칸트는 곧 탁월한 한계설정의 형태로 이성비판을 완성했는데, 그의 이성비판은 사유의 기만과 오류는 본질적으로 사유의 매개행위 자체에서 비롯된다고 확실하게 말해주었다. 물론 이러한 기만이 생겨나는 곳과 이성적인 통찰이 생겨나는 곳이 동일한 곳이라는 사실은 우선은 언짢은 일이 될 것이다. 말하자면 기만도 확실히 고유한 합리성을 갖고 있다는 점 때문이다![13] 그러나 **계몽주의**는 이러한 관계를 비판적으로 성찰함으로써 성공하게 될 것이다. 계몽주의는 사물의 질서를 교란하는 정신착란에 대항해 투쟁을 벌이는데, 이러한 정신착란은 사유의 원초적인 기만 가능성을 이용하고 있기 때문이다. 이러한 논증들은 경험적으로 대강 우연히 발견된 논증이거나 아니면 비로소 이성 자체에 의해 합리성의 구조 속에서

---

12 스베덴보리(Emanuel Swedenborg)는 본래 자연과학자였다. 그가 고안한 것에는 운하의 갑문과 기중기 등이 있다. 그는 뇌와 신경에 관한 실험을 했고 18세기 중반에 심령적 체험을 겪은 후 절대적인 정신적 세계의 이론을 만들었다(이 '새로운 예루살렘'은 오늘날까지 존재하는 '신교회'라는 교회를 낳았다). 그에 따르면 이 세계의 물질적 현상은 오로지 정신적·신적 초월세계의 복사물일 뿐이다. 초월세계는 경험되는 실재세계보다 현실적인 세계이다. 이러한 토대 위에서 성경은 정신적인 차원에서 새롭게 해석되었다. *Arcana coelestia: quae in Scriptura Sacra seu Verbo Domini sunt, detecta; hic primum quae in Genesi(Exodo) una cum mirabilibus quae visa sunt in mundo spirituum et in coelo angelorum*(1749~1756).

13 Dieter Henrich, "Selbstaufklärung der Vernunft", in: Dieter Henrich, *Fluchtlinien. Philosophische Essays*, Frankfurt: Suhrkamp 1982, 43~64쪽.

전개된 논증이다.

　계몽주의자는 미신과 억압적 전통에 대항하면서 뿐만 아니라 특히 바로 이 시대에 인기를 누리고 있던 '환상'에 대항하면서 등장했다. 이 시대에는 자연연구, 비교(秘敎), 과학이 아직 서로 일정한 인접관계에 있었다. 새로운 이성의 기준이 중요시되었다. 왜냐하면 이러한 중간세계는 학술적인 의미에서 볼 때 진지하지 못한 것이었고 이러한 사정은 18세기에도 마찬가지였기 때문이다. 칸트는 철학이 예지적인 것의 고유의미와 더 나아가 유령의 현상을 납득할 만하게 설명할 수 있는 반성수단을 완전하게 제시할 수 있다고 한다면 이것은 위험한 일이라고 보았다. 중요한 것은 이성진리의 실재적인 존재를 위해 환상적인 여행, 한계초월, 피안의 중간세계로의 여행을 비판할 수 있는 근거가 철학으로부터 도출될 수 있는지, 그렇다면 어떻게 도출될 수 있는지의 문제이다. 이로써 합리적 방법에 의해 선험적 조건들이 탐구되었다. 계몽주의는 광신적으로 합리성을 억압하는 것에 맞서 강력하게 저항하는 과정 속에서 비로소 이른바 이성의 기획을 확신했던 것처럼 보인다.[14] 여하튼 칸트는 바로 이러한 저항운동 속에서 출판전략도 함께 사용하면서 '형이상학의 독특한 방법'(칸트)을 발전시키는데, 이 방법이 칸트를 가장 영향력 있는 근대철학자 중 한 사람으로 만들었던 것이다. 칸트는 순수이성비판의 이념이 떠올랐을 때 "하나의 위대한 책"을 샀고 "더 나쁜 것이기는 하지만 이 책을 읽"었고 "이러한 노력이 헛된 것은 아니"[15]었다고 했는데, 이러한 일은 결코 우연이 아니다.

　이 철학자 칸트는 스베덴보리의 책 『천국의 신비Arcana Coelestia』에 대한 서평을 시작한다. 모든 물질적인 것은 보다 심층에 놓여 있는 정신적인 것

---

14 Hatmut Böhme und Gernot Böhme, *Das Andere der Vernunft. Zur Entwicklung von Rationnalitäts-strukturen am Beispiel Kants*, Frankfurt: Suhrkamp 1983. 칸트와 스베덴보리에 관해서는 특히 250쪽 이하를 참조하라.
15 Immanuel Kant, *Träume*, 같은 책, 924쪽.

과 연관되어 있다는 스베덴보리의 이론은 인식가능성과 계몽주의적 탈신비화를 시도하는 엄밀한 철학적 구상들을 위협했다. 실제로 칸트의 '아름다운 것과 고귀한 것의 감정에 관한 고찰'도 개별 주체가 초주관적 힘으로 경험할 수 있는 어떤 것이 틀림없이 존재한다고 증명하고 있다. 그 이유는 어떤 것이 마음과 정서를 움직이고 있으며 마음과 정서를 영적인 목소리나 자기 밖의 존재와의 커뮤니케이션에 귀속시킬 수 있을 정도로 강력하기 때문이다.[16] 스베덴보리에 따르면 이러한 경우 천사가 말을 한다고 한다. 이러한 동일한 상황에서 칸트는 이성적으로 진술될 수 있는 것의 가능조건이나 그 한계에 대해 묻고 있다. 칸트는 "내가 생각하기에 언제나 신중한 이성의 언어로 말하는 것은 매우 힘든 일이다"[17]라고 탄식조로 말하고 있지만, 그의 탄식은 그가 근본적인 진술가능성의 문제를 비로소 다루기 시작했다는 사실과 연관이 있다.

천사의 언어에 관한 스베덴보리의 환상은 그 당시까지 예기키 못한 직접성Unmittelbarkeit의 이상을 위해서 궁정의 봉건적 커뮤니케이션 관습과 이와 연결된 시민적 커뮤니케이션 관습, 즉 세속적 상투어façon de parler를 파괴하려는 희망으로 해독될 수 있을 것이다. 이러한 천국의 커뮤니케이션은 가시적인 커뮤니케이션이 아니라 정신적으로 승화된, 은폐된 통로를 통해 일어나는 커뮤니케이션인 것처럼 보인다.

"천국에서는 모두 단지 하나의 언어만을 갖고 있기 때문에 이웃 사회이건 아니면 멀리 떨어진 사회이건 어떤 사회에서 출생했건 간에 서로를 이해한다. 언어는 배우는 것이 아니라 누구나 태어날 때부터 갖고 있다. 언어는 성향과 성향의 사유로부터 직접 흘러나온다. 소리는 성향에 조응하고 소리의 배열, 즉 단어는 성향에서 발원하는 사유의 표상에 조응한다. 언어는

---

16 Hatmut Böhme und Gernot Böhme, *Das Andere*, 같은 책, 255쪽.
17 Immanuel Kant, *Träume*, 같은 책, 941쪽.

사유의 표상에 조응하기 때문에 똑같이 정신적이다. 언어는 소리를 내는 성향이고 표현된 사유이다. 주의력을 가진 사람은 모든 생각이 사랑하는 성향에서 생겨나고 사유의 표상들은 단지 보편적 성향을 담고 있는 다양한 형식들일 뿐이라는 것을 알 수 있을 것이다. 각각의 생각과 이념은 성향에 의해 혼과 생기를 얻기 때문이다. 따라서 천사는 이미 다른 사람의 말하는 방식에서 그가 누구인지를 알고 그의 소리에서 그의 성향을 알고 그의 소리의 배열에서, 즉 단어에서 그의 신념을 안다. 보다 현명한 천사들은 이미단 하나의 문장에서 지배적인 성향을 알 수 있다. 천사들은 특히 이러한 성향에 관심을 기울인다."[18]

물질적 외면성에 의해 현혹되지 않고 손쉽게 의미의 내면성으로 들어가는 커뮤니케이션의 직접성(인간의 "삶의 책"은 이 직접성에 열려 있다)이라는 것은 합리적인 비판가의 의심을 불러일으켰다. 하지만 이 비판가가 목표로 한것은 지배적인 문화양식이나 사회의 세력관계와 관련 있는 사회적 관습을비판하려는 것이 아니다. 커뮤니케이션의 실제성 자체가 인간공동체의 형성에 있어서 결정적인 역할을 하지는 않는다. 결론적으로 말해 실제적인 커뮤니케이션은 역사를 무시하고 도덕을 논하기보다는 문명을 실현해야 하는것이다. 연대성의 이념은 최근에 생겨났는데, 19세기의 핵심적인 주제인 사회적 이해관계의 관철과정과 연관이 있다. 17세기의 라이프니츠의 '자연 속의 이성ratio est in natura'과 같이 만약 '이성의 근거'가 실제로 이미 자연 안에 있다면, 이 이성의 근거는 자연법칙이 발견된 것과 마찬가지로 이미 오래 전에 발견되었을 것이지만 그렇지 못했기 때문에 연대성의 이념이 등장했다.

다시 말해 이 비판가의 비판은 커뮤니케이션을 통한 이성공동체의 창조

---

18 Emanuel Swedenborg, *Himmel und Hölle, nach Gehörtem und Gesehenem*, Zürich 1977, 148쪽 이하. Hatmut Böhme und Gernot Böhme, 같은 책, 262쪽 이하에서 인용한다.

를 목표로 하고 있다기보다 훨씬 더 근본적인 것을 목표로 한다. 직관적 커뮤니케이션이건 스웨덴보리가 열광하는 '천사의 언어'이건 간에 모든 이상적인 언어형태는 약점을 갖고 있고, 이 약점은 사회가 외부적인 상황을 잘 알고 있기 때문에 발생한다. 표현과 의미는 초험적인 차원이 존재하지 않는다면 필연적으로 서로 다르게 나타나게 된다. 특히 본질과 현상의 구분은 상당하게 전개된 다양성과 복잡성과 더불어 근대사회의 본질적인 특성을 나타낸다. 이러한 상황에서는 궁정사회에서처럼 가상을 수호하는 일도 중요한 것이겠지만 구체적인 개인을 교육하거나 훈육하고 개념적인 차원에서 이성을 사용함으로써 현상 자체를 구성하는 일이 매우 중요한 사안이 된다. 칸트가 자신의 종교철학에서 말한 바와 같이, 이것이 성공할 수 있으려면 단순한 자연상태에서 벗어나는 일이 모든 개인의 **도덕적 의무**가 되어야만 한다. 이때 **매개성**은 모든 형태의 직접성에 대립하는 문명화의 표식이다. 직접성은 인간의 경우 근원적 관계로의 회귀를 의미하는 것이 아니라 무의식적인 자연 상태로의 필연적인 몰락을 의미하기 때문이다.[19]

이성은 그야말로 신중한 작업을 의미한다. 따라서 다른 의식상태들, 예컨대 마약, 도취, 꿈, 다른 감각적 자극 등에 의해 고무되어 있는 의식상태들은 인식의 원천으로 간주되지 않는다. 왜냐하면 이러한 의식상태들은 '천사의 언어'에 의해 허위적으로 약속된 것과 같은 직접성을 장려하기 때문이다. 나와 세계 사이에는 필연적으로 미디어의 매개행위가 존재하고, 이미 이 미디어의 매개행위는 현상이 생겨나는 '가능조건'을 지시하고 있다. 마찬가지로 사유도 스스로 주관적 우연성 속에 있기 때문에 각각의 다른 사유하는 주체에 맞게 자신을 표현하는 문제를 안고 있다. 이 문제는 앞서 데카르트에 의해 이루어진 사유와 물질의 구분을 기초로 해서만 해결될 수

---

19 이러한 의미에서 이성의 계몽주의 기획은 불안을 완화하려는 노력으로 읽힐 수 있다. 이에 관해서는 Max Horkheimer und Theodor W. Adorno, *Dialektik der Aufklärung. Philosophische Fragmente*(1947), Frankfurt: Fischer 1997을 참조하라.

있다. 칸트에 따르면, 우리가 영혼의 본성을 잘 모른다고 할지라도, 정신과 신체의 신비스러운 공동체에서는 영혼은 신체를 벗어날 수 없고 사물과 직접적인 접촉을 할 수도 없다고 한다.[20] 그렇다면 세계가 **우리에게** 말하는 것이 아니라 어떤 암호를 제시한다는 사실이 추론될 수 있다. 그리고 이 암호는 해독되기를 원하며 다름 아닌 지성에 의해 해독될 수 있는 것이다. 이로써 이제 사유는 전통적으로 생각되었던 것보다 훨씬 적게 사물의 은폐된 구조를 이해하게 된다. "세계는 형이상학적 주장들에 대해서 식상하다. 사람들은 이러한 학문의 가능성, 다시 말해 학문의 확실성이 도출될 수 있는 원천을 원한다. 그리고 사람들은 궤변적인 가상과 진리를 구별하는 순수이성의 확고한 기준을 원한다."[21]

3. 각성. 상상에 대한 비판

철학자 칸트는 물론 유령에 대해서는 진지한 관심을 갖고 있지 않다. 하지만 그는 우리에 의해 경험될 수 있고 이러한 형태로 존재하는 것과, 단순

---

20 칸트는 이것을 자료처리 및 기호처리의 모델을 통해서 논증한다. "숙고하는 영혼을 특히 뇌에서 찾을 수 있다고 믿게 만드는 원인은 아마 다음과 같은 것이라고 본다. 모든 숙고는 일깨워질 이념 이전에 기호의 매개를 필요로 한다. 숙고는 기호가 동반되고 기호에 의해 촉진됨으로써 꼭 필요한 정도의 명확성을 주게 된다. 그러나 우리의 표상의 기호는 특히 청각이나 시각에 의해서 지각된 것이다. 이 양자의 감각은 뇌 속의 인상에 의해서 움직인다. 감각조직은 뇌의 일부분에도 아주 가까이에 있는 것이다. 데카르트가 물질관념이라고 부른 이러한 기호의 각성이 이제 이전에 지각을 일으켰던 것과 유사한 운동으로 신경을 자극하는 것이라면, 숙고 속에 있는 뇌의 조직은 특히 이전의 인상과 조화롭게 움직여야만 할 것이고 이를 통해서 지치게 될 것이다. 왜냐하면 사유 역시 매우 자극적인 것이라면, 사람들은 뇌의 노력뿐만이 아니라 동시에 자극적인 부분의 공격도 지각할 수 있기 때문이다. 이 부분은 평상시에는 격정에 휩싸인 영혼의 표상과 같은 공감대 속에 있다"(Immanuel Kant, *Träume*, 같은 책, 932쪽 이하(각주)). 우리는 여기서 신경생물학이 그 사이에 사유와 언어의 토대로서 보았던 것, 즉 뉴런의 활동이 예견되었음을 발견할 수 있다.

21 Immanuel Kant, "Prolegomena zu einer künftigen Metaphysik, die als Wissenschaft wird auftreten können"(1783), in: Immanuel Kant, *Werkausgabe*, 같은 책, Bd.V/VI, 109쪽 이하.

히 주장되고 추측되고 더 나아가 상상되는 것의 위상에 관해 묻는 데에는 관심을 갖고 있다. 정신의 논리는 우리를 얼마나 잘 안내할 것인가? 인간의 정신적 내면과 육체적 외면의 분열은 문제를 낳았는데, 자아가 외부를 향해 현실적이지 않은 상상을 투사한다는 것이 그 문제이다. 그러나 이 상상은 적어도 주관적 현실성을 가지고 있지 않은가? 만약 이러한 상상력의 표상이 예컨대 신경 운동 속에서 증명될 수 있다면 이것은 이미 현실일 수 있기 때문이다(칸트는 여기서 데카르트의 물질관념ideas materiales을 가리킨다). 이로써 바로 "사유하는 주체 외부에 '가상적 관점focus imaginarius'이 설정되게 되었던 것"인데, 이것은 다름이 아닌 정신착란을 의미하며 이중적으로 보는 술 취한 자와 유사하다. 감각에 대한 내적인 자극 또는 외적인 자극에 의해서 모든 것이 가능하게 표상될 수 있다. 오로지 "사람들이 필요로 하고 주의를 기울일 때에만 비로소 기만은 중지될 것이다."[22] 그러므로 인식하는 주체는 문명화되고 훈육되어야 하는 것은 물론 절대적으로 침착해야 하고 이러한 각성된 진지함의 조건 속에서만 공동체에 참여해야 한다. 물론 우리는 꿈꿀 수 있고 꿈꾸는 것이 허락된다. 하지만 이때 우리는 사적 세계에 존재하는 것이다. 깨어 있는 상태일 때 우리는 공동체의 세계 안에서 사는 것이다. 거꾸로 말해 누군가가 세계 안에서 추체험할 수 없는 방식으로 산다면, 그는 단순히 꿈꾸는 자Träumer일 뿐이다.[23]

반성적 자아는 객관적으로 스스로 세분화되고 있는 세계를 결합시킨다. 하지만 이 결합은 나의 표상들을 동반하는 나는 생각한다[24]에 의해 보장된 간접성의 조건 속에서만 가능하다. 왜냐하면 이러한 표상의 반성이 비로소

---

22 Immanuel Kant, *Träume*, 같은 책, 956쪽 이하.
23 앞의 책, 952쪽, 또한 947쪽의 각주를 참조하라.
24 "내가 생각한다는 것은 나의 모든 표상을 동반할 수 있어야 한다. 만약 그렇지 않다면, 전혀 생각될 수 없는 것이 나에게 표상되는 것이다. 그리고 이러한 일은 표상함이 불가능하다거나 적어도 나에게 없다고 말하는 것과 같은 의미이다." Immanuel Kant, *Kritik der reinen Vernunft, Werkausgabe*, 같은 책, BandIII, 136쪽.

공허한 환상과 관련이 없는 **지식**을 정초하기 때문이다. 이것은 아주 기이한 해결책이다. 다시 말해 우리가 우리의 지각을 통해 발견할 것이라고 믿는 것처럼 존재하지 않는 세계는 사유하는 자아 속에서도 아직 확고한 기초를 갖고 있지 않다. "왜냐하면 우리가 영혼이라고 부르는 것 안의 모든 것은 지속적으로 흐르고 있고 고정되어 있는 것은 없기 때문이다"(칸트). 그 확고한 기초는 오직 그때마다 반성적으로 스스로를 자리매김하는 활동성 속에 있다. 이것이 바로 "텔레비전 속의 사회자link man라는 사람, 즉 연결하여 말하는 사람과 같은 그러한 유형의" 자아이다. "이것은 상이한 지각을 한데 묶어 하나의 통일성을 형성시킨다."[25]

칸트가 정초한 인간 현존재의 초월적 조건은 세계이해의 전제조건을 목표로 삼는다. 세계이해는 한편으로 공동체의 기본적인 심적 상태에 근거를 두고 있고, 다른 한편으로는 오성과 감각의 동일한 규칙에 따라 세계에 질서를 부여하는 주체의 종합 능력에 근거를 두고 있다.[26] 고독한 꿈은 예컨대 스베덴보리에 의해 아주 설득력 있게 해결되지는 못했을지라도[27] 철저히 다루어졌는데, 이러한 고독한 꿈의 혼란스러움에 대한 거부운동 속에서 인간 정신을 일종의 정밀기계로 해석하는 결정적인 도구가 준비되었다. 이 기계

---

25 Ernest Gellner, *Descartes & Co.*, 같은 책, 31쪽 이하. 이것은 칸트의 순수이성의 오류추리와 관련한다. Immanuel Kant, *Werkausgabe*, 같은 책, BandIV, 384쪽.
26 칸트는 철학의 전통에서 발전된 보편개념의 이론에서 출발하면서 초월철학을 '형이상학의 형이상학'으로 발전시킨다. 그러나 바로 이것이 '모든 선험적 인식의 주관적 가능조건'을 다루기 때문에, 중요한 문제는 보편주관의 타당성이다. "[순수이성비판]이란 저작의 제목에서 '이성'에 대해서 말하자면, 칸트의 경우 오해의 소지가 많게도 '인식능력'이라는 예전의 능력이론과 연관되어 논의되고 있을지라도 우리는 이 단어를 어떤 재능이나 어떤 '능력'으로 이해해서는 안 된다. 오히려 이성은 사유의 실행, 행위, 운동의 총괄개념이다. 그리고 개별적으로 우리에게 귀속해 있는 사적인 지각과 느낌의 영역에서 전달의 공통성과 공론장으로의 이행도 그것의 일부이다." 이에 대해서는 Friedrich Kaulbach, *Immanuel Kant*, 같은 책, 117쪽 이하를 참조하라.
27 "이제부터 나는 유령이라는 모든 주제, 다시 말해 이러한 형이상학의 장황한 부분을 해결되어 끝난 것으로 간주하고 제처 놓는다. 그것은 앞으로는 더 이상 내게는 전혀 상관이 없다"(Immanuel Kant, *Träume*, 같은 책, 964쪽).

는 일정한 한계 내에서 만큼은 정확히 작업한다. 주체는 병·환상·도취·꿈·성·상상 등과 같이 이러한 한계 외부에 존재하는 것을 고립된 **정신착란적인** 상황으로 간주하고 거부한다. 사유는 사물의 질서를 따르는 것이 아니다. 역으로 사유의 범주적 질서에 의해 비로소 사물의 질서는 인식된다. 하이네Heinrich Heine는 이에 대해 비웃으면서 다음과 같이 언급한다. "칸트가 등장했을 때, 환각상태에 빠져 사물의 주위를 돌아다니면서 사물의 징표를 수집하고 분류했던 지금까지의 철학은 중지된다. 그리고 칸트는 연구를 인간의 정신 쪽으로 돌리게 했고 그 속에서 나타나는 것을 연구했다."[28]

자아는 세계의 저자로서 현상에 대한 판단에 도달하는 데 결정적인 개념들을 갖고 작업한다. 칸트는 이 개념들을 **범주**라고 부른다. 범주는 단어의 의미상으로는 **진술가능성**을 뜻한다. 이성적 진리는 내적 자유의 조건에서 구성되는데, 내적 자유는 외적 자유처럼 우연적인 권위에 의존해서는 안 된다. 그렇기 때문에 인식도구가 초월적 감성학과 논리학으로(감각과 사유로) 분할되었을 뿐만 아니라 인간의 세계연관을 감각적 성질로부터 독립적으로 표상하기 위해 중심점이 후자에 놓였다. 주지하다시피 감각을 촉발하는 것(감성학)은 가능한 기만의 원천으로 간주된다. 칸트는 『순수이성비판』의 서언에서 이성비판의 동기를 설명하는데, 이성비판은 계몽주의적으로 기획된 **사유방식의 참된** 개혁을 이해하는 것에 기여하는 한에서 수행된다는 것이다. 이와 같이 자연연구의 실천에서 뿐만 아니라 철학에서도 "이성은 자신의 고안에 따라 스스로 만들어낸 것만을 통찰한다"고 한다.

이러한 이론철학은 범주적 도구를 통해 인간의 세계-내-존재의 근본원리를 탐구한다. 이때의 중심문제는 "지성과 이성이 모든 경험으로부터 벗어나 무엇을 인식할 수 있고 어떻게 인식할 수 있는지"[29]의 문제이다. 이때 철학

---

28 Heinrich Heine, *Zur Geschichte der Religion und Philosophie in Deutschland*(1834 und 1852), Stuttgart: Reclam 1997, 99쪽.

29 Immanuel Kant, *Kritik der reinen Vernunft*(1781), Vorrede, Werkausgabe, 같은 책, 23쪽.

의 문제제기는 과학적 사실이 아니라 단지 인지적 원리에만 관심을 둘 뿐이다. 왜냐하면 중요한 것은 세계에 관한 지식이 아니라 실재 자체와 우리에게 주어진 실재의 현상 사이의 구분이기 때문이다. 우리의 인식에 간접적으로 나타나는 대상의 성질은 범주에 의해 규정된다. 정확히 말해 이것은 대상에 대한 진술의 기능이다. 이 기능의 한계는 인간의 사유가능성을 제약하고 있지만 흥미롭게도 근본적으로 다른 가능성들이, 예컨대 완전히 다른 범주체계를 가진 다른 지성들이 존재한다는 것을 배제하지는 않는다.[30]

이러한 의미에서 보면 사실상 대상들은 우리의 가능성들에 따라 정립된다. 가능한 경험의 한계를 넘어설 수 없기 때문에 대상 그 자체Ansich에는 전혀 접근할 수 없다. 가능한 경험영역인 현상을 넘어서 있는 것, 즉 대상 그 자체는 우리에게 단지 사유가능한 것일 뿐이다. 왜냐하면 우리는 모든 것을 타고난 조건의 선험적 필터(칸트의 경우 이것은 공간과 시간, 논리적 범주들, 그리고 또한 영혼, 세계, 신과 같은 순수 이성의 이념들이다)를 통해서만 적합하게 인식할 수 있기 때문이다. 철학의 대상은 이러한 제한 때문에 더 이상 합리주의에서와 같이 객관적 세계가 아니다. 초월철학Transzendentalphilosophie은 주관적 현상세계에 관심을 집중하면서 객관적 세계의 가능성에 만족하고 있다. 따라서 중요한 문제는 세계가 아니라 우리가 세계에 대해 타당하게 진술하고 전달할 수 있는 가능성이다. 근대철학은 매개된 세계와 대결하고 있고, 근대철학의 근본 문제는 상호이해의 문제Verständigungsfrage로 나타난다. 그리고 주체, 재현, 실재 사이의 관계를 해명하는 일이 과제로 남아 있다.[31]

30 Thomas E. Seebohm, "Über die unmögliche Möglichkeit, andere Kategorien zu denken als die unseren", in: Forum für Philosophie Bad Homburg(Hg.), *Kants tranzendentale Deduktion und die Möglichkeit von Transzendentalphilosophie*, Frankfurt: Suhrkamp 1988, 11~29쪽을 참조하라.
31 Arthur C. Danto, *Wege zur Welt. Grundbegriffe der Philosophie*, München: Fink 1998.

4. 매개자로서의 반성적 주체

이른바 순수지성개념(범주표)의 연역을 복잡하게 전개했던 칸트의 철학이 결국 이러한 복잡성에서 원한 것은 다름이 아니라 세계를 내적으로 결합하는 반성의 중심을 자아 안에서 입증하는 것이다. 이때 추구되었던 통일점이 나타나게 되고, 이 통일점으로부터 완전히 **주관적인** 가치관점이 고안되고, 이 관점은 **초주관적인 타당성**을 요구하게 된다. 이러한 초월철학을 통해 물질과 정신의 이분법은 본질적인 시각을 획득한다. 앞에서 말한 가치는 사회적 본성을 지니고 있다. 다시 말해 공동체Communitas의 차원에서 단지 '우리에게' 현상으로서 현실이 되는 일부분의 인식만이 가치가 있는 것이다. 다른 모든 것은 '그 자체'의 영역에 있기 때문에 근본적으로 인식될 수 없으며 단지 '사유될 수 있을' 뿐이다. 이러한 방향제시, 말하자면 데카르트의 새로운 구상을 급진화한 이러한 방향제시를 평가하는 데에는 최소한 두 가지의 가능성이 존재한다. 이성비판의 제한적인 특성에 대해서는 자주 충분하게 언급되었는데, 이미 하이네는 이성비판을 커다란 오해라고 해석했다. 그는 철학에서의 칸트와 정치에서의 로베스피에르를 권력을 획득한 속물계급으로 보았다. "자연은 그들에게 커피와 설탕의 무게를 달도록 했다. 그러나 운명이 그들로 하여금 다른 것의 무게를 달기 원했고, 저울의 한쪽에는 왕을, 다른 한쪽에는 신을 놓았던 것이다(……)."[32]

겔너는 이 상황을 비슷한 관점에서 보고 있다. 계몽주의비판의 전통을 살펴보았던 겔너는 계몽주의가 지녔던 인간의 정신적 본성에 대한 도구주의적이며 냉정한 시각을 어두운 개념내용을 통해 다음과 같이 특징적으로 말하고 있다. "위대한 **비판**에서 제시된 것과 같이 정신은 사람들이 느끼기에 녹슬지 않는 강철로 만들어진 롤러, 지레, 수레, 괭이의 형태로 기술되었다

---

32 Heinrich Heine, *Zur Geschichte*, 같은 책, 95쪽.

고 할 수 있다. 이 정신은 오류가 없고 깨끗하고 특히 아주 신뢰할 만하다. 바로 이것이다. 정신은 아주 신뢰할 만하다. 독일 최고의 정밀작업의 산물이기 때문이다. 뛰어난 독일의 기계처럼 정신은 붕괴되지 않는다. 이러한 기계의 조작에서는 우발적인 것도 단정치 못한 것도 동요하는 것도 우연적인 것도 없다. 이 기계는 자신이 실행할 것을 냉혹하고 확실하게 필연적으로 실행한다. 세계의 질서는 우리 정신의 정밀기계에 의해 보장된다. 칸트의 위대한 세 비판서는 사용설명서이다. 그는 광채 나는 기계를 사용하고 있는 인류에게 이 사용설명서를 선사했다."[33]

전통적 미신과 문화적 오류로부터 벗어나는 것에는 대가가 따른다. 기본적으로 실존이 형식적 척도에 구속됨으로써 다름아닌 보편적 합법칙성에 종속되어야만 한다는 점이 그것이다. 그리고 사유가 지성구조를 따른다는 것은 근본적으로 세계의 매개성을 극복하는 것이 불가능하다고 항복하거나 사물 세계의 배후를 서술하는 것이 불가능하다고 항복하는 것을 뜻한다. 따라서 이 한계설정은 완성된 이성비판의 호언장담에도 불구하고 일정한 철학적 겸손으로 파악될 수도 있다. 이로써 칸트는 당대의 최고봉에 서 있다. 이 시대는 오래 전부터 탈중심화된 세계이해에 대해 이야기를 하기 시작했었다. 근대의 방향설정의 틀 속에서 개별과학의 영역들은 분할된다. 다시 말해 과학, 정치, 예술은 탈신비화된 근대의 전문가문화를 향해 각기 자신의 길을 걷게 된다.[34] 데카르트부터 철학이론의 형성동기는 체계적인 지성 사용 방법을 통해 사유를 훈육하는 것으로 간주되었다. 사회정치적 혼란뿐만 아니라 우주의 발견과 영토의 확장도 사유의 탈맥락화를 만들어낸다. 이러한 탈맥락화는 그 자체로 보면 이른바 우주 안에서의 인간의 중심적 위

---

33 Ernest Gellner, *Descartes & Co*, 같은 책, 37쪽.
34 이에 대해서는 하버마스의 지식사회학적 재구성을 참조하라. Jürgen Habermas, *Theorie des kommunikativen Handelns*, 2Bände, Frankfurt: Suhrkamp 1981, Jürgen Habermas, *Nachmetaphysisches Denken. Philosophische Aufsätze*, Frankfurt: Suhrkamp 1988.

치의 상실에 대한 반작용으로 해석될 수 있다. 자기 규정이나 성숙[35]을 요구하는 형태는 배후에서 보이지 않는 실을 자아냈던 은폐된 세계운동자의 자리에 의식적인 주체를 놓게 된다. 계몽된 주체가 지식을 구성할 때 사용하는 수단에 대한 숙고는 시대진단을 반영하면서 지식, 행위, 도덕의 가치영역으로 세분화된 도식을 따르고 있다. 이로써 칸트의 이성비판은 이론 내지 인지적 영역, 실천 내지 규범적 영역, 그리고 미학의 세 부분으로 분류되어 나타난다. 계몽주의는 분화된다.

이성 물음	비교적 자율적인 담론	가치영역	칸트의 비판	근대의 문화
"나는 무엇을 알 수 있는가"	지성 : 이론	인지 : 참된 것	"순수이성비판"	과학과 기술
"나는 무엇을 해야 하는가"	의지 : 실천	규범 : 선한 것	"실천이성비판"	법과 도덕
"나는 무엇을 희망할 수 있는가"	취미 : 미학	미 : 아름다운 것	"판단력비판"	예술과 비평

이로써 칸트는 자신의 이론철학에서 근대인이 다양한 차원의 세계의 '형상'을 만드는 방식들에 대해 숙고하는 동시에, 근대인에게 결국 이러한 형상들이 생겨나는 (항상 일치하지는 않는) 배경들 사이의 일정한 경쟁에 대해 생각할 것을 요구한다. 다양한 형상의 차원들은 '이성의 문화'의 희망

---

35 '성숙' 개념에 대한 법제사적 이해 등에 관해서는 Manfred Sommer, *Identität im Übergang: Kant*, Frankfurt: Suhrkamp 1988, 특히 117쪽 이하를 참조하라.

속에서 합류하게 된다. 『순수이성비판』의 서언에서 칸트는 자신의 시대를 보편적인 프로그램에 구속하려는 자의 비장함을 보이면서 '이성의 문화'를 간청했다. 이것이 특정한 메커니즘을 함축하고 있다는 것은 동시대인들에게 자명한 것이었고 전혀 의심스러운 것이 아니었다. 예컨대 헤르더Johann Gottfried Herder는 근대의 인문성Hunamität을 재구성하는 거대한 작업 속에서 다음과 같이 쓰고 있다. "인간은 물론 유전적인 특성과 충만한 생동성을 타고 난 인공적 기계이다. 하지만 이 기계는 스스로 행위를 하지 못한다. 따라서 능력 있는 인간도 어떻게 행위를 해야 하는지를 배워야만 한다. 이성은 우리 영혼의 관찰과 연습의 총화이자 우리 인류교육의 총합이다. 주어진 낯선 규범에 따라 양육된 자가 최후에는 미지의 예술가로서 교육을 완성하게 된다."[36]

중요한 것은 이를 위해 인간에게 어떤 수단이 주어졌는지의 문제일 것이다. 내적 동력과 외적 조건은 '가능조건'에서 주인공의 역할을 놓고 경쟁한다. 말하자면 한편에는 이성이, 다른 한편에는 언어, 전통, 문화가 있다. 물론 이성이 근본원리로서 다른 요인들에 대해 승리를 거두었지만 성공적인 실천과 관련해서 다시 매개의 문제가 등장한다. 이성의 관점에서 보면 세계는 인과적 규칙성으로 존재하고 이 규칙성은 지성의 논리적 기능 속에 확정되어 있다. 그러나 많은 비판가들이 인식하고 있는 바와 같이, 이러한 생각이 인간에게 아주 특정한 형태의 개념을 강요하는 이성문화의 통상적 관습을 간과하고 있는 것은 아닐까? 만약 그렇다면, 칸트 이후 생겨난 인지적, 도덕적·실천적, 미적 합리성의 고전적인 질서 틀은 단지 피상적인 현상일 뿐이다. 다시 말해 그 질서는 실제로는 우연적 담론의 가족유사성의 결과에 불과한 것이고, 이러한 담론은 특히 책을 중심으로 하는 선형적인 인쇄술의

---

36 Johann Gottfried Herder, *Ideen zur Philosophie der Geschichte der Menschheit*(1784~1785), Neuntes Buch Abs.I, Wiesbaden: Fourier 1985, 225쪽.

틀 속에서 확장되었던 것이다.[37]

5. 공지성에 대한 요구

하지만 칸트의 경우 신중함을 전제로 하는 공론장 영역과의 연결이 중요한 것으로 등장한다. 데카르트가 자신의 주장을 방어하는 저자의 능력을 믿었던 반면에, 칸트의 경우 진리를 정립하는 이성능력은 논증이 이루어지는 공론장과 확고하게 결부되어 있다. 이성적 진리는 근본적으로 어떻게 구성될 수 있는가라는 계몽주의의 핵심적인 인식론적 물음은 그 자체로 이미 전통의 권위와 정전(正典)의 권력에 대해 대립해 있다. 칸트가 1784년 11월 자신의 계몽주의에 관한 에세이에서 지지한 바와 같이, 이와 같이 공지성을 절대적으로 지지하는 가운데 이성의 공적 사용을 요구하는 것은 자유로운 의견표현의 권리를 요구하는 것과 결합된다.[38]

여기서 칸트는 흥미롭지만 때때로 비판되었던 구분을 말하고 있다. 이성의 공적 사용(이것은 우선 학자들의 의견표명, 다시 말해 항변의 메커니즘으로 형성된 피드백과정이 있는 학문의 공지성을 뜻한다)은 언제나 자유롭게 존재해야 하지만, 이와 반대로 사적인 것의 적당한 제한은 받아들일 수 있으며 이러한 제한이 계몽주의의 진보를 심각하게 방해하지는 않는다는 것이 그것이다. 이로써 계몽주의는 인류의 집단적 진보의 관점 속에서 나타나게 된다. 우리는

---

37 벨쉬가 합리적 '질서Ordentlichkeiten'의 생각을 수정하는 가운데 개진한 '상호연관의 상황'에 관해서는 Wolfgang Welsch, *Vernunft. Die Zeitgenössische Vernunftkritik und das Konzept der transversalen Vernunft*, Frankfurt: Suhrkamp 1996. 이와 연관하여 새로운 미디어의 관점에서 이루어진 '횡단성Transversalität'에 관한 해석을 위해서는 Mike Sandbothe, "Interaktivität-Hypertextua lität-Transversalität. Eine medienphilosophische Analyse des Internet", in: *Mythos Internet*, Frankfurt: Suhrkamp 1997, 56쪽 이하를 참조하라.

38 Immanuel Kant, "Beantwortung der Frage: Was ist Aufklärung?"(1784), in: *Werkausgabe*, 같은 책, Bd.XI, 53~61쪽.

예컨대 잘못된 권위로부터(특히 독점적으로 지성을 대표했던 특정한 책들로부터) 벗어남으로써, 또한 상상력의 잘못된 환상에서 벗어남으로써 이러한 진보에 개인적으로 기여한다. 여기서 계몽주의의 구상은 정치적인 것이 된다. 왜냐하면 이성의 사적 사용과 이성의 공적 사용 사이의 특별한 균형에 관해 물음이 생겨나는데, 이때 이성의 공적 사용은 합리적 논증의 특성을 신뢰하는 조건 속에서 그리고 지배적인 정치권력과의 밀접한 관계(이 경우는 프로이센의 프리드리히 2세) 속에서 보장되기 때문이다.[39]

"세계는 언어의 기호이다"[40]란 말은 칸트에게 타당하다. 이에 대해 하이네는 인간이 자신의 생각을 공적으로 공표하기만 하면 되기 때문에 이제 인간은 분명히 성경의 신과 동등한 위치에 서게 되었다고 경멸적으로 언급한다. 이미 세계는 다른 상태에 있다는 것이다. 그러나 하이네는 칸트가 종교를 '순수이성의 사안'으로 생각했고, 바로 이러한 관점에서 저자로서의 신이 아니라 오히려 성경의 편집자에 관해 물었다는 것을 망각했던 것이다.[41] 책(성경도 마찬가지이다)은 계몽주의자에게는 타율적 지도의 수단이다. 이것은 언제든지 조작수단으로 존재할 수 있고 우리가 스스로 생각할 수 없도록 만들기도 한다. 칸트의 계몽주의에 관한 짧은 에세이에서 중요한 문제는 공론장의 절대적 타당성을 요구하면서 이 공론장을 관철시키는 데 있다. "자신의 이성의 공적 사용은 언제나 자유로워야 한다. 오직 이것만이 인간들의 계몽을 실현시킬 수 있다. (······) 그러나 내가 고유한 이성의 공적 사용으로 이해하고 있는 것은 누군가가 학자로서 자신의 **독자세계**Leserwelt

---

39 Michel Foucault, "What is Enlightenment?"(1968), in: Paul Rabinow(Hg.), *The Foucault Reader*, New York: Pantheon Books 1984, 32~50쪽.

40 Heinrich Heine, Zur Geschichte, 같은 책, 92쪽.

41 Immanuel Kant, "Der Streit mit der theologischen Fakultät, Anhang biblisch-historischer Fragen, über die praktische Benutzung und mutmassliche Zeit der Fortsauer des heiligen Buches", in: *Werkausgabe*, 같은 책, BandXI, 338쪽 이하. 디드로(Denis Diderot)는 성경비판과 종교문제에 관한 역사적 판단을 원하는 계몽주의의 요구를 『백과전서(Enzyklopädie)』의 '성경' 장에서 강조했다. 이에 관해서는 Ernst Cassirer, *Die Philosophie der Aufklärung*(1932), Hamburg: Meiner 1998, 251쪽.

의 대중들 앞에서 이성을 사용하는 것이다.”[42] 비판과 항변, 논증과 반대논증은 돌이킬 수 없는 과정을 전개시켜 나가고, 이 과정은 이성이 자신의 고유수단을 통해 스스로를 교정하는 것과 유사한 방식으로 계몽주의의 내적인 진보를 돕는다. 칸트는 확실히 이러한 점을 알고 있었고 (데카르트가 이미 실용주의적 차원에서 했던 것처럼) 학자공화국의 제도화와 활성화에 의해 이루어지는 학문적 담론을 지지했고 더 나아가 사회정치적 담론의 최종적인 객관화를 지지했다. 학자공화국은 규칙에 의한 텍스트의 생산, 분배, 수용을 알고 있다. 현재의 어법에서 보면, 지식의 오류의 근거가 그 사용과 적용의 단순한 결함에 있다고 한다면 지식의 오류는 자기 조직의 원리에 따라 제거된다고 말할 것이다. 따라서 오직 지식관철의 원칙만이 보장되면 되는데, 이것은 정치적인 (확장된 의미에서는 또한 기술적인) 실용주의의 문제이다.

칸트는 이성비판에서와 마찬가지로 자신의 계몽주의의 구상에서도 순수 형식적인 차원에 있다. 전통적으로 통용되던 진리개념에 대항한 이성비판의 인식론적 핵심물음이 이성적 진리가 어떻게 구성될 수 있는지의 문제였다면, 이 물음은 계몽주의에 관한 물음에서는 한편으로 (이론적 원칙으로서) 이성의 공적 사용의 요구와 다른 한편으로 (체험된 실천으로서) 자유로운 의견 표명 권리의 제기라는 양쪽의 동기와 결부되어 있다. 형식성에 제한을 두기 때문에 모든 내용적 분석은 배제된다. 공론장, 미디어, 책문화는 철학적 주제가 아니다. 이것들은 공지성의 개념을 통해 암시적으로 다루어지고 있다. 공지성은 이제 비로소 진행될 이성적 계몽주의의 이상(理想)으로 간주된다.

칸트가 이러한 과정을 단축하려는 정치적 혁명의 실천에 대해 침착한 시각을 갖고 있었다는 점은 교훈적이다. 칸트는 즉각적으로 이루어지는 폭력적이고 권위적인 변화가 아니라 ‘사유양식의 참된 개혁’에 모든 희망을 걸고 있다. 이것만이 사회적으로 중요한 변화를 가져올 것이라고 한다. 이러

---

42 Immanuel Kant, *Was ist Aufklärung*, 같은 책, 55쪽.

한 변화는 진리요구와 공지성의 원칙 사이에서 일어나는 협연(協演)에 의해 뿌리를 내리게 된다. 이것을 분명하게 밝히는 것은 필요하다. 자기 스스로 계몽하는 것은 이미 고독한 주체가 아니라 공중Publikum이다. "말하자면 거의 본성이 되어 버린 미성숙으로부터 벗어나는 것은 각각의 개인들에게 어려운 일이다. (……) 그렇기 때문에 정신의 고유한 활동을 통해 미성숙에서 벗어나 자신을 발전시켰음에도 불구하고 확실한 길을 걷는 데 성공한 사람은 드문 것이다. 그러나 **공중이 자기 스스로를 계몽한다는 것은 비교적 가능한 일이다.** 공중에게 자유가 주어지기만 한다면 이러한 일은 거의 반드시 일어나게 될 것이다."[43]

칸트는 지식, 교육, 추상적 인식이 아니라 사회정치적인 갈등의 해결이 중요시되는 경우에는 시종일관 공지성을 공적인 권리의 초월적 원리로 제시했다. "다른 사람의 권리와 관련된 행위의 준칙이 공지성과 합치되지 않는다면, 어떤 행위이든지 간에 그 행위는 정당하지 않다."[44] 이러한 원칙은 권리와 정치를 제약한다. 왜냐하면 이러한 형태의 공적 행위는 이것이 '공적인 것으로 널리 알려져 사유될' 수 있는 경우에 한에서만 정당하게 존재할 수 있기 때문이다. 이와 같은 형식주의적 선언은 『영구평화를 위하여 Zum eiwigen Frieden』(1795)라는 '풍자적 제목을 달고 있는' 논문의 부록에서 찾을 수 있는데, 이 형식주의적 선언의 도덕적인 요소는 공론장을 "현재 잠자고 있는 인간의 도덕적 소질"[45]이 발휘되도록 돕는 심급으로 확정한다.

이와 같이 이론이성과 실천이성 사이의 결합은 최종적으로는 공적 커뮤니케이션의 미디어 영역과 관련하여 이루어진다. 이 미디어 영역은 민주주의적 미디어이해의 초기형태를 형성한다. 물론 이러한 해석은 이성의 양쪽

---

43 앞의 책, 54쪽(강조는 저자가 함).

44 Immanuel Kant, *Zum ewigen Frieden. Ein philosophischer Entwurf, Werkausgabe*, 같은 책, BandXI, 245쪽.

45 앞의 책, 210쪽.

측면의 매개를 순수 철학적으로 설명하려는 시도와 대립하고 있다. 우선 철학자들이 논문과 책을 썼고, 이것이 읽혀지고 비평되고 비판됨으로써 성숙에 도달하는 과정이 시작되었다. 이러한 과정은 우리가 살펴본 바와 같이 데카르트가 책을 펴내는 일을 경멸했을지라도 이미 그가 명백하게 원했던 것이었고 마찬가지로 칸트의 초월철학의 구상이 함축하고 있는 내용이기도 하다. 그러나 칸트는 철학의 표현미디어를 대체로 정신을 표현하는 기능상의 전제조건이라고 생각하는 정도에만 그쳤기 때문에 **철학의 표현미디어**를 하나의 주제로 고유하게 다루지는 않았다.[46]

요약

18세기가 시작되면서부터 새로운 규범적 요구를 동반한 정치적 변혁은 봉건적·대의제적 공론장을 변화시킨다. 다시 말해 새로운 도덕적 보편주의가 전통적인 세계상에게 이의를 제기했다. 논리적 질서와 도덕적 질서는 서로 결합되어 있다. 그리고 물음은 왜Warum가 아니라 어떻게Wie이다. 겔너는 합리주의 프로그램의 본질을 매우 날카롭게 논의했다. 첫째, '단순하게 선량한 믿음에 뿌리박고 있는' 세계의 현실로부터 타당성을 박탈하는 것이고 둘째, 인간 정신의 구조가 모든 세계고안의 토대가 되도록 인지법칙을 창조하는 것이 그 본질이라고 한다. 이때 칸트는 말하자면 '사용설명서'를 마련해 주었고, 정신은 이 사용설명서에 따라 정밀하고 고장 없는 기계처럼 기능한다는 것이다.
이론과 실천은 진리를 실현하는 이성능력에 의해 매개되는데, 이 이성능력은 칸트

---

46 노년의 칸트는 자신의 필사본인 『학문분과들의 논쟁(*Streit der Fakultäten*)』에서 유행에 편승한 인쇄업자의 탈선에 대해 언급하고 있다. 인쇄업자는 최신의 세리프가 없는 라틴어 활자를 선택하였는데, 이것이 눈에는 위험한 것이라고 한다. 이에 대해서는 Immanuel Kant, *Werkausgabe*, 같은 책, BandXI, 392쪽 이하를 참조하라.

의 경우(1784) 논증이 이루어지는 공론장과 확고하게 결부되어 있다. 칸트는 흥미로운 (그리고 자주 비판되었던) 구분을 한다. 이성의 사용은 원칙적으로 항상 자유로워야 하지만, 이성의 공적 사용이 보장되는 경우라면 사적인 제한이 계몽을 방해하지는 않는다는 것이 그것이다. 이로써 아직 학자공화국의 형태로 등장하는 수용력 Rezeptionsmacht이기는 하지만 최초로 수용력의 우선성이 주장되었다. 이제 계몽주의는 인류의 집단적 진보의 관점 속에서 나타난다. 개인은 예컨대 잘못된 권위나 상상력의 잘못된 환상에서 의식적으로 벗어남으로써 진보에 기여할 수는 있지만 이러한 진보를 정의할 수는 없다. 이러한 이유에서 칸트는 인식의 확실한 한계에 대해 물었다. 인식은 주체의 한 행위로 이해되었지만 그럼에도 불구하고 주체는 보편규칙(인간존재의 공통의 기초상황)을 따르고 있다는 것이다. 공지성의 원리는 '이성존재'로 하여금 고립되어 행동하는 것이 아니라 자율적인 규칙을 따르는 사회정치적 담론 지평에서 행동하도록 한다. 시민적 주권성은 열망된 사회진보의 차원에서 자신의 기능적 관여를 통해 자신을 통제하는 것이고, 출판을 함으로써 공적 비판에 자신을 내맡기는 저자는 이러한 시민적 주권성의 이상으로 자리 잡는다.

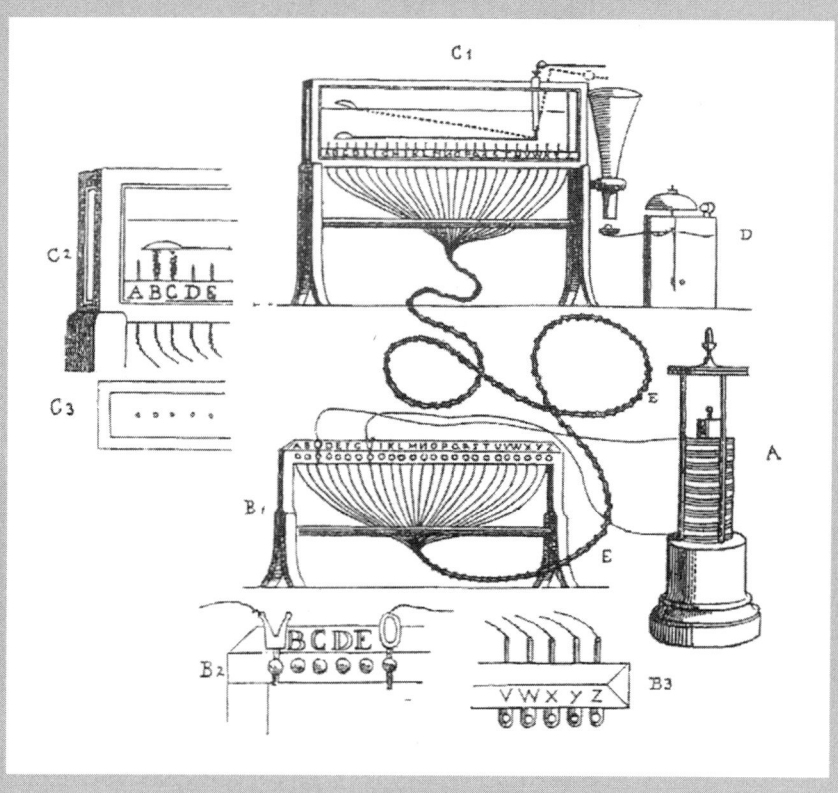

〈삽화 4〉 죔머링(Samuel Thomas von Sömmering), 전기화학식 전신기(1809)

4

문자, 언어, 사유

언어철학적 단초의 융성

> "인간의 사유를 전달하는 우리의 유일한
> 수단은 매우 불완전한데……"
> ―요한 고트프리트 헤르더

1. 세속화과정과 텍스트 교육

근대문화는 계속되는 세속화과정 속에서 백과전서의 완성에 몰두한다. 백과전서는 획득된 모든 지식의 목록으로서 시민의 자부심을 나타내는 것이다. 이러한 지식의 개인적인 소유수단이 교양Bildung이고, 교양은 인문주의적 계몽주의에서 핵심적인 비중을 차지하고 있다. "자기 스스로를 계몽하는 정신적 인간은 낡은 질서의 껍질로부터 해방되어 지식과 삶의 화해를 이룩한 것처럼 보였다."[1] 19세기가 이러한 화해를 시도하기 위해 노동이라는 중심개념을 발견했다면(노동은 세계를 구조적으로 소유하는 것으로서 유물론의

---

1 Manfred Faßler, *Was ist Kommunikation?*, 같은 책, 110쪽.

통일적인 질서관념을 새롭게 만들어냈다), 앞선 18세기에서는 소수 엘리트가 완전한 교양을 추구하면서 정신의 자유와 인류의 끊임없는 발전을 성취하려고 노력했다.

데카르트시대에는 귀족적인 개인들이 **이성의 문화** 속에서 완전한 교양을 갖추는 것이 일반적으로 무엇보다도 중요한 것이었지만, 이제 이러한 교양의 이념은 이것보다 보편적인 요구를 품게 된다. 말하자면 민중의 교육이 중요시됨으로써 기획적인 문맹퇴치교육과 읽기교육이 중요시된다.[2] 읽혀지기 위해서는 텍스트가 충분하게 이용될 수 있어야 할 뿐만 아니라 이러한 인쇄술의 매트릭스에 의해 '자기'가 조직되고 보존된다는 점을 이해하고 있는 것도 필요하다.[3] 우리가 이미 살펴본 바와 같이, 이와 같은 이해는 이미 데카르트와 칸트 철학에서 모범적으로 제시되었다. 데카르트의 경우에는 사유하며 반성하는 자와 이러한 반성의 결과물을 읽는 독자 사이의 커뮤니케이션의 피드백이, 칸트의 경우에는 시민적인 준칙과 인권으로서의 공론장의 광범위한 보장이 중요한 것이었다. 그러나 두 사람의 경우 텍스트는 이것의 물질성과 무관한 상태로 있다. 다시 말해 사유가 표현될 때의 형식도 중요한 역할을 한다는 점이 간과되었고, 이념의 확산은 책문화에 의존적이며 책문화는 계몽주의의 물질적 토대이자 고유한 미디어라는 점도 간과되었다.[4]

미디어를 통한 커뮤니케이션이 일상문화의 상호작용으로부터 벗어나 분리되는 일이 이미 텍스트를 통해 교육이 이루어지기 이전에 필연적으로 나

---

2 이에 대해서는 키틀러의 재구성을 참조하라. Friedrich Kittler, "Lesenlernen um 1800", in: Friedrich Kittler, *Aufschreibesysteme 1800/1900*, München: Fink 1987, 33쪽 이하.
3 상이한 계층 속에서 나타난 다양한 독서개혁과 인쇄물의 관계에 관해서는 Roger Chartier, *Lesewelten. Buch und Lektüre in der frühen Neuzeit*, Frankfurt: Campus 1990을 참조하라.
4 18세기의 지식인·책·공론장, 사유방식의 형성, 책의 힘 사이의 관계에 대해서는 Robert Darnton, *Glänzende Geschäfte. Die Verbreitung von Diderots Encyclopédie, oder: Wie verkauft man Wissen mit Gewinn?* Berlin: Wagenbach 1993을 참조하라.

타났음을 우리는 알 수 있다. 저자와 독자 사이에 텍스트를 절대적인 것으로 설정하기 때문에 책의 독해는 상호작용이 매우 적은 활동이고, 따라서 아주 새로운 특정한 문화기술적인 태도를 만들어냈다. 그러나 이 태도는 해방의 희망과 결합되었기 때문에 이것이 '단일 감각적'인 것이라 해도 문제시되었다기보다는 오히려 시민의 덕목으로 예찬되었다.

이성이 현실을 구성하는 힘으로서 중요시되는 경우에 텍스트는 이성관철의 결정적 미디어로서 독보적인 위치를 차지한다. 인쇄술과 책인쇄(이것은 완전히 새로운 형태의 지식산업을 일으켰다)가 야기한 문화 동질화의 다양한 내용들에 대해서는 나중에 다시 논의하게 될 것이다.[5] 텍스트의 세계는 즉각적으로 존재의 새로운 질서를 보증했다. 다시 말해 텍스트의 세계는 이성을 구체적으로 실현함으로써 전통적인 정신의 권위와 관계를 끊는 형태이다. 오랫동안 성경이 중심 텍스트였지만, 이 규준적인 텍스트가 역사적으로 맥락화됨으로써 다음과 같은 물음이 불가피하게 등장하게 되었다. 이러한 신앙의 선언들에 반대해서 어떤 세속적인 대안을 합리적 지식의 차원에서 내놓을 수 있는지, 말하자면 대중의 관심을 어떻게 묶어낼 수 있는지의 물음이 그것이다.[6]

텍스트의 세계는 계몽주의자의 사유에 의해 인위적으로 창조된 세계이고 종교적인 계시신앙이 감각과 이성의 협연에 기반을 둔 인식에 의해 대체된 세계이다. 감각과 이성의 협연에 기반을 둔 인식은 자율적으로 소유된다.

---

5 인쇄문화의 기본특성에 관해서는 Elisabeth Eisenstein, *Die Druckerpresse. Kulturrevolutionen im frühen modernen Europa*, Wien: Springer 1997을 참조하라. 읽고 쓰는 능력(Literalität)(문서형식의 과정에 대한 사회적 표현)에 관한 언어학적 작업에 관해서는 Helmut Glück, *Schrift und Schriftlichkeit. Eine sprach- und kulturwissenschaftliche Studie*, Stuttgart: Metzler 1987을 참조하라.

6 예컨대 칸트가 문필가와 바보를 단호하게 구분한 것을 생각해 보자. 자신의 책 『이성의 한계 내에서의 종교(*Die Religion innerhalb der Grenzen der bloßen Vernunft*)』와 연관된 비난과 관련하여 칸트는 자신의 책이 향하고 있는 전문적인 공론장과, 결핍된 학술서에 대한 지식 때문에 "이해능력이 떨어지고 패쇄적인" 일반대중을 구별하고 있다. 이에 관해서는 Immanuel Kant, *Streit der Fakulitäten*, 같은 책, Band XI, 270쪽, 특히 280쪽을 참조하라.

인간의 지식은 문화적으로 전승된 세계에서 생겨난다. 하지만 전승된 권위로부터 해방된 이후 다음과 같은 매우 중요한 의문들이 등장했다. 인간의 능력은 본성으로부터 얼마만큼 영향을 받는가? 얼마만큼 관습에서 비롯된 것인가? 언어나 사유와 같은 우리의 현실경험의 패러다임은 어느 정도까지 법칙적인 성질을 갖고 있는가? 언어에서 자의적 성질은 어느 정도인가? 인간 주체는 기호를 만드는 주권을 갖고 있는가, 아니면 언어본능의 차원에서 의식하지 못하는 자연의 규칙에 종속되어 있는가?

역사가 근대의 이념과 정치적 구상에서 중요한 요소로 존재하기 시작한 순간부터 인간의 창조적 시각은 신의 근원적인 창조행위와 병렬하여 등장했다. 사회적 생산은 자기 사회의 고유한 문화적 잉여가치를 산출한다. 인간에게 간혹 말을 건네는 순수정신에 대한 해석으로부터 이단적으로 결별했던 근본적인 이유는 성경도 결국 저자, 번역자, 해석자의 형태에서 일어나는 인간들 상호간의 커뮤니케이션으로 설명되어야 한다는 통찰 때문이었다. 하만Johann Georg Hamann은 "신의 정신"도 단지 "신성한 사람의 펜에 의해서"만 전달될 수 있다고 썼다.[7] 이러한 펜, 다시 말해 글 쓰는 도구는 정신을 만들어내는 가능성으로 파악되었다. 역사세계가 이러한 추가로 등장한 요소에 의해 실제로 권리를 획득하게 되면, 이제 한편으로는 백과전서의 기획이 실천이성의 상황에 대한 탐구와 목록으로서 시작되고, 다른 한편으로는 문화의 구체적인 표현형태의 역사적 기원에 관한 확인이 시작된다. 칸트의 경우 이성은 스스로 오류를 낳을 뿐만 아니라 내적인 진행 속에서 스스로 오류를 수정할 정도로 그렇게 급진적으로 스스로를 정당화한다. 그러나 인간의 행위는 역사세계에서 일어난다(역사세계는 인간에 의해 형성되었지만 인간에게 낯선 의미로 나타난다).[8] 자연과 역사는 데카르트적인 의미에서는 동전

---

7 Johann Georg Hamman, *Streit über die Sprache und Schreibart des heiligen Testaments*(1762). 인용은 Detlef Otto, "Johann Georg Hamman", in: Tilman Borsche(Hg.), *Klassiker der Sprachphilosophie*, München: Beck 1996, 197~213쪽에 따라 한다. 여기서는 203쪽.

의 양면과 같은 것이다.

보편적인 교양의 정신사적 계획은 읽기에 의한 지식습득이라는 이성에 적합한 표현을 창조하기 위해 문자화를 추구하고, 또한 자연을 읽을 수 있게 만드는 열쇠로서 백과전서의 편찬을 추구한다(한스 블루멘베르크). 역사는 '상상력의 논리Logik der Phantasie'로서 자연에 관한 참되고 확실한 지식과 대립해 있기 때문에 계몽주의[9]로부터 멀리 떨어져 있다. 이러한 상황은 비코의 『신과학Scienza Nuova』의 단초를 헤르더가 다시 수용하기까지 계속되었다. 그러나 역사는 인간정신의 표현을 추적하는 것이고 결국 언어와 문자의 역할에 대한 반성을 요구하는 것이기도 하다. 신의 계시에 대립해 등장한 역사적·상호문화적 문헌비교에서 시작해서, 그리고 이와 관련된 의미 문제, 즉 순수한 신의 문자와 이와 대조되는 인간의 관여의 문제에서 시작해서 언어와 문자의 근원은 바빌론시대 이전의 잃어버린 인류언어로서 근본적인 반성대상이 되었다. 한편으로 언어와 문자의 유래와 방향을 묻는 실증적인 인간학과, 다른 한편으로 언어의 역사적 우선성을 전제함으로써 스스로를 토대로 스스로를 정당화하는 이성을 공격적으로 거부하는 흐름이 일원론적이고 반데카르트적인 독일 후기계몽주의 담론을 형성시켰다.[10]

2. 절대적 텍스트로서의 백과전서

유럽의 초기 시민문화의 이상적인 소실점은 공허와 같은 상태를 극복하려는 시도 속에서, 그리고 앞으로 쓰여질 보편적인 책을 선취하면서 점차

---

8 Karl Löwith, "Weltgeschichte und Heilsgeschehen"(1950), in: Karl Löwith, *Der Mensch inmitten der Geschichte. Philosophische Bilanz des 20. Jahrhunderts*, Stuttgart: Metzler 1990, 115쪽 이하.

9 Ernst Cassirer, *Philosophie der Aufklärung*, 같은 책, 280쪽.

10 반데카르트주의에 대해서는 Panajotis Kondylis, *Die Aufklärung im Rahman des neuzeitlichen Rationalismus*, München: DTV 1986, 576쪽 이하를 참조하라.

형성되어 갔다. 다시 말해 지식의 개인적 소유를 가능하게 하는, 거대하게 인쇄된 자료저장소가 형성되어 갔다. 달랑베르Jean Le Rond d'Alembert는 디드로Denis Diderot와 공동으로 기획한 백과전서의 머리말에서 "백과전서는 인간의 지식을 시간의 변화나 혁명으로부터 안전하게 보호하는 성지가 될 것"이라고 썼다. 인간지식의 백과전서적인 질서는 지식을 '가능한 한 제한된 공간에 저장'함으로써 개인적으로 자유롭게 사용하도록 한다는 경제적 목적에도 부합한다. 편집자들은 미래까지 고려하면서 모든 지식의 초석을 놓아야 하며 그러한 역할이 자신들의 역할이라는 도취에 빠져 있었다. "후세는 우리의 기록에 그들의 발견을 추가할 것이고, 이를 통해 인간정신과 행위의 역사는 한 시대에서 다른 시대로 전달되어 아주 먼 미래의 세기까지 존재하게 될 것이다."[11] 시야를 과거로 돌리면 전승의 공백이 확연하게 나타나고, 이러한 공백은 고대민족들의 성과물에 대한 접근을 어렵게 할 뿐만 아니라 '그들의 언어의 진정한 법칙'을 파악하는 일도 어렵게 한다. 이러한 상황을 바로잡는 일이 미래에 대한 현재의 의무로 간주되었다.

백과전서파는 전승된 지식의 권위에 대항해 이성을 실현하려는 동기 속에서 작품[12]을 만들었다. 바로 이것은 칸트가 요구한 것을 미리 선취한 것이라고 할 수 있다. 근대의 개인들을 자기에게 책임이 있는 미성숙으로부터 해방시키는 이성의 공적 사용이 그것이다. 그들은 교양과 과학의 출판영역에 새로운 요구를 하는 이 과제가 완성될 수도 완결될 수도 없다는 사실을 물론 잘 알고 있었다. "우리는 땅으로부터 멀리 하늘에 도달하는 것이 끝없는 일임을 알고 있지만 그럼에도 불구하고 바벨탑을 세우는 일을 게을리

---

11 Jean Le Rond d'Alembert, *Discours Préliminaire de l'Encyclopédie*(1751). 귄터 멘슁(Günter Mensching)이 번역한 독일어본 *Einleitung zur 'Enzyklopädie'*, Frankfurt: Fischer 1989, 108쪽, 46쪽, 107쪽 이하를 인용한다.

12 *Encyclopédie ou Dictionnaire raisonné raisonné des Sciences, des Arts et des Métiers*, Paris 1751~1780. 단턴(Darnton)은 책을 사업으로 만든 근대적 방식의 출판산업이 정치적 기능뿐만 아니라 다른 특성도 지니고 있다고 설명한다. Robert Darnton, *Glänzende Geschäfte*, 같은 책.

하지 않을 것이다."[13]

19세기로 접어들면서 책들로부터 하나의 바벨탑이 나타났는데, 그것은 특정한 작품으로서가 아니라 오히려 하나의 출판시스템으로서 나타났다. 그리고 이 출판시스템은 새로움을 강조하면서 공론장이라는 절대적인 이념을 만들어냈다. 블루멘베르크는 독해가능성(경험에 대한 은유)과 독해 가능하도록 만들기(계몽주의의 기획)라는 욕구를 지닌 이 시대에서 완전히 새로운 장르의 탄생을 진단했다. "자연의 책과 계시의 책 사이에 문학이라는 세 번째 장르가 형성되었다. 이 장르는 가까운 또는 먼 훗날에 훨씬 풍성한 책이 되거나 될 수밖에 없었고 결국 유일하게 절대적인 책, 즉 새로운 성경이 되었다."[14]

3. 언어의 도구화

이 장르는 이성에게 어울리는 표현방식을 마련해 주었다고 할 수 있다. 백과전서파가 표현된 개별인식들의 다양성 속에서 연관성을 의식적으로 정립하려 했다면, 이와 같은 대상들의 내적 질서의 이념은 바로 칸트의 초월철학에서도 주도적인 동기로 등장했다. 푸코Michel Foucault는 언어의 기능이 근대 주체를 질서짓는 '배치Disposition' 기능으로 변했음을 연구했던 책에서

---

13 Denis Diderot, *Gedanken zur Interpretation der Natur*, IX. Günter Mensching, "Die Enziklopädie und das Subjekt der Geschichte", in: d'Alembert, *Einleitung zur 'Enzyklopädie'*, 같은 책, 154쪽을 인용한다.

14 Hans Blumenberg, *Die Lesbarkeit der Welt*, Frankfurt: Suhrkamp 1989, 170쪽. 문학과 정치가 일정한 친밀한 관계에 놓였던 1800년 이후, 이러한 바람은 새로운 독본이 만들어짐으로써 성취될 수 있었다. 학교 교사인 니트함머(Imanuel Niethammer)는 1808년 시인이자 장관이었던 괴테에게 새로운 '국민의 책(Nationalbuch)'의 필요성을 하나의 기획으로서 제기했는데, 이 책은 '시적 성경(poetische Bibel)'으로서 성경이 권위를 잃은 후 기초적인 책의 역할을 하면서 성경을 대체해야 하는 책이다. 이에 관해서는 Friedrich Kittler, *Aufschreibesystem 1800/1900*, 같은 책, 154쪽 이하를 참조하라.

바벨탑의 신화(이것은 주지하다시피 거대한 언어적 혼란을 낳았다)를 이러한 질서와 관련해 함축적으로 재해석했다. 그에 따르면 백과전서의 기획은 세계질서의 재구성으로서 "자연인식은 (……) 참된 언어를 만들어내는 것"이라는 새로운 인식의 차원을 열고 있다.[15] 통일의 기획 속에서 하나의 이상언어 Idealsprache를 생각하는 것은 실제로 17세기에 강화된 노력, 즉 학자공화국의 커뮤니케이션을 통한 상호이해를 안전하게 보장하기 위해 가능한 한 다의성을 피하려는 노력과 관련이 있다. 물론 이것은 언어를 매우 도구적으로 해석하는 결과를 낳게 된다.[16]

이러한 도구성에서 완벽한 표현공간의 기획(이에 대해서는 앞으로 다루게 될 것이다)은 최종적으로 실패했다고 말할 수도 있다. 하지만 그 함축된 내용은 광범위한 것이고 미디어철학적인 관점에서 볼 때 특히 그렇다. 실제로 과학의 통일성을 정립하는 일이 성공하게 되면, '동일성·구분·특징·대등·언사에 관한 지식'과 같은 지식의 근본적인 배치질서뿐만 아니라 이러한 은유적 트릭에 의해 발견되었던 인간 자체도 사라진다는 푸코의 급진적인 주장을 생각해보자. 절대적인 인간개념은 없다고 전제한다면 이러한 주장은 납득할 만한 점을 갖고 있다. 플루서가 말한 바와 같이 예컨대 주체는 대상관계나 세계관계의 변화에 의해 하나의 '기획'으로 해체되는 것이 가능할 정도로 의존적인 형태를 띠고 있다. 그리고 세계관계는 문명화과정 속에서 더욱 더 차별화되고 추상화되는 코드화에 의존하고 있다. 담론의 통일성과 관련해서는 이것을 실현불가능한 이상향(과학적 통일성의 차원에서도)으로 보는 가능성이 있고 아니면 바빌론 이전시대로부터 파편들만 남은 상태에서 잃어버린 인류의 언어로 보는 가능성이 있다. 이 양자는 현실의 인간실존의 불완전한 모습을 (또는 간단히 말해 언어능력과 독해경험에 의존하는 세계경험의 모

---

15 Michel Foucault, *Die Ordnung der Dinge*(1966), Frankfurt: Suhrkamp 1974, 209쪽.

16 이에 대해서는 Umberto Eco, "Von Leibniz zur Encyclopédie", in: Umberto Eco., *Die Suche nach der vollkommenen Sprache*, München: Beck 1994, 276쪽 이하를 참조하라.

습을) 나타내고 있다.

"언어가 흩어질 운명에 처했을 때 인간은 형성되었다. 그렇기 때문에 언어가 다시 모인다면 인간은 아마 해체될 것이다. (……) 인간은 언어의 두 가지 존재방식 사이에서 하나의 형태로 존재했다. 달리 말해 오히려 언어가 하나의 대표적인 언어에 종속되어 어느 정도 소멸된 이후에 다시 잘게 분할되어 이 대표적 언어로부터 해방되었을 때 비로소 인간은 형성되었다. 인간은 파편화된 언어의 중간영역에서 자신의 고유한 형태를 만들었다."[17]

4. 하만과 헤르더에게 이성조직으로서의 언어

18세기의 후반기에 언어철학이 융성하기 시작했다. 이때의 언어철학은 책 속의 언어 자체를 다룬다기보다는 이러한 책 속의 언어를 제약하는 물질적 측면, 즉 실제적인 법칙을 다룬다. 칸트는 생동하는 언어를 철학의 기본적인 조건으로 생각하고 특히 전달수단으로서만 파악했던 반면에, 그의 동시대인들 속에서는 언어에 대한 철학적 이해라고 불릴 만한 일이 시작되고 있었다. 다시 말해 언어를 **통한** 철학뿐만 아니라 진정 언어에 관한 철학이 시작되었다. 이 시대의 언어에 관한 중요 텍스트들은 언어를 사유의 도구나 수단으로 보고 있는데, 이 텍스트들은 초월적 주관성이라는 칸트의 고안과 연관되어 읽혀져야 한다. 언어는 칸트의 이성개념에서 나타난 빈 공간을 채우는 일을 했다. 이와 같이 하만이 『이성의 순수주의에 대한 메타비판 Metakritik über den Purismus der Vernunft』(1784년경)에서 쓴 것처럼 언어는 "전승과 교리 같은 다른 어떤 신임장도 필요 없이 이성의 최초이자 최후의 유일한 조직이고 기준이다." 하만의 경우 이른바 모든 개념의 자발성은 중요

---

17 Michel Foucault, *Die Ordnung der Dinge*, 같은 책, 461쪽 이하.

한 역사적 조건으로서의 '언어의 수용성' 안에 근거를 두고 있다.[18]

언어가 나와 세계 사이를 매개하는 척도로 등장하는 문제에 관한 탐구는 (이것이 문제시될 경우) 일반적으로 알려진 인간실존의 근본상황에 대한 칸트의 물음과 직접적인 관련이 있다. 물론 이 문제는 언어철학적 반성의 틀 속에서는 완전히 다르게 해결된다. 말하자면 이 문제는 보편적인 구속력을 정당화하는 관점에서가 아니라 경험적인 현상들에 관심을 가짐으로써 해결된다. 우리가 이와 같이 '언어'를 세분화해 파악하면 파악할수록, 각각의 언어와 이 언어가 속한 생활세계 사이의 관계에 대해 더욱 더 강한 관심을 갖게된다. 언어와 사유의 연관관계가 중요한 물음인 것처럼, 마찬가지로 언어의 매개기능도 중요한 물음으로 나타난다. 그리고 개별언어에 대한 다양한 경험 분석에 의해 그동안 타당하게 받아들여졌던 언어에 대한 표상, 즉 언어는 자주적인 '이념'이라는 표상이 형이상학적 가설로서 거부된다. 그 대신에 언어는 지리적인, 이데올로기적인, 문화적으로 특유한 구조 중의 하나로 간주되고, 19세기로의 전환기에 일어난 민족어나 모국어 등의 인위적인 형성이 그 증거이다.

칸트의 철학적 믿음, 다시 말해 인간은 스스로 올바른 성숙의 과정이나 상황에 이르는 능력을 기본적으로 갖추고 있다는 그의 믿음은 발전적으로 전개된 계몽주의시대 인간학의 보편적인 생각이다. 그러나 인간으로 하여금 내재적인 이성의 잠재력을 실현하도록 하는 수단은 불분명하다. 칸트는 정신에만 관심을 집중했기 때문에 인간에게 특정한 개념의 필연성에 복종하게 하며 인간의 세계파악(과 또한 경험)을 앞서 결정하고 있는 규칙체계에 대해서는, 다시 말해 언어에 대해서는 별로 관심이 없었다. 칸트는 적어도 이러한 점과 관련해서는 비판받고 있다. 칸트의 동시대인인 헤르더는 "인간은

---

18 Johann Georg Hamman, *Metakritik über den Purismus der Vernunft*, Werke, ed. Nadler, BandIII, 283쪽 이하. Josep Simon, "Immanuel Kant", in: Tilman Borsche(Hg.), *Klassiker der Sprachphilosophie*, München: Beck 1996, 233쪽을 인용한다.

올바른 과정 속에서 형성됨으로써 자유로운 예술적인 손을 얻었고 섬세한 작업도구와 새로운 명확한 이념을 지속적으로 발견하는 도구를 얻었다"고 썼다. 그리고 여기에 연결해서 다음과 같이 말했다. "그러나 만약 창조자가 우리에게 이 모든 것을 움직이게 하는 태엽을 주지 않았다면, 이러한 모든 예술도구, 두뇌, 감각, 손도 올바르게 작동하지 않았을 것이다. 말하자면 그것은 말이라는 신의 선물이다. 잠자고 있는 이성은 말을 통해서만 깨어나게 되고, 더 나아가 스스로는 영원히 죽은 채로 존재할 수밖에 없는 단순한 능력은 언어에 의해 생동하는 힘과 활동이 될 것이다."[19]

인간이 커뮤니케이션을 한다는 것은 단순한 주장에 불과한 것이고 진부한 것이다. 이 주장은 칸트가 제시한 이성의 반성과 기본적으로 모순되지 않는다. 칸트는 형이상학에 관한 낡은 물음, 즉 현상의 배후에 존재하는 세계에 관한 물음을 인간의 사유구조에 관한 물음으로 전환시켰다. 하지만 형이상학의 물음은 사라지지 않는다. 왜냐하면 이러한 인간의 사유구조에 대한 반성에 의해서 지성의 한계만 의식되는 것이 아니라 이러한 한계 속에서 경험가능한 차안Diesseits과 더불어 사유가능한 피안Jenseits도 의식되기 때문이다. 독일 관념론은 이때 와해된 세계를 정신적으로 화해시키는 길로 나아갔다(절대적인 것의 지성적 직관은 특히 피히테Immanuel Hermann Fichte, 셸링 Friedrich Wilhelm Joseph von Schelling, 헤겔Georg Wilhelm Friedrich Hegel에서 발전되었다). 그러나 이러한 독일 관념론의 길을 따라가지 않는다면, 언어 속에서 담겨 있는 감각성은 거절될 수 없는 것이다. 따라서 문화적으로 산출된 상징형식들은 마침내 자신의 권리를 주장하게 된다. 독일의 언어철학자인 하만, 헤르더, 훔볼트의 구상은 자주 비합리주의적인 반계몽주의로 단순하게 묘사되었지만 이들의 구상은 18세기의 인식론과 19세기와 20세기의 언어철

---

19 Johann Gottfried Herder, *Ideen zur Philosophie der Geschichte der Menschheit*(1784), Viertes Buch Abs.III. Wiesbaden: Fourier 1985, 114쪽.

학을 잇는 직접적 교량으로 간주될 수 있다. 현대철학에서 아직도 중요하게 여기는 문제들이 이미 여기서 칸트와의 논쟁들을 통해 명확하게 파악되고 있다. 나의 사유나 나의 세계이해의 한계는 나의 언어의 한계에 의해 규정되는가?

하만은 성경을 신의 계시로 간주할 뿐만 아니라 역사적 기록이나 시간과 연관된 이야기로 간주하기도 한다. 하만의 경우 문화적 존재인 인간의 **첫 번째 미디어매개성**인 언어와 문자에 대한 이해가 커뮤니케이션인간학의 관점에서 준비되고 있었지만, 그의 관점의 배후에는 이미 언어에 대한 일정한 회의가 나타나고 있었다.[20] 하만은 칸트의 이성비판에서 나타난 감성과 지성의 철학적 이원론을 불편한 심기로 관찰했다. 이때 선험적 인식의 성질(칸트의 경우 이것은 개념의 자발성으로 불린다)은 경험적 성질(언어의 수용성)의 관점에서, 다시 말해 언어철학적으로 정초된 현실개념이 준비되는 과정에서 새롭게 관찰되었다. 하만은 일관되게 칸트의 이성비판을 '메타비판적인' 형태로 다루었다. 하만은 이성개념을 문화적 우연성으로부터 날카롭게 분리시킨 것이 잘못된 것이라고 주장했다.[21] **칸트적 스타일**의 순수이성의 추상성에 대립해서 사유하기와 말하기는 친밀한 연관 속에 놓였다. 하지만 상황성의 철학자인 하만은 진지하게 받아들이기에는 너무나 혼란스럽고 비체계적으로 글을 쓴다. 물론 이것은 관념론의 체계철학의 압박에 대한 저항형식으로, 합리주의의 추상성 추구에 대한 실천적 공격으로 이해될 수 있다. 하만은 사유하기와 말하기는 하나이고, "이성은 언어이다"라고 강력하게 주장했다. 그리고 이성과 감성이 서로 짝을 이루듯이, 모든 개념은 지각될 수 있

---

20 Johann Georg Hamman, *Biblische Betrachtungen*(1758). Detlef Otto, in: Borsche(Hg.), 같은 책, 203 쪽을 인용한다.

21 Johann Georg Hamman, *Metakritik über den Purismus der Vernunft*(1784). 이 책은 유고로 1800년에 출판되었다. 하만은 칸트를 비판하는데 그 이유는 세 가지의 정화과정 때문이다. 첫째, 전승, 전통, 신앙을 정화하고, 둘째, 경험과 "일상생활에서의 귀납"을 정화하고, 끝으로, 셋째 "이성의 유일하고 최종적인" 기관이자 기준인 언어를 정화했기 때문이다.

는 기호로 존재해야 한다고 했다. 이러한 "이성의 언어원칙"을 진지하게 받아들인다면, "전체 [철학]은" 결국 언어분석적인 차원에서 모든 모호성으로부터 해방된 "하나의 문법"이 될 것이다.[22] 우리는 마우트너Fritz Mauthner에게서 이러한 생각이 완성되었음을 알게 될 것이다. 이때 중요한 것은 언어가 이성문제의 해결이 아니라 비로소 이성문제의 시작을 뜻한다는 사실이다. 이 문제는 20세기에 이르기까지 실험의 대상이 되었다.

5. 인간의 탁월한 언어능력

세계를 이해하는 사유가 오직 이성적인 것만을 통해서 이루어지는 것은 아니다. 18세기에 교조적 신앙내용과 역사적 신앙내용(교조적 성경해석과 비판적 성경해석)이 구분되기 시작하면서부터 자연과 역사를 새롭게 수용하는 일도 준비되었다. 그리고 이러한 새로운 수용이 인간을 위한 새로운 의미를 마련하게 될 것이라고 기대되었다. 말하자면 자연의 책은 대상을 개별적으로 인식함으로써 성립되는 철학체계에 의해 대체되는 것이다. 이제 추상적인 철학에서 나타나는, 인간은 도대체 어디에 있는지의 물음뿐만 아니라 특히 인간은 어디에서 유래하는지, 인간과 동물을 구별짓는 것은 무엇인지, 인간은 어떻게 사유를 시작하게 되었는지의 물음도 제기된다. 이에 대해 블루멘베르크는 "인간중심주의는 모방행위가 타당성을 잃은 것에 대한 커다란 위안 중 하나이다"라고 주석을 달았다. 그는 계속하여 다음과 같이 썼다. "계몽주의에서 독해 가능성이라는 은유는 확고하게 존재하던 이성의 지속적인 약화의 역사를 알 수 있는 실마리이다. 이러한 현상은 세계는 인간이

---

22 Johann Georg Hamman, "Brief an Jacobi, 23.4.1787." Detlef Otto, in: Borsche(Hg.), 같은 책, 212쪽 이하를 인용한다.

통상 기대하는 것보다 더 많은 의미를 지니고 있으며 또한 그것을 보여줄 것이라는 은밀한 기대 속에서 생겨났다. 의미의 추구는 이성의 관점에서는 중요성을 상실했지만 새로운 방향을 만들어냈으며 스스로를 지혜로 명명한 이성보다 더 지혜로운 것이다."[23]

이성과 언어라는 개념쌍에 의해서 서로 대립하는 입장이 생겨났다. 그리고 이러한 입장은 18세기에 하만의 제자이자 친구인 헤르더의 역사세계에 대한 새로운 직관에 의해 강화되었다.[24] 새로운 방향은 순수이성에 대한 대안으로서 새로운 완전성을 추구하는 것이다. 말하자면 그것은 역사적으로 백과전서적인 사유를 보완하는 것으로 등장했다. 헤르더의 문화고고학과 인간의 자연적 소질에서 언어의 원천을 파악하는 그의 해석이 『백과전서』의 프랑스 편집자인 달랑베르와 디드로와 유사한 것은 우연이 아닐 것이다 (헤르더는 1770년에 이들을 만났다).

문명의 지식의 최초 근거를 탐구하고 이를 통해 지식의 현재 수준을 확실하게 인식하는 것, 그리고 현재 학문의 수준을 고려하면서 언어의 능력에 대해 묻는 것은 이러한 인간능력의 원천에 대한 연구를 통해 보완되었다. 젊은 헤르더는 그 당시에 이미 유명한 사람이었다. 『신독일문학Über die neuere deutsche Literatur』(1766 / 67)이 출간됨으로써 명확하게 드러난 것은 헤르더가 시적인 반성을 통해 독일인을 치료하고자 노력한다는 점이다. 이 노력은 언어를 통한 인간 인식의 한계 설정이라는 철학적인 내용을 함축하고 있고 '제한과 윤곽'의 '부정철학'으로 나타난다.[25] 헤르더는 바로 이러한 관점에서 1770년 베를린 학술원의 현상문제, 즉 인간은 스스로의 자연적인

---

23 Hans Blumenberg, *Die Lesbarkeit*, 같은 책, 182쪽, 199쪽.

24 Ernst Cassirer, "Die Eroberung der geschichtlichen Welt", in: ders., *Philosophie der Aufklärung*, 5Kap, 같은 책, 263~312쪽을 참조하라.

25 Johann Gottfried Herder 1764. Ulrich Gaier, "Johann Gottfried Herder", in: Borsche(Hg.), *Klassiker der Sprachphilosophie*, 같은 책, 218쪽.

능력만으로 언어를 창조할 수 있었는지의 문제에 대해 대답했고 이것은 유명해졌다.[26]

주지하다시피 그 대답은 긍정적이었다. 인간이 언어를 창조하지 않았다면 인간은 인간으로서 존재할 수 없었을 것이기 때문이다. 헤르더는 당시 언어철학 논의에서 지배적이었던 아담에 의한 (신적인) 언어의 기원이라는 명제를 거부한다. 인간은 언어를 창조할 수 있을 뿐만 아니라 언어를 창조해야 한다는 것이다. 그 이유는 인간은 동물로서의 특유의 결핍을 스스로 보완해야 하기 때문이다. 그의 논고는 인간은 '이미 동물적으로' 언어를 갖고 있다는, 다시 말해 일종의 **언어적 본능**을 사용한다는 매우 강력한 자연주의적 주장으로부터 시작한다. 헤르더는 언어의 중요한 특성을 기술(記述)을 위한 수단으로 생각해내는 프랑스 백과전서파의 언어철학적 구상으로부터 영향을 받았는데, 그는 스스로 세계의 언어성은 물론이고 더 나아가 역사와 사유의 언어성을 주장하는 '언어신비주의적' 전통에 서 있다. 그에게 언어는 세계이해의 도구이다. 그리고 단순하게 말하는 동물이나 울림을 지각하는 '직접적 자연법칙'으로부터 인간을 구분짓는 것은 물론 언어이다. 언어 없이 이성은 존재하지 않기 때문이다. 이러한 상황 이전으로 회귀하는 것에 대해서는 생각할 수 없다. 만약 그렇다면 인간성의 상실이라는 대가를 치러야 할 것이다. 헤르더에 따르면 언어와 무관하게 인간을 생각하는 것은 사고의 오류이고, 이것은 비로소 언어의 기원에 관한 문제를 야기한다. "말 못하는 물고기에 이르기까지 모든 동물은 자신이 지각한 것을 소리 낸다. 그러나 그렇다고 해도 어떤 동물도, 가장 고등의 동물조차도 실제로는 인간

---

26 베를린 학술원은 1769년 현상논문의 과제를 다음과 같이 세계적으로 공표했다. "En supponant les hommes abandonnées à leurs facultés naturelles, sont-ils en état d'inventer le langage? Et par quels moyens parviendrent-ils d'euxmemes à cette invention?" 헤르더의 대답은 *Abhandlung über den Ursprung der Sprache*이다. 이것은 1771년에 출판되었다. 인용은 Werke in zwei Bänden, Gerold(Hg.), 1953에서 한다. 이 텍스트는 "구텐베르크 프로젝트(Projekt Gutenberg)" *http://www.gutenberg.aol.de/herder/sprache/sprach01.html*에서 온라인으로 검색할 수 있다.

언어로 나아가는 최초의 발단을 가질 수 없다. 소리는 형성되고 세련되고 조직될 수는 있다. 하지만 이러한 소리를 의식적으로 사용하는 지성이 없다면 나는 인간의 자율적인 언어가 형성된다고 보지 않는다. 이전처럼 자연법칙에 따라 인간의 자율적인 언어가 형성된다고 생각할 수 있는가?"[27]

인간은 언어적 동물이고 **사유하는 공통감관**sensorium commune이다. 헤르더는 언어의 기원문제를 다룰 때 언어는 인간적인 것이기 때문에 신적인 질서가 아니라 자연적인 뿌리를 인식할 뿐이라고 한다.[28] 인간은 지각된 특징을 '기호'로 파악하고 기호를 수단으로 해 모든 것을 자기 자신과 연관 짓고 '지배를 위한 자신의 책' 속에 지속적으로 '기호'를 기입한다. 이로써 인간은 언어를 통해 자연을 말하자면 인간화한다. 그리고 언어는 인간에게 특유의 '매개와 통일의 감관이 된다.' 헤르더는 자신의 현상논문에서 철학적으로 사색할 뿐만 아니라 과학적 사실을 갖고 논증한다. 그는 특히 고대 언어의 연구와 민속학적 비교를 통해서 규명한 '확실한 자료'를 갖고서 논증하고 있다고 주장한다. 결론적으로 이성과 언어의 연관성을 고려한다면, 이성은 상대적인 것으로 이해된다. 인간은 그야말로 계몽주의의 의미에서 고귀한 기원을 가진 신의 선물의 수동적인 수용자가 아니라 언어를 창조하는 적극적인 행위자라는 것이다.

이와 같은 사유의 언어에의 의존테제로부터 잃어버린 시적인 모국어를 독일인에게 다시 가르쳐 익히게 하려는 계획, 다시 말해 언어를 통해 민족의 병을 치료하는 계획이 정당화된다. 언어가 사회적 통합의 힘으로써 종교의 자리를 대신하게 된 것이다. 언어는 유기적인 총체성에서 출발하면서 문화적 존재이기도 한 인간을 위해 특별한 역할을 한다. 이것은 언어가 감각적인 것과 이념적인 것을 통합하는 것을 뜻한다. 이러한 사회화과정은 그

---

27 Johann Gottfried Herder, *Ursprung der Sprache*, 같은 책, 20쪽.
28 몇 년 전(1766)에 마찬가지로 베를린 학술원은 언어의 신적인 기원을 증명하는 쥐쓰밀히(Johann Peter Süßmilch)의 저술을 발간했다.

당시에는 '우리 영혼'의 시적인 '훈련'이라고 불렸다. 이 사회화과정은 '개인들의 상호작용'이 문화로 존재하도록 하는데, '특정한 형태의 인간행복과 생활방식을 교육하는 전통' 속에서 의식적으로 이루어지는 것이다.[29]

헤르더가 몇 년 동안 몰두했던 저술계획인 『인류의 역사철학에 관한 이념Ideen zur Philosophie der Geschichte der Menschheit』(1784~1791)은 칸트의 『순수이성비판』 2판과 교차되어 출판되었다. 헤르더는 이 책을 통해 문화인류학이 언어철학의 기본신념으로부터 많은 것을 얻을 수 있다는 사실을 증명했다. 칸트는 이 책들을 비평하였지만 헤르더의 인식론에 나타난 언어철학적 전환에 대해서는 거의 논의하지 않았다.[30] 이때 독자이자 평자인 칸트는 여기서 **초월적**transzendental 문제에 대해 깊이 생각했을 것으로 보인다. 헤르더가 제안한 바와 같이, 사유가 언어적 기호의 표현과 절대적인 관련이 있다면 이러한 감성의 차원이 결국 인식을 결정하는 것은 아닌가? 만약 그렇다면 이론이성과 실천이성의 분석적인 분리가 적어도 불확실한 것은 아닌가? 대체로 칸트의 비판자는 인식에서의 지성과 감성의 협연이 순수지성의 사안인 사유와 체계적으로 구별되어 명확하게 서술되지 않았다는 점을 들어 칸트를 비판한다(초월적인 역설).[31]

칸트의 초월철학에서 인간의 실천영역과 인식영역은 서로 구분되어 있는데, 헤르더는 인식과 실천영역의 이원론 때문에 분명하게 칸트를 비판했다. 언어와 사유가 동일한 것으로 간주되고 사유와 인식 사이에 본질적인 차이가 없는 것이라면 중요한 문제가 발생하게 된다. 이성이 언어라면 언어에 의해서 그리고 언어 속에서 이미 사유된다. 개념적 표현은 이미 사유의 한 형태이다. 이 사유는 실제로 역사의 발전에 의존하고 있음은 물론 현재의 커뮤니케이션과 친밀한 관계에 있음을 보여준다. 물론 절대적 개념의 관점

---

29 Johann Gottfried Herder, *Ideen*, Neuntes Buch, Abs.I, 같은 책, 227쪽.
30 Immanuel Kant, *Werkausgabe* BandXII, 같은 책, 781~806쪽.
31 Christian Stetter, *Schrift und Sprache*, Frankfurt: Suhrkamp 1997, 402쪽 이하.

에서 본다면, 다음과 같은 물음이 제기될 수 있다. 사유는 언어를 넘어서 있는 것이 아닌가? 어떤 종류의 말하기가 문제시되고 있는가? 어떤 종류의 사유하기가 문제시되고 있는가? 이 물음들이 말이란 오직 **개념을 형성하는 사유**와 연관될 수밖에 없다는 점을 전제하고 있음을 우리는 알 수 있다. 이 주제는 아직 해결되지 않은 것처럼 보인다. 이와 관련해 시사하는 바가 많은 것은 문화인류학적으로 언어철학의 기본사상의 완성을 시도했던 헤르더의『인류의 역사철학에 관한 이념』의 아홉 번째 권이다. 우리가 '일상적으로 말을 사용할 때' 매번 연관성을 정립하는 도구로서의 개념을 사용하지 않더라도 언어가 인간이 인간으로 되는 과정에서, 즉 인간의 '인간적 특성'이 형성되는 과정에서 결정적인 역할을 한다는 점이 이 책에 쓰여 있다. 이러한 언어의 역할은 현상논문에서 보다 이 책에서 훨씬 더 강조되고 있다. 다음과 같은 경험적 관찰이 보여주는 바와 같이 먼저 이러한 인위성 자체가 중요한 문제이다.

"언어는 사태를 표현하는 것이 아니라 이름을 표현할 뿐이다. 그리고 인간의 이성은 사태를 인식하는 것이 아니라 언어로 표시된 사태의 특징만을 알 수 있을 뿐이다. 물론 이것은 우리 지성의 역사 전체를 좁게 제한하고 그리 중요하지 않은 것으로 파악하기 때문에 자존심을 상하게 하는 관찰이다. (……) 세상에서 두 개의 언어를 알고 있는 사람은 어느 누구도 언어와 사유 사이에 근본적인 연관관계가 있다는 것을 믿지 않을 텐데, 하물며 언어와 사태 사이에 본질적인 연관관계가 있다고 믿을 리가 없다. (……) 물론 추측이고 착각이겠지만, 만약 우리가 추상화된 특징이 아니라 사태를 사유하고 자의적인 기호가 아니라 사물의 본성을 말한다면 우리는 진리의 왕국에 있는 것이다."[32]

이러한 표현들은 나중에 마우트너, 퍼스, 프레게, 비트겐슈타인이 각각

---

32 Johann Gottfried Herder, *Ideen*, Neuntes Buch, Abs.II, 같은 책, 232쪽.

자신들의 문제로 삼았던 것을 선취하고 있다. 말하자면 절대적 성상성(聖像性)에 대한 확실성이 없다는 것이다. 표현과 의미의 관계는 잠재적으로 언제든지 파괴될 수 있다. 헤르더는 기표와 기의 사이에는, 즉 사태와 이것의 특징 사이에는 부분적으로 상당한 차이가 있다는 기호학의 근본적인 문제와 씨름했다. 현상논문에서 다루어진 것처럼 언어의 기원이 광범위한 의성(擬聲)적인 기초 위에서 시작되었다면, 언어에서 나타나는 자연적인 기호관계와 관습적인 문화적 결과로서의 자의적인 기호특성 사이의 차이는 설명될 필요가 있다.

헤르더는 진리에 대한 물음을 무시하고 커뮤니케이션 파트너를 통한 이해의 문제를 우선시함으로써 이 문제를 해결한다. 그는 언어가 인간의 사유를 발전시키는 유일한 수단이기는 하지만 불완전한 것일 뿐이라고 인정한다. 헤르더에서의 핵심은 언어철학적으로 고안된 그의 인간학이 지속적인 상호주관적 학습의 구상을 신뢰한다는 사실에 있다. '순수직관'을 획득하는 것이 중요한 문제가 아니라면, 커뮤니케이션 과정의 방해요소로 언급되는 불완전성은 사실상 사소한 문제이다. 결론적으로 말해 인간들 사이의 상호이해에서 중요한 것은 객관적 진리가 아니라 언어수행적 화용론이다.

철학자들은 인간이성을 감각과 물리적 신체로부터 자유로운 것으로, 이것들에 의존하지 않는 것으로 생각할 것이다. 헤르더에 따르면, 그렇기 때문에 철학자들은 "모든 것을 스스로 만들었다고 착각하는" 평균적인 인간보다도 별로 낫지 않다. "철학자는 모든 것이 이상세계에 의존하고 있다고 생각하는데, 내가 판단하기에는 철학자는 혼자 편안하게 느끼는 자신의 이상적인 세계로부터 우리의 현실세계로 빨리 되돌아와야만 한다." 헤르더는 개인의 교양을 함양시키는 2차적인 사회화과정을 언급했는데, 이러한 사회화과정 속에서 교육되는 개인은 스스로 다시 교육자로서 등장한다. 그리고 그는 "우리 영혼의 관찰과 연습의 집합체"인 이성이 자신에게 제시한 것을 "낯선 예술가로서 완성한다." "그러므로 인간은 인공적인 기계이다. 이 기계는 본래의 성향과 다양한 활동성을 타고 났지만 스스로 작동할 수는 없다. 재능이 있는 사람도 어떻게 작동해야 하는지를 배워야 한다."[33] 이로부터 추론되는 것은 언어(와 언어학습)는 위협적인 사회적 적대행위를 저지하는 훈육행위라는 점이다. 그러나 관습만으로는 기호의 임의성을 설명할 수 없고 언어화용론과 대립해 있는 언어의 기원문제를 해결할 수도 없다. 이때 실제적으로 존재하는 차이들을 성급하게 없애는 것은 철학의 오만이라고 할 수 있다. 헤르더는 언어의 실제적인 사용과 관련해 현실주의적인 태도를 취했다. 그는 "많은 민족들은 남성과 여성 각각에 대한 고유언어를 갖고 있다. 그리고 다른 예를 들면 나라는 단순한 말을 통해서도 계급이 구분된다"고 말했다. 헤르더는 언어의 이상적 사용과 관련해서도 마찬가지였다. "확실한 관용어는 태양광선처럼 모든 것을 관통하는 것 같지만 일부는 보편적이지 않고 일부는 현재 우리의 일상적인 행위영역에서는 정말로 악이 될 수도 있다"[34]는 것이다.

다른 말로 표현하면 언어는 인간의 행위로써 결코 어떤 이상(理想)에 의존하고 있지 않다(나중에 비트겐슈타인도 취하게 되는 입장이다). 간략하게 말해 언어철학은 언어의 발전과 문명의 진보(문화의 진보) 사이의 관계를 사유할 때 세 가지 유형의 구상을 제공한다.

• 첫 번째 구상은 한동안 히브리인의 세계에 의해 추측된 근원언어에 관한 생각이다. 이로부터는 바빌론의 언어혼란이 일어난 이후 단지 파생어들만이 남게 되었다는 것이다. 이러한 해석은 문명비판적인 문화몰락의 명제를 품고 있다. 여기서는 근원적인 통일형식이 최상의 상태로 이상화되고 이로써 시대진단을 위한 비판적 전제가 획득된다.

---

33 앞의 책, 225쪽.
34 앞의 책, 234쪽 이하.

• 이러한 생각과 더불어 두 번째 이상언어의 모델은 한 사회의 과학엘리트와 같은 특정한 그룹의 커뮤니케이션 이상과 일치한다. 여기서 특히 중요한 문제는 표현의 차원에서 발생하는 의미의 상실 없이 확실한 커뮤니케이션이 이루어지도록 하기 위해서 도구를 최적화하는 것이다.

• 세 번째 구상은 아직 완성되지는 않았지만 날로 증가하는 복잡성의 사회 환경 속에서 국제적인 상호이해의 도구로 간주될 보편언어의 개념 속에서 이루어진다.

6. 문자의 기능에 대해

우리의 성찰은 헤르더에서 훔볼트로 이어진다. 이때 우리는 이상적인 동기를 절대적으로 따르는 편안한 길을 벗어나 사회과학적인 관점에서의 주장, 즉 언어는 사회공동체 안에서의 역할 이외에 다른 어떤 것으로 파악될 수 없다는 주장을 받아들인다. 현재 발전하고 있는 새로운 미디어기술과 관련하여 언어에 관한 물음을 사변적으로 파악하거나 (점증하는 언어의 상실이라는 경솔한 주장과 같이)[35] 단순하게 파악하는 것을 원치 않는다면, 다른 형태의 인간 커뮤니케이션과의 연관성 속에서 언어의 커뮤니케이션 기능을 집중적으로 살펴보아야 할 것이다. 언어는 실제로 우리 세계의 경계이다. 물론 이 말이 비트겐슈타인에 의해 표현된 그러한 역설적인 의미를 갖고 있는 것은 아니다. 이 말은 언어를 우리의 대상관계의 지시대상적인 차원에서가 아니라 사회적 규준화의 체계나 문화적인 포함과 제외의 체계로 이해하고 있다. "인간은 살면서 개념적으로 사유한다. 개념은 하나의 공동체가 공유하는 내적인 강제이다. 개념은 외적인 사용조건과 결부되어 있다. 인류는 자신의

---

35 Barry Sanders, *Der Verlust der Sprachkultur*, Frankfurt: Fischer 1995.

행태가 애초부터 미리 규정되어 있지 않은 유일한 종이다. 단결, 협동, 커뮤니케이션이 실제로 가능하기 위해서는 인류의 반사회적이고 불안정한 잠재력은 모든 공동체에서 억제되어야만 할 것이다."[36]

이러한 의미에서 개별적인 민족의 언어들은 사회의 조직능력과 관련된 차원에서 현실의 지배를 위한 인간공통의 소질을 나타낸다. 언어는 집단적인 형성물로서 그 획득의 단계에서도 하나의 통일적인 구조로서 나타나는데, 개인들은 각각의 수용력에 따라 이 구조에 적응하도록 요청받고 있다. 이러한 측면에서 문법적인 정확성은 사회적 통일성과 매우 밀접한 관계가 있다.[37] 사회언어학 이론에 의해서야 비로소 명확해질 이러한 생각과 유사하게, 계몽주의의 헤르더는 '완전하지는 않지만 보편적인 수단인 언어'를 통해 외적인 불평등에도 불구하고 인간의 내적인 동일화가 일어날 것을 기대한다. 이러한 생각 속에 숨어 있는 훈육적인 요소는 간과되었고, 훈육이 암시되는 곳에서도 이 생각은 해방의 요소로 해석되었다. 특히 문자의 기능을 설명하는 경우에 그러했다. 짧게 말해 헤르더의 주장은 인간은 일정한 발전단계부터 '하나의 사태를 기호로' 전유한다는 것이다. 다시 말해 이러한 언어의 '자의적 기호'의 치환능력을 통해서 비로소 이성이 등장할 뿐만 아니라 더 나아가 학문과 예술도 탄생하게 된다는 것이다. 언어와 문자(교양)는 자연에 대한 착취적 전유(노동)를 가능하게 하는 거리를 마련해준다. 이와 같이 숙련된 교양의 국가들과 언어는 갖고 있지만 문자는 갖고 있지 않은 문화 사이에는 차이가 생긴다. "글로써 이성과 법칙을 영원하게 만드는 것"은 "금방 사라지는 정신을 말뿐만이 아니라 문자로 묶어두는 장점을 갖고 있다."[38]

---

36 Ernest Gellner, *Descartes & Co*, 같은 책, 49쪽.

37 이에 대해서는 Roman Jakobson, "Der grammatische Aufbau der Kindersprache", in: Elmar Holenstein, *Von der Hintergehrbarkeit der Sprache*, Frankfurt: Suhrkamp 1980, 171~186쪽, 여기서는 174쪽을 참조하라.

이러한 물질화의 결과는, 다시 말해 말이 점차 글로써 구체화되는 것은 거꾸로 말의 탈구체화 내지 말의 초월화를 낳게 된다. 탈구체화된 말은 인간들을 그들이 속해 있는 사회의 구속으로부터 해방시킨다(인간들은 나중에는 기껏해야 의무와 제례의식에 의해서만 특정한 사회에 속하게 될 것이다). 종교에서의 문자의 등장과 무관하게 문자의 도입을 생각해서는 결코 안 된다. 문자는 문자종교이다. 문자는 표현된 말을 이 말을 한 사람으로부터 분리시키는 것은 물론 이 표현이 만들어진 맥락으로부터도 분리시킨다. 이로써 탈맥락적인 의미가 가능해진다. 겔너가 말한 바와 같이 "화자나 청자를 벗어난 의미"[39]가 가능해진다. 계몽주의자들이 볼 때 문자는, 말하자면 실제적인 또는 해석된 의미내용의 담지자로서의 텍스트는 매혹적인 착상이었다. 왜냐하면 텍스트 안에서 고유한 삶을 살고 있는 의미는 바로 개인들의 전유를 위해 개방되어 있고, 또한 이를 통해서 정신적 평등주의와 도덕적 평등주의가 준비되었기 때문이다. 이러한 관점에서 데리다가 이성중심주의를 '표음문자의 형이상학'으로 간주하면서 역사적·형이상학적 시대의 위기를 진단한 것과, 블루멘베르크가 세계를 독해 가능한 것으로 만들기를 경험의 대용물 만들기로 진단한 것이 이해될 수 있다.[40]

헤르더는 문자에 갇힌 정신을 계몽된 문명화과정의 전개시점으로 간주했다. 그런데 이러한 정신 위에 제한이라는 그림자가 드리워진다. 문자는 자유로운 말과 비교해 볼 때 제한을 의미한다. 이제 감정적인 표명은 서서히 사라지고 지역적 특성을 지닌 말투나 문자의 도움을 필요로 하지 않는 기억술도 마찬가지로 사라진다. 이 모든 것은 헤르더에 의해 이미 논의되었

38 Johann Gottfried Herder, *Ideen*, 같은 책, 235쪽.

39 Ernest Gellner, *Pflug, Schwert und Buch. Grundlinien der Menschheitsgeschichte*, München: DTV 1993, 81쪽 이하.

40 Jacques Derrida, *Grammatologie*(1967), Frankfurt: Suhrkamp 1983; Hans Blumenberg, *Lesbarkeit*, 같은 책.

다. 그는 인간의 영혼이 학식과 책으로부터 많은 부담을 갖게 되었음을 묘사했다. "지성은 문자에 갇혀 종국에는 어렵게 살금살금 걷게 된다. 우리의 최상의 생각들은 죽은 문자의 특성 때문에 침묵하게 된다."[41]

그렇다면 왜 이러한 죽은 짐을 간단히 벗어던질 수 없는 것인가? 왜냐하면 인류를 통일시켜 결속하는 것에 대한 희망은 문자의 전통에, 다시 말해 인간 직관의 공간성과 시간성을 극복하게 하는 미디어매개성에 기대를 걸고 있기 때문이다. 그리고 헤르더의 경우에는 문자가 인문성의 내적인 소질을 비로소 실현할 수 있도록 하는 것이기 때문에, 문자는 이 문자의 결과물 중 하나인 이성보다 더 근원적인 것이다. 사변적 이성은 "인지와 언어에 의해 비로소 인간에게서 형성되었다."[42]

7. 훔볼트에 있어서 미디어로서의 언어

칸트의 경우 자기 자신을 의식하는 (나의 정신적 활동을 반성적으로 동행하는) '자아'의 결합활동이 통일성을 만드는 자기 반성을 함으로써 세계를 결합시킨다. 그 반면에 이제 언어철학은 사유의 반성적 행위를 급진적으로 감성의 조건 아래에 놓는다. 훔볼트Wilhelm von Hunboldt는 '사유하기와 말하기에 관한' 자신의 주장 속에서, 그리고 아직 정리되지 않은 채 흩어져 있는 이 테마에 관한 주석 속에서 언어를 사유의 미디어로 보는 헤르더의 주장을 더욱 강력하게 밀고 나갔다. "순수한 사유뿐만 아니라 어떤 사유도 우리 감성의 보편적 형식의 도움 없이는 일어날 수 없다."[43] 여기서 우리는 훔볼트

41 Johann Gottfried Herder, *Ideen*, 같은 책, 236쪽.

42 앞의 책, 248쪽.

43 Wilhelm von Humbolt, "Über Denken und Sprechen"(Fragment, ca. 1795/96), in: Wilhelm von Humbolt, *Schriften zur Sprache*, Stuttgart: Reclam 1973, 3쪽. *http://www.weltkreis.com/mauthner*.

의 수용사에 대해 논의하려는 것이 아니기 때문에 언어를 미디어로 간주하는 이러한 비실체주의적인 동기를 우리의 목적에 맞게 어느 정도만 설명하려고 한다.

홈볼트가 말한 바와 같이 언어는 지성행위의 조건인 범주형식들과 유사하게 '세계를 조망가능하게 하는 논리적인 궤도를 통해' 사유형식의 체계화를 비로소 가능하게 한다. 언어는 의식에 대상이 주어지는 방식이다. 언어는 "사유를 형성시키는 조직"[44]이다. 따라서 언어는 세계를 파악하기 위한 논리적인 전제이다. 만약 언어가 없다면, 모든 내적인 지성적 행위는 완전히 일시적인 것이 될 것이다. 단어들은 지각된 대상의 정신적인 복제, 말하자면 지각된 대상의 개념을 가능하게 한다. 이때 개념Begriff이란 말은 철저하게 이 말의 애초의 촉각적인 의미(무엇인가를 움켜쥔다etwas Greifen)에서 이해되어야 할 것이다. 인간은 '대상 그 자체를 복제'할 수 없기 때문에 진화의 형태로 구성된 것을 사용해야 한다. 이것은 물론 홈볼트가 '동종의 주관성'이라고 부른 일정한 효과를 만들어낸다. 동종의 주관성은 거의 같은 고유한 세계관을 갖고 있는 모든 언어공동체에 각기 존재한다.

"인간은 무엇보다도 대상들과 함께 살아간다. 인간의 지각과 행위는 자신의 표상에 의존하기 때문이다. 그리고 더 나아가 오직 언어만이 인간에게 대상들을 안내하기 때문이다. 인간은 언어를 자아내는 자신의 행위를 통해 스스로 언어 안으로 빠져든다. 모든 언어는 자신이 속한 민족을 끌어당긴다. 한 집단이 다른 언어의 집단으로 넘어갈 경우에 한에서만 변화될 가능성이 있다."[45]

이와 같이 언어가 인식의 조건이며 인간의 반성행위(즉 정신적 행위)를 가

---

44 Wilhelm von Humbolt, *Über die Verschiedenheit des menschlichen Sprachbaues und ihren Einfluß auf die geistige Entwicklung des Menschengeschlechts*(Einleitung zum Kawi-Werk, 1836~39 posthum publiziert), Paderborn: Schöningh(UTB) 1998, 180쪽.
45 앞의 책, 186쪽 이하.

능하게 하는 수단이라면, 여기서 이미 제약적인 요소가 암시되고 있다. 언어는 나의 세계의 한계라는 생각이 그것이다. 언어는 각각의 말하는 사람들 속에서 실현된다. 말하자면 감성의 보편형식 없이 어떤 사유도 일어나지 않는다. 사유는 표상들을 통일적으로 파악하지만 이러한 표상들의 감각적이고 구체적인 기호는 개별적으로 사용된 언어이다. 인간은 이른바 자신의 반성의 시간적인 흐름을 언어를 통해 낭독하고 이때 자연으로부터 이미 떨어져나간 필수적인 소리로서의 언어기호를 마주하게 된다. 이것은 이미 단순한 모사의 기능을 벗어난 추상화의 성과이다. 그렇다면 언어는 개인의 성과인가, 아니면 개인은 표상을 제한하는 언어의 힘에 종속되어 있는가? 주체가 언어를 말하는가, 아니면 언어가 주체를 말하는가?

오랫동안 사람들은 이러한 물음에 대한 훔볼트의 대답이 '변증법적'이라는 것을 확인하는 데 만족했다. 사실상 중요한 문제는 언어의 변화과정이다. 훔볼트는 "언어 안에서 일부는 확실하지만 일부는 불확실하게 보이는 것"을 주제로 삼으면서 이러한 변화과정을 설명하려고 했다. 말하는 사람들은 말하는 가운데 언어를 무의식적으로 객관화하고 다시 사용할 수 있는 낱말을 일정하게 축적하고 경제적으로 언어를 사용할 수 있는 언어사용의 규칙체계를 만든다는 것이다. 훔볼트는 이제 언어가 "수천 년의 과정 속에서 자주적인 힘으로" 성장했다고 보았다. 그리고 그는 이와 같이 사상들은 객관적인 것이 되었고 말하는 사람들에게 영향을 미치게 되었다고 주장했다. "언어는 전적으로 내면적인 것임에도 불구하고 동시에 독립적이며 외면적인 것이고 인간에게 **폭력을 행사하는 특성**을 지니고 있기 때문이다."[46]

언어는 말을 하는 개인들처럼 어디서나 다르게 나타난다 해도 공통의 구조를 갖고 있다. 이 공통의 구조는 이른바 하나의 언어그룹 안에서는 기본적으로 동일한 것이다. 언어는 우리에게 객체로서 마주서 있는데, 예컨대

---

46 앞의 책, 152쪽 이하(강조는 저자가 함).

문자로 된 전승의 형태에서 그러하다. 그러나 문자는 스스로 해독되지 않는다. 언어가 사유의 현재화에 도움이 되는 한에서만, 언어는 문자 안에서 살아 있는 것이다. 그렇기 때문에 죽은 언어그룹의 아직 해독되지 않은 문자는 우리에게 아무것도 말하지 않은 것이다. "언어는 영혼에 낯선 것이고 영혼에 속한 것"이라는 두 개의 서로 대립되는 동기가 문자에서는 의도적으로 결합된다. 다시 말해 언어는 "언제나 그때마다의 사유 속에서 타당성을 획득할 수 있지만 총체적으로 보면 그때마다의 사유로부터 독립해 있다." 언어는 이러한 "자신의 고유한 특성"을 갖고 있다.[47] 그러므로 변증법 문제는 다음과 같은 평행성이 주장됨으로써 해결될 수 있다. 언어의 문제는 사실상 두 개의 측면을 가지고 있다는 것이 그것이다. 말하자면 한편으로 정신은 개인의 주권적인 언어사용에서는 자유롭게 나타나지만, 다른 한편으로는 기존의 언어구조를 수용하고 있기 때문에 자유롭지 않다는 것이다. 훔볼트는 다음의 표현들이 보여주는 바와 같이 여기에 머물러 있지 않았다. "언어는 바로 주관적으로 작용하고 의존적인 경우에 한해서 객관적으로 작용하고 자주적이다. 언어는 문자 안에서뿐만 아니라 결코 어디에도 머무르는 장소가 없기 때문이다. 말하자면 언어의 죽은 부분은 사유를 통해 항상 새롭게 생산되어야 하고 말과 상호이해 속에서 살아 있는 것이 되어야 하고 결국 완전히 주체적인 것으로 바뀌어야 한다. 언어를 객체로 만드는 것은 바로 이러한 주체적인 생산행위이다. 언어는 이러한 과정 속에서 그때마다 개인의 거대한 영향력을 경험한다. 그러나 이 개인의 영향력은 내적으로 보면 영향을 미쳤고 영향을 미치고 있는 언어와 이미 관련이 있다."

---

47 이에 관해서 그리고 각주가 달리지 않은 앞으로의 인용에 대해서는 Wilhelm von Humbolt, *Einleitung zum Kawi-Werk*, 같은 책, 189쪽 이하를 참조하라.

8. 언어의 이중적 본성

홈볼트는 사실상 언어에서는 단순한 주객관계Subjekt-Objekt-Verhältnisse 보다 더 중요한 문제가 있고, 언어행위는 일차원적으로 세계를 다루는 행위(대상에 대한 노동)가 아니라고 말했다. 언어적 표현은 순수하게 지시하는 것이 아니고 그야말로 언어적이기 때문에 상호주관적인 전제조건의 지배를 받는다. 주체들은 객체들과 커뮤니케이션을 하는 것이 아니라 다른 주체들과 객체들, 주체들, 이들의 관계에 관해 커뮤니케이션을 한다. 이제 우리는 사태를 더 정확히 파악할 수 있다. 이제 대화의 관점에서 보면, 언어는 개인의 표상을 이 표상을 생산하는 주체로부터 분리시켜 이 표상을 인간의 커뮤니케이션 안에서 '객관화한다'. 언어는 개인 안에서 자신의 최종적인 명확성을 갖게 되지만 어느 누구도 다른 사람과 동일한 언어로 말하지는 않는다. 그래서 "각 개인들에게 자신들이 다름 아닌 인류 전체의 성과임을 가장 생동감 있게 느끼게 하는 것은 바로 언어이다." 그리고 객관화는 전달의 형태에서가 아니라 상호주관적인 대화 속에서야 비로소 완성된다. 다시 말해 주관의 피드백을 통해 완성되고 이 피드백은 커뮤니케이션 행위의 성공과 실패를 좌우하게 된다. 홈볼트는 모든 커뮤니케이션 행위가 따르는 피드백과정을 최종적으로 간명하게 다음과 같이 표현했다. "자아가 한 말이 타자에게서 응답되어 자아의 귀에 다른 사람의 말로써 귀환한다면, 말과 연관된 생각은 비로소 주체성을 상실하지 않으면서도 현실적인 객관성에 도달하게 된다."

따라서 사유는 언어 자체에 의존할 뿐만 아니라 사유의 역사적 조건을 형성시키는 개별 언어들에 의존하는 것으로 여겨졌다.[48] 이때 일종의 언어

---

48 (우리가 나중에 보론에서 다루게 될) 이러한 상대화는 "홈볼트의 코페르니쿠스적 전회"로도 지칭되었다. 이에 대해서는 Donatella di Cesare, "Wilhelm von Humboldt", in: Tilman Borsche (Hg.), *Klassiker der Sprachphilosophie*, München: Beck 1996, 275~289쪽, 여기서는 282쪽을 참조

감각이 전제된다. 이러한 생각은 헤르더에 의해 준비되었던 것인데, 인간의 언어본능에 대해 관심을 두고 있는 현재의 인지과학이 다시 받아들이는 견해이기도 하다.[49] 각각의 역사적 형성이나 각각의 '상호이해 방법'을 문법적 심층구조나 '언어의 본질'과 서로 비교함으로써 언어를 분석해야 할 것이다. 다시 말해 구체적으로 말해진 것과 추상적인 언어구조라는 언어의 이중적 본성, 또는 상호이해수단과 문법적 구조라는 언어의 이중적 본성을 고려함으로써 언어를 분석해야 할 것이다. 훔볼트가 말한 바와 같이, 언어는 "말하기와 이해하기의 정신적 행위"로서뿐만 아니라 구조로서, 즉 이러한 행위에 의해 산출된 실체로서 분석되어야 할 것이다. 이때 이 실체는 "인간의 외부에 존재하지는 않지만 언제나 개인들의 외부에 존재하고 있다." 결국 여기서 함축하고 있는 것은 커뮤니케이션인간학의 차원에서 초월철학적인 사유의 변형이 일어났다는 점이다. 여러 외국어에 능통하고 탁월한 연구자였던 훔볼트는 귀납적 방법 속에서 개별 현상들에 관심을 갖는 커뮤니케이션인간학을 바탕으로 하여 다양한 언어문화에 관한 민족해석학의 단초를 만들어냈다.

언어와 사유 사이의 상호의존적인 관계가 고찰되었을 뿐만 아니라 언어와 (이 언어에서 비롯된 형식인) 문자 사이에도 유사한 형태의 상호의존적 관계가 고찰되었다. 형식적인 측면에서 보면, 언어는 문자를 통해 매개되기 때문이다.[50] 그 밖에도 훔볼트는 언어의 객관 형식에 대한 상세한 관찰을 통해서 문명이 발전하면 언어가 상실된다는 주장에 반대의 의견을 내놓았다. 구술문화에서는 개인들이 언어에 별로 영향을 미치지 않는 것처럼 보인다

하라.

49 Steven Pinker, *Der Sprachinstinkt. Wie der Geist die Sprache bildet*, München: Knaur 1996.

50 Wilhelm von Humbolt, "Über die Buchstabenschrift und ihren Zusammenhang mit dem Sprachbau" (Akademievorl esung, Berlin 1824), in: Wilhelm von Humbolt, *Über die Sprache. Reden vor der Akademie*, Tübingen: Franke(UTB) 1994, 98~125쪽. 이에 관해서는 Christian Stetter, Schrift und Sprache, Frankfurt: Suhrkamp 1997, 특히 400~411쪽을 참조하라.

(물론 그렇다고 해서 언어가 실체화되었다는 의미는 아니다). 그러나 책이 많이 읽히면 읽힐수록, 글과 책이 많이 생산되면 생산될수록, 개인들이 언어에 영향을 미치는 상황은 더 많이 감지될 것이다. "변화는 반드시 말이나 형식 자체에서만 생겨나는 것이 아니라 때로는 이러한 말과 형식을 달리 변형해 사용함으로써 일어날 수 있기 때문이다. 이 후자의 현상은 저술과 문헌이 없는 경우에는 매우 어렵게 지각될 것이다."[51] 한편으로 수백 년 동안의 말하기에 의해 형성된 토대, 다시 말해 인간에 대한 언어의 강제와 다른 한편으로 창조적인 언어의 전유와 개인적인 언어의 규정은 양쪽의 극점들인데, '언어연구'는 이 양쪽의 극점 사이에서 '자유의 현상'을 인식해야 하고 동시에 '신중하게 그 한계도 알아야' 할 것이다. 이로써 언어의 기원과 생성에 관한 물음과는 전혀 다른 새로운 문제의식이 명확하게 나타났다. "인간은 오직 언어에 의해서만 인간으로 존재한다. 하지만 인간이 언어를 새롭게 고안하려 한다면 우선은 먼저 인간으로 존재해야 할 것이다."[52] 이제 경험적 연구가 사변적 사유 대신에 선언되었고 언어의 구조적 조건 자체가 연구되었다. 이로써 사유법칙은 언어 표현들을 해부적으로 분석함으로써 획득되어야 한다는 현대적인 견해가 준비되었다. 논리학과 문법이 초월철학 대신에 중요시되었던 것이다. 이것은 다음과 같은 비트겐슈타인의 견해로 나아갔다. '사람들은 언어 밖에서 생각할 수 없다.'

---

51 Wilhelm von Humbolt, *Einleitung zum Kawi-Werk*, 같은 책, 190쪽.
52 Wilhelm von Humbolt, "Über das vergleichende Sprachstudium in Beziehung auf die verschiedenen Epochen der Sprachentwicklung"(1820), in: Wilhelm von Humbolt, *Über die Sprache*, 같은 책, 20쪽.

요약

개인의 교양은 18세기 말에 강조되었다. 그리고 이러한 교양은 다양한 텍스트들에 의해서 이루어졌고, 이 텍스트들은 하나의 유일한 계시의 텍스트를 대신해 출현했다. 세계의 독해 가능성은 인간의 현실 경험의 패러다임이 되었다. 이에 대한 탁월한 사례는 백과전서인데, 백과전서는 시민의 지식 전체를 체계화하려는 시도였다. 이러한 지식이 텍스트 안에서 문화의 산물로서 축적되었을 때, 언어는 유기적 통일체로서 이성의 거주지가 되었다. 이제부터 철학은 인간의 사유의 한계와 언어의 한계가 어느 정도까지 일치하는지를 연구하기 시작했다.

인식이 주체의 성과 또는 주체의 구성으로 파악되는 순간, 이러한 '성과'는 철저하게 의심되었다. 칸트는 자신의 인식비판에서 확실한 인식이 존재하는지에 대해 물었다. 이 물음은 자연법칙의 인식을 추구했던 그 당시의 노력과 관련이 있다. 헤르더와 훔볼트의 실용적 인간학은 칸트에 의해 이루어진 언어, 문화, 역사로부터의 완전한 결별을 비판했고 칸트의 선험철학을 보완적인 관점에서 극복했다. 인간의 사유능력은 언어능력에 의해 좌우된다. 인간으로 존재하는 것과 말할 수 있는 것은 서로한 쌍을 이루는 것이다. 인간이 문화적인 차원에서 만들어낸 '이성적인 것'을 고려할 때 특히 그렇다. 훔볼트는 언어의 구조적 특성을 인식한 것은 물론 더 나아가 언어 안에서 인간에 대한 폭력의 계기를 발견했다. 훔볼트는 이미 언어의 구조공동체에 관해 숙고했다. 언어는 정신적 행위로서 언제나 새롭게 생산되지만 이것은 개인들이 결코 마음대로 할 수 없는 객관적인 토대를 기초로 해 일어나는 것이다.

개별 언어들은 사회적인 연관을 통해서 현실을 지배하려는 인간의 공통 성향을 나타낸다. 사유방식과 언어방식은 점차 역사적·문화적 발전의 결과물로 여겨진다. 언어가 문자에 의존하고 있기 때문에 다시 한번 언어의 이중적 구조가 등장하게 된다. 언어와 사유와의 관계를 고려하면 언어는 조건으로서뿐만 아니라 조건 짓는 것으로서 관찰된다. 언어는 인간 실존의 미디어이다. 언어는 이성의 표현이고, 단순하게 대상 세계만을 다루는 것을 넘어서는 인간의 행위이자 인간활동의 일부분이다.

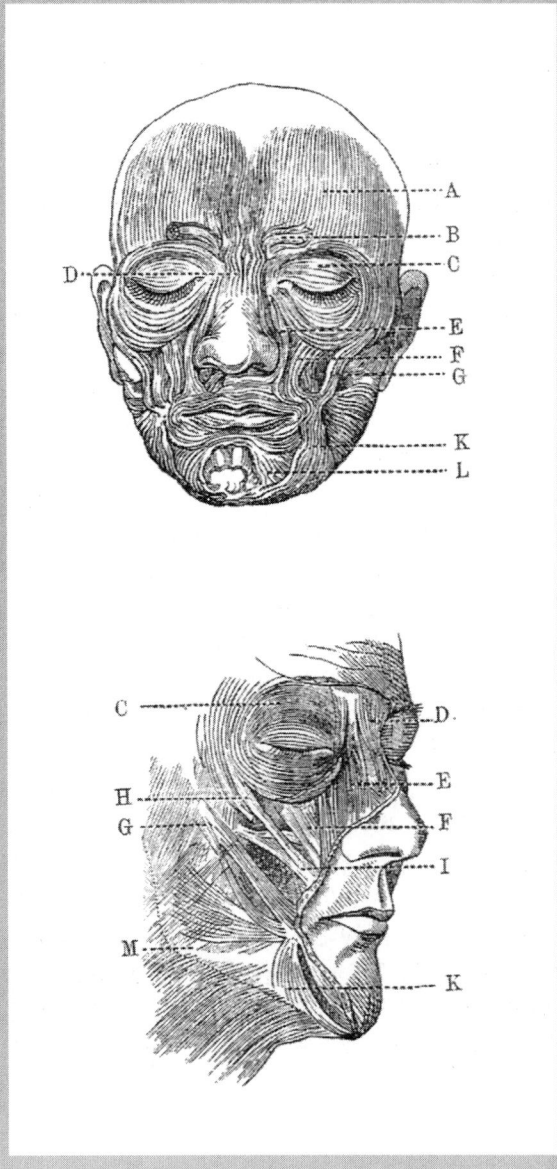

〈삽화 5〉벨과 헨레의 안면근육 묘사-다윈(Charles Darwin)의 '감
정의 변화에 대한 표현'(1884) 중에서

5 언어의 피안

프리츠 마우트너의 언어철학의 급진화

"철학의 결과들이란 지성이 언어의 경계에
부딪히면서 생겨난…… 혹이다."
— 루트비히 비트겐슈타인

1. 철학에서 언어비판으로

"모든 비판적인 철학은 언어비판이 되어야 한다." 프리츠 마우트너Fritz
Mauthner는 이러한 극단적인 요청을 하면서 언어에의 의존테제Sprachabhän
gigkeitsthese를 급진적으로 전개한다. 언어에의 의존테제에 의하면 언어가
각각의 모든 사유와 모든 이성의 역사적 조건이다. 이 때문에 철학자들은
마우트너를 경멸하거나 무시하거나 인정하지 않았다. 이러한 사정을 가장
잘 보여주고 있는 것은 비트겐슈타인이 『논리철학논고Tractatus logico-phil
osophicus』에서 내린 마우트너에 대한 혹평이다.[1] 우리는 마우트너에게서 인

---

1 명제 4.0031. "모든 철학은 '언어비판이다(그렇지만 마우트너의 의미에서 언어비판이라는
것은 아니다).'" Ludwig Wittgenstein, *Tractatus logico-philosophicus*(ca.1918년), in: *Werkausgabe*

식의 가능성 자체에 대한 근본적인 회의를 발견하게 된다. 인식의 감각적 수단, 즉 언어는 세계를 드러내기는커녕 오히려 은폐하기 때문이다. 비트겐슈타인에게서와 마찬가지로 마우트너에게서도 언어의 피안을 향한, 거대한 침묵을 향한, 언어로부터 해방된 이성을 향한 신비주의적 동경이 존재한다. 만약 이러한 역사적인 입장들이 문화비판의 수단을 앞서 갖고 있지 않았다고 한다면, 이 역사적 입장들은 미디어철학적 논의와 관련해서 볼 때 별다른 가치가 없었을 것이다. 특히 마우트너의 경우 문화비판은, 과연 우리가 어떤 비판기준을 현실에 갖다 댈 수 있는지를 의심하는 데 멈추지 않고 더 나아가 명확하게 이데올로기비판의 특징을 띠고 있다. 매스미디어 문화의 산물에 대한 신랄한 비난보다 훨씬 이전에, 그의 비판은 어떻게 형식들이 커뮤니케이션의 내용들을 규정하는지, 어떻게 이로부터 생겨난 허상이 실제적인 행위 결과에 영향을 미치는 표상들을 만들어내는지를 설명했다. 마우트너의 언어에 관한 전반적인 고찰은 문화적 망각의 베일을 벗김으로써 인간의 상징적 행위와 이러한 상징적 행위의 실질적인 결과 사이의 연관성을 밝히는 데 목표를 두고 있다.

당시에 아주 유명했던 이 언어비판가의 저술 속에서, 언어는 인류를 행복하게 하는 커뮤니케이션 미디어라는 고귀한 명성을 잃게 되었다. 그 대신에 언어는 현혹과 기만과 억압의 수단이라는 혹독한 비판에 처했을 뿐만 아니라 해체적으로dekonstuktiv 구상된 환상파괴의 기획 속에 놓이게 되었다. 작가로서나 언론인으로서 탄탄한 경험을 갖고 있던 마우트너는 언어에 대한 미신Wortaberglauben으로부터 인류를 해방시키려는 생각에 사로잡혀 있었다. 다시 말해 그는 모든 이데올로기적·종교적 사이비 개념들로부터, 그리고

Band 1. Frankfurt: Suhrkamp, 1984, 26쪽을 참조하라. 마우트너의 언어비판을 조금이라도 다루었던 동시대의 이례적인 수용들도 일반적으로 그러했음을 입증하고 있다. Ernst Cassirer, *Philosophie der symbolischen Formen* (1923), Darmstadt: Wissenschaftliche Buchgesellschaft 1988, 137쪽을 참조하라.

독단론자들의 구호들은 물론 계몽주의자의 강령적인 개념들로부터 인류를 해방시키려는 생각에 사로잡혀 있었다. 동시에 마우트너는 도덕군자연하는 언어정화론자들을 전적으로 경멸했고 우연적인 의미의 차원은 물론이고 언어 사용의 기반이 되는 역사성을 망각하는 모든 이상언어(理想言語)의 풍조를 무시했다. 그는 "언어는 결코 유기체가 아니다"라고 말함으로써 훔볼트 학파와 충돌했으며 전적으로 기호학적 상대주의의 관점에서 언어의 관습적 특성과 조작가능성을 강조했다. "언어는 전달을 목적으로 기호를 생성하는 운동이다. 언어의 부분들, 즉 단어들은 물리적인 현실에 속하는 것이 아니라 단지 심리적인 현실에 속할 뿐이다. (……) 단어들은 물체가 아니다. 단어들은 사태나 감각적 인상에 대한 기호이다. 그렇기 때문에 인간은 이질적 경향에 대한 반감을 지닌 이른바 **언어정화주의**에 맞서 차용을 통해 언어를 풍부하게 만들도록 여전히 강요당하고 있다. 언어는 인간 사이에서만 생성되고 존재하는 것처럼, 복수의 언어들은 민족들 사이에서 생성된다. 토착 언어란 존재하지 않는다."[2]

이 인용문은 방대한 『철학사전Wörterbuch der Philosophie』의 서문에 쓰여 있는데, 이 인용문은 마우트너가 예전의 유명론적인 구분의 전통을 얼마나 잘 따르고 있는지를 보여주고 있다. 이 전통에 따르면 언어의 논리는 사물의 실재와 구분되는 것으로 간주된다. 이러한 구분은 사이비 개념들에 대한 투쟁에 이용된다. 사이비 개념들은 마치 사물에 대한 어떤 개념이 곧 사물의 파악을 뜻한다고 하는 기만에 우리를 빠지게 하기 때문에 심리적 차원에서 불행을 야기하기 때문이다. 따라서 이 언어비판가가 볼 때 사유활동과 사유의 추상화 과정에서의 많은 것들, 그리고 당연히 철학에서의 많은 것들은 단지 '오해된 문법'일 뿐이다. 이 문법은 고대의 범주론과 중세의 언어

---

2 Fritz Mauthner, *Wörterbuch der Philosophie. Neue Beiträge zu einer Kritik der Sprache*(1910), *Erster Band*, Wien: Böhlau 1997, LXXIX쪽 이하.

실재론을 거쳐 더욱 깊게 언어에 대한 미신으로 단단하게 고정되었고, 이 문법은 결국 "기호에 대한 기호에 대한 기호Zeichen von Zeichen von Zeichen"[3]라는 구속력 없는 은유와 별 희망 없이 씨름하게 되는 막다른 골목에서 종말을 맞이할 것이라고 한다. 그렇다면 이 상황에 적절히 대처할 수 있는 어떤 가능성을 우리는 아직 갖고 있는 것인가(오랜 세월이 흐른 후에 이를 위해 시뮬레이션이란 용어를 쓰게 될 것이다)? 바로 이러한 비판의 급진화 속에서 볼 때 언어의 배후를 탐구하는 것은 어려운 것일 뿐만 아니라 더 나아가 불가능한 것으로 입증되는 것은 아닐까? 이 비판가는 우리에게 새로운 인식을 약속하는 입장을 제시할 수 있을까?

2. 언어지배(Logokratie)'의 해체

대략적으로만 본다면, 마우트너는 이러한 질문에 대해 매우 설득력 있는 답변을 주었다고 할 수 있다. 도대체 왜 침묵하지 않고 말을 하는가라는 반문이 더 적절한 질문이 될 수도 있을 것이다. 이때 우리는 우리의 모든 관념들이 순수형식에서 지양되어 있는, 공통의 비언어적인 경험 속에서 언어의 피안에 대한 웅대한 환상을 갖고 있다. 그러나 우리는 모든 것을 약속하지만 결국은 아무런 약속도 지키지 못하는, 이러한 불충분한 수단과 부딪히게 된다. 여하튼 만약 언어가 단지 인식의 **산물**일 뿐이라면, 다시 말해 언어가 인간의 세계와의 관계에서의 조건이 아니라 인간의 세계와의 관계에 대한 적절한 표현일 뿐이라면, 회의(懷疑)와 해체에의 갈망이 존재하게 될 것이다. 그런데 이 회의와 해체에의 갈망은 (나중에 하이데거가 명명한) **비본래**

---

3 Fritz Mauthner, *Wörterbuch*, 같은 책, Zweiter Band, Abschnitt 'Nominalismus', 416~432쪽, 여기서는 430쪽.

성Uneigenlichkeit의 극복에 대한 기대와 위험스러운 형태로 섞여 있다.[4] 마우트너는 비동일적인 것Nicht-Identischen이라는 의미에서 서유럽 형이상학의 '언어지배'를 해체한다. "나는 언어지배를 다음과 같은 충분히 잘 알려져 있지 않은 사실로 이해한다. 인간이 어떠한 권력보다도 복종하는 권력은 말의 권력이라는 사실이 그것이다."[5] 그렇지만 '언어지배에 대한 항거'를 요청하는 것이 곧 뒤따라 일어나게 된다. 마우트너에 따르면 언어는 은유의 과정을 통해 생겨나게 된다. 인간은 세계를 파악하기 위해 형상을 만들기 때문이다. 그리고 이러한 형상성은 더욱 더 고도화된다. 이 형상성은 "형상의 형상"인 말들을 만들어내고 또한 이를 통해서 사실상 문화적 가상현실을 만들기 때문이다. 인간의 개념언어는 인간과 동물의 위상을 구별해주지만, 그 반면에 인간은 개념언어로 인해 언어지배라는 지배에 복종하게 된다. "언어는 인간을 시간적·공간적 현재의 권력으로부터 여러 가지로 해방시키지만 다시 인간을 과거의 노예로 만든다." 따라서 여기에 곧바로 인간의 조건conditio humana을 언어비판을 통해 개선하려는 직접적인 행동지침이 뒤따른다. "그래서 인간은 지나치다 할 정도의 노력으로 언어비판에 정진해야 할 것이고 인간을 지배하려고 하는 말의 유래에 대해 물어야 할 것이고 이

---

4 언어 이전에 시, 그리고 시보다 더 이전에 음악, 이것은 당시에 니체가 정한 선택이었다. 이것이 인간을 —"본능의 지배" 속에서— 결함 있는 개념적 언어의 상징보다 좀 더 가깝게 진리로 이끈다는 것이다. 물론 이를 위해서는 대가를 치러야 한다. "인간이 주체로서의 자신을 (……) 망각"하는 것과 또한 세계에 대한 주체적 관계가 아니라 "인간에 대한 사물의 관계"가 타당하게 되는 것이 그것이다. 니체의 『비도덕적 의미에서의 진리와 거짓에 관하여 (*Über Wahrheit und Lüge im außermoralischen Sinne*)』(1873)는 마우트너가 형이상학비판에서 언어비판적인 방향으로 전환할 때 매우 중요한 위치를 차지하는 텍스트이다. Hans Gerald Hödl, *Nietzsches frühe Sprachkritik. Lektüren zu 'Über Wahrheit und Lüge im aussermoralischen Sinne'*, Wien: WUV 1997, 13쪽을 참조하라.

5 Fritz Mauthner, "Logokratie", in: ders., *Wörterbuch*, 같은 책, Band2, 305~307쪽. 이에 대해 방어적으로 비판적 입장을 취하는 것에 대해서는 Gottfried Gabriel, "Philosophie und Poesie: Kritische Bemerkungen zu Fritz Mauthners 'Dekonstruktion' des Erkenntnisbegriffs", in: Elisabeth Leinfellner und Hubert Schleichert(Hg.), *Fritz Mauthner. Das Werk eines kritischen Denkers*, Wien: Böhlau 1995, 27~41쪽을 참조하라.

러한 말의 권력에 대한 권리에 대해서도 매번 의구심을 가져야 할 것이다. 따라서 이러한 관점에서 볼 때 언어비판은 언어지배에 대한 항거이다."[6] 마우트너는 이러한 일이 매우 힘든 노력을 요구할 것이라고 의식했지만 이를 개인적으로 수행하려고 시도한다. 수천 쪽이 넘는 분량의 책 속에서, 그는 구체적인 언어비판은 개념과 진술의 역사적 의미를 계속 생생하게 그려냄으로써 유명론을 넘어설 수 있다는 증거를 제시한다.

인간은 언어적 표현의 빈곤 때문에 낙담할 수도 있을 것이다. 그러나 마우트너의 동기는 언어형식에 관한 이러한 비관주의보다 훨씬 세련된 것이다. 아주 유명한 클라이스트Kleist 인용문은 여러 다른 것 중에서도 특히 동기의 관점에서 볼 때 마우트너의 『언어비판에 관한 논문들Beiträgen zu einer Kritik der Sprache』의 1권과 일치한다. 즉 사유는 말하는 동안에 생긴다L'idee vient en parlant는 그 핵심동기를 잘 말해주고 있다. 하인리히 폰 클라이스트 Heinrich von Kleist는 『담화 중에 사유의 점진적 완성에 대해서Über die allmähliche Verfertigung der Gedanken beim Reden』(ca. 1805년)라는 조각글에서 식욕은 먹으면서 생긴다는 이러한 속담의 패러디를 통해 언어에의 의존테제를 조롱하는 생각을 드러낸다. 즉 말을 하는 사람은 사유를 발전시키며 심지어 전인미답의 곳으로까지도 사유를 발전시킨다. 이와 같이 세속적 음악이나 초월적 명상, 또는 여타의 천상의 소리를 위해 사유와 언어의 범주적 틀을 벗어나지 않으면서도, 사유의 언어에의 의존관계를 용이하게 해체한 일은 탁월한 것이다. 언어를 사유의 방해물로 간주하는 이러한 철학적인 사변(思辨)은 말하는 상태로, 즉 말하기로, 다시 말해 음성적인 사유로 변화된다. "그렇다면 언어는 이제 더 이상 예컨대 정신이라는 바퀴의 제동장치와 같은 속박이 아니라 이 바퀴와 함께 달리는, 그 축에 달린 두 번째 바퀴와 같은 것이다"(클라이스트).

---

6 Fritz Mauthner, *Wörterbuch*, 같은 책, Zweiter Band, 307쪽.

헤르더가 말했던 것처럼 인간이 언어를 갖는 것도 아니고, 하이데거가 말했던 것처럼 언어가 인간을 갖는 것도 아니다. 오히려 인간은 능동적으로 말하는 자이다. 마우트너에 관심을 갖도록 하는 점은 그가 추상명사인 언어를 행위로써, 다시 말해 "동사인 **말하기**"로써 대체할 것을 제안했다는 데 있다.[7] 만약 인간이 동일한 언어를 갖고 있다면 상당히 외로울 것이고 또한 추측컨대 빈곤할 것이다. 하지만 "두 사람이 있다면 이 두 사람은 동일한 언어로 말하지 않는다."[8] 말하자면 언어는 인간들 사이의 어떤 것이다. 언어는 하나의 "사회적 요소"이며 또한 "인간행위의 실제적인 방식" 그 자체이다. 언어는 인간들을 상호적인 네트워킹의 상태에서 유지시키지만, 이 네트워킹은 상태가 아닌 활동으로 파악된다. 마우트너의 경우, 인간이 (집단 주체로서가 아니라) 개인으로서 언어를 갖는다는 생각은 "다른 참여자가 없는 전화망에 참여하고 있는 참여자"[9]라는 생각만큼이나 허무맹랑한 것이다.

우리가 언어적 행위로서 실제적인 결과를 가져오는 이러한 행위에 대해 알게 된다면, 더 이상 언어의 '본질'에 대해 물을 필요가 없으며, 사실상 언어는 형이상학적 구성물이라는 것을 간파하게 될 것이다. 마우트너는 '태초에 말씀이 있었다'라는 이와 같은 성경적인 비장함으로 언어비판을 시작하는데, 곧바로 다음과 같이 본론으로 들어간다. "인간들은 말을 통해서 세계 인식을 시작하고, 말을 멈출 때 인간도 멈추어 서게 된다. 비록 아주 작은 걸음이라고 할지라도 삶 전체의 사유가능성을 앞으로 전진시킬 수 있는데, 이러한 걸음을 좀 더 걷기를 원하는 사람은 말로부터, 다시 말해 언어에 대한 미신으로부터 스스로를 해방시켜야 한다. 그는 언어의 폭정으로부터 자신의 세계를 구원할 수 있도록 시도해야 한다."[10] 언어비판은 부분적으로는

---

7 Fritz Mauthner, *Beiträge zu einer Kritik der Sprache, Erster Band, Zur Sprache und zur Psychologie*, Leipzig: Meiner 1923(Dritte Auflage), 16쪽.
8 앞의 책, 18쪽.
9 앞의 책, 11쪽, 17쪽.

많은 노력을 요구하는 일로서 언어에 대한 회의를 허용하지 않는 내용들을 어원학적으로 재구성하는 프로그램이다. 언어비판은 다름이 아니라 언어적 이성의 비판인 것이다. 마우트너는 계속 자신을 정당화하지만, 여기서 수행적인 모순은 명백한 것이다. 수행적인 모순은 말을 통해서 언어로부터 세계를 구원하려 한다거나 예컨대 언어에 대항하는 책을 저술한다거나 하는 데 있다. 물론 언어는 고정된 조형물이 아니라 살아 있는 것이라는 통찰은 또다시 유용하다. 이 일에서 성과를 얻으려는 사람은 자신의 배후에, 자신의 앞에, 그리고 자신의 안에 있는 언어를 없애서 언어를 새롭게 정립해야 한다고 한다. "그래서 나는 내가 디디고 있는 사다리의 모든 디딤판을 부셔야 한다. 뒤따르기를 원하는 사람은 또 다시 부수기 위해서 그 디딤판들을 새로 짜 맞출 것이다."[11]

3. 세계의 언어적 구성

물론 여기에는 언어의 피안에 대한 신비주의적인 전망이 감춰져 있다. 그러나 우선 언어의 상황에 대한 분석이 이루어져야만 할 것이다. 개념을 검토해 보면 다음과 같은 점이 드러난다. 개념적인 구체화의 경우에도 직접적인 직관은 불가능하고 우리가 현실세계를 이해하려고 할 때 우리는 언제나 언어의 한계만을 의식하게 될 것이라는 점이 그것이다. 세계 이해의 범주들은 문법적인 언어의 기능이 응고된 형식들이다. 이 형식들에 따라 우리는 현실을 정돈한다. 현재의 용어로 말하면, 이것은 급진적인 언어구성주의이

---

10 앞의 책, 1쪽.
11 앞의 책, 2쪽. 마찬가지로 비트겐슈타인도 『논리철학논고』에서 공을 들인 사다리의 은유와 여타의 유례(類例)에 관해서는 Elisabeth Leinfellner, "Fritz Mauthner im historischen Kontext der empirischen, analystischen und sprachkritischen Philosophie", in: Leinfellner und Schleichert(Hg.), *Mauthner*, 같은 책, 145~163쪽을 참조하라.

다. 우리들의 인식노력은 현상을 향해 있는 것이 아니다. 그렇다고 우리의 인식노력이 동일한 사실로서 존재하는 현실을 향해 있는 것도 아니다. 모든 관찰은 저마다의 고유한 현실을 만들어낸다. 현실에서뿐만 아니라 언어에서도 어떤 명확함이나 명백한 토대는 없다. 말하자면 우연성이 모든 것이며, 모든 것이 우연적인 것이다.[12] 논리나 문법이 규정하는 사유만이 언어에 의존적인 것은 아니다. 언어의 기본특성은 (사유의 대응물인 논리와 문법과 마찬가지로) 언어 그 자체가 바로 **일종의 인간행위**라는 데 있다. 그렇다면 마우트너가 『철학사전』에서 주장한 것처럼, 그의 경우 철학은 추상적 개념에 관한 작업인데, 이러한 작업의 별로 유익하지 못한 결과는 우리가 어떤 확실성을 제공해주는 인식의 수단을 전혀 갖지 못한다는 통찰 속에서 비관적 체념에 빠지는 것이라고 할 수 있다. 하지만 "현실 세계의 인식불가능성을 알게 되는 것은 (……) 결코 부정이 아니라 (오히려) 최선의 지식이다. 철학은 인식론이고, 인식론은 언어비판이다. 그리고 언어비판은 해방적 사유에 관한 작업이다. 인간들은 자신들의 언어의 말들을 통해서, 자신들의 철학의 단어들을 통해서 결코 세계에 대한 형상적 서술을 벗어날 수는 없다는 것이 그러한 해방적 사유이다."[13]

언어에 의해서 전체 현실에 이데올로기의 베일이 드리워진다. "우리는 단지 말을 가질 뿐이고, 아무 것도 알지 못한다." 언어는 현실을 파악하는 데 적합한 수단이 아니다. 오히려 그 반대로 언어는 언어에 대한 미신을 만들어낸다. 언어에 대한 미신은 형식이 내용으로 되거나 실재에서 추상된 것이 실재를 규정하는 데서 성립한다. 마녀사냥과 종교전쟁은 언어에 대한 미

---

12 "'사람은 동일한 강물에 두 번 들어갈 수 없다'는 그리스의 오래된 명제는 언어에도 해당된다. 언어의 낱말들과 형식들은 부단히 변화했다. (……) 언어들은 낱말들의 의미를 부단히 변화시켰다. 지난 수 백 년의 엄청난 교류에도 불구하고, 그리고 새로운 개념들을 만드는 데 많은 비용이 들었음에도 불구하고 언어는 의미 변화의 욕구를 결코 충족시킬 수 없다." Fritz Mauthner, *Beiträge*, 같은 책, 7쪽 이하.

13 Fritz Mauthner, *Wörterbuch*, 같은 책, Einleitung XI쪽 이하.

신의 역사적 사례들이다. 이 경우 언어에 대한 미신은 신(神) 개념에서 시작된다. 마우트너는 종교해방의 관점에서 서양의 문화사를 고안했다. 다시 말해 그는 서양**무신론**에 관한 여러 권으로 구성된 저술에서 이러한 독단과 형이상학적 강박관념에 대항하는 정신적 해방의 일격(一擊)으로서 신(神) 개념의 해체를 고안했다. 그는 신학적 문헌들에서 시대정신에 의한 무의식적 속박들을 추적하고, 역사적 텍스트를 "각 시대의 모든 사상가의 시대언어에의 의존성"의 관점에서 해독했는데, 그는 이러한 저술을 실천적인 언어비판으로 이해했다.[14]

　사유하기와 말하기의 연관성은 결국 다음과 같이 쉽게 '웃으면서' 해결된다. 말하자면 이러한 개념들에서는 사실상 동사가 중요하다는 것, 이 개념들은 인간행위를 표현하고 있다는 것이 밝혀짐으로써 해결된다. 사유한다고 믿는 사람은 남자이건 여자이건 간에 스스로가 단지 말을 하고 있을 뿐임을 기억해야 한다는 것이다. 다시 말해 말을 넘어서 있는 로고스는 없다. 목적으로서 인간행위는 "동사를 만들고, 합목적적인 인간언어는 개념과 범주들을 통해 사유를 만든다."[15] 그래서 인간들은 자신들이 단지 말을 하고 있을 뿐인데도 생각한다고 믿는다. "언어는 이성과 마찬가지로 개별언어행위와 사유행위상황을 제외하고는 결코 실제적이지 않다. 다시 말해 언어와 이성은 인간들 사이에 존재한다. 언어와 이성은 사회적 현상이며, 인류와 같은 종류의 사회적 현상이다. 아마도 놀이규칙과 같은 현상일 뿐이다. 우리가 인간을 넘어서 있는 철학적 언어를 모르듯이, 신비주의를 향한 동경들을 배제한다면 우리는 순수이성에 대해 알지 못한다. 이성비판은 언어비판이 되어야 한다. (……) 이전에 우리들의 감각 속에 존재하지 않았던 것은 언어의 개념들 속에 존재하지 않는다."[16]

---

14 Fritz Mauthner, *Der Atheismus und seine Geschichte im Abenlande*(1920~1923), 4 Bände, Frankfurt: Eichborn 1989, Vorwort, XV쪽.
15 Fritz Mauthner, "Über Denken und Sprechen", in: *Beiträge*, 같은 책, 176쪽 이하, 여기는 232쪽.

급진적 결론은 현실이 언어적 개념세계에 의존한다는 것과 인간의 사유세계가 전승된 언어에 의존한다는 것이다. 따라서 마우트너가 볼 때 모든 단어의 역사는 인류의 문화사에 관해 자전적(自傳的)인 특징을 띤다. 남아 있는 것은 "그리 많지 않은 수 백 개의 단어들인데, 이 단어들의 의미는 시간이 흐르면서 그 의미가 변화했다."[17] 그리고 이 단어들은 사전적으로 좀 더 세밀하게 고찰될 만한 가치가 있는 것이다. 마우트너에게 철학은 이러한 활동을 의미하는 것이고, 결국 비관적인 체념 속에서 몇몇 추상적인 단어들을 다루는 것과 같은 것이다. 문화는 "다량의 말들을 통일시키는 것"으로 드러나는데, 문화는 다수의 개별언어들을 모방하고 차용함으로써 그것들을 일치시킨다. 이로부터 마우트너는 강한 반이원론(反二元論)적 입장을 도출한다. 이 반이원론에 따르면, 언제가 한번 존재한 것이 이중으로 설정되면서 이념Idee과 역사적 형상이 서로 갈라지는 쪽으로 계속 나아간다고 한다. 그 결과 중 하나가 바빌론 이전 상태로서 역사적인 언어 분화에 반대해서 설정된 단일한 근원언어Ursprache에 관한 생각이다. 하지만 언어의 통일은 언제나 여러 지역언어의 발전의 처음에 있는 것이 아니라 끝에 있는 것이다. 그 발전의 처음으로 언어통일이 부단하게 투사되는 것이다. 언어가 보존되는 계기는 다음과 같이 이해될 수 있다. 언제나 오직 인간의 개별적 언어 운동만이 존재하고 반사적 운동 또는 '본능적 행위'의 언어실천만이 존재하지만 이것들은 습관화된 또는 전승된 궤도를 따라 진행한다.[18]

마우트너는 유동적인 언어가 어떻게 일상의 실용적인 메커니즘과 이데올로기적인 메커니즘들을 통해서 구체화되는지, 어떻게 언어의 물신적 성격을 만들어내는지, 또한 그러한 것으로서 전승된 독단으로 고착되는지와 같

---

16 Fritz Mauthner, in: Raymund Schmidt(Hg.), *Die Philosophie der Gegenwart in Selbstdarstellung*, Leipzig: Meiner 1922, 135쪽.

17 Fritz Mauthner, *Wörterbuch*, 같은 책, Einleitung XI쪽.

18 앞의 책, XXX쪽과 XXXI쪽 이하.

은 근본문제를 저술을 통해 보다 더 명확하게 추적할 것을 계획했다. 이 저술은 『하나의 세계에 대한 세 개의 형상들Die drei Bilder der Einen Welt』인데, 이 저술은 비로소 1925년에야 유고로 출간되었고 그 안의 사유들은 계속해서 변화했다. 이 저술은 세 개의 세계이론이라는 형식 속에서 언어의 세계 생성적인 힘에 관한 테제를 정립한다. 이 이론에 따르면 형용사·동사·명사라는 언어기능과 조응하는 형태 속에서 사물의 질서가 주관과 객관적 현실 사이의 구성물로서 설명되는데, 이러한 구성은 언어 속에 나타나는 상이한 세 가지 양식을 통해 기능한다는 것이다.[19]

마우트너의 언어구성주의적 세계상 모델			
형용사	감각적 인상 (지각)	경험: 감성, 예술	사물의 고유성 (성질)	세계 1 "형용사적"
동사	활동(연결)	생성: 기술(記述), 과학	시간과 운동 (행위)	세계 2 "동사적"
명사	상징(표시)	존재: 종교, 신비주의	공간현실, 존재 (실체)	세계 3 "명사적"
침묵	황홀경	비언어적 사유	(신 없는) 신비주의	언어의 피안

---

19 사유 범주들과 인간 담론의 부분들을 일치시키는 일은 서구 철학에서 아리스토텔레스의 범주론까지 거슬러 올라간다. Fritz Mauthner, "Griechisches Philosophieren(Aristoteles)", in: Fritz Mauthner, *Wörterbuch*, 같은 책, Band 2, 59쪽을 참조하라. 마우트너는 자신의 반칸트적인 단초를 트렌델렌부르크가 인도게르만어의 문법적 구분과 연관해서 아리스토텔레스의 범주론을 논의한 것에서 찾고 있다. 이에 관해서는 Adolf Trendelenburg, *Geschichte der Kategorienlehre*, Berlin 1846을 참조하라.

실제 세계는 여기서 경험세계, 존재세계, 생성세계라는 세 개의 세계로 분리된다.[20] 기초가 되는 것은 형용사적 세계인 감각적 경험세계이다. 이 세계는 우리에게 접근을 허용하는 감각적 인상의 세계로서 감각적으로 (예컨대 동물들에 의해서도 마찬가지로) 수용되는 자연적인 세계라는 의미에서 유일하게 실제적인 현실세계로 나타난다. 특유한 인간세계는 인지적 행위로부터 생성되는데, 이 행위와 언어의 동사적인 것과 명사적인 것이 조응한다. 이 특유한 인간의 세계는 그 자체로서 존재하는 것이 아니라 언어적 습관과 전통에 의해 존재한다. 마우트너는 '불'이란 단어를 예로 든다. 이 명사의 배후에는 사실상 실제로 존재하는 대상이 없다. 하지만 불이라는 현실을 부정하는 것은 허황된 것이다(불은 화학적으로 보면 산화과정의 특수한 한 형태이다). 우리의 감각기관들은 우리에게 점(點)으로 된 세계를 제공한다. 우리는 그 개별적 특성들을 우리가 보았다고 믿는 어떤 대상으로 본능적으로 구체화한다. 이 대상이 단지 형용사적 작용의 한 상징일 뿐임에도 불구하고 그렇다. 이와 같이 '불'이란 단어도 하나의 상징일 뿐이며, 우리는 형용사적 작용의 신화적인 원인들을 이 상징 속에 요약하는 데 익숙한 것이다. 다시 말해 우리는 운동, 관계, 작용 등의 앙상블을 언어적으로 구체화하면서 실제로는 그러한 것으로 존재하지 않는 어떤 것을 존재로 파악하는 것이다. 이미 헤라클레이토스Heraklit가 알고 있었던 것처럼, "모든 것은 흐른다." 오직 언어만이 보존적으로 작용하고, 불변의 존재라는 기만을 만들어낸다. 마우

---

20 Fritz Mauthner, Die drei Bilder der Welt, ein sprachkritischer Versuch. Aus dem Nachlaß herausgegeben M. Jakobs, Erlangen 1925, 재인쇄, in: Fritz Mauthner, *Sprache und Leben. Ausgewählte Texte aus dem philosophischen Werk*, G. Weiler(Hg.), Salzburg: Residenz 1986, 189~255쪽. 마우트너는 자신을 서술하면서 세 개의 세계론을 스케치한다. 앞의 책, 138쪽 이하를 참조하라. 상세하게는 Fritz Mauthner, *Wörterbuch*. 같은 책, Band1, 17쪽 이하(형용사적 세계), Band3, 262쪽 이하(명사적 세계) 그리고 Band3, 359쪽 이하(동사적 세계)를 참조하라. 문법적 의미와 세계 연관의 미규정성에 관해서는 Fritz Mauthner, *Beiträge*, 같은 책, Band3, 1쪽 이하, 특히 102쪽을 참조하라. 그리고 현실의 우연적 특성에 관해서는 앞의 책, "Wissen und Worte", 568쪽 이하를 참조하라.

트너에 따르면, 우리는 언어의 마력(魔力) 속에서 형용사적 (감각적으로 지각할 수 있는) 세계의 배후에 놓여 있는 사물 자체를 향한 깊은 동경을 추구하며, 명사적 세계의 **상징**을 그러한 **사물**로 여긴다. 그렇기 때문에 이 영역을 "신비주의의 세계"라고 부를 수 있는 것이다. 감각기관의 역사적 발전과 진화에서 나타난 우연성을 통해서 우리의 감각은 우리에게 세계의 한 단면을 제공하고, 우리는 이러한 세계의 한 단면을 현실로 수용한다. 이 현실은 사물로 가득 찬 세계이지만, 이때 이 사물들은 단지 감각작용의 상징들일 뿐이다.

물론 지각의 세계와 예술적 상태의 세계 이외에 또한 생성의 세계도 존재한다. 공간적 존재(명사)의 구성을 보완하면서 동사 속에 표현되는 시간의 구성이 그것이다. 우리가 세계를 파악하거나 형용사적 세계의 작용을 정신적으로 작업할 때, 동사적 세계는 우리의 지식의 과정적 특성을 가리킨다. 언어의 행위개념들은 주체가 언제나 무엇인가를 만들거나 또는 무엇인가를 한다는 것을 상기시키고, 동사 속에는 주체의 행위의 목적들이 표현된다. 이러한 파악의 세계는 넓게는 과학적 설명의 세계이다. 물론 이때 자연과학도 세계를 설명할 수 있는 것이 아니라 단지 현상을 기술할 수 있을 뿐이라는 제한이 붙는다.

이러한 세 개의 세계에 관한 이론은 분석적 목적을 위한 분리에서 비롯된 것이다. 당연히 하나의 세계만 존재할 뿐이다. 하지만 언어는 우리들의 사유대상들을 구성하고 하나의 동일한 세계에 대해 세 개의 형상을 만들어 낸다. 마우트너의 철학은 스스로를 반이원론이며 반독단론이라고 이해한다. 왜냐하면 감각론만으로는, 그리고 관념론만으로는, 그리고 발전사적만으로는 진리에 보다 가까이 다가갈 수 없기 때문이다. 감성을 거쳐 감성의 고양된 형식인 예술 속에서는, 추상명사의 순진한 실재론적 미신이 나타나는 신화론 속에서는, 과학적 기술(記述)의 척도가 현상에 대한 설명과 혼동되는 속에서는 현실은 해명되지 않는다. 현실에 대한 해명은 적어도 이것들의 협동 속에서나 가능할 것이다. 말하자면 "예술, 신비주의, 과학은 서로 도와야만 하는 세 개의 언어이다."[21]

4. 침묵의 황홀경

계속 매우 비판적으로 사용되었던 언어비판의 수단 전체 틀 속에서, 이제는 거리두기라는 문제가 등장한다. 왜냐하면 마우트너는 언어 자체는 원칙적으로 자신의 말을 통해서 "현실세계 속에 존재하는 것을 설명해낼"[22] 능력이 없다고 여기기 때문이다. 담론의 결론들은 제자리를 맴돌고 언어비판은 체념에 빠질 위험에 처한다. 언어비판은 일반적으로 단지 언어의 암시능력만을 발견하기 때문이다. 마우트너는 이것을 언어비판의 **형이상학**이라고 부른다. 말하자면 이러한 관찰을 가능하게 하는 어떤 장소가 존재하거나 이러한 주장을 허용하는 어떤 개념이 존재해야 한다. 예술, 신화학, 과학이라는 익숙한 언어유희의 외부에 있는 이러한 형이상학적 위치가 **황홀경**Ekstasis이다. 황홀경은 세 개의 세계이론을 보완하는 것으로서 생각되어야 한다.

마우트너는 이 점과 관련해서 극히 간략하게 지적하고 우회한다. 그렇지만 그는 각각의 전승된 세계상의 짐에서 벗어나는, 언어 없는 파악이 생각 가능하다는 점에 대해서 전혀 의심하지 않았다. 여기에는 예술가적 인식이라는 상투어가 잘 어울린다. 그러나 마우트너는 현실과의 화해를 말하는 것이 아니라 일시적으로 지양된 차이를 말하는 것이다. 다시 말해 실제적으로 비언어적인 체험이 존재한다는 것이다. "나는 잠시 동안 내가 개체화의 원리principium individuationis에 대해 전혀 모른다는 것, 그리고 세계와 나 사이

---

21 Fritz Mauthner, *Wörterbuch*, 같은 책, Band3, 366쪽.
22 Fritz Mauthner, *Beiträge*, 같은 책, Band3, 244쪽.

의 차이가 없어졌다는 것을 체험할 수 있다. 즉 '내가 신이 되었다는 것을 체험할 수 있다.' 그렇지 못할 이유 있는가?"[23] 여기서 마우트너가 되살려 내는 황홀경의 시간은 예전의 하만Hamann을 연상시킨다. 하만은 마태복음 을 인용하면서 칸트의 계몽논문 속에 들어 있는 합리주의적 특징에 대해 반론을 제기했다. "어둠 속에도 신성하게 아름다운 의무들이 있다 / 그리고 눈에 띄지 않게 그것들을 행하고 (……)."[24]

마우트너는 세계의 세 가지 상을 통해서 어떻게 존재의 언어적 구성물이 비존재Nichtsein를 불가능하게 만드는지를 보여 준다. 인간은 이러한 비존재 에 대해 오래 전부터 두려워했으나, 어떠한 신도 이로부터 인간을 구원하지 않았다. 마우트너의 **신 없는 신비주의**gottlose Mystik는 언어의 피안으로서 명 시적으로 도교적인 함의를 담고 있다. 왜냐하면 원인과 목표나 계속해 전개 되는 개념내용들에 대해 전혀 말하지 못하게 하기 때문이다. 인간은 언어를 수단으로 자신의 범주적 세계를 현실에 투사하는데, 이것은 모든 존재의 임 시적 특성에 대한 인간적 공포를 없애기 위한 것이다. 매우 투박하게 표현 한다면, 사유는 사물의 구조를 따른다고 하지만 사실상 사물은 언어의 결과 물일 뿐이다. 이제 철학자는 모든 형상을 책상에서 치워버리고, 화용론적 전환을 통해 상대주의를 수용할 것을 제안하는 꼼짝 못하는 상황에 처하게 되었다. "철학은 없고, 오직 복수의 철학들이 있을 뿐이다. 문법은 없고 오 직 복수의 문법들이 있을 뿐이다. 논리는 없고, 오직 복수의 논리들이 있을 뿐이다. 바위틈에서 생생하게 정제된 물이 아주 오래된 죽은 바위를 뚫고 나오듯이, 생생한 현실은 철학의 사슬을 끊어 버린다."[25]

피상적으로 보면, 마우트너는 여기서 비트겐슈타인과 만나게 된다. 하지

---

23 Fritz Mauthner, *Wörterbuch*, 같은 책, Band2, 384쪽.
24 Jahann Georg Hamann, 'Briefe an Christian Jakob Kraus, 18.12.1784', in: *Was ist Aufklärung? Thesen und Definitionen*, E. Bahr(Hg.), Stuttgart: Reclam, 1990, 21쪽.
25 Fritz Mauthner, *Beiträge*, 같은 책, Band3, 258쪽.

만 기본적으로 언어비판이 마우트너의 의미에서도 가능하다는 관점에서만 그렇다. 마우트너의 **구성주의적** 언어 개념은 언어의 현실모사 기능을 허용하지 않는다. 언어는 세계를 재현하는 것이 아니라 단지 은유적으로 묘사할 뿐이다. 따라서 비트겐슈타인의 초기 언어개념의 배후에 있는 보편문법은 하나의 환상에 불과하다. **진술 가능성**에 관한 근본적인 성찰을 처음으로 시작한 『논리철학논고』의 첫 문장은 "세계는 일어나는 모든 것이다"로 시작한다. 여기서 문장의 논리적 형식은 현실의 구조 자체로 여겨졌다. 이러한 접근방식은 마우트너의 언어비판과 사실상 정반대이다. 마우트너의 언어비판의 경우 보편문법을 가능하게 하는 이러한 논리는 각각의 자연언어를 추상화한 것으로 폭로된다.

마우트너가 볼 때, 일반 형식으로서의 사실의 논리란 존재하지 않으며 엄격한 의미에서 논리라는 것 자체가 불가능하다. 달리 표현하면, 마우트너는 이상언어적 보편타당성의 주장에서 발생하는 순환논증의 문제를 매우 명백하게 알았다. 마우트너에 따르면, 언어의 문법은 항상 그 문법이 쓰여지는 언어에 종속된다. "그래서 문법의 가치는 결국 언어 자체의 가치와 일치한다. (……) 사람들이 보통 낯선 언어의 문법이라고 부르는 것은 (……) 히말라야에서 티롤의 지도의 도움으로 길을 찾으려는 시도와 같은 것이다. 많은 것이 맞을 것이다. 강은 산 아래로 흐를 것이며, 길은 빈번하게 강의 흐름을 따를 것이다. 그렇지만 이것을 알아채는 사람이라면 아시아에서 티롤의 지도를 필요로 하지는 않는다."[26] 그런데 지도와 땅을 구별하는 능력이 사라진다면 어떻게 되겠는가? 아마도 여기서 우리는 언어뿐만이 아니라 미디

---

26 Fritz Mauthner, *Beiträge*, 같은 책, Band1, 23쪽. 마우트너의 언어비판과 『논리철학논고』의 언어비판의 차이에 관해서는 Elisabeth Leinfellner, *Mauthner im historischen Kontext*, 같은 책, 148쪽 이하를 참조하라. 보편 문법의 순환 논증에 관해서는 (마우트너와 관련 없이) 에코의 역사적 주석을 참조하라(Umberto Eco, *Die Suche nach der vollkommenen Sprache*, 같은 책, 317~321쪽).

어가 보편적으로 현실을 구성한다는 통찰을 통해서 결정적인 발걸음을 앞으로 내딛어야 할 것이다. 결국 어느 경우에도 올바른 재현이란 이제 더 이상 존재하지 않는다. 실재와 재현의 존재론적 차이는 새롭게 구상된 미디어 매개성Medialität으로 인해서 폐기된다.

5. 언어비판의 한계

세계 안에서 행위는 단지 인간의 측면에서만 존재한다. 이와 같이 초기 인류의 세계는 언어와 사유의 두 영역으로 분리된다. 왜냐하면 자연은 말이 없고 오직 인간만이 말하기 때문이다. 현실과의 명확한 관계는 존재하지 않고 또한 이상언어도 존재하지 않는다. 항상 언어의 그때그때의 사용측면만이 중요하기 때문이다. 이로써 언어는 신뢰할 수 없는 중개자(Agent)가 되는데, 언어는 그것의 고유한 특성으로 인해 현실인식의 적절한 미디어가 아닌 것처럼 보이기 때문이다. 언어비판은 모든 개념적 실체화에 대항하는 투쟁이고, 미신적인 말의 권력과 억압도구로서의 언어에 대항하는 투쟁이다. 언어비판은 인간이 스스로 단어 속에 집어넣지 않았던 것은 언어의 말 속에 들어 있지 않다는 것을 보여 준다. 언어는 인식수단이 아니다. 언어의 본질이 우리에게 일정한 한계를 가르치는 것처럼, 지식에 대한 우리의 모든 권리주장은 겸허해져야 한다. 언어분석은 개별적인 성과를 이루겠지만, 우리는 언어의 일반이론이 어떤 모습일지에 대해서는 알지 못한다. 언어는 단지 그것의 개별적 양상들에서만 (수행적인 순간에서만) 실제적인 것으로 보일 것이기 때문이다. 언어의 일반이론은 가능한 한 실용적인 언어사용의 비판을 선호해야만 할 것이다. '초월언어Übersprache'에 대한 희망뿐만이 아니라 일반적인 언어사용의 교정이나 개선에 대한 희망도[27] 마찬가지로 포기되어야 한다. 언어란 완벽한 것이 아니며 완벽해질 수도 없는 것이다. 물론 파멸 논리의 문화비판적 담론은 마우트너의 관심사안이 아니다. 마우트너가 **신 없는 신비주의**라는 보조개념을 통해 자아와 세계의 근본적인 차이가 없어진 것처럼 보이는 상태를 상상하는 곳에서, 우리는 그의 관심사안을 좀 더 가까이 다가갈 수 있을 것이다. 그의 관심사안은 언어와도 별로 상관이 없고 합리적 이성과도 별로 상관이 없다. 여기서 암시되는 가능성은 인간과 세계의 관계를 넘어서, 주관성과 객관성의 관계를 넘어서 (플루서를 인용하면) 소통적으로 매개하는 것이 아니라, 언어를 넘어서 **투사적으로 구상하며**projektiv entwerfend 사유할 가능성이다.

인간은 언어를 매개로 해서 하나의 인간으로 존재한다는 것, 다시 말해 인간은 비로소 말하는 사람으로서 그 자신이 된다는 것, 즉 하나의 인간ein Mensch이 된다는 것을 우리는 훔볼트를 통해 알고 있다. 그 반면에 이 **인간**이라는 말이 무엇을 뜻하는지는 '깊이 숙고할' 대상으로 남는다고 예컨대 하이데거는 말했다.[28] 하이데거는 자신을 질문자로 생각했고, 그래서 여기서는 일단 그의 답변을 상세하게 다루지 않을 것이다. 그 밖에도 인간존재가 (동사적 언어어로서의) 언어로 환원되는지의 문제는 완전히 비하이데거적인 문제제기이다. 언어는 여러 가지 매개방식 중 하나일 뿐이다. 마우트너의 업적은 언어를 세계를 매개하는 미디어 모델로 진지하게 받아들였고 동시에 전달로서의 매개라는 언어의 본래의 **목적**Telos을 해체했다는 데 있다.

인간은 의미질서 안에서 살아가고 있다. 물론 이 의미질서는 순수하게 언어적으로만 구성된 것은 아니다. 마우트너의 딜레마는 언어에 의한 현실파악이 지닌 한계를 언어비판적으로 밝히려는 데 있는데, 이러한 마우트너의 딜레마 속에는 이미 상대주의가 예고되어 있다. 진정한 매개는, 다시 말해

---

27 Elisabeth Leinfellner, "Die böse Sprache. Fritz Mauthner und das Problem der Sprachkritik und ihre Rechtfertigung", in: Leinfellner und Schleichert(Hg.), 같은 책, 57쪽~82쪽, 여기서는 79쪽.

28 Martin Heidegger, 'Die Sprache'(1950), in: Martin Heidegger, *Unterwegs zur Sprache*, Stuttgart: Neske, 1997, 11쪽.

결론적으로 인식의 문제는 인간의 언어공동체의 실천과 조화될 수 없는 것이고, 바로 이로부터 당연하게 상대주의가 생겨나게 된다. 인간의 언어공동체는 전적으로 언어의 사회적 기능이라는 의미에서 일상에서의 행위의 조정을 위해 언어를 사용하지만, 또한 이를 넘어서 다양하게 기능하는 비언어적인 경험의 공감형식들을 알고 있는 것이다. 이러한 의미에서 언어에 대해서 말한다는 것은 사실상 쉬운 일이 아니며, **언어이론**을 제시하는 것은 더더욱 쉬운 일이 아니다. 따라서 언어이론은 인식의 **대상**Was의 문제를 인식의 **방법**Wie의 문제로 대체하는 방향으로 나아갔던 것이다. 칸트 이래로 **철학적 비판**은 다름아니라 바로 이것을 의미했다. 언어와 연관해서 다음과 같은 것을 알 수 있다. 말하기는 인간에게 자연스러운 것이지만 언어 자체는 형이상학적 구성물이라는 점이 그것이다. 이것은 마우트너의 **언어에 대한 미신**을 뜻한다. 확실히 여러 다양한 말하기가 존재하고 이러한 여러 다양한 말하기는 여러 문화에 의존한다고 생각할 수 있다. 하지만 상징의 보편적인 논리의 측면에서 보면, 그 차이는 별로 크지 않다는 점이 명확하게 드러난다.[29] 마우트너에서도, 비트겐슈타인에서도, 또한 나중에 하이데거에서도 언어의 피안이나 침묵이 의사소통에 있어서의 니르바나Nirwana로 생각된 것은 아니다. 그렇다고 하더라도 인간은 자신의 언어에만 제약되어 존재해서는 안 된다. 인간은 언어의 좁은 오솔길을 통해 현실에 접근한다. 하지만 이러한 가능성들의 여지는 이 언어가 허용하는 것보다 훨씬 폭넓게 존재하는 것처럼 보인다.

마우트너에 따르면 인간은 "인간을 동물과 구별해주는 바로 그 개념 언어 때문에 완전히 언어지배에 종속되어 있다."[30] 말의 역사를 다루는 언어비판은 모든 문화적 상징을 말의 논리 아래로만 종속시키는 곳에서 놀라운

---

29 Ernst Cassirer, *Philosophie der symbolischen Formen*(1923~1929), 같은 책. Ernst Cassirer, *Versuch über den Menschen. Einführung in eine Philosophie der Kultur*(1944), Frankfurt: Fischer, 1990.
30 Mauthner, *Wörterbuch*. 같은 책, Band2, 307쪽.

맹점을 가리킨다. 그런데 마우트너는 자신의 **언어비판**에서 언어의 피안을 신비주의적 차원과는 다른 차원에서 명확하게 밝히는 일에서는 별로 노력을 하지 않거나 전혀 노력을 하지 않았다. 그는 어떻게 언어가 문자에 의해 확장되는지를 살펴보는 미디어기술적 차원에서 언어의 상황에 대해 묻지 않았다. 표음문자는 물론이고 음악악보나 논리적 · 수학적 상징은 물리적 미디어나 전달미디어로 사용되면서 인간의 인지적 기능을 향상시키는 조건들이다. 그리고 이 미디어들은 그 자체적으로 인간의 정신활동에 영향을 미친다. 의사소통의 객관화가 인간의 정신에 미치는 역작용에 대해 논의할 때 문제가 되는 것은 **언어의 물신적 성격**Wortfetische을 비판한 것뿐만이 아니라 바로 의사소통적 잠재력의 전체 (또한 비언어적) 스펙트럼을 밝히는 것이다. 마우트너는 "비언어적 파악의 엄숙한 시간"을 간청한다. "진정한 예술이 지배하는 곳에서는 어디에서나 (……) 천재는 개념 없이, 다시 말해 언어 없이 하나의 세계를 파악한다."[31] 이러한 유아론적(唯我論的)으로 이해된, 현실과의 특권적인 커뮤니케이션이라는 **기이함**Exzentrizität은 언어비판의 탈출구로서 제시되었지만 결국은 실망스러운 것임에 틀림없다. 왜냐하면 이러한 언어비판은 일상적인 것의 압박으로부터 해방된 신비주의적 동경으로서 모든 것을 표현하려는 보편언어를 위해서는 취약한 대안이기 때문이다. 어쨌든 마우트너는 동경에 대해 말하는 것은 정당하다고 생각한다. 언어는 문화적 기억이기 때문에, 언어는 태생적으로 역사를, 다시 말해 과거를 향해 있다. 언어는 아직 존재하지 않았던 것에 대해 어떻게 말하겠는가? "언어가 미래가 되려면, 언어는 동경을 표현하는 것을 배워야 한다."[32] 그렇지만 미래는 아직 실현되지 않은 가능성, 즉 가상적인 것이다. 마우트너의 성찰의 끝에는 "언어의 힘(언어는 언제나 기억이다)과 무관하게" 미래를 표현하려는

---

31 Fritz Mauthner, 'Schweigen', in: *Sprache und Leben*, 같은 책, 255쪽.
32 Fritz Mauthner, *Wörterbuch*, 같은 책, Band3, 164쪽 이하. 또한 Band1, 592쪽 이하의 'Geschichte' 항목을 참조하라.

동경이 있다. 이것이 의미하는 것은 다름이 아니라 언어와 기억과 이성의 동일화를 극복하는 것을 뜻한다. 이는 우리를 억압하는 과거와 단절함으로써 역사로부터 역사이후(플루서)로 깨치고 나가기 위해서이다. 언어를 넘어선 인간에 관한 신화가 그것이다.

요약

칸트는 경험을 가능하게 하기 위해서는 지성Verstand이 필요하다는 것을 보여주었다면, 마우트너는 현실은 전적으로 우리의 개념세계에서 유래한다고 말하는 언어비판으로 급진적인 발걸음을 내딛었다. 선험철학에서는 지성이 비로소 경험을 가능하게 한다면, 마우트너의 관점에서는 말하기가 비로소 사유를 가능하게 한다. 자연이 지성 바깥에서는 어떠한 질서도 알지 못하는 것처럼, 우리의 현실 인식의 범주들은 주관적이며, 또한 전승된 언어형식들에 의존적이다.

마우트너는 언어구성주의적 세계상 모델을 구상했다. 이를 통해 비판적 의도 속에서 마우트너는 사유는 자신의 특수한 언어적 조건을 알지 못하고 있다는 사실을 보여주려고 했다. 마우트너는 비트겐슈타인과 반대로 보편문법의 차원에서 세계의 근본적인 언어적 미디어매개성이 해독될 수 있는 것이라고 생각하지 않았다. 이러한 확실성의 형식은 존재하지 않고, 항상 실용적인 인간 행위로서 문화적으로 상이한 말하기(그리고 사유하기)만이 존재한다는 것이다.

그의 언어 비판은 언어에 대한 미신을 파괴하고자 한다. 언어에 대한 미신은 단어가 실제로는 존재하지 않는 존재를 표기하고, 존재는 언어적으로 확정된 것으로서 그릇된 표상들을 만들어내고, 이 표상들은 결과적으로 문제 있는 행위를 야기하는 데서 비롯된다.

언어는 인식의 도구로서가 아니라 단지 오리엔테이션과 전달의 도구로서 유용한 것이다. 말하자면 우리가 언어적 수단을 통해서 사물을 어떤 형상으로 고정시키지 않는다면, 세계 속에서 잘 살아갈 수 없을 것이다. 인간들은 언어의 단어들과 (사유를 통한 이론적 말하기로서의) 각각의 철학의 개념들을 통해서는 자신들의 대체로 우연적인, 역사적으로 우연적인 세계의 서술을 결코 넘어설 수 없다. 마우트너는 계속해서 우리는 우리를 지배하는 언어지배를 극복할 수 있다고 시사했다. 예컨대 언어에 대한 해방적인 웃음에서, 비언어적 파악에서, 또는 예술적 표현에서 극복할 수 있다고 보았다. 마우트너는 미디어로서의 언어의 한계를 묘사했다. 그러나 그는 실재와 그것의 재현이라는 존재론적 차이를 넘어서는 결정적인 발걸음을 내디딘 것은 아니다.

언어에의 의존 테제 비판

말하기와 언어는 동일한 것이 아니다. 최근의 인지연구는 언어를 하나의 본능으로 파악할 것을 주장한다. 이 본능으로부터 일상행동을 조정하는 하나의 메타제도가 발전되었다는 것이고, 여기에 인간은 매우 빠르게 (그리고 유아기에는 거의 자동적으로) 적응할 수 있다는 것이다. 말하기는 관계형식을 규정하고, 이 관계형식 속에서 우리는 일상행동을 조정한다. 이와 같이 언어 또는 언어성은 초주관적 척도로서 "공동의 삶의 흐름을 조정된 행동의 질서 속으로 (옮기고), 이러한 행동의 질서 속에서 하나의 고유한 삶의 방식은 항상 새로운 변화를 통해 발전해나갔다."[1] 하지만 여기에서 잠정적으로 아직 답변되지 않은 의문이 생긴다. 우리 인간들이 문화적으로 다양한 언어유희를 한다는 것은 무엇을 의미하는가? 문화의 현상들은 다양하고 개별적인 표현의 차이가 동시에 일어나는 데 그 이유는 어떻게 해명될 수 있는가?

언어의 조건들은 언어를 통해 언어 자체에 대해 말할 수 있는 것의 조건이기도 한 것인가? 언어비판 철학은 왜 언어의 피안을 찾는가? 언어적인 문장들은 인식주체와 인식대상 사이에서 **절대적인** 매개자의 역할을 한다는 논증 속에서, 언어의 위상과 중요성은 철학의 경우 자명한 것으로 간주된다.[2] 이념과 순수정신의 왕국으로 직접 나아가는 학문의 경우 명제적 문장

---

1 Humberto Maturana, *Was ist erkennen?*, München: Piper 1997, 188쪽.
2 Ian Hacking, *Die Bedeutung der Sprache für die Philosophie*, Königstein: Hain 1984.

의 중요성을 강조하는 것은 당연히 의미 있는 일이다. 학술적인 차원에서 '논증'을 통해 논쟁하는 영역에서는 특히 그러하다. 그 밖에도 말하는 것과 무관한 사유를 가정하는 것은 비교적 쉬운 일로 보이지만 언어와 무관한 사유를 생각하는 것은 매우 힘든 일이다. 언어의 도구화에 반대할 경우에는, 언어의 목적을 단어의 표현이나 생각의 전달에 국한시키는 것이 아니라 그 언어의 목적을 사유와 언어의 연관성에 관한 다음과 같은 물음들 속에서 세밀하게 다루는 것이 실제적인 의미를 지닌다. 어떠한 사유이며, 어떠한 언어인가? 철학적 특성을 지닌 이념들은 특수한 타당성을 요구하는 동사적 담론의 경계와 일치하지 않는데, 이러한 철학적 특성을 지닌 이념들을 표상하는 것은 왜 가능하지 않는가? 언어사용과 철학적 세계상 사이에는 어떤 연관성이 있는가?

우리는 현실의 언어학적 구조에 대한 훔볼트의 주장을 기억하고 있다. 사유는 일반언어에 의존할 뿐만 아니라 "또한 각각의 특수한 개별언어들에도 의존한다."[3] 이에 따르면 각각의 특수한 언어는 특수한 세계상의 표현이라는 것이다. 여기에서 표현능력과 사유가능성이 동일시되고 있음을 쉽게 알 수 있다. 사유가능한 것에 대해 대화하는 일은, 만약 사유가능한 것에 대한 언어적 개념이 없다면, 무의미한 일이 된다. 또는 역으로 표현하면, 언어적 표현이 세분화되면 세분화될수록 주체적인 지각능력과 사유능력도 더욱더 세분화된다. 또는 언어의 세분화는 언어의 일차원성보다 훨씬 더 세밀한 사유과정을 증명한다. 여우는 개가 아니라는 것, 하나의 유(類)는 곧 다수의 동물 종(種)을 대표할 수 있다는 것, 하지만 유적 존재로서의 인간은 현재 단지 하나의 유일한 종만을 대표한다는 것을 지적하면서, 빌렘 플루서는 이 영역에서는 근본적인 비교의 가능성이 결여되어 있음을 아주 간단하게 보여 주었다.[4] 만약 우리가 우리를 다른 인간 종과 비교할 수 있다면, 추측되

---

3 Wilhelm von Humboldt, *Über die Sprache*, 같은 책, 24쪽.

는 자연적인 차이로 인하여 언어뿐만이 아니라 커뮤니케이션체계 전체가 문제시될 것이다. 그리고 또한 우리가 보통 '사유'라고 부르는 것도 문제시될 것이다.

이러한 사유가 실제적으로는 언어의 하나의 기능인지 아닌지의 물음은 일단 미결로 남는다. 그럼에도 불구하고 정치선전, 정치적 미사여구, 상업광고, '미디어' 일반 전체를 통한 담론통제와 관련해서 수많은 문화염세주의적인 억측들Spekulationen이 존재한다. 여러 다양하게 변형된 형태 속에서 표명된 보수적인 우려의 생각은 우리 문화 속에 매스미디어에 의해 야기된 언어파멸이 시작되었다는 것인데, 이러한 생각의 배경에는 우리의 사유가 언어와 언어사용에 의존하고 있다는 테제가 있다. 시청각적인 매스미디어에 의해 조종된다는 생각과 이러한 매스미디어의 기능조건은 표피적인 언어의 사용이라는 생각이 상당히 깊이 자리잡고 있다. 그 역으로 다음과 같이 생각할 수 있을 것이다. 일정한 맥락 속에서, 예컨대 성과 관련된 특수한 맥락 속에서 언어사용을 이데올로기적으로 개혁함으로써 사유를 변화시킬 수 있다는 것이 그것이다. 이러한 접근방식의 토대에 해당하는 것은 커뮤니케이션 인류학의 레퍼토리인 이른바 사피어-워프 가설인데, 이 가설에 따르면 언어를 통해 인간에게 해명되는 세계인식의 범주들이 인간의 사유를 규정한다고 한다. 다시 말해 언어들 사이의 차이는 그것을 말하는 사람들의 사유들의 차이도 함축하고 있다는 것이다.[5]

여기서 무엇이 문제인가? 1950년대 말, 1941년에 사망한 벤저민 리 워프 Benjamin Lee Whorf의 몇 개 논문이 편집되어 출간되었을 때 사람들은 그를 중요한 언어학자로서 높이 평가하였고, 또한 그의 이름을 스승인 에드워드

---

4 Vilém Flusser, "Menschenwerdung", in: *Vom Subjekt zum Projekt, Schriften Band 3*, Bernsheim: Bollmann 1994, 169쪽 이하를 참조하라.

5 언어결정론에 대한 이러한 비판에 관해서는 "Mentalese" in: Steven Pinker, *Der Sprachinstinkt. Wie der Geist die Sprache bildet*, München: Knaur 1998, 65~96쪽, 여기서는 67쪽을 참조하라.

사피어Edward Sapir(1931년, 예일)와 1942년에 사망한 인류학자 프란츠 보아스 Franz Boas와 함께 언급했다. 보아스는 여러 차례의 탐험을 통해 북아메리카 인디언과 에스키모의 문화를 연구했다.[6] 보아스와 그의 제자들(여기에 마그리 트 미드Margret Mead도 포함된다)이 대변했던 지성적인 주장들은 중요한 것이 었다. 산업화 이전의 문자 없는 문화들은 결코 미개한 것이 아니다. 이 문 화들도 마찬가지로 정교한 언어와 지식의 체계를 갖고 있는데, 이는 그들의 세계상의 복합성에 대한 증거가 된다. 이로부터 파생되는 여러 종류의 언어 에의 의존테제는 유럽중심주의적인 과학의 상에 대항하는 비판적인 지성적 논증의 한 부분으로 간주될 수 있을 것이다.

1960년대에 워프의 논문들의 첫 독일어 번역은 곧장 매년의 신판을 거쳐 수만 부에 달했다. 어떤 하나의 문화가 특정한 언어적 개념들을 만들어냈다 면 이 개념들에 대해서 집중적으로 살펴보아야 한다는 테제를 들어보지 못 한 사람이 있을까? 에스키모인들은 눈에 대한 수많은 단어들을 갖고 있는 반면에 다른 민족들은 그에 대한 아주 적은 단어들이 있을 뿐이라고 하고, 또한 호피 인디언의 언어는 시제를 갖고 있지 않다고 한다. 스티븐 핀커 Steven Pinker가 말한 것처럼, 이 테제의 매혹성은 한 마디로 말해 다음과 같 은 사실에서 비롯된다. 만약 인간적 실재성의 기본범주들은 세계 자체 안에 서 발견되는 것이 아니라 각각의 문화를 통해서 정해지는 것이라면, 이러한 결정론들도 마찬가지로 충분한 근거들에 의해서 비판될 수 있다는 것이 그 것이다.

언어가 사유를 결정한다는 언어결정론 테제를 위해서 순환적 증명도식이 수용된 것, 그리고 다르게 말하기와 다르게 사유하기가 동일시된 것은 매우

---

6 Benjamin Lee Whorf, *Language, Thought and Reality*, Cambridge Mass: 1956. 독일어판 *Sprache, Denken, Wirklichkeit. Beiträge zur Metalinguistik und Sprachephilosophie*, Reinbek: Rowohlt 1963에 따라 인용한다. Edward Sapir, *Language*, New York 1921, 독일어판 *Die Sprache. Eine Einführung in das Wesen der Sprache*, München: Hueber 1972에 따라 인용한다.

기이한 일이다. 말하기와 사유하기에 대한 많은 철학적 사변의 과정 속에서 인류학자들의 경험적 연구결과들은 당연히 깊은 인상을 주었다. 물론 언어에 대한 자료가 반드시 사유에 대한 자료인 것은 아니다. 학자들은 특히 모든 문화의 고유한 특성Eigensinn을 강조하고 생물학적인 증명을 단념하고자 했다. 다시 말해 언어는 본능도 아니고 (헤르더가 생각했던 것과 같은) 동물적인 것과 비슷한 어떤 것도 아니라 결정적으로 문화의 성과라는 것이다. 모든 것은 관습이다. 사피어는 '매우 원시적인' 인디언 문화 안에서 의성어가 발견되지 않는다는 관찰로부터 언어의 본질에 대한 결론을 다음과 같이 쓰고 있다. "언어는 자유롭게 창조된 상징체계를 수단으로 하여 생각, 느낌, 희망을 전달하기 위한, 오로지 인간에게만 고유하게 있으면서도 본능에 뿌리를 두고 있지는 않은 방법이다. 이 상징들은 음성적이며 또한 이른바 '조음(造音)기관'의 도움으로 만들어진다."[7]

본래 독학으로 연구했던 워프는 거대이론을 만든 것이 아니라 여러 편의 소논문을 썼다. 그의 주장들은 아주 뒤늦게야 비로소 학문적 검증을 받게 되었고, 부분적으로는 과학적 속임수로 폭로되었다.[8] 호피언어에 대한 그의 관찰이 잘 알려져 있는데, 이것은 상당한 추측 속에서 작성되었다고 한다. 우리의 모든 자연묘사는 언어상대적이라는 점이 여기서 핵심적인 것이다. "사유의 구성은 그 자체로 독립된 과정, 즉 (이 말의 예전의 의미에서) 이성적이라 할 수 있는 과정이 아니라 각각의 문법에 의해 영향을 받는다." 워프는 "언어 체계"란 "사유의 표현을 위한 재생적 도구가 아니라 그 스스로 사유를 형성한다"고 쓰고 있다.[9] 문법이 우리의 사유를 형성한다. 다시 말해

---

7 Edward Sapir, *Language*, 같은 책, 17쪽.

8 Laura Martin, "Eskimo Words for Snow", in: American Anthropologist 88, 1986. Geofffey Pullum, *The Great Eskimo Vocabulary Hoax*, Chicago 1991. 두 개의 글은 Steven Pinker, *Der Sprachinstinkt*, 같은 책, 75쪽 이하에 따라 인용한다.

9 Benjamin Lee Whorf, *Sprache, Denken, Wirklichkeit*, 같은 책, 12쪽.

문법은 우리가 우리 주변의 자연을 분석하는 방법을 규정한다는 것이다. 어느 누구도 전혀 아무런 편견 없이 자연을 기술할 수 있는 자유를 갖고 있지 않다.

이와 같이 모든 의미Bedeutung는 문화상대적인 언어적 질서체계에서 생겨난다. 언어가 우리 사유를 제한한다는 것, 말하자면 언어의 상이성으로부터 사유의 상이성이 추론된다는 것은 문화들 간의 상호이해interkulturelle Verständigung를 불가능하게 만들고, 결국에는 보편적인 세계상을 불가능하게 만들 것이다. 따라서 언어적 상대성 테제를 토대로 하여 의도된 계몽은 그 반대로 전환된다. 사유가 외적인 것에 완전히 의존한다는 것, 다시 말해 언어 없이는 어떤 사유도 불가능하다는 것과 같은 이러한 기본가정은 그 밖에도 1940/50년대 미국 학문의 행동주의적 기본도식에 간편하게 적용되었다(섀넌-위버의 커뮤니케이션 모델도 그러하다). 연구정책적인 측면에서 보면 과학성의 관철, 즉 '엄밀한' 과학으로서의 언어학이 중요한 것이었다. 이러한 노력은 근대 문화인류학의 중요한 성과를 정당하게 평가하려는 의도와 함께 혼합되었다. 언어, 종족, 문화가 필연적인 연관관계 속에 있는 것은 아니라는 것(사피어)과 유럽적 언어유형의 우월성에 대한 믿음은 과학적으로 지탱될 수 없다는 것이 그 성과이다.[10] 워프도 불충분한 과학적 기반으로 인해 종족언어들에 대한 실증적 사실이라고 발표했던 많은 것들에서 오류를 범했다. 사유가 언어에 의해 결정된다고 하는 그의 유명한 테제는 하나의 순환논증에 빠져 있는데, 왜냐하면 언어와 사유의 문화상대주의를 설득력 있게 논증

---

10 널리 알려진 것처럼 하이데거는 독일어로 말하는 사람만이 올바르게 철학할 수 있다는 매우 무책임한 주장에 빠질 정도로 언어의 한계를 철학적으로 은폐했다. 독일어의 철학적 특권화에서 언어학적 결정론과의 유사성이 인식된다. "얼마 전에 나는 매우 서툴게도 언어를 존재의 집이라고 칭했다. 인간이 언어를 통해 존재의 요청 속에서 산다면, 짐작컨대 우리 유럽인은 동아시아인과 전혀 다른 집에서 살고 있는 것이다." Martin Heidegger, "Aus einem Gespräch von der Sprache(1953 / 54)", in: Martin Heidegger, *Unterwegs zur Sprache*, 같은 책, 90쪽을 참조하라.

할 수 없기 때문이다. 언어결정론은 그 사이에 '관습적인 허무맹랑함'으로 평가되었다. 그리고 현재의 인지과학자들은 '수많은 종류의 비언어적 사유'의 존재를 주장할 뿐만 아니라 그 동안의 실험과 연구를 통해서 과거 연구 세대가 사유에 대해 알고 있던 것보다 훨씬 더 잘 알고 있음을 주장한다.[11] 언어에 대한 과대평가는 언어가 사유에 비해 훨씬 더 분명하게 파악된다는 사실로부터 설명될 수 있을 것이다. 말하자면 언어는 경험적 조사연구로 접근가능하다. 상대방 두뇌 내부의 관찰은 전혀 불가능한 반면에 개인의 언어적 표현을 재구성하는 일은 가능한 것이다. 이로써 우리의 세계관의 언어적 상대성 테제는 적어도 다음과 같은 점에서 의문스럽게 되었다. 왜냐하면 미디어의 발전과 문화적 언어의 상실(이것은 언제나 사유 상실의 지표로 기능한다) 사이의 인과적 연관성에 관한 수많은 문화염세주의적인 주장들은 자칭 탄탄한 경험적 기초에 근거하고 있다할지라도 그 토대가 비판적으로 검토되어야 하기 때문이다.

---

11 Steven Pinker, *Der Sprachinstinkt*, 같은 책, 79쪽.

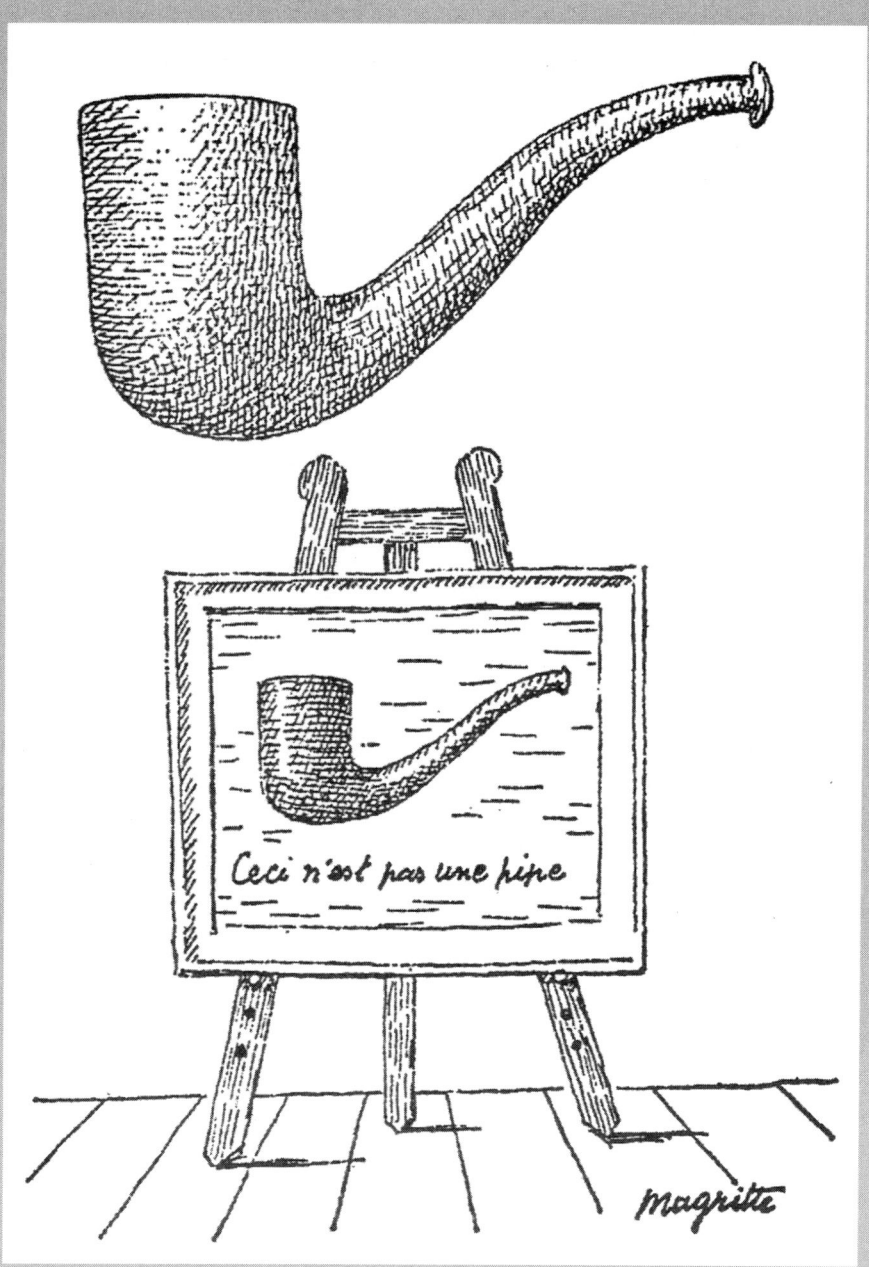

〈삽화 6〉 르네 마그리트, '이미지의 배반'에 관한 스케치(1929)

언어적 기호의 해체

퍼스의 커뮤니케이션 논리의 새로운 정립(기호학)

> "우리들이 논리적인 동물이라는 것은
> 의심의 여지가 없지만 완벽하게 그러한 것은 아니다."
>
> —찰스 S. 퍼스

1. 기호란 무엇인가

"말은 사유의 기호일 뿐만 아니라 사물의 기호이며, 우리는 우리의 생각을 타인에게 알리기 위해서뿐만 아니라 우리의 사유 자체를 돕기 위해서도 기호를 필요로 한다."[1] 이러한 확고한 생각은 이미 라이프니츠Leibniz에게서 발견되는데, 이로부터 기호의 위상과 기호와 언어 사이의 관계에 관한 물음이 생겨난다. 언어기호는 상징이라는 더 큰 집단의 일부인데, 상징으로부터

---

1 G. W. Leibniz, "Von der Sprache im Allgemeinen—Unvorgreifliche Gedanken, betreffend die Ausübung und Verbesserung der deutschen Sprache", 인용문은 *http://www.weltkreis.com/mauthner /hist/leib1.html*을 참조하라.

문화적 의미세계가 형성될 뿐만 아니라 또한 유지된다. 기호와 기호화된 것이 어느 정도 분리될 수 있음을 보여주는 것은 각각의 임의적인 이(異)문화권의 언어뿐만 아니라 하나의 문화 안에서 서로 다르게 존재하는 상징체계의 병행성이다. 각각의 상징체계는 고유한 미디어매개성을 갖고 있다. 예컨대 예술은 우리들에게 과학적 공식이나 일상적 언어표현이 매개하는 것과 다르게 세계를 매개한다. 각각의 상징적 하위문화는 자신의 고유한 해석의 가설을 만들어낸다.[2]

인간은 관습적 기호를 설정함으로써 객관적 실재Realität와 관계를 맺는다기보다는 그가 현실Wirklichkeit이라고 생각하는 것을 스스로 비로소 구성하는 것이다. 그 밖에 그 의미의 가능성이 보다 제한적인 자연적 기호의 체계도 존재한다. 이때 무엇보다도 기호는 어떤 역할을 하는가라는 질문이 불가피하게 또다시 등장한다. 기호는 커뮤니케이션 연쇄과정의 한 구성부분인가, 또는 자동조절시스템Regelkreis의 한 요소인가, 또는 고유의미Sinn를 생산하는 매개심급인가? 19세기 말 미국의 논리학자 찰스 샌더스 퍼스Charles Sanders Peirce가 새롭게 정립했던 것처럼, 기호학은 (표현과정 또는 전달 과정에서 기호의 기능에 관한 논구보다는) 기호 자체에 관한 근본적 질문을 던지고 기호의 논리를 기호이론으로 본격적으로 다룬다.[3]

기호와 기호화된 사태 사이의 매개 정도나 연관척도에 관한 근본적인 물음은 철학적으로 새로운 것은 아니다.[4] 순전한 또는 순수한 지각에 관한 생각은 순진한 생각일 것이다. 모든 지각은 복잡한 선별과정을 거친다. 이와 같이 모든 지각은 진화생물학적이고 역사적인 성격의 또는 인지적이고 문

---

2 에른스트 카시러는 신화, 예술, 과학을 관습적 상징기호의 사용에서 비롯된 문화적 현실의 세 가지 형식으로 본다. Cassirer, *Philosophie der symbolischen Formen*, Band1, 같은 책을 참조하라.
3 Klaus Oehler, "Idee und Grundriß der Peirceschen Semiotik", in: Klaus Oehler, *Sachen und Zeichen. Zur Philosophie des Pragmatismus*, Frankfurt: Klostermann 1995, 77~93쪽을 참조하라.
4 움베르트 에코의 재구성을 참조하라. Umberto Eco, *Semiotik und Philosophie der Sprache*, München: Fink 1985.

화적인 성격의 일정한 결정과정들을 거친다. 이때 커뮤니케이션 과정은 과소평가되어서는 안 될 역할을 수행한다. 아리스토텔레스의 범주론, 칸트의 선험적 접근방식 속에서 범주론의 재구성은 물론 마찬가지로 퍼스의 기호론도 이러한 커뮤니케이션 과정들을 재구성하고 이러한 과정들의 보편적 토대를 설명하려는 시도로 간주될 수 있다. 달리 말해, 이것은 의식의 대상이 의식에 주어지는지는 방식, 또한 개념이 의식에 주어지는지는 방식에 관한 것이다. 우리는 사물에 대한 개념들을 갖고 있는데, 이 개념들 없이는 사물을 구별할 수 없고 또한 사물에 대해 말할 수도 없을 것이다.

아마도 아래와 같은 생각이 앞의 내용을 명확히 하는 데 우리를 도울 것이다. 세계에 대한 지각의 상은 단순히 이 세계의 **모사**Abbild가 아니라 그 자체가 이미 하나의 **묘사**Darstellung이고, 이러한 묘사의 구성계기는 해명되어야만 하는 것이다. 사회적·문화적 관습들은 기호를 질서짓는 규약, 즉 이른바 코드를 준비한다. 이것들은 우리의 커뮤니케이션의 전제조건들이다. 우리는 기호 없이 세계를 사유할 수 없을 것이며, 기호들을 진술로 결합하는 코드 없이는 세계에 대해 소통할 수 없을 것이다. 코드는 기호를 질서짓는 규약인데, 예컨대 (단지 이것뿐인 것은 아니고) 사회적 또는 문화적 관습은 기호가 구체적으로 사용될 때 무엇을 의미하는지를 규정한다. 여기서 중요한 것은 구두언어를 인간의 근원코드로 간주해서는 안 된다는 점이다. 근원코드란 모든 의미를 파생시키고 모든 해석을 종결짓는 코드를 뜻한다. 언어 이전의 코드화방식을 가리키고 있는 지각의 원형들이 아직 충분히 기능하고 있다. 축적된 각각의 문화적 기호는 이에 속하는 코드화 규칙과 마찬가지로 사용시기와 장소에 따라, 또한 상호 문화적 그리고 내부 문화적 intrakulturell 사용 형태에 따라 가변적이다.

따라서 기호의 사용은 여러 차원에서 규정된다. 그런데 중요한 것은 기호가 절대적인 방식이 아니라 상대적인 방식으로 어떤 것을 대신한다는 주장이다. 커뮤니케이션 상황과 해석상황의 문제들을 밝히는 것이 문제라면 기호가 구체적인 경우에 어떻게 이를 행하는가 하는 것이 결정적인 질문이 된다. 왜냐하면 주지하다시피 이 사안은 그렇게 간단한 것이 아니기 때문이다. 사물에 대한 직접적인 기호가 있다거나 예컨대 윌킨스 주교가 **사실문자** Realschrift의 개발을 제안하면서 생각했었던 것처럼 보편적 의사소통이라는 목적을 위한 기호가 발견될 수 있다고 할 만큼 그리 간단한 사안이 아니다.[5] 그렇다면 기호를 사용방식에 따라 분류할 수 있다면 어떨까? 기호등급 Zeichenklassen의 일반적 도식을 고려하여 기호사용의 일관성을 연구하면 많은 커뮤니케이션 문제들이 해결될 수 있지 않을까? 말하자면 문제된 커뮤니케이션의 의미Sinn와 지시Bedeutung가 해명될 수 있도록 허락하는 판단의 틀은 어떤 것인가? 바로 이것이 퍼스의 기획이었고, 그는 커뮤니케이션의 토대와 관련하여 연구의 논리를 새롭게 정립하기를 원했다. 이것은 지시되는 것과 지시하는 것이 어떤 관계를 갖는가와 같은 단순한 질문과는 구분되어야 한다. 기호와 그 대상, 즉 지시되는 것은 퍼스가 다음과 같이 특징짓는 준거들의 결합 체계에 의해 정의된다. "나는 기호가 두 개의 대상을 갖는다는 것, 즉 표상되는 것으로서의 대상과 대상 그 자체를 갖는다는 것을 지적하면서 이제 기호를 구분할 준비가 되어 있다. 기호는 또한 세 개의 해석체 Interpretant를 갖는다. 즉 표상되는 것으로서의, 또는 이해되어야 할 것으로서의 해석체, 생산되는 것으로서의 해석체, 그리고 해석체 그 자체이다. 이제 기호는 고유한 실질적 본성에 따라, 대상과의 관계에 따라, 해석체와의 관계에 따라 구분될 것이다."[6]

---

5 John Wilkins, *Essay Toward A Real Character*(1968), Umberto Eco, *Die Grenzen der Interpretation*, München: Hanser 1992에 따라 인용한다. 『걸리버 여행기』에서 조나단 스위프트는 직접적으로 구체적인 시각적 알파벳을 만들려 하는 시도를 조롱한다. "단어들은 단지 사물에 대한 표시이기 때문에, 모든 사람들이 자신이 매번 말하려고 하는 것을 표현하기 위해 필요한 사물을 옆에 끌고 다닌다면 훨씬 더 간편해질 것이다." 명백한 단점은 거대한 자루를 끊임없이 끌고 다녀야 한다는 압박이다. Umberto Eco, *Die Suche nach der vollkommenen Sprache*, 같은 책, 14쪽에 따라 인용한다.
6 Charles S. Peirce, *Letters to Lady Welby*, 1904, in: Charles S. Peirce, *Selected Writings*, Phillip P.

퍼스의 경우 상이한 기호등급으로의 분할방식은 다소 복잡하다. 왜냐하면 퍼스에게는 기호와 지시되는 것 사이의 관계를 가능한 한 정확하게, 또한 가능한 한 모든 적절한 사례들을 통해 입증하는 것이 관건이었기 때문이다.[7] 기본적으로 항상 중요한 것은 예컨대 지각대상을 일정한 기호학적 구성물로 부각시키는 것이다. 기호의 성질은 세 가지 차원에 달려 있다.

• 기호의 특징과 기호가 지시하는 것의 특징 사이에 존재하는 고도의 일치성에서 시작한다. 이것을 퍼스는 기호의 도상성Ikonizität이라고 부른다(정신적인 또는 사실적인 상, 예컨대 사과의 모사−품질기호Qualizeichen로서의 기호).

• 이와 반대로 기호의 지표성Indexikalität에는 기호의 지시적 성격의 정도가 표현된다. 예컨대 물리적 연관관계나 인과적 연관관계와 같이 다소 분명하게 나타낼 수 있는 기호의 지시적 성격이 그것이다(연기는 불을 나타내고, '사과'라는 단어는 열매를 나타낸다−개별기호Sinzeichen로서의 기호).

• 끝으로, 기호의 상징성Symbolizität에는 대상과의 간접적인 임의적으로 확정된 관계가 표현된다(사과를 열매로서 진술하게 하는 언어적 기호의 연관관계, 즉 가설, 이론 등등−법칙기호Legizeichen로서의 기호).

2. 세계 연관의 방식으로서의 기호(기호작용Semiosis)

기호는 각각의 사용목적과 맥락에 따라 도상, 지표, 상징으로 파악될 수 있다. 다시 말해 기호와 지시되는 것 사이의 상관관계는 실천에 따라 역사적·사회적·문화적으로 가변적이라는 것이다. 여기서 강조되어야 할 것은 이와 같은 기호양상의 세분화가 기호개념의 각 차원에서, 즉 그 '상징성'

Wiener(Hg.), New York: Dover 1966, 390쪽.

7 Charles S. Peirce, *Logic as Semiotic: The Theory of Signs*(1893 etc.), in: *Philosophical Writings of Peirce*, J. Buchler(Hg.), New York: Dover 1955, 98~119쪽.

속의 기호에 대해서, 그 대상과의 관계 속의 기호에 대해서, 그리고 그 해석체와 관계 속의 기호에 대해서 반복될 수 있다는 점이다.[8] 게다가 퍼스는 칸트를 모범으로 삼아 세 개의 범주적 차원[9]을 (1차성, 2차성, 3차성) 가정했다. 인간적 현실과 관련해 볼 때 이것은 각각 현상적 차원 또는 지각의 세계, 지시적 차원 또는 어떤 것에 대한 의식의 세계, 그리고 해석의 차원 또는 추상의 세계를 뜻한다. 이것이 앞에서 언급된 복잡성을 만들어내고, 다수의 가능한 기호등급을 만들어낸다. 세 개의 3원적 세분화 속에서 조합이 이루어지면서 열 개의 주요 기호등급이 생겨나기 때문이다. 그렇지만 우리는 이에 대해 더 상술하지는 않는다. 우리들의 맥락에서 중요한 것은 여기서 표상의 본질 자체가 중심에 놓여 있다는 점이다. 이때 표상이란 일정한 규칙에 따라 성립된 관계를 뜻한다. 결국 기호와 지시되는 것이 서로 관계 맺는 방식에는 많은 가능성들이 있다.

기호관계는 세 개의 범주적 차원에 상응해 규정되지 않은 가능성, 규정된 현실성, 또는 매개된 필연성을 따르게 된다. 기호등급의 분류만을 통해서 얻는 것은 그리 많지 않다. 하지만 기호학적 접근방식의 대략적인 설명만으로도 맥락화의 가능한 폭이 나타난다. 맥락화는 표현들에 대한 포괄적인 의미 분석이 요구하는 것이다. 이로부터 통상적으로 '언어'라고 불리는 것에 관해서 확실히 보다 넓은 견해가 도출된다. 분명히 밝힐 것은 기호와 지시되는 것 사이의 이러한 상관관계는 실체와 내용과 관련 있는 것이 아니라

---

8 Klaus Oehler, *Idee und Grundliß*, 같은 책, 82쪽 이하를 참조하라. 강한 대상연관성은 대개 고도의 도상성과 낮은 자의성을 의미한다. 이로 인해 피상적인 수용에서는 자의성이 특히 '회화성'으로 서술된다. 하지만 기호의 기능은 거의 대체로 '순수하게' 주어지는 것이 아니라 혼합되어 있다. 그래서 예컨대 높은 도상성의 예술 작품 속에는 높은 자의성도 동시에 가능하다. 특히 도상성과 관련된 소박한 해석의 위험성에 관해서는 Umberto Eco, *Semiotik. Entwurf einer Theorie der Zeichen*, München: Fink 1987, 254쪽 이하를 참조하라.

9 철학적 이론 구성에서 항상 반복해 등장하는 3분법은 잘 인식되지 않는 기독교적 뿌리를 갖고 있다. 이에 관해서는 Ernest Gellner, "Trinitarisches Denken", in: Ernest Gellner, *Pflug, Schwert und Buch*, 같은 책, 18쪽 이하를 참조하라.

가변적인 인지적 활동과 관련 있다는 사실이다. 다시 말해 사실상 사유는 현상이나 상관관계와 관련이 있든지 아니면 분류와 관련이 있다. 이와 같이 사유는 (구어적) 언어의 본질보다는 오히려 표상의 본질을 따르는 것이다. 여기서 우리는 찰스 모리스Charles Morris가 퍼스에 뒤이어 제안했던 것처럼, 언어개념의 기호학적 확장을 위해 언어개념 자체를 구별해야 한다. "전적으로 기호학적 의미에서 볼 때 언어는 기호운반자의 상호주간적 집합인데, 그 사용은 구문론적·의미론적·화용론적 규칙들에 의해 확정되어 있다."[10]

세계가 상징적이라는 것, 특히 세계가 지속적으로 코드화되고 또 해독되는 과정이라는 것은 무엇을 의미하는가? 퍼스는 이 과정을 **기호작용**Semiosis이라고 불렀다. 즉 "그것은 기호·기호대상·기호해석체 같은 세 개의 주체의 협동이거나 이것을 통합하는 행동 또는 작용인데, 이러한 3중 관계적 tri-relative 작용은 어떻게 해도 쌍들 사이의 행동으로 분해되지 않는다."[11] 기호와 지시되는 것의 2원적 관계가 전부일 수 없음을 수용한다면, 기호의 3개의 극은 쉽게 이해된다. 퍼스에 따르면 하나의 기호는 **표상체**인데, 기본적으로 기호가 **다른 어떤 것을 대신하기** 때문이다. 기호는 무엇보다도 **누군가**에게 더구나 전적으로 정해진 방식으로 이를 행한다. 그렇지만 이 경우 완전히 일치하는 해석이란 결코 존재하지 않는다(어떤 두 사람도 동일한 언어로 말하지 않는다). "기호 혹은 **표상체**는 일정한 관점이나 자격에서 누군가에게 어떤 것을 대신하는 무엇이다. 기호는 누군가를 향한다. 다시 말해 그 사람의 마음에 등가의 기호, 또는 아마 좀 더 발전된 기호를 생성하는 것이다. 기호가 창조

---

10 Charles W. Morris, *Grundlagen der Zeichentheorie / Ästhetik der Zeichentheorie*(1938 / 1939), Frankfurt: Fischer 1988, 59쪽 이하. 물론 모리스는 "이성과 기호반응을, 의식과 기호준거를, 이성적인 (또는 '자유스러운') 행동과 기호의 도움 속에서 결과의 예상을 통한 행동 통제를 (……) 등치"(앞의 책, 68쪽)시킴으로써 그의 시대에 전형적인 행동주의적 환원 속에서 움직이고 있다.

11 Charles S. Peirce, "Pragmatism in Retrospect: a last Formulation"(1906), in: *Philosophical Writings*, 같은 책, 268쪽. "기호작용은 기호운반자, 기호대상, 기호해석체 사이에서 일어나며 이와 같이 3개의 기호관계를 형성한다." Klaus Oehler, "Das Zeichen als dynamischen Ereignis", in: Klaus Oehler, *Sachen und Zeichen*, 같은 책, 95쪽.

하는 그 기호를 나는 처음 기호의 해석체라 부른다. 기호는 어떤 것, 즉 그 대상을 대신한다."[12] 기호작용은 세 개의 극 사이에서 끊임없이 일어나는데, 이 세 개의 극은 상징성 자체의 상호작용(구문론적 차원)과 지시된 것에 대한 기호의 실제적인 연관(의미론적 차원) 속에서 가능한 또는 실제적인 사용(화용론적 차원)을 고려해 의미를 한정한다.

이러한 고안은 커뮤니케이션의 사용차원을 배제하지 않으면서, 커뮤니케이션의 논리적 기초를 다룬다. 또한 동시에 우리가 알게 되는 것은, 기호는 어떤 것을 대신하며 코드는 기호가 그러한 일을 하는 방식을 결정한다는 것을 확인함으로써 충분한 것은 아니라는 점이다. 오히려 기호작용이라는 개념 속에는 한편으로 커뮤니케이션을 기호의 매개로 보고 인간의 자연이해와 관계짓는 능동성과, 다른 한편으로 세계를 이루는 모든 표상관계에는 근본적인 상관성이 존재한다는 것을 인식하게 하는 능동성이 함축되어 있다. 후자는 일반적으로 타당하다. 말하자면 인간의 의식이 포함되지 않은 커뮤니케이션 과정에도 타당한 것이다. 이것은 우선 언뜻 보기에는 혼란스럽게 들릴 것이다. 왜냐하면 우리는 의식적으로 코드화된 신호가 미디어(채널)를 통해 수신자에게 발신되었을 때 보통 커뮤니케이션이라 말하기 때문이다. 그러나 기호학은 커뮤니케이션의 기호사용이라는 보다 포괄적인 개념을 제공한다. 기초적인 커뮤니케이션 과정은 그 자체가 다시 해석될 수 있고 이를 통해 기호가 될 수 있기 때문이다.

구어적으로 발화된 언어는 하나의 기호체계이며, 이러한 체계는 일정한 문화 안에서 타당성을 지닌다. 물론 이 문화는 '기호체계들의 체계'로 고찰되어야 할 것이다. 3원적인 기호의 상관관계는 다수의 기호체계들과 하위체계들 안에서의 무한한 기호의 연쇄 고리를 지배하는 통일적인 기본원리와 다름없다. 그래서 각각의 해석에 대해서 다른 대안들이 생각될 수 있는 것이

---

12 Charles S. Peirce, "Logic as Semiotic: The Theory of Signs", in: *Philosophical Writings*, 같은 책, 99쪽.

다. 예컨대 언어차원에서 의식적인 표현이 이루어졌다면, 매우 상이한 의미의 차원들이 함께 소통되었을 것이다. 이 언어가 유효한 문화적 맥락, 발화자의 메시지를 어쩌면 왜곡할 수 있는 심리적 하위 텍스트, 아마도 비언어적으로 표현되는 내재된 목표설정 등과 같은 것이 그 의미의 차원들이다. 반면에 알파벳 문자는 피상적으로 보면 확고한 기호관계를 암시하지만, 사실 알파벳 문자는 기호작용에 대한 유일한 예도 아니고 최선의 예도 아니다. 알파벳 문자는 단지 기호와 지시되는 것을 서로 관계짓는 여러 가능성 중 하나를 나타낼 뿐이다.

3. 기호과정으로서의 문화

퍼스의 기호학적 접근방식은, '세계'는 서로 섞여 흐르는 기호연관들로 구성되어 있고 이 기호연관들은 일정하게 체계적으로 조직되어 있으며 따라서 재구성될 수 있다고 말한다. 기호작용은 기호연관에서 나타나는 각각의 경우의 상대적인 미결정성을 상대적인 결정성으로 만든다. 철학적으로 표현하면, 기호작용은 잠재성에서 현실성으로의 이행을 만들어낸다. 이러한 기호이해의 폭은 매우 크다. 왜냐하면 생물학적인 성장(유전 코드의 해독)마저도 '커뮤니케이션 과정'으로 볼 수 있기 때문이다. 특히 각각의 기호과정이 이어지는 기호과정들의 출발점이 될 수 있기 때문이다. 퍼스에 따르면 반복Iteration, 기호과정의 결과의 재입력, 해석의 재해석, 코드의 재코드화, 또한 과거인식에 의한 인식의 결정 등이 그것이다. 일반적으로 말해서, '문화'를 형성하고 있는 것과 같은 것이다.

그런데 여기서 무한한 얽힘이 가능하다면, 우리는 어떻게 이를 실제로 잘 다룰 수 있을 것인가? 퍼스의 구상에서는 습관과 문화적 관습이 절대적 확실성에의 준거를 대체한다. 그렇기 때문에 퍼스는 (윌리엄 제임스William James

와 함께) 실용주의의 창립자로 간주되기도 한다. 물론 잠재적으로 무한한 기호의 연쇄고리가 존재한다. 하지만 그 해독과정은 문화적으로 익숙한 규칙들을 토대로 일어난다. 이 규칙들은 항상 명시적으로 드러나 있는 것이 아니라 일상에서 무의식적으로 반사적으로 일상에서 사용된다. 여기에 기호학의 커다란 기대전망이 등장한다. 지난 수십 년 동안 기호학을 문화과학으로서 점점 더 대중적으로 만들었던 이 기대전망은 해독과정을 분석함으로써 비밀스런 메시지와 무의식적인 문화적 유산을 폭로하는 것에서 비롯된다.[13]

20세기 철학에서 나타난 언어로의 전환Linguistic Turn주장[14]은 숙고할 가치가 있는 문화적 현상의 다양성을 적절하게 다루기에는 지나치게 협소하다고 여겨졌던 것이 사실이다. 이에 반해 **기호로의 전환**Semiotic Turn(윌러 Oehler)은 언어사용을 여러 기호과정 중 하나의 기호과정으로 이해할 수 있게 했다. 또한 이때 정신과학에서 나타나는 해석학적 방법의 우위에 대항하여 (프랑스 구조주의와 비슷하지만 덜 제한적인 형태에서) 기호규칙을 분석함으로써 '정신적' 현상들을 사회문화적 범주에 따라 해독할 수 있었다. 움베르토 에코는 이 점을 다음과 같이 표현했다. "인간은 자신이 말을 한다고 믿지만, 그는 자신이 사용하는 기호의 규칙에 의해 **말하게 되는** 것이다. 이러한 기호의 규칙을 안다는 것은 사회를 안다는 것을 뜻할 뿐만 아니라 마찬가지로 우리를 '정신'으로 구성하는 언어적 결정의 시스템을 안다는 것을 뜻한다."[15]

---

13 이러한 대중성은 기호학이 지적 유행으로서 구조주의를 해체했던 1980년대에 최고조에 달했다. 모든 문화적 코드의 최종적인 해독이라는 약속은 기호학을 일종의 비밀스런 슈퍼과학으로 간주하는 기이한 미디어의 수용을 만들어냈다. 예컨대 『뉴스위크』(제51호, 1986년 12월 22일)의 커버스토리로 쓰여진 "코드를 깨는 사람(The Code Breaker)"라는 움베르토 에코의 생각을 보라. 기호학은 이러한 요구에 어쩔 수 없이 실망을 줄 수밖에 없다. 특히 기호학은 일반적으로 대학의 학문분류에 포함되려는 시도에 머물렀기 때문이다. 이로 인해 기호학은 포스트모던 논쟁에서 하나의 역할을 할 수 있는 기회를 상실했고, 예컨대 문화적 시각화의 분석에서 시뮬레이션과 해체이론가들에게 자신의 시장점유율을 급속하게 빼앗겼다.

14 Richard Rorty(Hg.), *The Linguistic Turn. Essays in Philosophical Method*(1967), Chicago 1992.

15 Umberto Eco, *Zeichen, Einführung in einen Begriff und seine Geschichte*, Frankfurt: Suhrkamp 1977,

기호학은 실제적인 행위나 가능한 행위와의 연관 속에서 기호의 의미를 연구하고, 이로써 엄밀히 말하자면 퍼스가 말하는 **탐구자와 해석자의 무한 공동체**indefinite community of investigators and interpreters를 거쳐 이전의 또는 이후의 해석들을 의미 차원 속에 포함시킨다. 따라서 이로부터 기호학의 미결정성 원칙이 도출된다. 하나의 의미는 정확히 확정되어 있는 것이 아니라 뒤따르는 해석과정을 통해 달라지거나 또는 (명제의 경우에) 반증될 수 있기 때문이다. 각각의 대상은 사회적 사용차원에서 각각의 맥락에 의존적인 고유한 기호기능을 갖고 있다. 과학적으로 정밀한 작업의 경우에도 마찬가지이다. 우리가 '무엇에 대해 말하기'를 할 때, 우리는 의식적인 그리고 무의식적인 규정체계들을 수단으로 해서 이러한 사용차원에 영향을 준다. 이것은 특히 정신과학에서 매우 중요한 의미를 지닌다. 정신과학은 퍼스의 '커뮤니케이션 공동체의 선험성Apriori'에서 볼 때 (이 커뮤니케이션 공동체의 실용적 의미비판은 점차 인식비판을 대신하게 된다) **의사소통학**Verständigungswissenschaft으로 이해될 수 있었다.[16] 따라서 일반기호학이 당연한 귀결로서 언어철학을 대신해야 했고 기호학은 구두 언어뿐만 아니라 언급된 기호학적 차원에서 언어들을 체계적으로 비교분석했던 것이다.[17] 여기에서 퍼스와 관련해 광범위한 문제의 장이 열리는데, 문화를 커뮤니케이션 현상의 총합으로 해석하는 관점에서 특히 그러하다.

이것은 문화과학에게 반형이상학적인 그리고 반해석학적인 단초의 가능성을 열어 준다. 이 경우에 이론적 의미는 일상적인 커뮤니케이션의 실제적인 실천이나 실용적 규칙들에 의해 최종적으로 매개된다. 텍스트 논리의 통일성은 특히 실용적 차원에서의 상이한 독해방식과 또한 일정한 문맥 속에

165쪽.

16 Karl Otto Apel, *Der Denkweg von Charles S. Peirce. Eine Einführung in den amerikanischen Pragmatismus*, Frankfurt: Suhrkamp 1967, 351쪽.

17 Umberto Eco, *Semiotik und Philosophie der Sprache*, 같은 책, 21쪽.

은폐된 또는 억압된 의미들이 가시화됨으로써 깨진다. 이러한 단초가 현재 **문화연구**Cultural Studies에 다시 수용된 것이다.[18] 이와 동시에 인식과정에서는[19] 해석의 동기가 강조된다. 말하자면 우리는 대상의 존재나 사태의 존재에 대해 말할 뿐만 아니라 기호사용을 통해서 우리가 이것들을 어떻게 생각하고 있는지를 항상 동시에 함축적으로 말한다.

매개의 동기는 일상에서는 반사적인 형태의 기호사용에 의해 억압되지만 연구과정에서는 분명하게 드러난다. 학문과 연구는 해석공동체 안에서 역사적으로 우연적인 동기를 갖는 것이지 결코 절대적인 객관적인 진리와 관계하는 것은 아니다. 이는 연구과정이나 추론의 과정이 상대적이라는 뜻이 아니라 단지 그 객관적 논리(해석공동체가 정한 경계)는 대체로 무의식적으로 존재한다는 뜻이다. 이러한 관점에서 볼 때 행위규범의 구체적 윤리는 연구과정에 앞서 존재한다. 다시 말해 연구과정의 논리는 항상 도덕적인 의미를 갖는다는 것이다. 이 점에서 퍼스는 칸트를 넘어 급진적으로 사유한다. 이론적 이성은 항상 맥락 속에 있기 때문이다. 즉 이론적 이성은 실천적 차원과 연관되어 있기 때문이다. 퍼스는 자신의 연구논리에서 "장기적으로는 규범적으로 규정된 연구 과정이" 각각의 해석공동체의 "이론적으로 참인 견해에 대해서뿐만 아니라 이와 함께 참된 신념에 조응하는 행위습관들 속에 이성을 실천적으로 구체화하는 데도 본질적인 것konstitutiv이 될 것"[20]이라는

---

18 결코 통일적이지 않은 이 연구의 단초는 오히려 출발점으로서 프랑스의 기호학 전통에 의존한다. Stuart Hall et. al.(Hg.), *Culture, Media, Language*, London: Routledge 1980을 참조하라.

19 이러한 맥락에서 퍼스의 기호론적 간접증거방법과 인식의 추측모델도 지적되어야 한다. 움베르토 에코의 텍스트 모음집인 Thomas A. Sebeok(Hg.), *Der Zirkel, oder Im Zeichen der Drei, Dupin, Holmes, Peirce*, München: Fink 1985를 참조하라.

20 Karl O. Apel, *Der Denkweg*, 같은 책, 164쪽 이하. 이로부터 추론되는 것은 이론은 당연히 경험적 자료에 의해 입증될 수 있어야만 한다는 것이다. 하지만 진술의 의미가 실제적인 행동(행동주의 의미에서)에 환원되어야 한다는 것을 의미하지는 않는다. 퍼스의 실용주의의 의미는 잘못된 (그리고 빈번하게 니체의 저술을 통해 고무된) 실용주의 이해와는 반대로 그의 반사변적인 탁월함에 있다. 잘못된 실용주의 이해에 따르면, 이론은 우리 행위에 대한 규칙들을 마련해야 하고 이 규칙들은 그것들이 우리의 실제적 삶에 유용성을 주는 정도만큼

데서 출발했다.

4. 언어와 사유의 이원론 비판

퍼스의 기호학적 구상은 전통적 존재론의 중심사유를 '기호의 문제'(Oehler)
로 옮겼다. 이로써 물리적 사실성은 역동적인 구성물로 나타난다. 이와 같이
기호학은 바로 20세기의 과학사적 발전에서 볼 때 널리 인식되지는 않았지
만 미디어철학적 차원을 지니고 있다. 왜냐하면 기호학은 사유와 언어의 이
원론을 기호이론적으로 해체하기 때문이다. 우리가 기호 속에서 사유한다는
것은 사유 그 자체Ansich란 존재하지 않는다는 것을 의미한다. 아마 언어 이
전의 의식이라는 것은 존재할 것이다. 하지만 완전히 기호로부터 자유로운
의식은 존재하지 않는다. 이때 예컨대 언어는 특권적인 미디어로 등장하게
되는 것이다.

사유는 언제나 기능하는 상징들의 세계 속에서 일어난다. 각각의 기호의
사용, 특히 언어기호의 사용은 각각의 고유한 환원될 수 없는 현실을 만든
다. 하지만 이러한 언어의 배후를 탐구할 수 없다고 한다면, 기호학의 경우
이는 구두언어 중심주의적인 도그마로 간주된다.[21] 기호학적 단초의 잠재력
은 기호체계를 구두언어에 기초한 것으로만 분석하지 않고 더 나아가 기호
생산과 코드기능의 사회적 맥락을 (또는 기호작용 속에서 사회적·문화적 요인들
을) 항상 함께 생각한다는 데 있다. 기호론Semiologie은 지난 수십 년 동안 영
화이론과 미디어이론에서 나타난 특히 신구조주의적 변형들에서 다음과 같

진리성을 갖는다는 것이다.

21 이에 관해서는 로만 야콥슨(Roman Jakobson)에 뒤를 이어 언어결정론에 반대하는 Elmar
Holenstein, *Von der Hintergehbarkeit der Sprache. Kognitive Unterlagen der Sprache*, Frankfurt: Suhrkamp
1980의 논의도 참조하라.

은 독단론을 발전시켜 나갔다. 언어학에서 차용한 개념도구를 비언어적 기호체계에도 적용할 수 있다는 것이 그것이다. 그 반면에 3원적 기호개념을 통해 작업하는 기호학Semiotik은 이를 거부하는데, 언어를 사회적 재생산의 차원에서 일어나는 기호과정의 다른 여러 코드들 중 단지 하나의 코드일 뿐이라고 보기 때문이다.[22] 커뮤니케이션이 내용의 전달이나 의미의 매개보다는 기능하는 코드와 더 밀접한 관계가 있다는 것을 20세기 중반에 증명했던 것은 (이제 그 방식은 지극히 진부한 것이 되었지만) 커뮤니케이션의 기술적 및 수학적 분석들이 아마도 처음일 것이다. 수학적 커뮤니케이션 이론은 언어학에 근거를 두고 있는 모든 단초들과 효과적으로 결별했다.[23]

이는 앞에서 강조된 바와 같은 기호학적 단초의 미디어철학적인 잠재력으로 우리를 되돌아가게 한다. 컴퓨터의 사용(읽기문화와 쓰기문화의 코드를 재코드화)은 여기서 그 전제조건들을 새롭게 구조화했다. 우리가 컴퓨터 그래픽으로 생성된 시각화(視覺化)의 사례를 통해 예컨대 수리적 수학이 한계에 부딪히는 피드백과 단계이행에 관해 생각해보면, 복잡한 수학적 관계들의 그래픽상의 재현은 예컨대 색채와 모형에 따라 기능한다. 왜냐하면 질적인 체계적 특성들이 대안적인 형태의 코드화 속에서 표현되기 때문이다. 이와 같이 복잡한 연관성이 사유의 직접적인 개입으로부터 벗어날 때 새로운 직

---

22 우리는 여기서 구조분석 내지 기호론(Semiologie)과 진정한 기호학(Semiotik)을 구별한다. 기호학은 기호 의미에 대한 화용론적 차원을 강조함으로써 과학적 엄밀성을 목표로 하지 않는다. 과학적 엄밀성은 (이원적 기호개념을 가진) 보편적인 기호과학으로서의 기호론이라는 소쉬르의 기획 배후에 숨겨져 있다. 이러한 의미에서 기호학은 절대적 의미나 구속력 있는 상징문화를 인식하는 것이 아니라 실천적인 목적을 위한 기호비축량을 인식하는 것이다. 이때 개별적인 기호는 기호작용에 조건 지워져 있으며 어떠한 고정적인 관계도 알지 못한다. 기호학적 분석은 이러한 상황들에 몰두하지만 "(a) 각각의 기호체계는 구어와 유사한 '언어'를 기초로 하고 (b) 각각의 '언어'는 두 개의 확고한 구분을 갖고 있음에 틀림없다"는 믿음은 그릇된 것이라는 전제에서 이루어진다. Umberto Eco, *Semiotik*, 같은 책, 308쪽. 언어적 기호에 기초한 기호론에 관해서 Ferdinand de Saussure, *Grundfragen der allgemeinen Sprachwissenschaft*(ca. 1915), Berlin: de Gruyter 1967을 참조하라.
23 Claude E. Shannon und Warren Weaver, *The Mathematical Theory of Communication*, Urbana: Univ. of Illinois Press 1949.

관 형식들이 창조되는 것이다. "오늘날 우리는 상상할 수 없을 정도의, '생각할 수 없을 정도의' 역동적 체계들의 복잡성에 직면해서 도움을 구하고 있다. 그런데 그것은 직관으로, 형상으로 도피하는 것이다. 형상의 기초가 되는 규칙들은 아직도 우리에게 감춰져 있으며 앞으로도 이 규칙들을 글로 표현하거나 언어적으로 표현할 수 없을 것이다."[24]

형식적 구조와 그 중요성을 인식하는 것은 해석의 문제와 직접적인 연관성이 있다. 기호학적 접근방식은 구두언어 중심적인 독단론을 넘어 비판적·분석적 대안들을 발전시킬 수 있는 수단을 약속한다. 이 대안들은 문화적 현상들을 커뮤니케이션 과정으로 보고 여기에 관심을 두고 있다. 즉 사물이나 사태에 대한 언어적인 내지 유사언어적인 모사가 아니라 기호, 대상, 해석체 사이의 상대적이며 3원적인 영향관계에 주의를 기울인다. 이로써 기호과정의 복합성을 세계 속에서 파악하는 것은 언어와 사유라는 이원적 표현방법을 넘어서 있다. 앞에서 언급했던 것처럼, 이러한 기호과정에서 알파벳숫자식 코드화는 중요한 것이지만 의미설정적 행위를 생성하는 유일한 것은 결코 아니다. 언어적 매개는 실재에 관한 보편적인 매개기호 중 하나의 특수한 사례로 전락한다. 사유는 구조들 속에서 전개되는데, 이 구조들은 언어적 패러다임의 틀 내에서만 논의될 수 없는 것이다. 칸트의 '나는 생각한다'[25]는 문화인류학적으로 해체되고 의식철학은 커뮤니케이션이론적으로 극복되는 것이다. 다시 말해 무의식적인 추론과정들, 과거의 판단들, 미래의 해석들을 기호과정으로, 즉 인식을 기호과정으로 파악하는 것은 우리가 통상 '사유'라는 것의 커뮤니케이션적 미디어매개성을 중요시하는 것

---

24 Klaus Oehler, *Sachen und Zeichen*, 같은 책, 100쪽 이하.
25 "다른 한편으로 의식은 때때로 나는 생각한다 또는 사유 속의 단일성을 표시하는 데 사용된다. 그러나 이러한 단일성은 일관성 또는 일관성의 인지와 다름 아니다. 일관성이 하나의 기호인 한, 그것은 각각의 모든 기호에 속한다. 그 결과로 (기호는 기호가 하나의 기호인 것을 일차적으로 표시하기 때문에) 모든 기호는 고유한 일관성을 표시한다." Charles S. Peirce, "Some Consequences of the Four Incapacities"(1868), in: Peirce, *Philosophical Writings*, 같은 책, 249쪽.

을 뜻한다. 이러한 이유로 퍼스는 미디어철학적 성찰의 맥락에 속한다.

기호학은 기호체계의 학문으로서 각각 사용된 기호개념을 (마찬가지로 커뮤니케이션 과정 속에서 기호의 조작과 기호를 통한 조작) 해명하는 방식에서 인식의 문제를 풀 것을 주장한다. 이로써 기호학은 미디어적으로 각인된 문화란 상징적으로 매개가능한 내용들의 축적물일 뿐만 아니라(행위이론의 경우에 문화는 오로지 인간 개체들 사이의 상호작용으로 해석된다) 기호 매개적 커뮤니케이션 과정들의 집합이거나 해석체들이 의식적 또는 무의식적으로 설정된 커뮤니케이션 행위를 통해 참여하는 기호과정들의 체계이기도 하다는 것을 보여준다. 퍼스의 기호학은 사유와 언어의 사변적 연관성을 기호이론적으로 해체함으로써 커뮤니케이션이 성공한 언어유희 그 이상의 것임을 보여줄 뿐만 아니라 또한 왜 그러한지를 보여준다. 인간의 그때마다의 맥락적인 정보는 말의 의미를 증대시킬 수 있다. 그러나 인간의 관여 없이 인간을 정신적으로 풍요롭게 하는 것은 **말과 다른 외부적 상징들 속에 저장된 정보**이고 이러한 정보는 인간의 의지와 의식으로부터 독립해 있다.[26] 또한 점차 기술적 미디어와 하이브리드적 체계들에 의해 탄생한 정보화의 시대에 오로지 규범적인 커뮤니케이션 개념만을 타당한 것으로 간주하고 전체 커뮤니케이션 현상을 규범적 커뮤니케이션의 파생물로 논의하며 그 결과 '언어 상실'이 위험한 수준에 있다고 개탄하는 것은 미디어이론적으로 볼 때 소박한 태도라고 할 수 있다.

---

26 Peirce, 앞의 책, 248쪽 이하를 참조하라. "인간과 단어를 구별하는 것은 무엇인가? (……) 인간은 단어를 만들고, 단어는 인간이 단어에 의미를 부여했던 것만을 의미하며 또 오직 누군가에게만 의미가 있다. 그러나 인간은 단어나 여타의 외부적 상징들을 수단으로써만 사유할 수 있기 때문에, 이것들이 역으로 말할 수 있을 것이다. '너는 우리가 너에게 가르친 것만 생각하며, 그것도 오직 네가 어떤 단어를 너의 사유의 해석체로 의뢰하는 경우에 한에서만 그렇다.' 그래서 사실상 인간과 단어는 쌍방 간에 서로를 교육한다. 인간의 정보 증가는 상응하는 단어의 정보 증가를 포함하거나 그것에 포함된다." 이에 관해서 Karl O. Apel, *Der Denkweg*, 같은 책, 89쪽을 참조하라.

요약

인간은 언어를 가질 뿐만 아니라 그 자체가 상징적 존재이다. 구두언어 이외에 문화, 의례, 제도 등이 그의 사유와 행위에 영향을 미친다. 복합성의 축약이라는 차원에서 그리고 상호작용적 교환을 목적으로 인간은 엄격히 말해 사물과 사태를 통해서가 아니라 의미 모델 또는 기호를 통해 소통한다. 찰스 S. 퍼스가 정의했던 것처럼, 모든 것은 기호일 수 있으며 기호가 될 수 있는데, 기호는 누군가에게 어떤 관점이나 특성에서 어떤 것을 대신하기 때문이다. 일상적 커뮤니케이션에서는 반사적인 관계 틀이 생겨나고, 여기서는 타인들, 사실들, 사물들, 그리고 메시지들도 기본적으로 기호기능들이다. 즉 종결되지 않은 해석과정에 있는 것이다. 기호작용의 이러한 근본적인 미결정성은 (모든 것이 새롭게 기호가 될 수 있으며, 인간은 새로운 기호과정을 통해 자신의 현실을 변화시킨다) 계속 오직 실용적으로만 (습관적인 행위와 같은) 잠정적인 결과들을 만들어낸다.

기호와 지시되는 것 사이의 각각의 상관관계에 따라 상이한 기호등급이 존재한다. 보편적 기호 개념은 구문론적 차원, 의미론적 차원, 그리고 화용론적 차원을 고려해 분석적으로 구분될 수 있다. 이 경우에 이러한 3원성은 (예컨대 2원적 관계를 위해) 축약될 수 있는 것이 결코 아니다. 기호는 일정한 코드에 따라 연결되고 기호체계나 '언어'로 결합되는데, 이것들은 다시 하나의 체계, 즉 문화를 형성한다. 기호학은 이러한 체계의 차원에서 메시지를 해독하고, 이를 통해 저자의 의도를 토대로 텍스트를 읽는 것처럼 메시지를 읽는 것보다 더 많은 성찰의 가능성을 제공한다. 수많은 가능한 수의 언어들과 코드들은 해석의 가상적 무한성을 말해주는데, 이러한 무한성은 실제는 아니지만 실용적으로 그어진 한계를 갖는다. 이러한 커뮤니케이션 공간의 확장으로부터 (게다가 이 공간은 의식적 존재에 한정되지 않는다) 구두언어 중심적인 독단론에 대한 경고가 나온다. 이 독단론은 언어를 그것의 배후를 탐구할 수 없는 것으로 가정하고 이원적 분류의 체계들만 언어로서 인정하기 때문이다. 모든 기호체계가 인간의 구두언어와 유사한 언어를 기반으로 하는 것은 아니다.

기호학은 언어비판보다도 훨씬 급진적으로 철학적 인식비판을 해체한다. 왜냐하면 기호학은 이성의 문제를 의미비판으로 대체하기 때문이다. 이론적 의미의 매개는 커뮤니케이션공동체의 실제적 실천을 통해 일어난다. 인식과정은 의사소통하는 모든 존재가 무제한적인 실험공동체나 해석공동체로서 참여하는 무의식적인 기호과정의 장에서 소멸된다.

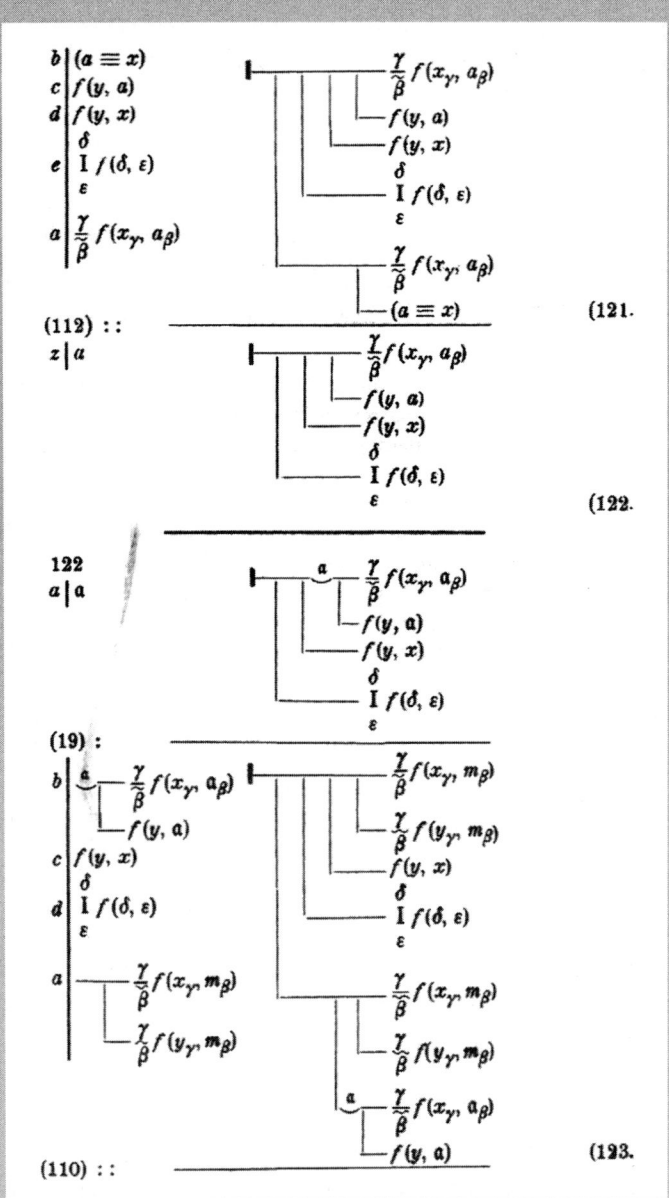

〈삽화 7〉 고틀로프 프레게의 개념표기법(1879)의 예.

7

해방된 상징법

프레게와 논리적 표현의 문제

"사유에서 기호는 바람을 거슬러서 항해하기 위해
바람을 이용하는 항해에서의 발견과 같은 것이다."

— 고틀로프 프레게(Gottlob Frege)

1. 언어의 불완전성

우리가 앞에서 보았던 것처럼, 마우트너의 경우 우리에게 세계에 대한 일정한 상을 매개하는 것은 오직 언어뿐이었다. 하지만 언어는 세계를 기술(記述)하는 데 매우 불충분한 수단이었다. 언어의 추상성Abstrakta으로부터의 해방은 하나의 요청으로서 시대의 분위기에 잘 맞았는데, 이 시대는 20세기 시작의 설렘 속에서 철학적 사유를 전적으로 자연과학의 실증적 방법에 접근시키려고 노력했던 때였다. 이러한 노력은 번거로운 다의성을 갖지 않은, 가능한 한 정확한 언어를 만드는 것을 지향하고 있었다. 과학적 진술의 영역에서 엄밀성은 추구할 가치가 있는 이상(理想)으로 통했고, 수학적 논리는 그때까지 불분명한 다수의 개별적인 증명단계의 완성을 기대하고 있었다.[1]

구어는 많은 점에서 이러한 이상에 적합하지 않는 것이었다. 현실에 대한 우리들의 진술을 좀더 명확히 하는 것이 중요한 경우에, 구어는 신뢰할 수 없는 미디어이고, 결국 부적절한 미디어이다. 우리가 말하는 세계는 세계 그 자체가 아니다. 사물에 대해 거리를 둘 수 있고 더 나아가 사물에 대한 우리의 의식은 사물 자체와 다르다는 그러한 차이에 대해 생각할 수 있는 것은 우리 이성의 성과물이다.

　언어 속에서 이러한 두 차원은 눈에 띄지 않게 겹친다. 말하자면 언어는 우리가 취하는 관점에 따라 (말하는 사람으로서) 인간의 본질을 이루거나 마찬가지로 (약속으로서) 존재를 표현할 수 있도록 돕는 미디어로서 나타난다. 어쨌든 언어는 순수성Reinheit(그 자체)과 (우리를 위한) 피상성Äußerlichkeit 사이를 매개하는 것이다. 말하자면 언어는 형식적 메커니즘으로 존재한다. 이 형식적 메커니즘은 한편으로 유일하게 의미를 부여하는 행위로 과장되거나 다른 한편으로 생활세계를 구조화하는 기능을 토대로 전통적 인식론의 틀을 넘어서는 상징형식이라고 볼 때는 망각의 행위를 나타내기도 한다.[2] 언어에 대한 **말하기**를 비롯해 말하기의 일반적인 형식을 언급한다면, 상이한 **담론**들은 언어가 실존을 만들어내는 미디어로서 실제적인 힘을 갖고 있다는 사실을 증명하는 것이다. 이와 같이 언어는 그 자체가 지배의 수단이자 동시에 비판적 성찰의 수단이다. 또한 언어는 이미 사유된 것과 앞으로 사유가 능한 것이라는 의미에서 **표현을 향한 의지**의 현현이다. 그래서 언어는 단순한 소통적 기능을 넘어 근대Moderne사회의 절대적 명령인 것이다. 오직 이러한 이유에서만 다음의 것이 설명될 것이다. 20세기가 거대한 말들의 장엄

---

1 전통적인 아리스토텔레스 논리학을 명확하게 규정된 언어사용이라는 방향에서 완성하려는 노력 이외에, 수학에서 이른바 이율배반(Antinomien)의 등장은 근대 논리학의 기초를 잡는 데 결정적인 자극을 주었다. 이에 관해서 Wolfgang Stegmüller, *Hauptströmungen der Gegenwartphilosophie, Eine kritische Einführung, Band 1*, Stuttgart: Kröner 1978, 430쪽 이하를 참조하라.

2 Ernst Cassirer, *Philosophie der symbolischen Formen*, Erster Teil: Die Sprache, 같은 책, Vorwort V쪽을 참조하라.

한 속임수에 대한 마우트너의 해방적인 웃음정도로 끝나지 않았고, 그 대신에 한편의 비트겐슈타인의 **언어유희**Sprachspiele나 다른 한편의 하이데거의 **언어로의 길**Weg zur Sprache과 같은 언어적 초월의 마술이 생겨났다는 것이 그것이다.

언어를 세계인식의 불충분한 수단으로 규정함으로써 언어의 기능을 탈신비화하는 구상은 마우트너로부터 시작되었는데, 물론 이 구상은 오늘날에 더욱 주목받는 비트겐슈타인에게서 영향력 있게 계속된다. 비트겐슈타인이 "마법에 걸린 우리의 지성Verhexung unseres Verstandes"이라 불렀던 것처럼, 언어의 혼란은 수십 년 동안 그의 철학적 성찰의 주제였다. 그러나 이 문제는 실제로는 한번도 해결되지는 않았는데, 왜냐하면 무의미한 문장들과의 전투가 형식의 문제 차원에서 너무도 지엽적으로 펼쳐졌기 때문이다. 형식의 문제는 우리들의 언어 자체의 논리를 근거로 의미 있는 진술과 무의미한 진술 사이에 경계를 지울 수 있다는 환상에서 벗어날 수 없다. 언어를 통해서는 체계 내재적으로만 논의될 수 있기 때문에, 즉 우리가 언어를 통해서는 언어를 넘어 설 수 없기 때문에, **침묵**은 이미 비트겐슈타인의 『논리철학논고』에서도 매우 핵심적인 위치에 있다.[3]

형이상학의 문제는 원칙적으로 언어의 문제라는 것을 충분하게 명백히 하지 않은 것은 철학의 스캔들이라고 비트겐슈타인은 언급했었다. 우리가 언어적 개념은 단지 경험요소들의 총합[4]일뿐이라고 전제해도 된다면, (감각

---

3 Tractatus, Satz 7: "우리가 말할 수 없는 것에 대해, 우리는 침묵해야 한다"를 참조하라. Ludwig Wittgenstein, *Tractatus logico-philosophicus / Tagebücher 1914~1916 / Philosophische Untersuchungen*, Werkausgabe Band1, Frankfurt: Suhrkamp 1984, 여기는 85쪽을 참조하라. 비트겐슈타인 스스로는 물론 침묵은 고요함이나 또는 모든 진술의 부정과 동일한 것이 아니라고 주장했다. "나는 나의 저술에서 음악이 나의 삶에서 내게 어떤 의미였는지에 대해 한마디라도 하는 것은 불가능했다고 생각한다." M. Drury, *"Gespräche mit Wittgenstein"*, in: Jachim Schulte, *Wittenstien. Einführung*, Stuttgart: Reclam 1989, 26쪽에서 인용한다. 나중에 비트겐슈타인은 수동적인 미디어 소비가 강요하는 침묵을 인정하고 다음과 같이 고백한다. "나는 이따금 멍청한 미국 영화로부터 교훈을 얻었다"(1949)고 한다. Vermischte Bemerkungen, in: Ludwig Wittgenstein, *Über Gewißheit*, Werkausgabe Band8, Frankfurt: Suhrkamp 1997, 531쪽을 참조하라.

경험을 목표로 하는) 분석적 방법은 좀 더 검증가능한 명제를 제시할 것을 촉구한다. 사실 명제 대신에 때때로 무의미한 질문이나 '마치-무엇과-같다'의 형식Als-ob-Formen을 만들어내는 일상언어에 의해 이루어지는 인간 커뮤니케이션의 분야는 학문이라고 명명될 수 있는 영역 밖에 있다. 우리는 모든 의구심을 무릅쓰고 형식언어를 생각할 수 있다. 형식언어는 이러한 문제와 무관하다. 왜냐하면 형식언어는 언어 자체에서 야기되는 모든 의미과잉을 제거했기 때문이다. 이러한 형식언어는 제한된 두 가지 진술형식만을 허용한다. 즉 논리적으로 모순이 없어야 하는 **선험적**apriorisch 진술이라는 한정형식과 경험에 비춰 검증되어야 할 **경험적**aposteriorisch 진술이라는 확장형식만을 허용한다. 이러한 의미에서 철학적 의제로 설정된 언어 비판은 사실적으로 오직 명제적 문장 속에 표현되는 사유를 논리적으로 해명하는 형식으로 기능할 수 있을 것이다.

여기서 일상언어의 찌꺼기를 제거한 순수한 인공언어에 관한 사유가 다시 등장할 수밖에 없는 것은 자명하다. 인공언어는 언어와 현실의 관계를 최종적으로 확정해야만 하는 것이다. 우리는 퍼스를 통해서 의미차원은 해석체에 의존적이라는 문제를 알게 되었고, 논리학자인 고틀로프 프레게도 표현에서의 의미Sinn와 지시체Bedeutung를 구별했다. 예컨대 금성은 하루에 처음 보게 되는 행성이자 마지막에 보게 되는 행성인데, 사람들은 동일한 대상을 왜 한번은 새벽별로 그리고는 왜 다시 저녁별로 표현하는가? "이러한 동일성은 여기에 연관된, 대답하기 결코 쉽지 않은 의문들과 함께 심사숙고할 것을 요청한다. 그것은 하나의 관계인가? 대상들 사이의 관계인가?

---

4 이미 마우트너가 매우 인상적으로 제시했던 이 정리(定理)는 에른스트 마하(Ernst Mach)로 거슬러 올라가는 데, 마하의 (1886년 출판되고 1903년에 개정된) 책『감각의 분석 및 물리적인 것과 심리적인 것의 관계(Die Analyse der Empfindungen und das Verhältnis des Physischen zum Psychischen)』에서 최초로 가상의 문제(Scheinproblemen)가 언급되었다. 그러나 이 문제는 "사실적인 것"에 연구가 집중되어 절대적인 것에 대한 철학적 구상이 단념됨으로써 사라졌다.

또는 대상들에 대한 명칭들이나 기호들 사이의 관계인가?"[5] 대상에 관한 어떠한 준거도 추구되지 않는 경우에만 확실성에 도달할 수 있는 것이라고 프레게는 말한다. 프레게는 존재론적 증명 대신에 논리적 증명을 제안한다. 언어적 오해의 비밀은 기호가 (퍼스의 기호학적 구상과 유사하게) 논리적 2원 관계가 아니라 3원 관계 속에 있다는 데서 찾을 수 있는 것이다. "기호(명칭, 단어결합, 문자기호)와 기호의 지시체로 불리는 지시되는 것 외에도, 내가 기호의 의미라고 부르고 싶은 것(그 속에는 소여(所與)의 방식이 포함되어 있다)을 추가로 연결해 생각해야 한다는 것은 이제 쉽게 이해될 것이다."[6]

표현의 의미는 그것의 지시체와 구별되는 것이다. 그렇기 때문에 우리는 그것이 동일한 대상(금성)일지라도 어떤 때는 새벽별이라 말하고 어떤 때는 저녁별이라고 말하는 것이다. 물론 그것이 상이한 맥락 속에 주어졌을 때 그렇다. 우리는 그 사이에 일출과 일몰이라는 것이 지구 자전의 결과일 뿐이라는 것을 알게 되었음에도 불구하고, 비슷한 이유에서 우리의 일상적인 언어사용에서는 일출과 일몰에 대해 말하는 것을 포기하지 않는다. 이 정도로만 해두는 것이 좋겠다. 이러한 이야기들은 과학적 논리를 위해서는 별로 좋지 않은 전제조건이기 때문이다. 과학적 논리는 표현의 의미를 해석하려고 하는 것이 아니라 그 지시체나 그 논리적 관계를 설명하려고 한다.

논리적 관점은 마우트너가 언어에 대한 미신이라고 불렀던 것과도 충돌한다. 추상적 개념들은 실체화되는 경향을 띠고 있고, 보편의 실체화(민족, 인종, 성)는 사회적 현실에 숙명적 결과를 초래할 수 있다. 사회적 현실이 언어적 개념에 의해 형성될 경우에 특히 그러한 결과를 초래할 수 있다. 무엇에 대해 말한다는 것은 그 무엇에 실존을 부여한다는 뜻이다. 그렇다면 이러한 현상은 추상적 개념들의 실존과 관련해서는 어떠한가? 이원론적

---

5 Gottlob Frege, 'Über Sinn und Bedeutung'(1892), in: Gottlob Frege, *Funktion, Begriffe, Bedeutung. Fünf logische Studien*, Günter Patzig(Hg.), Göttingen: Vandenhoeck 1994, 40쪽.

6 앞의 책, 41쪽.

화법으로 말한다면 추상적 개념들은 실제세계에서는 상응하는 것으로 존재하지 않고 다만 사회적 세계에서 상징적 재현으로서만 존재하는데, 이러한 완전한 현실구성의 결과물인 추상적 개념들의 실존과 관련해서는 어떠한가? 따라서 이성비판은 정당한 근거 속에서 분석적인 언어철학으로 나아가게 된다.[7]

2. 논리적 관계를 위한 새로운 개념표기법

언어비판적인 패러다임 전환의 긴장된 장에서 이제 근본문제는, 인식의 경험요소들이 초월적 관념에 대해 그것의 권리를 행사하는 것이 합당할 뿐만 아니라 문장들(예컨대 논리적 주장들)의 현실연관에 관한 문제가 전적으로 새롭게 제기된다는 데 있다. 환원주의적인 형태로서 현실을 경험적으로 확인할 수 있는 명백한 사실로만 제한하는, 이러한 소박한 경험개념이 무너진 때는 바로 19세기 말이라고 할 수 있다. 이미 오래 전부터 사람들은 순전히 논리적이고 선험적인 개념들로써 성립된 판단들이 존재하며 이 판단들은 경험적 현실에서 검증되지 않아도 오류가 아니라는 것을 알고 있었다. 문제는 여기서 문장의 논리적 형식이 그것의 외적 형식과 항상 일치하지는 않는다는 것이다. 즉 표현과 의미는 다소 다를 수 있다는 것이다. 말들은 매우 빈번하게 무의미한 기호결합을 초래한다. 이 문제를 고틀로프 프레게는 새로운 종류의 **개념표기법**Begriffsschrift을 통해서, 즉 논리적 관계에 대한 새로운 기호체계를 발전시킴으로써 해결할 수 있는 것으로 생각했다.[8]

---

7 "철학의 영역을 넘어서 폭넓게 관찰되는 존재론적인 신학적인 헛소리의 원리는 아닐지라도 그 가능성을 언어 자체 속에서 없애기 위해서는, 다만 사람들은 말할 수 있는 모든 것을 존재하는 것으로 간주하는 경향과 모든 것을 말할 수 있는 언어의 가능성을 서로 결합시킬 수밖에 없을 것이다." Pierre Bourdieu, 'Gegen die Magie der Worte', in: Pierre Bourdieu, *Satz und Gegensatz*, Berlin: Wagenbach 1989, 48쪽.

115

(68) :

(116.

(9) :

〈삽화 8〉 프레게의 개념표기법에서 '명확한 절차'의 예

이 새로운 표기법은 필기영역의 이차원성을 이용하고 있는 것으로 보인다. 라틴어 철자 그리고/또는 그리스어 철자를 연결하는 수직선과 수평선을 통해 동시에 기호연결이 이루어지고 있기 때문이다. 프레게는 '수평의 내용선'과 '수직의 판단선'을 구별하는데, 이때 내용선의 굴곡선과 괄호 및 공간분리가 기호연결을 더 세분화할 수 있도록 해준다. 이렇게 해서 멀리 기술적인 회로도를 연상시키는 일종의 전형(典型)이 생겨난다. 여기에는 충분한 이유가 있다. 왜냐하면 프레게는 결과보다는 관계상태를 표현하기 위해 판단의 표현에서 주어부와 술어부의 구분을 사실상 제거하기 때문이다. 프레게는 이 새로운 표기법을 설명하는 서두에서 이것을 "단순한 표상결합으로의" 판단의 변환이라고 부르는데, "저자는 이러한 결합의 진리를 인정하건 하지 않건 간에, 이 결합에 대해 표현하지 않는다"[9]는 것이다. 이 결합을 서술하는 일이 프레게가 일종의 논리적 사유의 회로도로 나타낸 개념표

---

8 Gottlob Frege, *Begriffsschrift. Eine der arithmetichen nachgebildeten Formelsprache des reinen Denkens*, Halle: Nebert 1879. 인용은 Gottlob Frege, *Begriffsschrift und andere Aufsätze*, Hildesheim: Olms 1993을 따른다. 여기서는 Gottlob Frege, 'Über den Zweck der Begriffsschrift'(1882/83), 97쪽을 참조하라.
9 Gottlob Frege, *Begriffsschrift*, 같은 책, 2쪽.

기법의 과제라는 것이다. 개념표기법은 단순히 사실확인을 위해 "말하는 이와 듣는 이의 상호작용에서만 발생하는" 인간 사이의 커뮤니케이션이라는 차원에서의 언어와 더 이상 상관이 없다. 프레게는 명백하게 언어가 아닌 **표기법**Schrift을, 즉 개념표기법을 도안한다.[10]

철학에서 자주 그렇듯이, 프레게가 내놓은 해답보다는 그가 제기한 물음이 훨씬 더 흥미를 끄는 것이다. 과학이 더욱 추상화되면서 사람들은 한편의 과학적 논증과 다른 한편의 감각인상Sinneseindruck 사이에서 점점 더 커져가는 균열을 느낀다. 이러한 균열의 느낌은 "언어의 불완전성에 그 원인이 있다"는 오해 속에서 표현된다. 매개의 미디어는 개선될 수 있는가? 사유하기 위해서는 우리는 반드시 감각적인 기호를 필요로 한다. 하지만 우리가 사유한다면, 감각적인 것의 논리에 역행할 수도 있다.

"사유에서 기호는 바람을 거슬러서 항해하기 위해 바람을 이용하는 항해에서의 발견과 같은 것이다. 그렇기 때문에 누구도 기호를 경시하지 않는다. 그것을 목적에 맞게 선택하는 데 많은 것이 달려 있다. 오랜 관습에 따라 이제 더 이상 기호를 임의로 만들 필요가 없다고 해서, 또한 사유하는 데 이제 더 이상 소리 내어 말할 필요가 없다고 해서 기호의 가치가 감소되는 것은 아니다. 어쨌든 우리는 말로써 사유하며, 말로써가 아니라면, 수학적인 또는 여타의 기호로써 사유하기 때문이다."[11]

따라서 바르게 사유하려고 할 때 말이 무조건적으로 충분한 것은 아니다. 말의 의미는 명백하지 않으며, 삶과 마찬가지로 언어는 결코 논리적이지 않다. 언어가 논리적이라고 한다면, 사유운동의 정확성은 문법적 규칙의 규범

---

10 앞의 책, 4쪽을 참조하라. "나는 주어와 술어의 조합에서 판단을 내리는 언어의 사례로 인하여 형식 언어의 최초의 고안에서 착오를 범했다. 하지만 나는 곧바로 이것이 나의 특수한 목적에 방해가 되는 것이고 단지 불필요한 세밀함에 이르게 할 뿐이라고 확신했다."

11 Gottlob Frege, "Über die wissenschaftliche Berechtigung einer Begriffsschrift"(1882), in: Gottlob Frege, *Begriffsschrift*, 같은 책, 107쪽.

을 따르는 것만으로도 이미 보증될 것이다. 유클리드 기하학으로부터 하나의 예를 들어 프레게는 다음과 같은 사실을 제시한다. 논리적 추론의 형식들과 언어사용의 형식들의 차이는 언어에서 '참을 수 없는 번잡함'을 회피할 목적으로 자주 소소한 논리적 중간단계들이 간단히 생략되는 데 있으며, 이로써 언어는 엄밀한 의미에서 논리적 관계를 표현하는 것이 아니라 단지 암시할 뿐이라는 것이 그것이다. 말은 논리적으로 올바르게 사유하는 데 충분한 것이 아니며, 말 이외에 여타의 기호들이 존재한다. 말 언어는 다양한 과제들을 수행할 수 있는 장점을 갖는 반면에, 논리적 부정확성이라는 단점을 동반한다. 그렇기 때문에 "우리는 모든 다의성이 추방된, 내용이 기호의 엄밀한 논리적 형식으로부터 빠져나가지 못할 완전한 기호를 필요로 한다"[12]는 요청이 등장한다. 개념표기법의 경우에는 논리적 추론의 개별 부분들이 정확하게 명시됨으로써 아주 작은 개별 부분들 사이의 논리적 연관관계도 분명하게 드러날 수 있어야만 한다.

논리적 추론에 요청되는 엄밀성을 위해 기호는 곧바로 사태Sache를 의미해야 하며 말 언어에서처럼 단순히 '표상적인 대리자'가 되어서는 안 된다. 수학적 형식언어는 소리의 매개 없이 사태를 표현할 수 있지만 기호 없이 표현할 수는 없다. 기호는 개념적 사유를 위해 필수불가결한 것이다. 논리적 관계를 위해 이러한 장점을 지속 발전시키는 특별한 기호를 도입하는 일보다 더 중요한 일이 (라이프니츠와 후대의 논리학의 지지자들을 따라) 프레게에게 있을까? 프레게의 기본발상은, 필기영역의 경제성을 보다 잘 활용하게 되면 보통의 표기법에서는 나타나지 않는 지시체가 가시화될 수 있다는 것이다. 이러한 발상에서는 예컨대 관련된 행의 길이에 종속적인 쌍방적인 단어위치란 분명히 무의미한 것이다. 하나의 등식은 표현을 간결하게 만들며, 게다가 필기영역 자체의 특별한 배열을 또한 고려함으로써 추가로 매우 많은 것을 표

---

12 앞의 책, 110쪽.

현한다. "산술적 형식언어는 간단한 판단의 내용을 한 줄에 담게 (해준다.) 그러한 내용들이 (여기서는 등식 또는 부등식) 차례로 이어지는 것과 마찬가지로 차례로 내려 써진다. (……) 이런 방법으로 필기 영역의 일목요연함이 배가 된다."[13] 프레게는 『개념표기법Begriffsschrift』의 서문에서 개념표기법과 '생활 언어Sprache des Lebens'의 관계를 현미경과 눈의 관계에 비교한다. 눈은 활동 적이며 매우 다양한 상황에 적응할 수 있지만, 시각적 기구로서 예컨대 과학 적 목적에는 사용할 수 없는 것이다. 과학적 목적은 더 예리한 구별을 갈망 하며, 그렇기 때문에 현미경과 같은 기구들을 발전시킨다. 생활언어는 자연 그대로 남지만, 과학적 목적을 위해 언어적 도구를 엄밀하게 만드는 것은 올 바른 것이다.

필기영역의 경제성을 개선하는 것이 개념표기법을 도입하는 유일한 동기 는 아니다. 프레게는 '주어부Subject'와 '술어부Praedicat' 같은 개념들을 '자변 수Argument'와 '함수Function'를 통해서 대체하거나 논리적 연결사Junktoren와 양화기호Quantoren의 계산을 통해서 대체하는 것과 같은 단계들을 통해서 근대논리학을 새롭게 이해한다.[14] 여기서 개념표기법은 기호언어의 내용을 비움으로써 논리적 표현의 통일성과 관련된 문제를 해결할 수 있다고 주장 한다. "나는 내가 도입하고자 하는 약간의 기호를 기존의 수학 기호와 함께 단일한 형식언어로 혼합하려고 한다. 이 경우에 기존의 기호는 구두언어의 어간과 대략 일치하는데, 반면에 내가 첨가하는 기호는 어간에 들어 있는 내용들을 논리적으로 관계짓는 어미와 외래어에 비교된다."[15]

이로써 프레게는 19세기의 구상들의 전통 속에 있지만 일정하게 이 전통 과 경쟁하는 상황에 있기도 하다. 19세기의 구상들은 산술에서 대수학으로

---

13 앞의 책, 112쪽.
14 특히 언어철학적 함의에 관해서는 Wolfgang Künne, "Gottlob Frege", in: Borsche(Hg.), 같은 책, 325쪽 이하를 참조하라.
15 Gottlob Frege, "Über den Zweck der Begriffsschrift", 같은 책, 100쪽.

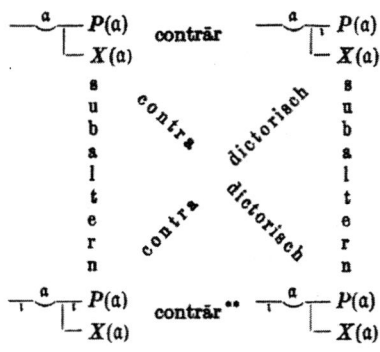

〈삽화 9〉 프레게의 개념표기법의
'논리적 대립의 도표'

넘어가고 이를 통해 숫자로부터 계산을 해방시키는 방향으로 발전해 나갔다. 한편에서는 조지 부울George Boole이[16] 상징적 논리를 수학에 등장시키게 된다. 이때 중요한 것은 논리적 과정들을 대수학적 상징을 통해 표현하는 것이다. 다른 한편에서는 상징가능한 것을 자동적으로 계산가능한 것으로 만듦으로써 보편적 논리기계와 같은 것을 창작하고 더 나아가 인공지능의 초기 형태를 발명하려는 최초의 시도가 이미 있었다. 이에 대한 하나의 사례는 찰스 배비즈Charles Babbage의 '분석엔진Analytical Engine'의 개발일 것이다.[17]

이 모든 갈래가 아직은 함께 발전해 나가지 못했다. 그렇지만 프레게는 자신의 개념표기법의 유효범위를 언급할 때 어쩐지 심적 갈등이 있다. 동일한 사유가 상이하게 표현된다면, 이로부터 잘 알려진 구두언어의 난센스가

---

16 George Boole, *An Investigation of the Laws of Thought, on Which are Founded the Mathematical Theories of Logic and Probabilities*, 1854, *http://www-groups.dcs.stand.ac.uk/ ~history/Mathematicians/Boole.html.*

17 Charles Babbage, *Passages from the life of a Philosopher*(1864), 독일어판, *Passagen aus einem Philosophenleben*, Berlin: Kadmos 1997. 이에 관해서는 Werner Künzel und Peter Bexte, *Maschinend enken / Denkmaschinen. An den Schaltstellen zweier Kulturen*, Frankfurt: Insel 1996, 특히 109쪽을 참조하라.

야기되는 것이다. 프레게는 명제적 문장의 형식과 내용을 구별하는데, 이러한 명제적 문장에서 표현이 변형되는 것을 기본적으로 금지시켜서는 안 될 것이다. 이러한 우연성이 명백한 형식 속에서 없어진다는 것은 논리의 경직이나 마비라는 결과를 초래할 것이다. 하지만 "사유를 그것의 여러 다양한 표현들 속에서 재인식하는 것"[18]이 중요한 문제라는 것이다. 주지하다시피 일상언어는 그 중복성 때문에 세밀한 논리적 구조들을 보여주기에 적합하지 않은 것으로 여겨진다. 바로 이 때문에 프레게에 의해 논리적 표현형식이 고안되었던 것이고 이 논리적 표현형식은 언어와 현실의 관계를 적어도 구문론적 차원에서 좀 더 개선해야 하는 것이다.

이와 같은 순수하게 논리적인 언어는 모든 우연성으로부터 벗어난 선험적 이상언어일 것이다. 완벽한 언어의 고안은 하나의 환상일 뿐이라고 쉽게 생각될 수 있는데, 이러한 완벽한 언어의 고안에 관한 논의에서 대체로 간과되는 것은 이것이 학문적 특수언어의 이념과 관련된 것이라는 사실이다. 이 학문적 특수언어는 일상언어를 대체하려 한다는 것을 전혀 주장하지 않는다. 프레게 이후 루트비히 비트겐슈타인은 『논리철학논고』에서 그리고 루돌프 카르납Rudolf Carnap은 『세계의 논리적 구조Der logische Aufbau der Welt』에서 이러한 자극을 곧바로 논리실증주의의 이상으로 다시 수용한다. 명제의 차원과 현실의 차원 사이의 모순을 없애기 위해 자연언어의 다의성을 추방하는 결함 없는 언어가 바로 논리실증주의의 이상이다.[19]

---

18 Gottlob Frege, "Über Begriff und Gegenstand"(1892), in: Gottlob Frege, *Funktion, Begriff, Bedeutung. Fünf logische Studien*, Göttingen: Vandenhoeck 1994, 70쪽.
19 "프레게와 러셀의 개념표기법은 물론 모든 결함을 다 배제하지는 못하고 있는 언어이다." Ludwig Wittgenstein, *Tractatus*, 3.325, 같은 책, 22쪽 이하를 참조하라.

3. 새로운 논리적 기호체계

프레게가 원했던 것은 이것이었는가? 이것은 자신의 개념표기법에 대한 강연에서 더 명확해졌다. 왜냐하면 논리학영역에서 부울의 선행된 성과물들을 경시했다는 비판에 대해서 프레게가 자신의 의도를 다음과 같이 분명히 했기 때문이다. "나는 추상적 논리를 공식으로 나타내려고 했던 것이 아니라 기호의 표기법을 통해 말로 표현가능한 것보다 더 정확하고 일목요연하게 내용을 표현하고자 했다"[20]고 한다. 프레게는 미디어적인 표현차원을 강조하고 이를 위해 구두언어를 뛰어넘는 개혁안을 제시한 것이다. 이러한 표현의 물리적 차원은 대개 과소평가되거나 단순하게 무시된다. 특히 표현에서의 엄밀성 자체를 중요시할 경우에 특히 그러하다. 명료한 표현은 명료한 사유를 보증한다는 것이고 그 역도 마찬가지라는 것이다. 프레게는 숙고를 요구한다. 부울은 하나의 상징적 표현차원을 제안했는데, 이것은 존재론적 차원에서의 비존재non ens와 존재ens(또는 회로의 차원에서의 '0'과 '1')라는 라이프니츠식의 구분을 계승해 논리적 판단을 일반명제의 세밀한 분석의 차원으로 이동시켰다. 그런데 여기서 새로운 **표기방식**이 중요한 문제로 등장할 경우에 프레게는 개념표기법의 장점을 부각시켰던 것이다. 프레게에 따르면 개념표기법은 "논리적 형식의 간단한 서술"로서 부울의 상징 고리보다 필기면의 경제성을 훨씬 잘 이용한다는 것이고, 이 부울의 상징 고리는 어떠한 연관성도 인식하지 못하게 하고 또한 "종종 너무나 기다란 하나의 행"을 만들어낸다는 것이다.[21] 말하자면 프레게는 모든 산술적 전개에서 흔히 행해지는 것, 즉 등식이 병렬적으로 존재하는 것이 아니라 일목요연하게 위에서 아래로 전개되는 것을 극단화한다. 프레게는 비판에 대해 방어하

---

20 Gottlob Frege, "Über den Zweck der Begriffsschrift", 같은 책, 97쪽.
21 앞의 책, 104쪽 이하.

기 위해 "일본식의 수직적 표기법의 관습을 신봉한다"고 언급하기도 했다. 부울의 논리는 한때는 어떠한 의식 있는 연구자의 도움도 받지 못했고, 이 논리는 0과 1로 구성된 지나치게 긴 부호행렬의 작업을 아무 문제없이 처리하는 기계에 나중에 응용되었는데, 프레게가 어떻게 이러한 것을 그 당시에 알 수 있었겠는가?[22]

프레게의 논리적 표기법의 혁신은 철학에서 표현과 관련해 장기간 큰 영향을 미쳤다. 철학에서 일상언어는 장애물이다. 적어도 논리실증주의는 그렇게 본다. 즉 우리의 사유의 표현이 더 추상화되고 세분화되면 될수록, 자연언어의 사용은 더욱 더 문제가 된다. 그러나 대개는 말의 다의성을 극복하려는 소망을 보였을 뿐이다. 이미 라이프니츠는 언어를 **재코드화**함으로써 모호함에서 벗어난 철학적 언어를 만들려고 했다. 지식의 자료도 마찬가지로 일련번호가 매겨질 수 있는 요소들이나 기본관념들로 구성될 수 있다는 것이다.[23] 또한 재코드화란 항상 다른 표기법을 사용하는 것을 뜻한다. 이제 프레게는 형식적으로 상이한 논리적 관계를 형식적으로 동일한 표현 수단을 통해 서술하는 것을 피하려고 한다. 그래서 그는 인쇄업계의 표현수단에서 나타나는 낡은 관습의 한계성을 극복하려고 한다. 표현차원에서의 형식적 동일성은 상이한 사물에 대해 동일한 단어를 쓰는 언어뿐만 아니라 마찬가지로 표기법의, 더 정확히 말해 인쇄술의 덕택이기도 하다. 그렇기 때문에 프레게는 인쇄기술 차원의 요구사항을 부정하면서도 필기면의 경제성을 최적화하는 것으로서 바로 자신의 **개념표기법**을 고안한다. 달리 말하면, 그의 개념표기법은 기계적으로 작동하는 코드화기술 / 해독기술에 대한

---

22 배비지의 '분석엔진'에 관한 '사이버공간의 첫 여성'인 아다 러브레이스Ada Lovelace의 주석이 이미 제시되었음에도 불구하고, 물론 부울에 의거하지 않고 있다. Lady Ada Lovelace, *Scientific Memoirs*, London 1843을 참조하라. Werner Künzel und Peter Bexte, *Maschinendenken/Denkmaschinen*, 같은 책, 114~122에 따라 인용한다.

23 G. W. Leibniz, Lingua Generalis(1678), Umberto Eco, *Auf der Suche nach der idealen Sprache*, 같은 책, 276쪽에 따라 인용한다.

비판인 것이다. "나는 이러한 **표기방식**에서 나의 개념표기법의 가장 중요한 요소들 중 하나를 보는데, 이와 같이 나의 개념표기법은 **논리적 형식의 간단한 서술로서도 마찬가지로** 부울의 표기방식보다 중요한 우위를 차지하고 있다."[24]

이와 같이, 제안된 새로운 논리적 기호체계는 완전히 명확하게 드러나지는 않은 상태이지만 문화기술과의 연관성을, 다시 말해 활판 인쇄코드와 사유 사이의 연관성을 가리킨다. 언어와 현실의 관계뿐만 것이 아니라 코드화와 표현의 관계도 또한 중요한 문제이다. 새로운 논리적 사유는 전통적인 형식적 표현수단들을 이제 더 이상 잘 다루려 하지 않고 이것들을 바꾸려 하는데, 이러한 새로운 논리적 사유가 강조하는 것은 이미 구텐베르크 은하계Gutenberg-Galaxis로부터의 탈출을 의미한다. 구텐베르크 은하계의 규칙성은 책인쇄라는 전통적인 형식 속에서 재현되는데, 이 형식에 대해 프레게는 자신의 사안과 관련해서 아주 공공연하게 충돌했다. 물론 구텐베르크 은하계의 규칙성은 미지의 새로운 기호를 강력하게 거부한다. 프레게는 활자의 질서와 관련된 실용적 난관에 직면해야 했고, 또한 자신의 개념표기법에 대한 학문적 공론장의 냉담한 수용을 개탄해야 했다. 수학자들은 개념표기법이 의심스러운 형이상학적 개념들을 포함하고 있다고 보았고, 철학자들은 이 개념표기법을 거의 읽지 않았던 것이다. 철학자들은 낯설게 기능하는 공식들을 갖고서 아무 것도 할 수 없었기 때문이었을 것이다.

개념표기법의 선언된 의도는 방법을 개선함으로써, 다시 말해 표현에서의 엄밀성을 높임으로써 학문을 촉진한다는 데 있다. 프레게의 표기법이 보여준 새로운 진리들에서 가장 중요한 것은 바로 그 분석적 태도일 것이다. 프레게는 분석적 태도가 장점을 갖고 있다고 보았다. 라이프니츠적인 열정이 부활한 것이다. 라이프니츠의 '보편기호법allgemeine Charakteristik'은 너무

---

24 Gottlob Frege, "Über den Zweck der Begriffsschrift", 같은 책, 105쪽.

나 광범위하게 구상된 작업일 수도 있지만 그럼에도 불구하고 그것이 단계적으로 실현되었더라면, "사태를 정확히 기술하는 표기방식으로부터 인류의 정신적인 힘은 무한하게 증가했을"[25] 것이다. 근대산술, 기하학, 화학은 이미 개별적 영역에서 라이프니츠의 사유를 현실화하고 있고 이는 검증가능하다. 개념표기법은 이러한 혁신의 중심에 서서 기존의 형식언어들의 결함을 보충하려 한다. 물론 개선된 방법은 단연 문화적으로 이중의 함의를 가진다. 왜냐하면 이 방법은 결코 형식과학에서 멈추지 않기 때문이다. "언어의 사용에서 개념들의 관계로부터 종종 거의 불가피하게 생겨나는 미혹들을 폭로함으로써, 언어적 표현수단의 특성에만 사로잡힌 사람으로부터 사유를 해방시킴으로써 인간정신에 대한 말의 지배를 파괴하는 것이 철학의 과제라고 한다면, 나의 개념표기법은 이러한 목적을 위해 계속 형성될 것이고, 철학자들에게 유용한 도구가 될 수 있을 것이다."[26]

4. 형식언어의 의심스러운 순수성

논리적 형식언어에서 상징을 사용하는 것은 다소 미학적인 특성을 갖는 것인데, 이것은 프레게에 의해 의식적으로 선형성으로부터의 탈출로 지각되었다. 순수한 사유의 형식언어는 언어 / 표기기능이라는 **미디어매개성**Medialität 자체를 목표로 한다. 모호한 형이상학적 문제를 피하기 위해서는 두 가지 기본전제가 요구되었다. 첫 번째 기본전제는 '순수' 사유는 비로소 언어에 의해서 '오염'된다는 것이다. '다른' 언어, 즉 형식언어는 자연언어를 대체하지 못한다. 그렇기 때문에 자연언어는 형식언어를 메타언어로 항상 함께 사용해야

---

25 Gottlob Frege, "Vorwort zur Begriffsschrift"(1878), in: Gottlob Frege, *Begriffsschrift*, 같은 책, XI쪽.
26 앞의 책, XII쪽 이하.

만 하는 문제를 안고 있다. 여기서 이미 함축하고 있는 것은, 치료적 의도에서 언어를 개선하는 일이 곧 근원언어로의 회귀를 의미할 수는 없다는 체념이다. 두 번째 기본전제는 정신은 보편문법에 근거를 두고 있고 이때 기존언어의 차원은 피상적인 현상을 나타낸다는 것이다. 이로 인해 순환이 생겨난다. 이성의 밝은 빛 속에 있는, 모든 언어의 보편적 법칙들이나 보편적 요소들은 이것들을 은폐하는 언어의 잔꾀에 의해 나타나게 된다는 것이 그 순환이다. 따라서 각각의 모든 언어에 예외 없이 적용될 수 있으며 말 언어라는 모델과 연관짓지 않고는 달리 생각하기 어려운 메타언어가 필요한 것이다.[27]

이 문제는 계속 전개되고 있다. 이 문제는 특히 언어논리의 핵심에 접근함으로써 철학의 (모든!) 문제를 해결하려는 비트겐슈타인의 시도 속에서 계속된다. 사유에 경계를 설정하는 일은 오직 **언어를 통해서만** 동시에 오직 **언어 속에서만** 가능한 것이다. 다시 말해 그것은 우리가 엄밀하게 "사유의 표현"과 관계할 때 가능한 것이다. 왜냐하면 우리는 이러한 사유경계의 피안을 생각할 수 없기 때문이다.[28] 프레게가 구두언어의 취약성과 가변성을 방해적 요인으로 여겼던 바와 같이, 비트겐슈타인도 구두언어의 취약성과 가변성을 이미 표명된 엄격성 속에서 거부한다. 이 엄격한 철학교사는 『논리철학논고』와 함께 등장하는데, 엄밀하게 숫자로 구성된 그의 문장결합은 역사적인 거리를 두고 현재에서 볼 때 스스로에 대한 조소처럼 읽힌다. 물론 한정된 진술가능성을 수단으로 삼아 진술 불가능한 것의 핵심에 접근하려는 고양된 노력이 진지하게 받아들여야 함에도 불구하고 그러하다. 논리적 엄밀성은 여기서 하나의 맹세 그 이상으로 보이지만, 하나의 목표로 일관되게 이 맹세를 지키기에는 설득력이 충분하지 않다. 말하자면 명확성의 추구가 목적 그 자

---

27 Umberto Eco, *Die Suche nach der vollkommenen Sprache*, 같은 책, 319쪽 이하.
28 Ludwig Wittgenstein, *Tractatus, Werkausgabe Band1*, 같은 책, 서문 9쪽. 비트겐슈타인에 미친 프레게의 문체적 영향에 관해서는 'Zettel Nr.712', in: Ludwig Wittgenstein, *Über Gewißheit, Werkausgabe Band8*, Frankfurt: Suhrkamp 1997, 442쪽을 참조하라.

체가 된 것이다.[29] 모사에서의 그림과 피사체처럼, 문장과 현실이 하나로 묶이는 물리적 기초언어에 대한 생각은 잘 알려져 있듯이 나중에 일상언어를 위해 포기된다.[30] 이제 계산Kalkül을 추구하는 노력은 유희Spiel에 대한 논의로 바뀐다. 딱딱한 논리적 사유는 유연하고 실험적인 사유로 변하고, 이것은 현실에서 사용되는 언어기능을 더 정확하게 이해하려고 하기 때문이다. 여기서 많은 사람들(예컨대 질 들뢰즈Gilles Deleuze)이 철학의 파산선언을 보고 있는데, 이것은 전혀 부당한 것이 아니다. 그리고 비트겐슈타인 자신은 다음과 같이 말한다. "이렇게 우리는 철학함에서 불명료한 소리만 내뱉길 원하는 최후에 도달했다."[31] 물론 이러한 표현도 마찬가지로 언어유희로, 또는 언어유희의 일부분으로 기술되도록 허용될 것이다. 하지만 이로써 문제가 해결되는 것은 아니다. 라이프니츠에서부터 프레게에 이르기까지 꿈꾸었던, "사태를 정확히 기술하는 표기방식으로부터"(프레게) 인식능력의 향상을 완수하려는 노력은 은밀한 이상(理想)의 표상에 빠진다. 이 이상은 복합성의 지속적인 상승과 추상성 정도의 상승을 사유의 진보라고 생각하지만 현실이 실제로 어떤 상태에 있는지에 대해서는 생각하지 않는다. 즉, 기존의 표음문자나 숫자체계의 도입처럼 새로운 미디어조직을 요구하는 현재의 사회문화적인 세분화과정에 대해서는 생각하지 않는다.

더욱 복잡하게 되고 이로써 더욱 추상적인 표현수단을 요구하는 것이 철학적 상황은 아니다. 공식적으로 사용되는 수단들(이 경우 주도미디어인 책이라는 수단)이 언제부터인가 그것들에 부과된 사회적·문화적·과학적 요청을 수행하는 데 충분하지 않다. 따라서 이 수단들의 합리화를 추진해야 할 시

---

29 이것이 '전체' 비트겐슈타인에게 해당된다는 것을 Matthias Kroß, *Klarheit als Selbstzweck*, Berlin: Akademie Verlag 1993이 보여준다.

30 *Tractatus, Satz 4.12*, 33쪽을 참조하라. 이상언어의 구성과 이상언어가 일상언어보다 더 완벽할 것이라는 환상에 관해서는 Ludwig Wittgenstein, *Philosophische Untersuchungen Nr.81, Werkausgabe Band1*, 같은 책, 286쪽을 참조하라.

31 Ludwig Wittgenstein, *Philosophische Untersuchungen Nr.261*, 같은 책, 363쪽.

점이 온 것이다.

요약

사유에 적합한 표현의 차원을 찾으려는 많은 역사적인 시도 이후에, 논리학자 고틀로프 프레게는 표기법 자체의 미디어매개성에 대해 숙고하기 시작했다. 우리는 기호 없이는 개념적으로 사유할 수 없을 것이다. 동시에 우리는 우리의 언어가 논리적으로 완벽한 것이 아니라 단지 많은 것을 암시할 뿐이라는 것도 알게 되었다. 프레게가 생각했던 것처럼, 정밀한 표현은 학문의 진보에 기여할 것이다. 예컨대 화학공식에 비유될 수 있는 새로운 표현형식이 마련되어야만 했다. 즉 내용을 확실하게 확정하는 엄격한 기호의 사용법이 마련되어야만 했다. 표현 차원에서 자신의 사유 속에 있는 오류뿐만 아니라 타인들에게 생기는 오해를 피할 수단이 없기 때문이다. 사유형식의 새로운 명료성은 수학을 훨씬 넘어서고 어디에서나 반복되는 논리적 관계를 적절하게 표시할 수 있도록 돕는다. 그 반면에 일상언어는 이에 부적합한 것이다. 그렇기 때문에 프레게는 개념표기법을 개발했다. 이 개념표기법은 필기면을 두 배로 확장해 활용하면서 표현의 지시체를 추상적으로 규명하는 것은 물론 그 지시체를 물리적인 표현의 차원에 국한함으로써 규명하기도 한다. 이로써 이 논리학자는 기호를 활판인쇄의 방식으로 배열하는 선형적 추상화에 반대한다.

개념표기법의 동기는 과학적 표현의 합리화라는 차원에서 전적으로 과학적 표현의 도구주의적인 개선에 있다. 형식논리란 의사소통적인 것이 아니라 어떤 기능을 갖는 것이고, 이 기능은 개선될 수 있는 것이다. 이로써 개념표기법은 과학적 담론을 방해하는 인쇄문화의 기술적 수단에 대해서 부분적으로 무의식적 항의를 하는 것이다. 프레게의 새로운 단초는 논리적 사유능력을 형식화하는 데 중요한 발걸음이 되는데, 그의 개념표기법의 구성이 기계의 회로도를 상기시키는 것은 그럴 만한 이유가 있다. 논리적 표현의 언어는 명백하게 판단으로부터 해방되는데, 이것은 판단형성에 앞서 기호결합 자체를 합리화하기 위해서이다. 이 새로운 표기법은 결코 커뮤니케이션의 목적이 아니라 단지 기능적 목적만을 성취한다. 프레게는 이로써 두 가지를 달성한다. 첫째, 그는 암시적이지만 정신적 절차를 합리화될 수 있는 것으로 생각함으로써 기계적 커뮤니케이션을 향한 첫 걸음을 내딛는다. 둘째, 기존의 활판인쇄적인 수단이 과학적 표현의 목적과 관련해서 철저하게 문제시됨으로써 개념표기법을 통해 이미 '구텐베르크 은하계'(맥루한)의 종말이 시작된 것이다.

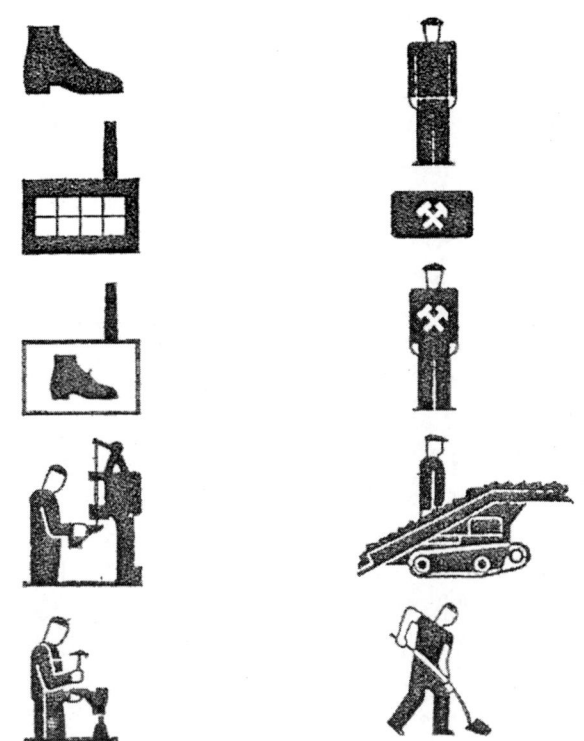

〈삽화 10〉 Gerd Anrtz, Otto Neurath, ISOTYPE 표지그림(1936)

8 말하는 기호

오토 노이라트의 국제적 그림언어

1. 설명 대신에 기술(記述)

대학의 학술영역에서 다시 생기를 얻고 있던 '반경험론적인' 독일의 관념론 철학에 대항하는 운동 속에서, 20세기로의 전환기의 수십 년 동안은 경험주의적 경향이 발전해 나갔다.[1] 이 경향은 철학이 과학으로 존재해야 한다는 전적으로 새로운 요구를 제기했다. 말하자면 철학이 기술과 자연과학의 발전된 수준에 자신을 정향시켜야 한다는 것이다. 그러나 이러한 정밀과학의 이상(理想)은 곧바로 자기 자신과 싸워야 했다. 왜냐하면 예컨대 수학

---

1 그 당시까지의 대학 내의 철학발전에 관해서는 Herbert Schnädelbach, *Philosophie in Deutschland 1981~1933*, Frankfurt: Suhrkamp 1983의 개괄적인 서술을 참조하라.

의 기초연구에서 몇몇의 중대한 모순들이 논의될 수밖에 없었기 때문이다. 이 모순들은 절대적 과학성이라는 요청에 부합하기는커녕 오히려 그 반대로 과학의 일원론적 일의성(一義性)을 해체하는 경향을 나타냈던 것이다.

이때부터 정밀성의 이상이나 가능한 확실성의 문제는 점차 어려운 방향으로 선회하게 되었고, 우리가 도대체 무엇에 관해 의미 있게 말할 수 있는지에 대해 묻게 되었다. 이 문제는 순수 논리적·수학적 차원으로 이동되어 구문론적 차원의 문제들로 바뀌었는데, 이것은 상징적 논리를 더욱 발전시키려는 의도 속에서, 즉 프레게가 닦은 길을 계속 좇으려는 지속적인 의도 속에서 전개된 것이다.[2] 그렇지만 여기에서 세계에 대한 과학적 설명Erklärung과 확장된 이해Verstehen를 향한 소망 사이의 균열도 깊어졌다. 이에 반해 비트겐슈타인은 다른 길을 제시한다. "모든 설명은 사라지고, 오로지 기술(記述)Beschreibung이 그 자리를 대신해야 한다."[3]

달리 말해 언어와 세계의 연관에 관한 물음은 새로운 '사실경험'의 관점에서 볼 때도 여전히 문제가 있는데, 이 물음은 기술에 관한 철학적 이론의 차원으로 옮겨지고 이 이론을 통해 논리적 표현형식 자체가 전면에 부각된다. 언어와 세계의 연관에 관한 물음은 우리가 세계인식의 과정에서 어떻게 확실성에 도달할 수 있는지에 관한 문제이지만 세계에 대한 우리의 진술들 중 어떤 것이 실증적으로 의미 있는지 그리고 어떤 것이 그렇지 않은지에 관한 문제로 언어 분석적인 차원에서 재해석된 것이다.

이제부터 철학의 목표는 매개되거나 소통되는 모든 주어진 사유를 논리적으로 명백하게 하는 데 있다. 20세기의 분석철학은 이러한 동기에서 탄생

---

2 Alfred N. Whitehead und Bertrand Russell, *Principia Mathematica*, Cambridge, 1910~1913.
3 Ludwig Wittgenstein, *Philosophische Untersuchungen Nr.109, Werkausgabe Band1*, 같은 책, 298쪽. Tractatus, Satz 6. 52은 다음과 같이 체념적으로 쓰고 있다. "모든 가능한 학문적인 물음들이 답변되었다고 해도 우리의 삶의 문제들은 전혀 논의되지 않았다고 우리는 느낀다"(앞의 책, 85쪽).

했고, 종합명제들의 체계적 확장을 수단으로 해 새로운 진리를 개진하려고 노력하는, 형이상학적으로 지향된 전통적인 철학의 동기에 전적으로 반대했다. 인식의 문제는 여기서 해결되는 것이 아니라 그것의 중요한 계기들로 환원된다. 다시 말해 인식의 문제는 실증주의의 반(反)형이상학적 세계상에 부합해 과학적 논증 속에서 해결한다는 것이다. 자연과학의 토대들은 여러 논의 차원(러셀의 유형론, 아인슈타인의 상대성이론, 보어의 양자역학)에서 위기에 처했고, 이 위기 속에서 혁신된 철학은 논리적 분석이라는 방법을 통해 분과학문들의 협동에서 새로운 역할을 수행하겠다고 자청했다. 경험적 사실의 검증은 과학에게 맡기는 대신에, 철학은 이를 통해 제기되는 주장들에 대한 논리적 분석을 맡아야 한다는 것이다. 이 경우 철학은 부담스런 이중의 역할을 수행해야 한다. 왜냐하면 철학은 먼저 자기 자신을 치료하고 동시에 여타의 다른 과학의 분과학문들에게 논리적 정향을 제공해야 하기 때문이다. 마우트너의 기본이념을 계속 추구하고, '형이상학적 사이비개념들'을 제거하는 표현차원의 정화를 통해 정신적인 혁신을 시작하려고 하는 사이에, 철학은 **과학의 논리**Wissenschatslogik(루돌프 카르납)가 된다.[4]

삶의 모든 영역에서 체감될 만큼 침투되어 있는 과학성은 여기서 결함 있는 합리화로 체험되는 것이 아니라 경제영역과 사회영역이 합리적 원칙에 따라 형성되는 보다 나은 세계를 향한 근대적 출발로 체험된다. 수백 년 된 형이상학적·신학적 잔해들 자체로부터 해방된 일차원적 과학성을 향한 전진적 탈주가 **비엔나 학파**Wiener Kreis의 강령적인 창립 문서 속에서, 즉 루돌프 카르납, 한스 한Hans Hahn, 오토 노이라트Otto Neurath의 공동출판물 속에서 매우 분명하게 나타난다.

"과학적 세계관은 고유한 주장들을 통해서보다는 오히려 원칙적 입장·관점·연구방향 등을 통해 그 특성을 나타낸다. **통일과학**Einheitswissenschaft

---

4 Rudolf Carnap, *Überwindung der Metaphysik durch die logische Analyse der Sprache*, 1931.

이 목표로서 머리에 떠오른다. 상이한 과학영역들의 개별연구자의 연구 실적을 서로 연결하고 조화시키려고 노력할 것이다. 이러한 목표설정으로 인해 **집단적 작업**이 강조될 것이다. 또한 이로부터 상호주관적으로 파악하는 것이 강조될 것이다. 여기에서 중립적인 형식체계에 대한 추구가 생겨난다. 즉 역사적인 언어의 찌꺼기에서 해방된 상징방법을 구하려는 것이 그것이다. 또한 이로부터 개념의 전체 체계에 대한 추구도 생겨난다. 정확성과 명확성이 추구되며, 어두운 먼 것이나 바닥없이 깊은 것은 거부된다. 과학에서는 어떠한 '심연'도 없다. 어디나 표면이다. 다시 말해 체험된 모든 것은 복잡한, 항상 조망될 수는 없는, 빈번히 개별적으로만 파악될 수 있는 하나의 네트워크를 이룬다."[5]

프로이트의 심리분석을 통해 잠재의식이 발견되는 시기에 공교롭게도 여기서는 어디서나 단지 표면만을 보려고 한다. 이 요구가 과학성의 방어적 자기평가로 분류될 수 있음에도 불구하고, 이러한 근대적 계몽성의 선언의 맥락에서는 미디어철학을 위해 매우 중요한 두 가지 진술이 제시되었다. 첫째, 형이상학은 그것의 표현의 차원 때문에 공격받는다. 공격받는 것은 전통철학의 태도인데, 이에 따르면 정신은 "스스로를 통해, 어떠한 경험적 자료를 사용하지 않고서도 인식에" 이를 수 있거나 순수한 종합판단을 통해 새로운 내용에 이를 수 있다고 한다. 아주 명확하게, 비판은 모든 미디어매개성으로부터 해방된 순수정신에 가해지는 것이고 또한 탈맥락화된 사유에 가해지는 것이다. 두 번째 진술은 말하기와 사유하기에 대한 전통적인 혼동과 관련된 것인데, 우리는 앞장들의 이러한 논의에서 이미 몇 가지를 경험했다. 중요하게 여겨지지 않았던, 일상언어가 인지능력의 영역에 영향을 미

---

5 *Wissenschaftliche Weltauffassung*, Wien 1929. 이것은 새로 창립된 에른스트 마하 협회(Verein Ernst Mach)의 위탁으로 프라하의 '제1차 정밀과학 인식론 학회'에 앞서 저술된 입장표명이다. Otto Neurath, *Wissenschatliche Weltauffassung, Sozialismus und Logischer Empirismus*, Rainer Hegselmann(Hg.), Frankfurt: Suhrkamp 1979, 81~101쪽, 여기서는 86쪽 인용을 인용한다.

친다는 사실은 사유의 논리적 능력 자체에 대해 체계적인 불명확성을 초래했다. 이로부터 물리적 기초언어를 위한 (당시에 비트겐슈타인의해서도 높이 평가된) 판단이 생겨나게 되고, 이 기초언어는 과학적 목적에 부적합한 일상언어에 의해 호도되어 발생된 문제들을 제거해야 하는 것이다. 그래야만 비로소 명확하게 분석적으로 작업할 수 있고, 또 그래야만 비로소 과학적 분석의 결과들이 상호주관적인 맥락에서 마찰 없이 소통될 수 있다. 라이프니츠이래로 추구된 논리의 혁신은 경제적·사회적인 관계를 새롭게 형성하려는 실용적 차원과 함께 급진적으로 사유되었다.[6] 논리적 분석이란 고유한 철학적 진술을 제기하는 것이 아니라 그 반대로 경험과학에서 획득된 진술을 분석적 방법에 따라 명확히 하는 것을 뜻한다. 이를 위해서 논리적 분석은 정화된 매개성을 사용하는 것이 최선이다. 즉 논리적 분석은 이미 프레게의 중심적인 의도였던 그것, 다시 말해 자체적인 의미 생성으로 인한 부담이 없는 해방된 상징법을 사용하는 것이 최선이다.

2. 시각적 방법의 도입

20세기 초에 과학은 중대한 문제를 갖고 있었다. 표현의 차원이 대상의 재현도 아니고 형이상학도 아니라면, 그것을 어떻게 다루어야 할 것인가? 새로운 논리적 방법과의 연관 속에서 볼 때, 또한 새로운 미디어의 복제기술을 고려할 때 새로운 인식들은 어떻게 적합하게 표현될 수 있을까? 학술적인 분야로서 철학은 새로운 저장미디어와 전달미디어에 의한 문화기술의

---

6 삶을 위한 철학의 새로운 유의미성에 대한 요청은 그 당시 전혀 독창적인 것은 아니었다. 이 요청은 반지성주의적인 특징을 뚜렷하게 나타내며 이와 같이 반동적인 이론구성의 측면에서도 발견된다. 이에 관해서는 Frank Hartmann, *Denker Denken Geschichte. Erkundungen zu Philosophie und Nationalsozialismus*, Wien: Passagen 1994를 참조하라.

혁명으로부터 일단 영향을 받지 않은 채로 있었다. 이에 반해 응용그래픽과 광고에서는 현대예술(큐비즘, 바우하우스, 러시아 구성주의)에서와 마찬가지로 현대의 미디어기술에 대한 반응을 볼 수 있다. 이 미디어기술은 시각적 방법의 사용을 가능하게 하는데, 마침내 이 방법은 학문에도 진입한다. 오토 노이라트는 1931년에 벌써 이 과정들을 회고하면서 자신의 논문 「비엔나 방법에 따른 그림통계학Bildstatistik nach Wiener Methode」에서 다음과 같이 쓴다.

"과학은 가장 현대적인 형식에서 사건들을 무엇보다도 시각적으로 확인하려고 한다. 천문학적 사실들을 사진 찍고, 행성의 궤도들과 분광, 그리고 수정격자(水晶格子)를 간접적으로 사진으로 확인하고, 개미의 행태나 일정하게 반응하는 아이들의 행동을 우리에게 사진으로 보여주고, 심지어 녹음하는 것도 우리에게 시각적으로 보여준다. 정적인 사진으로 불충분한 곳에서는 영화촬영이 추가된다. **시각적 프로토콜**의 확산(예전의 기입 대신에 자동기록기가 등장한다)은 우리에게 예전의 과학문헌과 새로운 문헌을 신속하게 비교할 것을 가르친다. 그러나 프로토콜만 시각적 수단을 이용하는 것이 아니라 **결과물의 표현**도 점점 더 많이 시각적 수단을 이용한다."[7]

단어들을 선형적으로 나열하는 활판인쇄의 문자열은 과정적인 재구성의 논리를 넘어 그 상관관계를 표현하는 것이 중요할 경우에는 당연히 만족스럽지 못한 것이다. 바로 이러한 관계의 표현이 노이라트의 관심사였다. 노이라트에게 중요한 것은 삶과 삶의 문제[8]에 봉사해야 하는 과학적 세계관에 상응해 실용적 차원에서 시각적 방법을 이용하여 사회적 계몽을 추진하는 것이다. 이 방법이 삶의 조건과 기술의 효과를 표현하는 데 이용되어야

---

7 Otto Neurath, "Bildstatistik nach Wiener Methode", 1931, in: Otto Neurath, *Gesammelte bildpädagosische Schriften*, Rudolf Haller und Robin Kinross(Hg.), Wien: Hölder-Pichler-Tempsky 1991, 180쪽.
8 이것은 비트겐슈타인이 『논리철학논고』의 마지막 명제들에서 표현했던 회의에 대한 답변으로 읽힌다. Otto Neurath et.al., *Wissenschaftliche Weltauffassung*, 같은 책, 101쪽을 참조하라.

할 뿐만 아니라 근대의 합리화 결과들과 더불어 **사회적 상황**soziale Verhältni
sse을 일반적으로 표현하는 데에도 이용되어야 한다는 것이다. 과학의 문제
는 (특히 지식의 이동의 관점에서) 단호하게 **커뮤니케이션**의 문제로 간주되었다.
노이라트의 국제그림언어 프로그램은 근대의 데카르트와 칸트적인 인식공
간을 미디어수단을 통해 벗어나려는 가장 급진적인 시도들 중 하나로 풀이
된다. 여기서 중심적인 동기는 '알파벳숫자 코드'(플루서)에 비해서 아날로그
적·시각적 코드의 가치를 더 높이 평가하는 데 있다.

애매모호함이 없는 과학적 이상언어를 찾으려는 수많은 역사적 시도들은
말의 불충분함과, 알파벳 문자에게 특권을 부여하는 문화기술의 불충분함
을 입증한다. 프랜시스 베이컨Francis Bacon, 토마스 홉스Thomas Hobbes, 존
로크John Locke는 과학의 치료를 언어에서 시작하려는 노력을 보여주었던
근대 초기의 철학적 증인들로 간주될 수 있을 것이다. 17세기 말에 로크는
『인간 이해에 관한 에세이Essay Concerning Human Understanding』에서 오해의
여지없이 이렇게 썼다. "의사소통에서 언어의 주요목적은 서로 이해한다는
것이기 때문에, 말은 이러한 목적에 적합한 것이 아니다."[9] 노이라트는 자
신의 구상을 코메니우스Comenius라고 불렸던 종교적 대중교육가 요한 아모
스 코멘스키Johann Amos Komensky에 관련짓는다. 코메니우스의 『교육학 총
서Opera didactica omnia』는 17세기 백과전서 방식으로 구상된 일목요연한 지
식 수집의 이념을 대표한다. 노이라트는 계몽적 의도에서 그림들을 사용했
던 코메니우스의 『세계도회Orbis pictus』를 여러 번 인용한다.[10] 노이라트는
논리적 명확성과 정확성을 위해 기호, 지시된 것, 상징의 의미 사이에는 커

---

9 Umberto Eco, *Die Suche nach der vollkommenen Sprache*, 1994, 같은 책, 220쪽에서 인용한다.
10 "ISOTYPE 작업은 어떤 의미에서 코메니우스가 자신의 『세계도회(Orbis pictus)』에서 추구했
던 것의 연속이다. 통일된 백과사전이란 발상은 오래된 백과전서학파의 계획들과 연결되고
폴 오틀레(Paul Otlet)의 시도와 동일한 방향으로 움직인다. 폴 오틀레는 세계적인 도시에서
세계적인 복합박물관을 창립하기를 원했는데, 이 박물관의 구성물들은 복제를 통해 확산될
수 있는 것들이다"(Otto Neurath, *Bildpädagogische Schriften*, 같은 책, 348쪽).

다란 차이가 있다는 점을 구체적으로 밝히려는 자신의 시도를 "말은 분리시키고 그림은 결합시킨다"[11]라는 구호로 요약한다.

오토 노이라트는 여러 방면에서 선구자였다. 그의 저술 중에는 국민경제학, 사회학, 과학론, 그리고 사회철학과 관련된 것들이 있다.[12] 그렇지만 무엇보다도 주목받는 것은 근대적 인간상의 탄생에서 커뮤니케이션이 어떤 역할을 했는지를 성찰한 그의 혁신적인 커뮤니케이션이론적 단초이다.[13] 그는 과학적 세계관이라는 폭넓은 맥락에서 미디어교육학의 초기 형태를 분명하게 표현했다. 그는 미디어교육학을 계몽주의 프로그램의 연속으로 이해했다. 형이상학의 추상성에 대항하는 전적으로 정치적인 투쟁이 새로운 그림-텍스트-스타일Bild-Text-Stil의 실행을 통해 완수되어야 한다는 것이다. 다시 말해 도상적인 그림언어, 즉 국제적 그림언어 또는 아이소타입ISOTYPE[14]의 커뮤니케이션기술적인 가치가 높게 평가되어야 한다는 것이다.

이를 위한 출발점은 1924년 비엔나에 건립된 사회경제박물관Gesellschafts- und Wirtschaftsmuseum, 즉 '사회계몽을 위한 민중교육연구소'(노이라트)였다. 이 연구소는 그 밖에도 사회적 관계가 어떻게 가시화될 수 있는가라는 물음 속에서 '미래박물관Museen der Zukunft'에 관한 구상을 전개해 나가기도 했다. 이러한 중요한 생각들은 가능하게 된 기술적 복제라는 사실에 근거를 두고 있으며 더 나아가 이와 연관된 시각적 재현방법의 통일화에 근거를 두고 있다. 노이라트는 여기에서 문자와 인쇄라는 역사적 사례를 거론한다.

11 Otto Neurath, *Bildstatistik nach Wiener Methode*, 같은 책, 190쪽과 다른 곳.

12 Paul Neurath und Elisabeth Nemeth(Hg.), *Otto Neurath oder die Einheit von Wissenschaft und Gesellschaft*, Wien: Böhlau 1994를 참조하라.

13 Otto Neurath, *Modern Man in the Making*, New York: Knopf 1939. 독일어판 Otto Neurath, *Bildpädagogische Schriften*, 449~590쪽을 참조하라.

14 ISOTYPE은 International System of Typographic Picture Education의 약어이다. Otto Neurath, *International Picture Language*, London: Kegan Paul 1936. Otto Neurath, *From Hieroglyphics to Isotypes*, London: Future Books, Vol.3, 1946. 독일어판 Otto Neurath, *Bildpädagogische Schriften*. 355~398쪽 또는 636~645쪽을 참조하라.

예전에 필사본에 담겨 있던 지식은 그것의 유일성에 의해 전무후무한 귀중품의 일부분이었던 반면에, 구텐베르크의 발명 이후에 저장된 지식은 대량생산의 가능성을 통해 대중화된다. 이제껏 박물관에는 희귀한, 그래서 '볼만한' 원본들이 전시되었다면, 미래의 박물관은 **지식에의 접근**을 변혁시킬 것이다. 왜냐하면 그것은 전시가치를 새롭게 규정하고 더 나아가 전시 자체를 "표준적인 배열방식으로 생산"할 것이기 때문이다.[15] 사회경제박물관은 경제상황과 사회적 사안들에 관한 통계처리 및 평가자료를 부착한 게시판을 통해 이것을 우선적으로 실현했고 예컨대 도시의 시민회관들이 이 게시판을 순회전시의 형태로 갖추어 놓게 되었다.

3. 과학적 표현의 전달능력

과학적 표현의 문제는 지식이 학자공화국의 좁은 경계를 벗어나 소통되어야만 하는 경우에 특히 두드러지게 나타난다. 전문용어라는 안전한 기반을 벗어나 생각해보면 수신자의 문제Adressatenproblem라는 특수한 문제가 발생한다. 그 밖에 언어능력의 상이한 차원 이외에도, 커뮤니케이션에서 단지 구두언어라는 기호의 사용만이 중요한 것은 아니라는 점이 분명해진다. 20세기에는 새로운 저장미디어와 전달미디어로 인해 새로운 지각의 시대가 열리게 되었고, 시각적 커뮤니케이션 디자인이 점점 더 부각되고 있다. "현대인은 지식과 일반교양의 대부분을 삽화, 도해, 사진, 영화를 통해 얻는다. 신문은 해를 거듭할수록 사진을 더 많이 싣는다. 여기에 한편에서는 시각적 시그널을 통해, 다른 한편에서는 다시 표현을 통해 일하는 광고산업이 등장

---

15 Otto Neurath, *Museum of the Future*(1933), 독일어판 Otto Neurath, *Bildpädagogische Schriften*, 같은 책, 244쪽.

한다. 전시회나 박물관은 전적으로 이러한 전시산업Schaugetriebe의 자식들이다."[16]

노이라트의 업적은 이 점을 적절한 시대진단의 차원에서 인식했을 뿐만 아니라 자신의 목적을 위해 실천적 의도에서 현대적인 시각적 커뮤니케이션 디자인을 고안했다는 데 있다. 그 실천적 의도는 공론장의 중요한 구성요소를 사회과학적으로 성찰하는 것이다. 그의 진단에 따르면, 광고, 오락, 출판 전반에서 새로운 시각화와 함께 새로운 형태의 **시각적 논증 네트워크**가 형성되었는데, 과학도 이에 복종하지 않으면 안 된다는 것이다. 노이라트는 과학적 지식의 합리화 경향과 반대로 이러한 지식을 전달하기 위한 구체적인 표현체계를 지지한다. 그는 마침내 그래픽 예술가인 게르트 아른츠Gerd Arntz의 도움을 받아 이러한 표현체계의 실용적 응용을 개발하는 데 착수한다. 정체상태에 있는 계몽주의의 요구를 계속 수행하는 것으로서 통일과학적으로 사회적 잠재력을 발산시키는 일과, 사회적으로 유용한 정보의 상징적 재현의 체계화라는 목표 속에서 지식의 교환과정에 그림상징언어를 투입하는 일 사이에는 연관성이 존재하는데, 이 연관성을 이해하려면 시대사적 맥락이 고찰되어야만 한다.

노이라트는 학술적 교양의 이상과 과학의 이상에 대해서 항상 전복적인 태도를 취했다. 특히 그는 정치적으로 뮌헨의 바이에른 인민공화국에 참여했고 또 잠시 바이에른 중앙경제국의 국장으로 있었다. 물론 그는 이러한 정치적 활동 때문에 하이델베르크 막스 베버 사회학연구소에서의 교수 자격을 상실했다. 철학에서 과학적 사실만이 중요한 것이 아니라 현상과 실재(또는 실재의 구성) 사이의 차이도 중요한 것이라는 점을 받아들인다면, 노이라트도 확실히 철학자였다. 그는 이러한 차이를 근대 사회의 요구와 현실

---

16 Otto Neurath, *Statistische Hieroglyphen*(1926), in: Otto Neurath, *Bildpädagogische Schriften*, 같은 책, 40쪽.

사이의 차이라는 주제로 논의했다. 다시 말해 시민적 계몽주의의 이상들과 근대화에 따른 생활세계의 손실 사이의 모순이라는 주제로 논의했다. 노이라트의 진보적인 질문은 다음과 같다. 학자는 '사회기술자'로서 정치적 또는 경제적 구성체의 개선에 어떤 기여를 할 수 있는가?

그의 답변은 놀랍게도 단순한 가정을 기초로 한다. 인간의 생활상태의 개선은 의·식·주·노동시간과 관련된 구체적인 조치들에 의해 이루어지고 이 조치들은 실증적 관찰과 논리적 분석이라는 과학적인 방법을 토대로 한다는 것이다. 노이라트가 과학에 기초를 둔 사회공학Gesellschaftstechnik의 가작성(可作性)Machbarkeit에 대해 확신을 갖게 된 계기는 제1차 세계대전의 힘든 경험들이었다. 노이라트는 오스트리아의 황실 및 국방부에서 조직문제에 종사했는데, 이때 그는 비상사태로 인해 도입된 중앙 관리의 물물교환경제에서 익숙한 사회의 조정자인 추상적 단위(화폐)와 급격하게 결별할 수 있는 가능성을 보았다.[17] 전쟁상황으로 인해 일어날 수밖에 없었던 경제관계에의 개입은 정치적 가작성을 분명하게 보여주었다. 노이라트는 사회에 유토피아를 실현할 수 있다고 생각할 수 있게 만든 것은 전쟁의 경험들이었다고 말했다. 왜냐하면 전시에는 급격한 변화가 이른바 "하룻밤 사이에" (즉, 기대와 무관하게 그리고 비자발적으로) 실현되기 때문이라는 것이다. 여기서 경제는 그 자체로 질서인 것이 아니라 얼마든지 조작가능한 기계적 조직이라는 점이 명확하게 밝혀진다.[18] 노이라트는 과학의 진보에 대해서도 이와

17 여기에서 말하자면 게오르크 짐멜(Georg Simmel)이 1900년경에 근대적 "삶의 객관화"인 화폐 속에서 발견했던 원칙은 뒤집힌다. "화폐는 목적 연합을 순수 형식으로 발전시켰다. 다시 말해 화폐는 개인들에게서 이른바 비개인적인 것을 하나의 행동으로 통일시키고, 모든 개인적인 것들과 특수한 것들을 절대적으로 유보시키면서 인격체들을 통일시킬 수 있는 가능성을 가르쳐 준 조직방식이다." Georg Simmel, *Philosophie des Geldes*, Frankfurt: Suhrkamp 1989, 721쪽. 노이라트는 1909년에서 1919년 사이에 '전시경제론'에 관한 다수의 글을 썼는데, 여기에서 그는 민족경제를 위해 화폐경제를 해체하자는 주장을 지지한다. Otto Neurath, "Durch Kriegswirtschaft zur Naturalwirtschaft"(München: 1919), *Auswahltexte*, in: Paul Neurath und Elisabeth Nemeth(Hg.), 1994, 같은 책, 144쪽 이하를 참조하라.
18 "전쟁의 강력한 변혁은 새로운 삶의 유토피아를 부여했다. 지난 몇 해에 장군들과 정치가들

유사하게 생각한다. 그는 과학의 진보를 인지적인 지속발전이나 상승 발전으로 생각하지 않고 불연속적으로 이루어지는 것으로 생각한다.[19]

　사회이론과 관련해서 볼 때 이것은 한편으로는 지식체계의 재구성을 뜻하고 다른 한편으로는 구체적인 사회조직에 대한 윤리적 의무를 뜻한다. 과학과 사회의 통일에 대한 노이라트의 요구는 추진력을 가진 동기로 기능하는데, 이 요구는 이러한 통일이 어떻게 이론적 질서에서 이루어질 수 있는지의 문제뿐만 아니라 이성적인 사회질서에 기여하는 사회과학을 만들어야 한다는 사회적 책임이 어떻게 달성될 수 있는지의 문제를 알고 있다. 그는 이성관점과 행위잠재력 사이의 분열이나 이론과 실천 사이의 분열과 같은 유럽철학의 이원론을 19세기의 위험한 잔재로 규정하였지만 이것을 계획적으로 극복할 수 있을 것이라고 확신했다. 하지만 그는 법칙적 가정이 아니라 오직 역사적인 비교 고찰만이 통일과학을 만들어낼 수 있을 것이라고 생각했다. 이렇게 될 때 과학연구자들의 유토피아적 공동체가 형성될 것이고 이 공동체는 물론 자족적 학자공화국으로 의도된 것이 아니라 민중 교육의 목적에서 의도된 것이다. 이를 위해 노이라트는 역사적으로 이미 시도된 "그림통계적 방법"을 더욱 발전시키고, 또 학문적 결과의 유연한 표현형식들을 널리 보급시킨 것이다.

　계몽주의의 추진력은 이론과 그림을 통해 세계를 계몽적으로 조망하게 해주는 백과전서의 신판(新版)을 만들어야만 한다. 하지만 이 백과전서는 구

은 전승된 사회 질서를 무시하고 모든 것을 군사적 성공에 봉사하게 만들려고 했다. 승리를 약속하는 것처럼 보이면 어떤 개입도 그들에게는 큰 것이 아니었다. 가족의 유대는 흔들리고 사람들의 무리는 여기저기로 몰려다니고 산업은 근본적으로 변화되었다. 이 모든 것이 최단 시간에 일어났다. 파괴를 위해서 인간의 힘이 할 수 있는 모든 것이 나타났다. 전쟁의 목적을 위해 그렇게 오랫동안 노력했던 것과 비슷한 방식으로 평화의 목적을 위해 노력할 수도 있지 않은지의 문제를 계속 던지는 것이 그렇게 이해 못할 일인가?" Otto Neurath, *Die Utopie als gesellschaftstechnische Konstruktion*(1919), in: Paul Neurath und Elisabeth Nemeth(Hg.), 1994, 같은 책, 159쪽 이하.

19 이것은 토마스 쿤의 패러다임 교체라는 논증과 유사한 과학사회학적인 사례이다. Thomas S. Kuhn, *The Structure of Scientific Revolutions*, Univ. of Chicago Press, 1962를 참조하라.

속적인 표준이 아니라 사회적 지식생산의 끊임없는 변화조건의 정신적인 범주모델로 존재해야 한다. 왜냐하면 노이라트는 '절대적인 타당성의 체계를 세우려는' 데 담겨 있는 위험을 잘 알고 있었기 때문이다. 예전의 백과전서는 사용이나 미래의 체계화 또는 상세한 설명과 관련이 있었지만 지식의 임시적인 수집으로 생각되었다. 노이라트에게 중요한 것은 지식과의 새로운 관계 틀이다. 이러한 태도는 그의 이론 구성에서 가장 매혹적인 것이다. 말하자면 백과전서는 미래의 사용자라는 차원의 공동체에게 제공되는데, 바로 이로부터 왜 그가 의사소통의 관점과 표현의 문제에 집중적인 관심을 두는지가 설명될 것이다.

첫 번째 차원에서는 표현의 체계화를 통해 연구공동체[20] 내부의 의사소통이 개선되어야 하고, 그러고 나서 두 번째 차원에서는 지식에의 보편적 접근이 개선되어야 한다고 한다. 첫 번째 차원에서는 과학적 통일언어가, 두 번째 차원에서는 새로운 그림언어의 고안이 도움이 될 것이다. 지식의 축적이 지속적으로 증가한다는 데 동의한다면, 다음 단계로 근대사회의 정보 풀에 접근하는 문제에 대해서 대답이 필요하다. 여기서 노이라트는 커뮤니케이션이론적으로 매우 본질적인 것을 인식했다. 계몽주의의 커뮤니케이션은 알파벳숫자 코드를 넘어 더욱 민주적인 차원으로 변화할 수밖에 없다는 것이다. 19세기 말에 형태심리학과 인지심리학이 보여주었던 것처럼, 개

---

20 노이라트는 『통일과학과 심리학(Einheitswissenschaft und Psychologie)』(1933)에서 "형이상학적 용어들은 분리시키고 과학적 용어들은 결합시킨다. 과학자들은 통일언어를 통해 하나가 되어 일종의 노동의 학자공화국을 만든다. 그렇지 않으면 많은 것들이 그 사람들을 분리시킬 것이다"(Otto Neurath, Gesammelte philosophische und methodologische Schriften, Rudolf Halter und H. Rutte(Hg.), Wien: 1981, Bd.2, 610쪽)라고 썼다. 노이라트가 과학의 통일을 위한 국제회의(프라하, 1934)에 앞서 준비했던 「과제로서의 과학의 통일Einheit der Wissenschaft als Aufgabe」(Paul Neurath und Elisabeth Nemeth(Hg.), 1994, 같은 책, 375쪽 이하)에 관한 논평도 참조하라. 과학적 협동의 미디어가 통일과학의 백과사전인데, 1938년부터 시카고에서 International Encyclopedia of Unity of Science-Foundations of the Unity of Science로 출간되었다. 첫 번째 책의 저자로는 노이라트와 그 밖의 공저자들 외에도 모리스(Charles Morris)와 카르납(Rudolf Carnap)이 있었다.

인에게 노출되는 정보의 대부분은 시각적으로 처리되었다. 그렇기 때문에 우리는 정보는 적절하게 인식되기 위해 시각화될 수밖에 없고 데이터는 그림으로 전환될 수밖에 없다는 결론에 도달할 수 있다.

4. 그림통계의 '비엔나학파의 방법'

"현대인은 무엇보다도 시각적인 인간이다. 광고, 계몽포스터, 극장, 삽화 신문, 잡지 등은 대중을 교육시키는 데 많은 부분을 차지하고 있다. 책을 많이 읽는 사람들조차도 그림이나 삽화에서 보다 많은 자극을 받는다. 피로한 인간들은 읽어서는 더 이상 이해할 수 없는 것을 그림으로는 쉽게 알아낸다. 이뿐만 아니라 그림교육학은 많이 교육받지 못했지만 시각적으로는 잘 수용하곤 하는 성인들이나 혜택받지 못하고 별로 고려의 대상이 되지 못하는 청소년들에게 교육의 기회를 제공하는 하나의 수단이다."[21]

회화적 표현을 새로운 그림언어로 체계화하는 것은 보편적으로 접근할 수 있는 조망을 얻을 수 있게 하고, 추상적 표현 때문에, 다시 말해 단어와 숫자 때문에 은폐된 총체성을 보는 데 도움이 된다는 것이다. 노이라트는 다수의 논문들에서, 예컨대 『사회상태의 회화적 재현Bildliche Darstellung sozialer Tatbeständes』(1926)이나 물론 『비엔나학파의 방법에 따른 그림통계Bildstatistik nach der Wiener Methode』(1931)와 같은 논문들에서 자신의 암묵적인 준칙을 반복하는데, 이 준칙은 시각적 차원이 지닌 결합능력을 강조하는 것이다. 말은 분리시키고 그림은 결합시킨다는 것이 그것이다. 이 준칙은 결코 소박한 것이 아닌데, 그 두 가지 이유를 살펴볼 필요가 있다. 이미 「과학적 세계이해Wissenschaftliche Weltauffassung」란 논문에서 주장한 것처럼, 통일과학에

---

21 Otto Neurath, *Bildstatistik nach Wiener Methode*, 같은 책, 189쪽.

봉사하는 상징적 표현은 "역사적인 언어들의 찌꺼기"와 "수천 년 동안의 형이상학적·신학적 파편"에서 해방된 공정한 형식체계를 만들어야 한다는 것이다.[22] 이러한 역사적 부담으로부터의 해방과 함께 그 두 번째 이유에 해당하는 것은 1900년경의 기술적 미디어들이 사물의 새로운 질서를 준비하고 있었다는 것이다. 노이라트는 새로운 커뮤니케이션 수단과 기술이 관철되는 단계에 들어섰다는 점을 정확하게 기록하고 있다.

이러한 표현차원의 새로운 형성이 전적으로 미디어기술적인 문제로 이해되어야 한다는 것은 다음과 같은 생각에서 분명해진다. 예컨대 인용된 논문에서처럼, 한편으로 과학의 과제는 많은 다른 정치적 노력들이나 교육적 노력들과의 연관관계 속에서 설정되었고 이 노력들은 결국 경제적·사회적 관계를 새롭게 형성하기 위한 것이다. 물론 여기서 기존의 언어의 고유성들은 결코 부정되는 것이 아니다. 다만 이러한 언어가 근대의 필수적인 사회공학적인 변화를 위해 적합한 것인지에 대해서는 의심의 여지가 있는 것이다.[23] 다른 한편으로 기술적인 과학들에 이미 존재하는 통일화가 예컨대 생산의 차원에서 혁신적인 효과를 나타내고 이러한 혁신은 사회의 영역에서도 일어나게 될 것이라는 진단이 그것이다. 다시 말해 기술혁신에 상응하는 사회혁신이 아직 없을 뿐이고 국제적인 **기계공학**에 상응하는 **사회공학**도 아직 없을 뿐이다.[24]

이러한 목적을 위해서 커뮤니케이션 도구가 개발되었는데, 이 도구는 언

---

22 Neurath et al., *Wissenschatliche Weltauffassung*, 같은 책, 87쪽 또는 100쪽.

23 "모든 용어의 미결정성은 때로는 좀 더 커지고 때로는 좀 더 작아지는데, 이것은 언어의 본질에 속한다. 언어의 능력의 일부는 여기에서 기인한다"(Otto Neurath, *Einheit der Wissenschaft als Aufgabe*, 같은 책, 380쪽).

24 앞의 곳. 동일한 사유가 2차 산업혁명이 지닌 커뮤니케이션 이론적 함의에 관한 플루서의 성찰에서 발견된다. 2차 산업혁명은 인간의 세계와의 관계(노동) 이후에 인간 사이의 관계(커뮤니케이션)를 변화시켰다. 그러나 테크놀로지(*Technologie*) 이후에 코무니콜로기(*Kommunikologie*)는 작업되기 직전에 있었다. Vilém Flusser, "*Vorlesungen zur Kommunikologie*", in: Vilém Flusser, *Schriften Band4*, Mannheim 1996, 235쪽 이하를 참조하라.

어의 낱말들과 유사한, 새로 개발된 픽토그램 또는 아이소타입 상징이 이용되어 하나의 그림문자로 구성되었다. 이와 같이 이 그림문자는 어휘집, 문법, 문체의 세 가지 요소로 이루어져 있다. 한번 획득된 과학적 진술들은 일정한 번역규칙에 따라 그림문자를 통해 보편적으로 소통가능하도록 만들어졌다. 이를 위해 사회과학자들의 한 팀은 그래픽전환 전문가들과 협동했는데,[25] 이러한 협동 속에서 보편적으로 사용가능한 상징적 요소의 모음집, 즉 **말하는 기호**로 구성된 시각적 **어휘집**이 생성되었다. 노이라트는 망명 중이던 1935년에 **비엔나학파의 그림통계방법**이라는 명칭 대신에 국제적으로 사용가능한 약어Akronym인 **아이소타입ISOTYPE**을 사용했다.[26] 새로운 표현방법은 가능한 한 도상적 커뮤니케이션이라는 규칙을 토대로 해 시각적 차원을 우선적으로 고려하여 만들어졌다.

"비엔나학파의 방법의 규칙에 따라 제작된 그림은 첫눈에 대상의 가장 중요한 것을 보여줄 것이다. 명백한 차이가 즉시 눈에 들어와야 한다. 두 번째 볼 때는 중요한 세부항목들을 보는 것이 가능하게 해야 할 것이고, 또 세 번째 볼 때는 세부항목에서 그 밖에 더 남아 있는 것을 보는 것이 가능하게 해야 할 것이다. 네 번, 다섯 번째 볼 때도 아직 계속해서 정보를 주는 그림은 비엔나학파의 입장에서는 교육적으로 부적합한 것으로 비판된다."[27]

픽토그램에서 중요한 것은 우선 가능한 한 가장 단순한 기본형들을 고안하는 것이다. 그리고 다양한 상황들(예컨대 노동자의 경우 실업이나 파업상황)은 약간의 그래픽의 변형에 의해서 코드화된다. 이와 같이 픽토그램으로부터

---

25 노이라트의 시도는 대등한 능력을 가진 그래픽 화가인 게르트 아른츠(Gerd Arntz)에 의해 공동으로 수행하였다. 노이라트는 1929년에 뒤셀도르프 전시회에서 그를 알게 되어 빈Wien의 사회경제박물관에 동료로 참여시켰다.

26 역사적 맥락에 관해서는 Robin Kinross, "Einleitung", in: Otto Neurath, *Bildpädagosische Schriften*, 같은 책을 참조하라. 그리고 Rainer Hegselmann, "Otto Neurath—Empirischer Aufklärer und Sozialreformer", Einleitung zu Neurath, in: *Wissenschaftliche Weltauffasung*, 같은 책을 참조하라.

27 Otto Neurath, *Die Museen der Zukunft*, 같은 책, 257쪽.

a) 노동자   b) 파업 중인   c) 실업자
              노동자

〈삽화 11〉 Gerd Arntz, Otto Neurath: 노동자의 형상－자세의 변화는 기본 형상의 다양한 상태를 지시한다.

구성된 그림 통계도표는 비교적 복잡한 경제과정은 물론 더 나아가 역사적 연관관계도 표현할 수 있다. 위생지침, 공중전화의 사용설명과 같은 행위과정, (예컨대 호텔에서의) 서비스제공에 대한 행동지침이나 위급상황에 대비한 (화재예방, 비상구) 행동지침, 당시 서서히 등장했던 교통규칙은 물론이고 역사적 사건과 사회적 현상의 표현 등이 그러한 사례들이다. 이 이상(理想)은 기호의 국제적 사용가능성뿐만 아니라 이와 관련된 커뮤니케이션상황의 "탈바빌론화"를 지향하고 있었다.[28] 따라서 픽토그램의 구성규칙은 간단하고 엄격했다.

• 기본원칙은 기호를 관계적으로 사용하는 것이다. 상대적으로 많은 수량을 나타내기 위해서는 기호가 커지는 것이 아니라 이에 상응하는 정도로 반복된다.

• 삽화적인 기호보다는 규격화된 기호를 사용하는 것이 선호된다. 이것은 인식에 꼭 필요한 요소들로 축약하는 것을 뜻한다.

• 투입된 기호의 일관성은 필수불가결하다. 재인식 가능성의 보장을 위해 동일한 내용에는 항상 동일한 기호가 사용된다.

• 기호 의미는 그 자체에서 인식될 수 있어야 한다. 즉 기호는 자기 설

28 Otto Neurath, "International Picture Language"(1936), 독일어판 Otto Neurath, *Bildpädagogische Schriften*, 같은 책, 355~398쪽, 여기는 357쪽.

명적이어야 하고 그렇기 때문에 가능한 한 부가텍스트가 없어야 한다.[29]

• 결국은 기호에서 가능한 한 최고의 아이콘이 추구된다. 기호와 지시되는 것의 근접한 합치를 보장하기 위해 대신하는 기호나 참조하는 기호는 사용되지 않는다.

이 방법은 단순히 숫자나 자료를 도해하는 것이 아니라 완전히 새로운 유형의 기호를 창안하는 것이다. 이 기호는 상징적 요소들을 강력한 아이콘을 통해 표현하는 것이다. 아이소타입은 이것을 응용해서 관찰적 진술을 개발했는데, 이 관찰적 진술은 커뮤니케이션 참여자의 의도와 관련 없이 수용될 수 있고 시각적인 방식으로 논증을 전개한다. 말하자면 다이어그램과 트릭필름을 도입함으로써 사회적·경제적 상관관계를 가시적으로 만드는 것이다.[30] 노이라트는 실천적인 맥락에서 질적으로 새로운 표현을 발전시켰는데, 이것은 빈, 모스크바, 네덜란드에서 수많은 작업요청에 의해, 특히 영국 정부(선전용 필름)와 미국 보건부(결핵의 계몽)를 위해 이루어졌다. 잊어서는 안 되는 것은 과학정책에 있어서의 백과사전이다. 찰스 모리스의 회상에 따르면, 과학의 백과사전적 통일은 방대한 출판기획으로서 260권의 단행본을 포함하고 10권의 시각적인 용어사전을 부록으로 한다.[31]

---

29 픽토그램 외에 새로운 "그림-텍스트-스타일(Bild-Text-Stil)"에는 기본영어(Basic-English)만 사용되어야 했다. 기본영어는 오그덴(Charles K. Ogden)이 작성한 약 850단어의 기본어휘이다. 실제로 노이라트는 자신의 출판물인 *International Picture Language*(1936)에서 이것을 사용했다. 상징적 차원의 아이소타입과 언어적 차원의 기본영어BASIC는 일단 공동으로 체계를 이루고, 교육적 목적을 넘어 일반적인 계몽의 자극을 가능하게 해야 했다. 이에 관해서는 Otto Neurath, *Basic by Isotype. Psyche Miniatures, Nr.86*, London: Kegan Paul, 1937을 참조하라.

30 Otto Neurath, *Das Argumentieren mit Hilfe von Isotype*, in: Otto Neurath, *Bildpädagogische* Schriften, 같은 책, 594쪽 이하.

31 Manfred Geier, *Der Wiener Kreis*, Frankfurt: Rowohlt 1992, 22쪽을 참조하라.

5. 민중의 계몽으로서의 그림문자

추구된 통일성이 완전하게 관철되지 못했을지라도, 오늘날 새로운 상징 도구와 그 사용 코드는 시각화 전략의 상식에 속하는 것이다. 노이라트가 **변형의 관할권**을 쥐고 있던 당시에 그랬던 것처럼, 현재 인터페이스 디자이너들도 단순한 모사를 벗어나려고 노력한다. 이것은 기술적으로 지원된 내비게이션 디자인을 통해 문화기술에 주어진 한계들을 초월하기 위해서이다. 물론 디지털 화상 커뮤니케이션 영역에서 그래픽 사용자 표면의 조형은 디자이너의 수만큼이나 많은 기호언어를 만들어낸 것처럼 보인다. 이것이 가리키고 있는 것은 필수불가결한 조형적 창조성이고 이것은 기본적으로 노이라트의 통일계획과는 모순되는 것이다.

이러한 통일화와 집중화를 향한 희망은 소수(과학자)로부터 다수(무지한 대중)에게로 향하는 커뮤니케이션의 **방송원칙**Broadcast-Prinzip을 따른 것인데, 이는 사회정책적인 상황이나 사용가능한 테크놀로지가 변화된 오늘날의 시각에서 볼 때 노이라트의 구상의 단점이 된다. 이러한 커뮤니케이션 원칙으로서의 명확성은 항상 순수한 의도 속에서 추구된 것은 아니지만 근대의 환상 중 하나에 속한다.[32] 하지만 노이라트의 커뮤니케이션 정책구상의 장점은 과학적 커뮤니케이션의 수신자 권역을 확대해서 파악한 데 있을 뿐만 아니라 혁신적으로 변해가는 커뮤니케이션 상황을 고려하면서 공지성에 대한 시민적 계몽주의시대의 오래 된 요청을 새롭게 완수하려는 데 있다. 노이라트는 생성 중인 '새로운 그림문자'에서 문화의 몰락을 보았던 것이 아니다. 그 반대로 그는 아이콘을 통한 커뮤니케이션 방식의 장점을 주장한다. 말하자면 그는 선형적·해독적 커뮤니케이션 방식을 대신해서 종합

---

32 Zygmund Bauman, *Moderne und Ambivalenz. Das Ende der Eindeutigkeit*, Hamburg: Junius 1992를 참조하라.

적·기호적 커뮤니케이션 방식의 장점을 주장한다. 이 방식은 개인적 언어 환경의 확장에 도움을 준다. 그의 동시대인인 비트겐슈타인의 말로 바꾸면, 이 방식은 나의 세계의 (구두)언어적 한계를 뛰어 넘는 데 도움을 준다.

과거의 문자문화에서 그림문자는 억압받는 사람들의 수단으로 존재했다. 그림문자를 유포시키는 사람은 근대적 지성의 구어중심적 도그마를 약화시킨다. 철학적으로 보면 이 도그마는 20세기에 호경기를 누렸다. 노이라트는 후에 이른바 언어분석철학으로 명명된 그러한 철학의 편협함과 전혀 공통점이 없다. 그는 언어의 도구적 성격에 관해 확고한 신념을 갖고 있었다. 언어는 커뮤니케이션 수단으로서 능동적으로 조형해야 하고 또 필요하다면 급진적으로 대체해야 하는 것에 불과하다. 물론 관습을 의도적으로 대규모로 만들어내는 것은 불가능하다는 제한 속에서 그러하다. '언어 만들기'는 이 철학자의 과제인데, '언어 만들기'는 실용주의의 관점에서 모든 변화에 개방적인 '상징적 도구들의 어휘집'이라는 성취가능한 결과를 토대로 현실을 은유나 '말하는 기호sprechende Zeichen'로 적절하게 번역함을 뜻한다.[33] 이로써 노이라트는 성공을 약속하는 방향을 적절하고 민감하게 파악했던 것으로 보인다. 말하자면 시각적 방법이 지지부진한 계몽주의의 과제들을 해결해야 하고 또한 구속적이고 종교적인 우상숭배금지에 빠져 있는 교양의 이상으로부터 계몽주의를 해방시켜야 한다는 것이다. 도대체 왜 '회화(繪畵)를 통한 정보'가 불가능한가? 프로그램으로 설정된 지식의 인간화는 아이소타입과 같은 시각적 수단을 통해 마침내 실현되어야 한다. "지도와 지리부도에서 지리적 지식을 얻을 수 있는 것처럼, 평범한 시민은 관심을 끄는 모든 대상에 대한 정보를 제약 없이 얻을 수 있어야 한다."[34]

---

33 Otto Neurath, "Universaljargon und Terminologie", in: Paul Neurath und Elisabeth Nemeth(Hg.), 1994, 같은 책, 401쪽 이하.

34 Otto Neurath, "Von Hieroglyphen zu Isotypen", in: Paul Neurath und Elisabeth Nemeth(Hg.), 1994, 같은 책, 287쪽.

물론 여기서 미심쩍은 독자에게는 곧바로 모순적인 것이 보일 것이다. 도로 지도를 보는 일이 여행경험을 결코 대체할 수 없는 것과 마찬가지로, 직접적인 세계지각은 어떤 상징적 체계를 통해서도 대체되지 않기 때문이다. 하지만 좀 더 면밀히 생각해보면 노이라트는 다시 우리를 놀라게 한다. 말하자면 매개적인 것과 비매개적인 것이 사회현실에서 이제 더 이상 간단하게 구분될 수 없기 때문에 미디어시대에 그러한 직접경험은 그다지 중요하지 않다는 점을 고려한다면, 노이라트가 옳았던 것이다. 결국 우리가 습관적으로 '우리의 세계'라고 부르는 그러한 구성체 속에서 우리에게 방향성을 제공하는 것은 상징적 도구들이다. 우리가 이 세계에서 물리적으로 움직이는지의 문제는 점차 부수적인 사안이 될 것이다. 노이라트는 지각은 결코 순수하지 않으며 상징적으로 매개된 맥락 속에서 만들어진 것이고 그렇기 때문에 지각은 언제나 해석을 뜻할 뿐이라는 올바른 결론을 암묵적으로 내리고 있다. 따라서 그는 커뮤니케이션 미디어의 양태에 관심을 집중한다.

　　인쇄기에서 시작된 커뮤니케이션의 통일화 과정은 다른 수단을 통해서, 또한 다른 맥락에서 되풀이될 수 있을 것인가? 노이라트가 도상적인 구성 Konfiguration을 통해 근대적 인식공간을 극복하려고 시도하기 때문에, 그는 이상언어를 발견하거나 새로 구성하려는 수많은 시도들과 연결된다. 물론 구두언어보다 더 적절한 미디어를 찾으려는 노력 속에서는 시민 해방에 수반되는 커뮤니케이션 지배의 환상도 계속된다. 이러한 지배 환상은 거의 모든 계몽주의자의 저술들에 나타나며, 그렇기 때문에 포스트모던은 계몽주의자들을 의심했던 것이다. 말하자면 합리적인 커뮤니케이션 도구를 통해 인류를 행복하게 하려는 경우 잠재적인 사용자에 관련해서는 아무런 논의가 없었음에도 불구하고 과학적 치료의 입장에서 의미문제를 해결하는 일은 항상 사회적 상황과 관련해 시도되었다. 이러한 의미에서 노이라트도 전형적으로 근대적이다. 바로 세기의 전환에 따른 사회적 위기의 분위기 속에서 사회적 유토피아는 대단히 활기를 띠게 된 것처럼 보였다. 사람들은 상징언어를 통일화를 통해 혁신시키고 역사의 초월적인 목표를 정치적으로 실현하려고 했기 때문이다. 잘 알려져 있듯이 이때 민족주의와 사회주의는 서로 강력하게 경쟁했다.

6. 보편코드는 기능하는가

한편 계속되는 또 다른 물음은 언어적인 것의 임의성에 대립해 추구된 보편코드가 실제로 기능할 것인지의 문제이다. 그림들은 말을 한다. 노이라트는 적절한 그림을 만들기 위해 말하는 기호를 요구한다. "그림통계는 처음부터 공간적·시간적 형상들에 의해서 작동하는 반면에 구두언어에서는 제거하려 해도 때때로 힘겨운 의미 없는 결합이 사용될 가능성이 있다. 말은 상이한 국가나 상이한 정파의 사람들에 의해 이의 없이 수용될 수 있는 여러 그림들보다도 감성적인 요소들을 더 많이 지니고 있다. 말은 분리시키고 그림은 결합시킨다."[35]

장애가 되는 전통적인 '언어의 찌꺼기'에서 벗어나려고 할 때 채택하는 해결방안은 근대의 철학적·치료적 프로그램과 완전히 일치한다. 이 점에서 초현실주의 미학과 근대적 컴퓨터공학은 노이라트를 근본적으로 반박했다. 왜냐하면 컴퓨터공학은 바로 사진조작Photo-Composing과 모핑Morphing을 통해, 즉 디지털 그림작업을 통해 물리적 법칙을 깨뜨리고 초현실적 가상세계를 만들 수 있기 때문이다. 다시 말해 르네 마그리트의 부조리 회화에서 시작해 디지털로 제작된 비디오 합성에 이르기까지 시각적 몽타주 기술은 구두언어와 마찬가지로 의미 없는 결합을 허용한다. 게다가 시각적 언어는 (그리고 이것은 특히 픽토그램의 대체 코드에도 해당된다) 매우 정교한 기호체계이

---

35 Otto Neurath, *Bildstatistik nach Wiener Methode*, 같은 책, 190쪽.

면서도 여전히 자연언어의 내용에 기생적으로 의존할 것이다. 시각적 언어는 맥락적인 설명을 필요로 한다. 그리고 시각적 언어의 사용은 역사적으로 뿐만 아니라 민족적으로나 문화적으로 제한된다. 보편코드의 구성요소로서의 픽토그램의 한계는 바로 "그림은 어떤 사물의 형태나 기능을 표현할 수 있지만, 그림이 행위, 동사의 시제, 부사, 전치사를 표현해야 할 경우에는 매우 어렵다"[36]는 데 있다. 따라서 오직 아이콘을 통해서만 구성된 보편코드는 불가능한 것처럼 보인다. 하나의 그림은 특성을 표현할 수는 있지만 단순하게 시각적으로 표현할 수 있는 것 그 이상의 특징을 갖는 사태에 대한 대체코드로서는 기능하지 않는다.[37] 하나의 그림은 수천 개의 단어 그 이상을 말한다. 그리고 또한 수천 개의 단어는 충분히 하나의 단순한 그림 그 이상을 말한다. 보편언어의 완전성은 논리적·수학적 계산을 기초로 가능한데, 이 보편언어의 문제는 보편언어의 내용도 결국에는 관념적으로 될 수밖에 없다는 데 있다. 그렇다면 보편언어의 문제는 오로지 구문론적인 것의 차원에 있게 된다. 그렇기 때문에 최종적인 **탈바빌론화**를 향한 추구에서 그림기호 언어는 화용론적 측면에서 중요성과 비중을 갖고 있다. 그밖에 시각적인 사회적 커뮤니케이션 차원을 강조하는 것은 학문분과적 규준화의 효과로서의 구술문화Oralität와 문자문화Literalität라는 이원론(이러한 이원론에서 구술성Mündlichkeit과 문자성Schriftlichkeit은 문명의 발전정도를 나타내는 기호라고 한다)의 고루함으로부터 거리를 둔다는 것을 의미한다.[38]

우리의 커뮤니케이션을 개선하는, **말하는 기호**는 존재하는 것인가, 존재할 수 있는가, 존재해야 하는가? 말하는 기호는 작은 형태로는 이미 오래

---

36 Umberto Eco, *Die Suche nach der vollkommenen Sprache*, 같은 책, 183쪽.

37 이미 언급된, 구체적으로 시각적인 알파벳에 대한 비판을 참조하라(6장의 5번 각주). 또한 노이라트에게도 적용될 수 있는, 윌킨(Bishop Wilkin)의 사실문자에 대한 마우트너의 비판을 참조하라, Fritz Mauthner, *Wörterbuch der Philosophie*, Bd.3, 같은 책, 322쪽.

38 예수회의 책문화를 지나치게 높이는 것에 대해서는 Walter Ong, *Orality and Literacy*, London 1982를 참조하라.

전에 우리의 일상에 유입되었고, 픽토그램적인 요소를 갖추지 않은 공공장소는 거의 존재하지 않는다. 하지만 이것과 연관되었던 노이라트의 정치적 희망은 지나친 요구였다고 할 수 있다. 그리고 아이소타입이 원래 희망했던 정도로 실현될 수 없었던 데는 근본적인 이유가 있다. 노이라트는 기호학적 의미에서의 **기호차원**과 커뮤니케이션 실천적 의미에서의 **그림차원**을 혼합시켰던 것이다.[39] 어떤 대상의 기호는 이 대상의 단순한 '그림기호' 이상의 것이다. 기호는 대체로 아이콘적일 뿐만 아니라 각각 상이한 상황마다 구문론적 차원, 의미론적 차원, 그리고 화용론적 차원을 갖는다. 예컨대 방언들이 사회적인 사용으로부터 살아 있는 언어로 발전되는 것처럼, 미래의 해석들은 사회공학적 의미에서 언어의 인위적인 최적화 가능성을 제한한다. 이는 그림언어의 차원에도 해당된다. 그림언어의 의미Bedeutung는 관습적인 성질을 갖고 있으며, 그렇기 때문에 단순히 전제될 수 있는 것이 아니라 지속적으로 새로 익혀져야 되는 것이다.

다른 평가는 현재의 가장 혁신적인 커뮤니케이션 도구인 **월드와이드웹**의 관점에서 나온다. 이미 인용된 것처럼, 노이라트는 모든 사람을 위한 무제한의 정보접근을 계획했다. 시민들이 지도와 지리부도에서 지리적 지식을 획득할 수 있는 것처럼, 임의로 지식을 습득할 수 있어야 한다는 것이다. 이와 같이 노이라트는 암묵적으로 인쇄미디어로 학습된 지식이 다르게 생성된 지식보다 더 높은 인식상의 신빙성을 갖는다는 도그마에 맞서 싸웠다. 더욱이 우리는 상징적인 도구를 수단으로 세계 속에서 활동하기 때문에, 지식인들이 단순한 구두언어적 맥락보다 더 광범위한 맥락에서 커뮤니케이션 도구를 개발해야 한다는 주장은 결코 공허한 것이 아니다. 여기서 노이라트로부터 배우게 되는 것은 (커뮤니케이션) 디자인[40]이 사회적 인터페이스의 발

---

39 Achim Eschbach, "Bildsprache, Isotype und die Grenzen', in: Jeff Bernard und Gloria Withalm(Hg.), *Neurath. Zeichen*, Wien: ÖGS/ISSS 1996, 37쪽 이하를 참조하라.
40 사회적 디자인에 대한 단초는 빌렘 플루서의 종합적 형상의 방향에서 함축되어 계속 사유된

전으로 나아가게 될 것이라는 점이다.

마셜 맥루한Marshall McLuhan은 노이라트 이후 30년이 지나 『미디어의 이해Understanding Media』에서 "우리는 포괄적 형태의 아이콘으로 되돌아가고 있다"고 확언했다(제12장 참조). 맥루한의 진단은 텔레비전 미디어를 근거로 한다. 텔레비전 미디어에서 인식 가능하게 된 것은 미디어적인 재현, 정보, 오락이 알파벳의 활판인쇄술적인 질서를 넘어서 새로운 형태로 일어나고 있다는 사실이다. 이와 같이 순전히 알파벳 코드에 의해 지원되는 것과는 다른 형식의 읽기도 존재한다는 통찰이 기술적 발전과 병행해서 점차 관철되었다. 커뮤니케이션 실천에서 선형적인 과학적 논증보다 더 설득력 있고 더 적절하게 사용되는, 아이콘을 통한 커뮤니케이션 형식들이 존재한다(또 우리들의 생활세계는 서서히 이것들로 포화되었다). 노이라트의 예가 보여주듯이, 이러한 인식을 획득하기 위해 먼저 텔레비전의 도입이 필요했던 것은 아니다. 결국 인상적으로 남는 것은 무엇보다도 우리가 우리를 미디어 변화에 속수무책으로 내맡길 것이 아니라 이러한 변화를 능동적으로 조형할 수 있는 자가 바로 우리들 자신이라는 그의 신념이다.

요약

오토 노이라트는 현재의 시각적 표현원리를 주제로 삼은 최초의 철학자이며 사회이론 가이다. 그는 긍정적 의미에서 세계개선가이다. 그 당시 아직도 육체적으로 소모하도록 정해져 있던 노동자 문화의 상황에서 출발해서, 그는 혜택 받지 못하는 계층의 일반

다. 이에 관해서는 Vilem Flusser, *Vom Stand der Dinge. Eine kleine Philosophie des Design*, Göttingen: Steidl 1993을 참조하라.

적인 생활환경의 개선에 기여할 계몽주의적 내용수용의 최적화 가능성들에 대해 숙고했다. 지배적인 추상적 문자개념이 문화기술적으로 보완됨으로써, 사회비판, 유토피아사회, 대중의 계몽은 여기서 미디어 실용주의적.차원으로 전환된다.

노이라트는 이러한 계몽주의적인 동기 속에서 자신의 그래픽 팀의 도움을 받아 추상적 인식을 쉽게 수용할 수 있는 형식으로 전환시키는 새로운 그림언어를 개발한다. 오늘날 대도시의 도시적인 커뮤니케이션과 이동의 흐름을 안내하는 픽토그램과 시각적 관리체계는 그림통계와 같은 최초의 구상들 속에 뿌리를 두고 있다. 이것들이 없이는 오늘날 시사잡지가 등장하지 못했을 것이다. 기술적 수단이 인쇄소, 게시판, 간단한 학습용 사진으로 제한되어 있던 시대에 노이라트의 교육적 시도는 특히 전위적이다. 추상적인 기존의 지식이 이용되지 않는다면, 사람들이 예컨대 더 이상 박물관에 가지 않는다면, 미래의 박물관은 사람들에게로 가야 한다는 것이다. 이를 위해 사회적 커뮤니케이션 차원이 문자성과 구술성이라는 독단적 이원론을 넘어서 새롭게 구상된 것이다.

국제적 그림언어는 그림기호 차원의 표준화와 합리화를 통해서 지식의 시각화를 이루려는 것은 물론 더 나아가 지식의 민주화를 이루려는 미래적인 구상이다. 이를 통해 새로운 상징적 도구들이 고안되었고, 이 상징적 도구들은 다르게 코드화된 진술들을 도해해야 할 뿐만 아니라 스스로도 의미를 가져야만 한다. 과학이 커뮤니케이션의 어려움에서 벗어나기 위해 통일된 언어에 의지하려고 했던 것과 마찬가지로, 복잡한 사회에서는 알파벳숫자 코드가 아니라 직관적으로 파악될 수 있는 시각적 코드가 중요시될 것이다. 이 점을 정확하게 인식했을 뿐만 아니라 응용할 수 있도록 한 것은 노이라트의 독특한 업적이었다.

〈삽화 12〉 하이데거, 철학을 쓰면서(1968)

9

진정한 현실

기술과 생활세계

"언어를 정보로 간주하는 생각은 오늘날 최고조에 달해 있다."

———마르틴 하이데거

1. 매스미디어 속에서의 담론의 확장

철학자들은 세계에 직접 접근할 수 있는 통로가 없다는 점에 대해서 실제적으로 일치된 의견을 갖고 있다. 그렇지만 이러한 사실은 그러한 직접성을 적어도 간혹 반성적으로 획득하려는 시도를 유발한다. 20세기 초, 철학 안에서는 당혹스러운 분위기가 보편적으로 널리 확산되었다. 무엇보다도 세계의 조화로운 질서가 정치적·경제적·사회적 차원에서 와해된 것처럼 보였기 때문이다. 인간은 도구를 만드는 동물, 즉 기술을 수단으로 해서 자신의 감각기관을 세계로 확장시키는, 말하자면 팽창적으로 확대시키는 동물로 이해되었다. 그런데 인간은 이러한 과정에서 많은 새로운 문제들을 만들어냈던 것이다. 미디어는 우리에게 현실에 보다 가까이 다가가게 하지 못했다. 달리 표현하면, 미디어를 통해 다가간 것은 현실이 아니다. 그렇다면 우리는 무엇이 그 대신에 존재하고 있는지를 물어보아야만 할 것이다(제11장 참조).

　이러한 미디어의 폭발은, 다시 말해 텔레매틱스를 통해 거리간격을 극복하려는 시도는 실제적인 '가까움'을 만들지는 못한다는 이와 같은 의구심은 이미 일찍부터 강조되었다. 1920년대 하이데거는 "그 현존재의 의미 차원에서 아직도 파악되지 못하고 있는 '세계'의 멀어짐이 어떻게 일상세계의 확장과정 속에서 일어나고 있는지"를 보여준 좋은 사례로 라디오를 거론했다.[1] 이러한 방식에 의해 만들어진 가까움은 망상적인 것에 불과하다. 그 밖에도 특정한 감각기관이 미디어에 의해 확장되는 것은 인간의 다른 감각과 소질을 방해한다고 말했다. 말하자면 이것은 하나의 변증법적 과정으로서 맥루한이 주목했던 문제이기도 하다(제12장 참조). 인간의 의식은 새로운 미디어기술이 출현함으로써 철학의 중요테마가 되었는데, 이것이 우연적인 일은 아니다. 인간의 의식현상에 대한 현상학적 분석이 벗어나려고 했던 것은 데카르트의 방법론적 원칙과 기계론적인 도식이다(데카르트는 이것들에 철학적으로 중요한 의미를 선사했었다). 이와 함께 선형성의 위기라는 패러다임 전환이 생겨났고 이 전환은 20세기 중반부터 산업시대의 기술복제에서 자동화로 이행하는 단계에서 사이버네틱스 원리로서 모든 학문분야에 관철되어 나갔다.[2]

　이러한 과정을 인간의 의식을 억압하는 것으로 간주한 비판자와 개혁자는 아주 많이 존재했고, 이러한 완전히 새로운 상황을 규명하겠다고 약속한 운동들도 아주 많이 존재했다. 이와 같이 사회학, 심리학, 언어비판 같은 새로운 담론들도 각자의 방식대로 이에 관해 주목했지만 그 반면에 대학 내의 철학적 연구는 정체되어 있었다. 철학적 담론은 관심을 불러일으키는 측

---

1 Martin Heidegger, *Sein und Zeit*(1927), Tübingen: Niemeyer 1993, 105쪽.
2 이에 관해서는 하임(Heim)의 재구성을 참조하라(Steve J. Heim, *The Cybernetics Group*, MIT Press 1991).

면에서 보면 새로운 학문분과들과 경쟁해야 했던 것은 물론이고 대학의 텍스트 담론을 넘어서 점차 발전해 가는 공론장의 새로운 조직원리와도 경쟁해야 했다. 물론 철학은 구텐베르크 은하계에서는 이러한 상황을 아직 여유 있게 무시할 수 있었을 것이다. 그러나 이제 반세기 동안 이루어진 무선전신에 대한 기술실험 이후 20세기로의 전환과 함께 결국 '마르코니시대'가 열리게 되었다.[3]

이러한 패러다임 전환이 동시대인들에게는 그리 확실하게 인식되지는 못했던 것 같다. 그 이유는 무선전신의 사용도 상당한 기간 오로지 두 개의 떨어진 공간의 커뮤니케이션 파트너를 서로 연결해주는 일만을 했기 때문이다. 그런데 모든 사람의 이목을 끌었던 대재앙은 역설적이게도 20세기에 매스미디어의 장기흥행을 만들어냈고 텔레매틱스 영역에서 사회를 혁신시키는 힘이 명확히 나타나도록 준비했다. 미디어는 자신의 관객을 자발적으로 조직하기 시작했던 것이다.[4]

1912년 4월 어느 날 오후, 사노프David Sarnoff라는 이름의 젊은 무선사는 침몰하는 타이타닉Titanic의 조난신호를 수신했고 그러고 나서 생존투쟁을 하던 조난자와 미국의 공론장 사이의 교신을 3일 동안 계속해서 유지할 수 있었는데, 이로써 미국의 공론장은 미디어를 통해 최초로 조난사고를 추적할 수 있었던 것이다.[5] 무선교신의 잠재력을 확실하게 증명했던 이러한 사

---

3 무선정보전달에 관한 마르코니(Guglielmo Marconi)의 특허는 결코 그의 발명에서 비롯된 것이 아니라 "전신에서 전선을 제거하는 목표를 추구했던 일련의 모든 기술연구들의 맥락에 속한다." 이에 대해서는 Patrice Flichy, *Tele*, 같은 책, 167쪽을 참조하라. 맥루한은 새로운 형태의 '전자적인 상호의존'을 표현하기 위해 구텐베르크시대와 대조되는 마르코니시대라는 표현을 사용했다. 이에 대해서는 Marshall McLuhan, *The Gutenberg-Galaxy. The Making of Typographic Man*(1962)을 참조하라.

4 기술주의적 미디어고고학의 맹점은 사회적 효과와 기술적 효과 간의 상호작용 연구이다. 이것은 특히 키틀러(Friedrich Kittler)를 중심으로 한 독일 미디어이론가들의 하드웨어 숭배주의에서 뚜렷하게 나타난다. 문화적 관점에서 미디어를 연구하는 대안적인 시도들은 아직도 매우 드물다고 할 수 있다.

5 이 사건에 관한 이야기에 대해서는 Patrice Flichy, *Tele*, 같은 책, 179쪽 이하를 참조하라. 이

건 이후 사노프는 곧바로 '아메리칸 마르코니American Marconi'란 회사에 합류하게 되고 여기서 회장으로까지 승진하게 된다. 1916년 이사회가 개최되는 과정에 "Looking Ahead"란 제목의 전략 문건이 만들어진다. 이 문건에는 일반적으로 널리 확산된 수신기(그는 이것을 라디오 뮤직 박스라고 불렀다)를 통해 라디오를 피아노나 축음기와 비슷한 형태의 가정소비재로 만들려는 아이디어가 표현되어 있다. 이 아이디어는 무선전신을 수단으로 해서 음악을 모든 가정에 전송하겠다는 것이다.[6] 타이타닉 대재앙은 최초의 초보적 방송사건으로서 20세기의 매스미디어 상황을 정초했다. 몇 년 후 라디오는 매스미디어가 되었다. 플리히Patrice Flichy가 상세히 묘사한 바와 같이 미국에서는 우선 아마추어무선이 붐을 이루었고, 제1차 세계대전 이후 1920년경에는 수신기가 새롭게 산업적으로 생산되고 상품화되는 것을 토대로 전문적인 라디오방송이 시작되었고, 1921년에는 유럽에서도 최초로 파리의 에펠탑으로부터 규칙적으로 라디오방송이 전파되었다. 라디오수신기 생산의 산업화와 춤곡에 대한 대중의 일반적 선호로 인하여 이 새로운 미디어는 사회적 동의를 얻어낼 수 있었다. 양자 간 원거리커뮤니케이션으로부터 라디오가 생겨났고 방송의 원리를 통해서 라디오는 제1차 세계대전 동안 미국 해군의 프로파간다 도구로 적합한 것이었을 뿐만 아니라 장차 새로 탄생할 대중문화의 담지자로도 적합한 것이었다.

끊임없이 일상생활에 침투하는 미디어영역의 발전을 이렇게 묘사할 수 있다. 이제 우리는 철학의 반응문제로 다시 되돌아갈 것이다. 과학화, 기술화, 그리고 미디어문화에 의한 지각변화를 고려할 때 인간의 생활세계에는 어떤 일이 일어났는가? 전체의 의미는 어디에 있는가? 합리화는 기술적 진

사건은 Erik Barnouw, *A History of Broadcasting in the United States*, 1966/1968, Margaret B. W. Graham, *RCA and the Videodisc-the Business of Research*, Cambridge 1986과 같은 책들에서 다루어지고 있다.

6 David Sarnoff, "Looking Ahead"(1916). Patrice Flichy, *Tele*, 같은 책, 179쪽에서 인용한다.

보를 만들고 있지만 기술적 진보의 의미와 목적은 분명하지 않다. 과학기술적 진보와 관련하여 낙관주의에서 회의주의로 확연하게 선회한 시대정신을 대변하고 있는 사례로 베버를 들 수 있다. 「직업으로서의 학문Wissenschaft als Beruf」이라는 1918년에 이루어진 자신의 유명한 강연에서 그는 "'진보'가 실제적으로 기술적인 것을 넘어서는 인식가능한 의미를 가지고 있다고 해서 그에 대한 봉사가 가치 있는 직업이 될 수 있는가?"라고 묻고 있다. 베버에 따르면 학문의 "삶의 문제"는 "우리가 삶을 기술적으로 지배하기를 원할 경우" 무엇을 우리가 해야만 하는지의 물음에 대해 대답을 주는 데 있는 것이지, 이것이 결국 진정으로 의미가 있는 것인지의 물음에 대답하는 것은 아니라는 것이다.[7] 간단하게 말한다면 세계의 탈신비화의 위기경험을 극복하고 기술의 단순한 부속물 이상의 역할을 인간에게 부여하는 가능성이 최소한 두 개가 있다.

• 첫째, 새로운 **원본성**Authentizität을 추구하는 것이다. 다시 말해 점증하는 기계화, 미디어에 의한 피상화·대중화를 고려하면서 존재의 착종관계를 보다 깊이 반성적으로 탐구해야한다는 요구이다. 이러한 방향으로 후설의 **현상학**Phänomenologie과 (후설 현상학을 계승하고 있는) 하이데거 철학의 철저한 철학적 반성이 전개되고 있다.

• 둘째, 기술의 명령으로부터 정치적 해방을 추구하는 비판이다. 다시 말해 개인들의 도구화와 메시지의 수신자로 전락한 인간의 일반적 품위박탈에 대한 비판이다. 이에 대한 대안으로는 호르크하이머와 아도르노가 『계몽의 변증법Dialektik der Aufklärung』에서 제시한 바와 같이 유물론적 소외 비판에서 출발하지만 이미 정신분석학에 의해 세밀하게 이루어진 지배에 대한 비판이 있다.

---

7 Max Weber, *Wissenschaft als Beruf*(1918), Berlin: Dunker&Humbolt 1975, 18쪽과 23쪽(중판).

2. 생활세계의 발견. 후설

칸트의 경우 인식주관은 객관세계 내지 이러한 객관세계의 현상을 향해 있다. 우리에게 이러한 세계의 사물들이 나타나는 형태는 사물들 그 자체와는 근본적으로 구별된다. 우리는 사물을 우리 감각기관과 우리 의식의 필터를 통해서 지각한다. 그러니까 사물세계는 오로지 매개된 것으로 현상한다. 칸트의 언어에 따르면 현상으로서의 대상에는 단지 사유에 의해서만 받아들여질 수 있는 예지계가 근거로 자리잡고 있다. 이는 벌써 사물 자체에 대한 인식이 불가능함을 암시하고 있다. 19세기가 종결되는 지점에 칸트의 명백한 적대자이자 실증주의의 안내자인 프란츠 브렌타노Franz Brentano는 신칸트주의적 이상주의에 대립하는 프로그램인 사태현상에 대한 연구를 자신의 학문적 철학 프로그램으로 만들었다. 그의 제자인 후설은 그의 기술심리학을 계속적으로 작업하여 모든 실제적인 학문의 상위에 있는 현상학을 창안했다. 현상학은 이해의 학문으로서 일상세계의 기본구조를 규명하고 이 구조를 학문과 연관시키는 시도를 한다. 현상학의 이러한 시도는 많은 커뮤니케이션이론과 미디어학 연구들에서 오늘날까지 계속 계승되고 있다. 그리고 현상학은 근대의 경험의 상실이란 주제도 다루고 있는데, 이때 특히 생활세계의 분석은 예나지금이나 현상학이 치료를 맡고 있는 과제로 여겨진다.

데카르트에서 자신의 방법적 출발점을 찾고 칸트를 경과하여 자연과학적·기술적으로 규정된 현재의 시대를 이끈 근대학문의 과정은 일정한 망각을 야기했는데, 이 망각은 정신과학 분야의 약화에서 드러나고 후설이 근본주의적인 장중함을 가지고 '유럽인의 근원적 삶의 위기'라고 불렀던 것에서 마침내 종결된다.[8] 세계의 과학적 탈신비화로 나타나는 계몽주의의 과정

---

8 Edmund Husserl, *Die Krisis der europäischen Wissenschaften und die transzendentale Phänomenologie* (1935), Hamburg: Meiner 1977, 1쪽.

은 이것이 초래한 폐해의 관점에서 재구성되었고 이것은 철학의 과제영역을 새롭게 정의하려는 명확한 의도와 함께 이루어졌다. 여기서 우리가 철학에게 새로운 학문적 위엄과 역사적 중대성을 선사하는 이러한 새로운 방법적 시도에 대해 관심을 갖는 이유는 철학사적 의미에서가 아니다. 그 이유는 한편으로 이 시도가 시대진단적인 잠재적 힘을 갖고 있기 때문이고, 다른 한편으로 20세기 문화과학에 많은 영향을 미쳤기 때문이다. 후설에 의하면 철학은 우선 '엄밀한 학문'이 되어야 하는데, 이는 철학이 자신의 분야적 문제를 풀기 위해서뿐만 아니라 현대 삶의 문제를 풀기 위해서이다. 말하자면 후설은 자신의 현상학적 전환의 목표를 **주관성의 비밀**을 풀고 이를 통해 인간이 자기 자신과 자신의 세계에 갖는 의식에 대한 철학적 해명을 하는 데 두고 있다. 이러한 목표에 도달하기 위한 수단은 외관상 객관적으로 주어진 것의 매개연관을 일정한 방법을 통해 집중적으로 파악하는 것이다. 이 매개연관은 파헤쳐져야만 한다. 이는 경험된 것의 객관적인 성질과 주관적 구성을 구분할 수 있기 위해서이다.

따라서 후설은 다음과 같은 요구를 했다. "단어분석에 매몰되지 말라. 우리는 사태 자체에 대해 질문해야 한다. 경험으로, 우리들의 단어에 의미와 이성적 권리를 제공할 수 있는 직관으로 돌아가라."[9] 그는 존재의 비매개적인 차원을 인식하기 위해 방법적 수단을 제안했는데 이를 **현상학적 환원** phänomenologische Reduktion이라고 불렀다. 현상학적 환원은 본질적으로 지각의 대상에서 지각과정 자체로, 또는 의식의 대상에서 (기본적으로 주관적인) 대상에 대한 의식으로 성찰이 이동하는 것을 뜻한다. 더 나아가 현상학적 환원은 "연구자가 모든 가치판단의 입장들, 그리고 인류의 여러 주제와 문화가 이성적인지 비이성적인지에 관한 모든 질문들을 조심스럽게 중지하는

---

9 Edmund Husserl, *Philosophie als strenge Wissenschaft*(1911), Frankfurt: Klostermann 1965, 27쪽. 후설은 여기서 심리학적 관점을 비평하고 비판하고 있는데, 그 이유는 "현상학의 미디어"(앞의 책, 23쪽)를 통해 의식분석에 도달해 이러한 사태를 설명하려 하기 때문이다.

것"[10]을 뜻한다.

특히 1930년대 후설의 이른바 『위기Die Krisis』라는 저술에서는 근대학문의 폐해를 철학적으로 치료하기 위한 새로운 단초들이 나타나고 있다. 그 동기는 널리 알려져 있다. 근대학문은 자신의 생활세계적인 토대를 도저히 허용될 수 없는 형태로 이상화함으로써 후설이 말한 것처럼 의미 없이 단지 조작만을 하고 있을 뿐만 아니라 이후『계몽의 변증법』(호르크하이머와 아도르노)에서 논의되는 것처럼 생활세계를 파괴하는 데까지 영향을 미치고 있고, 이와 같이 근대학문은 자신의 선학문적 토대들로부터 너무나 동떨어져 있다는 것이다. 베버도 과학적·기술적 진보의 의미는 엔지니어기술의 커다란 성과에도 불구하고 점점 더 궤도에서 이탈하고 있다고 이 상황을 고발했다.[11]

후설은 비판적 반성을 통해 '자연과학의 망각된 의미기초로서의 생활세계'를 다시 회복시킨다. 후설이 갈릴레이와 데카르트 사이에서 뿌리내렸다고 보고 있는 과학발전의 특정한 역사적 추상화단계에서, 자연과학은 '기하학적 방법에 따라서more geometrie'라는 관찰방식을 취하게 되고 자연의 이념을 내적으로 닫힌 물체의 세계로 규정하게 된다. 합리적 방법에 따른 자연에 대한 기술과 수학화의 이념은 모든 "정신적인 것, 인간실천을 통해 사물로부터 성장한 모든 문화특성의 추상화를 대가로 지불했다. 이러한 추상화에서는 단순한 물질적 사물이 도출되는데, 이러한 사물은 마치 구체적 실재와 같이 받아들여지고 그것의 총체성 속에서 하나의 세계로 다루어진다."[12] 후설은 이러한 학문적 기술(記述)과 현실의 이원론 속에서 고유한 문제점의

---

10 Edmund Husserl, *Die Krisis*, 같은 책, 5쪽. 환원이 뜻하는 것은 "모든 초월적인 가정들을 제외"(후설이 말한 에포케)함으로써 어떤 것도 주어진 것으로 전제해서는 안 되는 새로운 차원에서 인식 비판을 정립하는 것이다.
11 기술적 유토피아와 현대의 거대계획에 대해서는 Dirk van Laak, *Weiße Elefanten. Anspruch und Scheitern technischer Großprojekte im 20. Jahrhundert*, Stuttgart: DVA 1999를 참조하라.
12 Edmund Husserl, *Die Krisis*, 같은 책, 65쪽.

토대를 발견하고 있는데, 합리성이 칸트의 경우에서와 같이 근거가 되어야만 한다는 점이 그 문제점이다. 심리적 존재의 주관성(예컨대 데카르트의 경우 합리성의 원칙으로서의 '신')은 기본적으로 어떻게 전제되는가?

마침내 현대의 인지연구에서도 계속적으로 논의되는, 철학과 심리학의 관계를 규정하려는 이러한 복잡한 문제에 대한 대답을 우리는 다음과 같은 단순화를 통해서 접근하려고 한다. 이론(여기서는 무엇보다도 자연과학적인 이론 형성을 말한다)은 자신의 대상을 구성한다. 말하자면 이론은 주지하다시피 '객관적인' 연구라는 이름으로 드러나지 않게 자신의 선입견을 사물에 적용한다. 이와 반대로 후설은 **직접적 경험**에 도달하고 학문적 행위를 통해 실제적인 **직관**을 얻어내기 위해, 그리고 이와 함께 합리주의적 이원화를 극복하기 위해 **순수기술**(記述)의 차원을 확보하려고 한다. 말하자면 학문의 이상이 존재한다면 그것은 오로지 우리의 생활세계와의 연관 속에서만 가능하다는 것이다. 후설에 따르면 갈릴레이 이래로 선학문적으로 직관될 수 있는 자연이 이상화된 자연, 다시 말해 수학화된 자연으로 대체되었다고 한다. 후설은 '기하학적 방법에 따라서'의 본래의 배경을 회상하기 위해, 즉 단순한 실천 목적에 봉사하려는 측량술의 선기하학적 성과를 회상하기 위해 이러한 발전과정을 다시 맥락화하기를 요구한다.

3. 현상에 대한 작업

후설에 관한 거의 모든 논문이 언급하기를 잊지 않는 것처럼, 후설은 비교적 복잡한 저자로서 1900/1901년에 2권으로 출간된 『논리연구Logische Untersuchung』(그는 여기서 주체와 객체의 관점을 매개하는 상관적인 관찰방식의 방법론적 원칙을 정립했다)뿐만 아니라 유고로 존재하는 대략 4만 페이지의 수고 묶음을 우리에게 남겨놓았다. 이 많은 것들은 잘못 인도된 학문적 결과 때문에 그 의미가 퇴색되었고 그것은 추측컨대 다음과 같이 제기된 질문들에 대해서 결정적인 대답을 주지 못하는 것처럼 보인다. 즉 어떻게 진정한 지각을 되찾을 수 있는가? 현실이 우리에게 점점 더 은폐되어 간다면, 언어는 현실을 어떻게 다시 이해할 수 있는가? **현상**을 위해서, 다시 말해 세계의 매개가 배제될 때 스스로 드러내는 것을 위해서 후설은 그 구성요소로부터 해방된 현실로 돌파해 나가기를 원했다. 현대의 합리화의 성과에 대한 불만은 주관적 경험에 대해서만 관심을 갖게 했던 것이 아니라 '현상에 대한 작업' 속에서 커뮤니케이션의 상황에 대해서도 관심을 갖게 했다. 그러나 매개성에 대한 비판에서 매개의 미디어에 대한 비판으로의 행보가 이루어지지는 않았다.

현상학적 통로는 의식현상에 대한 이해적 기술(記述)로서, 하이데거, 사르트르, 메를로퐁티가 매개하여 데리다에 이르기까지 20세기 정신과학과 문화과학의 단초 중 가장 영향력 있는 단초가 되었다. 대학의 경계를 넘는 현상학의 공명적인 반향은, 인간이 스스로 만든 세계에서 자기 자신을 다시 인식할 수 없다는 것에 대한 반작용을 약속한다는 점에서 비롯되었다. 이러한 희망은 새로운 순수성의 방향으로 향해 갔고, 이로써 '진정한' 현실의 발견이라는 다양한 형태의 유행이 뒤따랐다. 마르크스는 정신의 배후에 있는 경제라는 진정한 현실, 다윈은 역사배후에 생물학이라는 진정한 현실, 프로이트는 문화배후에 충동이라는 진정한 현실을 말한 바 있다.[13]

현상학적 인식론에서 의식이란 항상 **어떤 것**에 대한 의식이다. 이러한 의미에서 의식대상의 존재는 언제나 단지 주관적인 생활세계와의 연관 속에서만 의미와 의의를 가질 뿐이다. 이것은 새로운 정신과학적 자기의식을 표현한다. 이러한 자기 의식은 자연과학적 **설명**에 대립하여 이해의 기획을 따

---

13 Rüdiger Safranski, *Ein Meister aus Deutschland. Heidegger und seine Zeit*, München: Hanser 1994, 134쪽 이하.

른다. 물론 이것은 재발견된 해석학[14]을 지속시켜나가면서 더 이상 단순히 텍스트의 이해에만 스스로를 국한시키지 않았고 이해의 기초이론 속에서 세계와 세계의 현실 일반에 대한 이해를 추구했다. "나는 세계에게 그것의 책을 선사한다"고 야스퍼스[15]에게 말했던 바와 같이, 하이데거는 모든 문학적인 과장된 행동과 현상학적 관용어를 넘어서 이른바 본래성을 심층적으로 파악하겠다는 자신의 의도를 표명했다. 새로운 시대의 시청각성이 학자들의 책세계에 대해서 자신의 존재를 알렸을 때, 말하자면 현실 속에서 고유한 의미를 갖고 독립적인 경향을 띤 미디어현실을 형성하기 시작했을 때 진정한 현실에 대한 물음은 긴박한 것이 되었다. 이것은 결코 우연적인 것이 아니다.

하이데거의 경우와 달리 후설의 경우 지각의 지각적 명증성으로의 전환은 철학적 직관이다. 이러한 철학적 직관은 엄밀한 의미에서 언어로부터의 이탈을 훈련시키는 것이 아니라 철저하게 과학적 체계화의 보편수단을 통해서 서술을 추구하는 것이고 이 수단에 의해 파괴되는 것이다. 루터의 "오직 성경은 그 자체로써 해석된다sola scriptura sui ipsius interpres"에 따르면, 어떤 텍스트가 성경의 경우에서처럼 닫힌 해석공동체에 안에서 총체성을 지닌 텍스트라면 이 텍스트는 스스로에 의해서 해석될 수 있다. 하지만 의식현상의 기술과정에서 비로소 존재하는 텍스트가 어떻게 지속적으로 전개되는 텍스트로서 철학적 연구과정을 표현하는 것이 될 수 있는가? 후설의 방법론적 텍스트, 다시 말해 이른바 철학적 명상의 안내서는 성찰의 필연성을 증명하는 메타차원에 위치하고 있는데, 그 근거는 현상과 존재 사이의 활동공간은 철학적으로 점유되어야만 한다는 사실이다. 그러나 방법론적 안내의 서술에서 탄생하게 될 물질적 텍스트야말로 현상학을 의식현상의 고고

---

14 해석학을 이해에 관한 학문으로 정초한 것에 대해서는 Wilhelm Dilthey, *Der Aufbau der geschichtlichen Welt in den Geisteswissenschaften*(1905~1910), Frankfurt: Suhrkamp 1981을 참조하라.
15 Rüdiger Safranski, *Ein Meister*, 같은 책, 157쪽에서 인용한다.

학으로 입증할 것이다. 그것은 다음과 같은 이유 때문에 문제가 된다. 왜냐하면 순수한 현재를 매개할 미디어가 없음으로 인하여 이 현상학자는 언제나 성공을 거둘 수 없기 때문이다. 그의 텍스트가 주장하는 총체성 요구는 기술된 의식현상의 흐름을 표현한 것에 불과하다. 자프란스키Rüdiger Safranski는 이에 대해서 적합한 은유를 문학에서 원용한다.

"이러한 흐름 속에서 활동하고 있는 체계성의 잔해는 렘Stanislaw Lem의 철학적 공상과학소설 『솔라리스Solaris』에서 일어난 에피소드를 생각하게 한다. 연구원은 오로지 뇌에서만 존재하는 행성을 발견한다. 그것은 하나의 유기적 플라즈마 덩어리이다. 고독하게 우주를 다니는 이러한 뇌는 명확하게 작업한다. 뇌의 표면에는 거대한 형상, 물결, 물줄기가 솟아오르고, 급류와 구멍이 형성된다. 비할 바 없는 수많은 형상들이다. 연구원은 이러한 현상들을 징후로 받아들이고 이 현상들을 읽으려고 시도한다. 거대한 도서관이 생겨나고, 체계, 이름, 개념이 고안된다. 이것은 결국 이 연구원이 이 사태들은 이러한 뇌의 대양의 각 부분에서 반복될 수 없고 비교될 수 없다는 것, 이 사태들은 결코 똑같이 일어나지 않으며 따라서 그 사태들을 확인할 기회가 더 이상 없기 때문에 어떤 개념으로도 그 사태들을 파악할 수 없고 이름을 붙이는 것도 의미 없다는 것을 알게 될 때까지 계속될 것이다. 이러한 앎은 정돈된 사유를 하는 사람에게는 무시무시한 것이다. 인식의 모든 질서형상은 곧 밀어닥칠 파도에 의해 사라질 모래사장 위의 표시일 뿐이다."[16]

---

16 Rüdiger Safranski, *Ein Meister*, 같은 책, 101쪽.

4. 물음을 새롭게 설정하는 하이데거의 시도

후설은 현상학을 '엄밀한' 학문으로, 즉 방법론적으로 명확한 학문으로 발전시키는 과정에서 인간의 자기의식과 세계의식에 관해 더 많은 반성적 명확성을 획득하려는 목표를 세웠다. 이러한 세계는 총체성으로 주어지는 것이 아니라 오직 부분적인 중요성을 가질 뿐이다. 왜냐하면 세계의 존재는 구체적인 현존재에, 다시 말해 인간의 의미지시 유형에 의존하고 있기 때문이다. 이것이 생활세계 개념의 중요한 의미이다. 생활세계 개념 속에서 인간과 세계의 연관관계는 인간의 의식에 의해 구성된 것으로 표상된다. 현실적인 세계이건 가능한 세계이건 그것이 단지 주관적으로 주어지는 것을 통해서만 의미를 갖는 것이라면, 의식과 경험은 이제 더 이상 극복될 수 없는 대립을 형성하지 않는다.

오늘날의 구성주의는 지각, 관찰, 인식을 현실의 주관적 구성요소로 탈신비화하는 시도를 하고 있는데, 이러한 구성주의와 반대로 현상학에서는 (그 자체적으로 명확한) 의식대상이 의식 자체에 영향을 미치는 방식이 중요한 것이다. 말하자면 매개성 자체가 중요하다. 이것은 익숙하지 않은 새로운 방향설정이고 현상학의 맥락에서 볼 때 현대적인 방향설정이다.

하이데거의 경우 현상학은 이른바 **기초존재론**의 형태로 계속해 발전되어 나갔다. 여기서는 후설이 진단했던 사물과 이 사물의 주관적·생활세계적 전제 사이의 차이, 다시 말해 객관주의와 선험주의 사이의 차이가 진리 물음과 관련해 더 극단화되었다. 이때 중요한 것은 인간이 '현존재'라는 구체적인 모습으로 있다는 점이다. 세계는 현존재의 형식에서 인간에게 드러나는데, 이 현존재의 형식은 철학적으로 인상적인 방식 속에서 분석되었다. 이 분석에서 드러난 것처럼, 생활세계 개념을 대체한 '현존재'는 결핍되어 있는 것으로 표상되었다. **사태 자체로**zu den Sachen selbst라는 후설의 반성적 운동과 유사하게, 하지만 이로부터 다시 벗어나면서 하이데거는 현존재의 많은 통속적이고 일상적인 계기들을 철학적 사유 안으로 끌어들였고 이를 통해 인간인식의 본질과 보다 상위에 있으며 시간을 초월해 있는 존재를 파악하기를 원했다. (이미 후설의 경우에서처럼) 인식에 앞서 존재하는 것은 이해와 행위이고 이것은 반성적으로 의식될 수 있는 것이다. 모든 것의 연관의 총체성 속에서야 비로소, 다시 말해 자프란스키가 말한 바와 같이 우연성의 쇼크 속에서야 비로소 온전한 현존재의 표상이, 하이데거의 어법으로 말하면 **본래성**Eigentlichkeit의 표상이 생겨나게 된다.

이러한 분석의 형식은 비교적 독창적인 것이다. 하이데거의 구상에 대해서는 많은 글들이 나왔다. 이 철학자는 20세기의 철학적 담론에 대단한 영향을 미쳤지만 현재 그러한 영향은 퇴색되었다. 하이데거의 용어와 어법에 거리를 두고 있다 할지라도, 대체로 그의 철학의 기본사유는 현재의 커뮤니케이션 및 미디어이론의 담론 속에서 현존하고 있다. 그의 통속적이지 않은 형식에서 나타나는 반인간주의적 사유가 그것이다. 말하자면 하이데거는 형이상학의 극복이라는 이름 하에서 현상학의 의식철학적 토대로부터 체계적인 거리를 두려고 시도했고, 자유롭게 표현한다면 사물의 **본래** 의미라고 불릴 수 있는 것, 또한 후설에서처럼 망각되고 억압된 전학문적 이해와 관련된 것이 자신의 권리를 획득하도록 시도했다. 여기서 다시 한번 언어가 핵심적인 것이 된다. 그러나 여기서 언어는 나와 세계 사이의 매개자도 아니고 전달미디어도 아니다. 언어는 나 자신이나 세계가 해명되는 척도가 아니라 '타자Anderes'가 해명되는 척도이다. 이것은 어떤 미학적인 희망과 유사한 것이다. 거의 철저하게 도구화된 세계 안에서 시적인 것(특히 언어적인 예술작품)을 숙고하는 일이 이 철학의 독특한 특징인 것이다.[17]

---

17 여기서 아도르노의 "비동일적인 것"과 같은 철학적 구상과의 유사점이 분명하게 나타난다고 강조해야만 할 것이다. 이에 대해서는 Theodor W. Adorno, *Negative Dialektik*, Frankfurt: Suhrkamp 1966을 참조하라. 주관주의적으로 시작된 해방의 희망에 대해서 대안을 찾으려는 노력은 하이데거를 매혹시켰지만 또한 그가 정치적으로는 많은 문제점을 낳게 만들었다. 해

이러한 해석에서 존재에 '비본래적인' 존재자가 대립해있음에도 불구하고, 하이데거의 경우 이러한 사유는 시대비판적 진단의 이유들로부터만 발전된 것이 아니다. 하지만 그의 텍스트에서 표현된 것은 근대의 과학기술적 합리성에 대한 대안적 형식에 대한 동경이다. 이미 현상학에서처럼, 이러한 철학적 단초의 상황은 '진리'를 표현하는 것을 약속한다. 이 진리는 당대의 정치적·경제적 위기로 인해 불안해하는 인간들에게 근본적인 규정성을 약속할 뿐만 아니라 점증하는 모든 경험의 통속화에 직면하여 근원적인 직접성으로의 회귀도 약속한다. 하이데거의 경우 예컨대 『존재와 시간Sein und Zeit』이란 작품의 '세인'에 대한 분석에서처럼 '비본래성'의 형식이 논의가 된다면,[18] 이때에는 미디어에 의해 분화된 민주주의적 공론장이 함께 사유되어야만 한다.

세계에게 그 진리를 되돌려준다는 철학적 약속에 이렇게 귀 기울이는 수용태도는 현실을 밀어제치면서 새롭게 탄생한 미디어현실 때문에 비로소 생겨났다. 하이데거의 경우 이 진리는 모든 토착적이고 시골적이고 지방적인 것에 대한 기이한 친화성 속에서 표현되고 있다. 시간을 초월해 있는 자연(존재)과 인간의 우연적인 문화적 성과물(존재자) 사이의 깊이 갈라진 틈은 그 자체가 테마가 되었다. 이때 역사적으로 형성된 현존재의 형식을 넘어서 진리가 존재하리라는 환상은 이미 파괴된 상태이다. 진리가 우연적인 것이라면, 다시 말해 진리가 문명의 발전사 속에서 자신의 고유한 역사를 가진다면(이것은 비코에서 시작하여 딜타이까지 논의되었던 입장이다), 형이상학에 대한 투쟁은 타당한 것이다. 형이상학은 최종의 의미연관으로서 세계의 모든 우

방의 희망의 배는 계몽주의적 교양이념의 지속성 속에서 완전한 자기 투명성과 포괄적인 진리 획득을 담보로 해서 역사의 주체들을 가득 실었다. 특히 새로운 방식으로 현실을 규정하는 미디어를 고려하면서 이러한 희망들이 어떻게 서서히 문제시되었는지는 많이 연구되었다. 이에 대해서는 예를 들어 Gianni Vattimo, "Die Grenzen der Wirklichkeitsauflösung", in: Vattimo/ Welsch(Hg.): *Medien-Welten Wirklichkeiten*, 같은 책, 15쪽 이하를 참조하라.
18 Martin Heidegger, *Sein und Zeit*, 같은 책, 127쪽 이하.

연성에 앞서 있으며 더 이상 환원될 수 없는 최종의 불변성을 요구하기 때문이다. 그렇다면 철학적 비판의 차원에서나 아니면 몰락의 논리 속에서 현실을 기술하는 것만이 남게 된다.

5. 이차적 세계에 대한 비판

인식론적인 본질적 환원을 통해 모든 지식을 의문시하는 현상학의 출발점을 다시 생각해 보자. 여기에서는 주관적 진리의 형태에서 순수현상의 현재에 대한 강조가 객관적 현실의 해석을 위한 모티브로 나타난다. 무엇이 현실인가? 스스로 현실로 드러난 세계인가? 아니면 인간이 현실로 드러낸 세계인가? 이러한 연관을 형성시키는 기술과 문화와는 어떤 관련이 있는가? 근대 세계는 '비본래성'의 상황에 처해 있는데, 이러한 비본래성의 상황은 플라톤의 동굴의 비유와의 관련 속에서 다음과 같이 해석될 수 있다. 우리는 원본적인 것과 현실적 대상들 대신에 더욱 더 모사나 재현과 관련을 맺을 수밖에 없다는 것이 그것이다.[19] 이러한 베일을 뚫고 나가 진정한 현실에 도달하는 것에 성공할 수 있을까?

가상에 사로잡힌 사람들에게 이러한 진정한 현실의 이념을 가져다주는 사람이 대안적 모델을 제시하지 않는다면, 그는 사랑받지 못할 것이다. 플라톤은 동굴 벽 그림자의 가상에 대항하여 이데아의 절대성을 설정했다. 하이데거는 인간으로부터 독립해 있는 진리의 이상주의를 무조건적으로 선언하지 않고 본래성을 선언한다. 이 본래성 안에서 존재는 인간에서 세계로 그리고 세계에서 인간으로의 운동으로 드러난다. 이것은 예컨대 예술이나 위대한 시에 해당되는 경우이다. 여기서 진리는 어떤 절대적인 것이 아니라

---

19 하이데거의 플라톤 해석에 대해서는 Safranski, *Ein Meister*, 같은 책, 253쪽 이하를 참조하라.

어떤 해석연관을 의미하고 있으며, 이 해석 연관 속에서 세계는 열리게 되나 최종적인 것까지 결정론적으로 드러나지는 않는다. 바로 이러한 점 때문에 하이데거적인 사유형태의 매혹적인 성격은 포스트구조주의의 이론형성에까지 영향력을 미쳤던 것이다.

그러나 본래성이라는 은유의 근본사유는 이차적 세계에 대한 비판의 사유로 존재한다. 이러한 철학이 얼마나 커다란 시대의 충격에서 탄생했는지(이 철학에게는 외적으로 존재하는 모든 것이 아류적인 것이나 퇴폐적인 것으로 현상했다)는 하이데거가 초기에 국가사회주의에 참여했다는 점에서 알 수 있다. 이 철학자는 국가사회주의의 정치적 출발에서 존재의 본래성이 등장하는 것을 보기를 원했다.[20] 아마 이 때문에도 정치적으로 소박하고 기초이론상으로 그릇된 것이라고 할 수 있는, 사회적인 것의 점차적인 무시가 이 철학에서 초래되었을 것이다. 하이데거의 '세인' 분석은 거부 속에서, 아니 거의 분노 속에서 다음과 주장했다. 동시대의 담론에서 특정한 판단형성의 틀이 관철되었는데 인간과 세계 사이의 운동을 방해하는 공론장이 그것이라는 것이다. 하이데거는 인간과 세계 사이의 운동을 본래성의 산출을 위해 중요한 것으로 생각했다. "공론장은 모든 것을 은폐시키고 이러한 위장된 것을 친숙하고 누구에게나 통용되는 것으로 제시한다."[21] 어떠한 방식으로 세계와 현존재가 해석되어야 하는지를 지속적으로 통제하는 것이 공론장('미디어'는 1920년대에는 아직 보편적으로 사용되는 용어가 아니었다)이라는 것이다. 하이데거가 조소하면서 언급했던 것처럼, 공론장은 모든 권리를 갖고 있다. 왜냐하면 공론장은 본질적인 것을 목표로 하지 않고 '사태 자체'를 다루지 않기 때문이라는 것이다. 여기서 공론장은 하나의 이념이나 텍스트의 출판을 의미하는 것이 아니라 민주적으로 산출된 여론을 뜻한다.[22] 공론장의 이상

---

20 이에 관한 논쟁에 대해서는 Frank Hartmann, *Denker Denken Geschichte*, 같은 책을 참조하라.
21 Martin Heidegger, *Sein und Zeit*, 같은 책, 127쪽.
22 하이데거는 자신의 책인 『존재와 시간』과 관련해서뿐만 아니라 반성적으로 명확히 드러내

으로서의 **모든 사람**의 합의는 철학적 사안이 아니다. 철학적 사안은 공론장이 모든 것을 동일화 속에 종속시키고 모든 사람에게 통용되게 하고 이렇게 단순한 '잡담'을 만듦으로써 모든 것을 어둡게 만들 뿐이라는 의심을 강조하는 데 있다.

사람들은 진단의 차원에서 이러한 생각에 전적으로 동의할 수 있을 것이다. 왜냐하면 예컨대 정치나 경제는 공공의 담론미디어에서 표현되는 것처럼 그렇게 실제로 기능하지 않기 때문이다. 이러한 독해는 결국 하이데거 철학의 성공에 많은 기여를 했지만 이러한 소박한 독해는 별로 얻을 것이 없는 것이다. 여기서 흥미로운 것은 누군가 미디어환경이나 공론장에 의해 지배된 세계의 도처에서 뚜렷이 나타나는 가상을 폭로했다는 데 있는 것이 아니라 사회의 실재적인 커뮤니케이션 관계가 인간과 세계 사이의 또는 현존재와 존재 사이의 '근원적인' 대응관계 때문에 완전히 사라졌다는 데 있다. 인간과 세계의 관계에서는 어떤 목적이 존재하는데, 하이데거의 경우 이 목적은 개방성Offenheit이나 세계개방성Weltoffenheit을 뜻하는 것이지 공론장Öffentlichkeit을 뜻하지 않는다. 이 철학의 엘리트적인 기본성격은 다른 곳이 아니라 바로 여기에서 선명하게 드러난다. 공론장은 인식에 적합한 미디어도 아니고 올바른 물음에 적합한 미디어도 아니다. 하이데거의 **본래성** 개념은 바로 **공론장** 개념과 대립되는 개념이다. 그는 원본성Authenzität의 환상을 따른다. 이 원본성은 세계에 대한 조망에서 어떤 미디어현실로부터도 영향을 받지 않으려 하고 결국 간접성의 압력으로부터 간단하게 벗어나 있다.

는 행위인 철학의 개방성과 관련해서도 철학적 표현형식인 책에 대해서 많은 어려움을 갖고 있었지만 그럼에도 불구하고 그는 공론영역에 대해서 혐오감을 갖고 있지는 않았다. 하지만 1923년의 편지에서 나타난 교양시민에 반대하는 언급, 즉 "나는 세상의 책들과 가식적인 잡담을 내버려두고 어린 청년들을 구하고자 한다. (……) 그들은 한 주 내내 '인쇄물'에 빠져 있을 것이다 (……)"(Martin Heidegger, "an Karl Jaspers, Safranski, *Ein Meister*, 같은 책, 157쪽에서 인용한다)와 같은 언급은 10년 후에 일어난 베를린 나치주의자들의 중앙통제적인 분서(焚書)행위와의 관련 속에서 논의되어야 할 것이다.

이것은 하이데거가 이미 자신의 철학에서 정치적인 중대한 함의 속에서 사회적인 것의 모든 범주를 제외시켰던 것과 동일한 실수이다. 그 결과 언어는 커뮤니케이션적 관점에서가 아니라 실체주의적 관점에서 파악되었다. 그렇기 때문에 하이데거의 철학적 동료였던 야스퍼스는 이러한 사유를 '예속된', '독재적인' 등과 같은 형용사를 붙여 표현했고 또한 '커뮤니케이션이 없는 것'으로 간주했다.[23]

6. 존재와 현존재 사이에서 : 언어

그러나 우리는 이 사안에 아직 잠시 머무르기로 한다. 왜냐하면 커뮤니케이션에 적대적이고 반인간주의적 철학이라고 도덕적으로 판단하는 것은 경우에 따라서는 미디어철학의 관점에서 소득이 되는 어떤 잠재력을 감추어 버릴 수도 있기 때문이다. 그렇다면 이 철학자가 현재의 미디어이론적인 담론에서 거의 지속적으로 인기를 누리는 것은 어떻게 설명될 수 있는가? 따라서 우리는 하이데거의 언어철학에 대해 물을 것이고 또 이러한 연관 하에 기술이 커뮤니케이션과 관련해 중요한 역할을 하는 경우에 한해서 기술에 대해서도 물을 것이다.

우선 커뮤니케이션 개념은 전혀 중요한 역할을 하지 않는 것처럼 보인다. 특히 상호주관적 차원에서 그러하다. 왜냐하면 하이데거의 경우 어떤 사태가 자신을 드러내는 것Sich zeigen이 사실이나 사태에 대해서 말하는 것 Sprechen über보다 훨씬 더 고귀한 역할을 하기 때문이다. 따라서 공론장에 대한 논의에서 이미 등장한 바와 같이 하나의 사태에 대해서 자세히 보는 것

---

23 1945년 12월 22일의 하이데거에 대한 야스퍼스의 소견서에 대해서는 Hugo Ott, *Martin Heidegger. Unterwegs zu seiner Biographie*, Frankfurt: Campus 1988, 316쪽을 참조하라.

Hinsehen auf이 동일한 사태에 대해서 상호이해하는 것Sich verständigen über 보다 철학적으로 볼 때 훨씬 의미 있는 것으로 간주된다는 점을 추측할 수 있다.[24] 이러한 엘리트적이고 반민주주의적인 진리해석은 하이데거에게서 매우 분명하게 드러나고 있는데, 이러한 진리해석은 커뮤니케이션이론적으로 볼 때 매우 중요한 다른 구상에 의해 가로막힌다. 이 구상을 제안한 인물은 이 철학자에게 지성적으로나 감정적으로 아주 가까이 존재했던 사람이었기 때문에, 이 사람의 이론은 전적으로 대립적인 고안으로 읽혀질 수 있다.[25] 말하자면 한나 아렌트는 자신의 정치철학을 통해 하이데거가 인간과 세계 사이의 관계에 대해서만 집중했던 바로 거기에서 상호주관성의 힘에 기대를 걸었기 때문이다. "그녀는 진리를 탈은폐성Unverborgenheit으로 고안하는 것을 출발점으로 삼는다. 그러나 그녀는 하이데거처럼 진리의 생기가 특히 인간과 사물의 관계 속에서 일어나도록 하지 않는다. 그녀는 진리의 생기를 인간들 사이에서 발견한다."[26] 하이데거의 경우 존재의 열림Lichtung은 세계에 전통의 억압으로부터 해방된 개방성을 주는 것인데, 아렌트는 이러한 존재의 예사롭지 않은 열림의 자리에 민주주의적으로 만들어진 공론장을 놓는다. 한쪽에서는 존재의 대사제가 존재의 흔적을 존재자 속에서 해독하고, 다른 한쪽에서는 정치적 박해에 의해서 예민해졌을 시대진단학자가 칸트의 공론영역이 지닌 해방적 잠재력을 철저하게 정치적인 의미에서 해석한다.[27]

이미 말한 바와 같이 하이데거는 미디어에 대해 논의하지 않는다. 그렇다

---

24 실제로 사르트르는 하이데거를 읽고 나서 커뮤니케이션이 시선("타자의 등장")으로부터 시작하게 만들었다. 이에 대해서는 Jean Paul Sartre, *Das Sein und das Nichts. Versuch einer phänomenologischen Ontologie*(1943), Hamburg: Rowohlt 1980, 338쪽 이하와 478쪽을 참조하라.

25 Hannah Arendt, *Vita Activa, oder Vom tätigen Leben*, München: Piper 1981.

26 Rüdiger Safranski, *Ein Meister*, 같은 책, 438쪽.

27 하버마스는 정체되어 있던 이러한 논의의 갈래를 새롭게 작업하면서 분명하게 아렌트의 후계자를 자처하고 있다. 이에 대해서는 Habermas, *Theorie des kommunikativen Handelns*, 2Bände, Frankfurt: Suhrkamp 1981을 참조하라.

면 존재와 존재자의 상황에서, 인간과 세계의 상황에서 언어는 어떠한 형태로 있는가? 하이데거가 언어에서 몇 가지 주목해야할 부분을 강조했던 것은 의심의 여지가 없다. 말하는 것은 인간에게 자연적인 것이다. 그러나 언어는 인간의 말하기 속에서 전부 규명되지는 않는 방식으로 **사건적으로** 일어난다. 이에 대해서는 이미 훔볼트가 주의를 환기시킨 바 있다. 언어가 인간에 대해 폭력을 행사하고 있다는 그의 주장을 생각해보자. 여기서 인간이 말을 한다는 것은 언어가 인간을 말한다는 주장에 의해 언제나 보완될 수 있다는 것이다. "이와 같이 생각하면, 인간은 언어의 한 약속일 것이다."[28] 인간은 말하는 자로서 말하기에 속한다. "그러나 인과관계의 형태로서만 그러한 것은 아니다." 하이데거는 깊은 사유 속에서 자신만의 독특한 용어를 사용해 훔볼트의 생각을 수용하고 있을 뿐만 아니라 언어의 독립성을 강력하게 지지함으로써 훔볼트의 생각을 보충하고 있다.[29] 언어를 '존재의 집Haus des Seins'으로 간주하는 이러한 기이한 말은 반커뮤니케이션적인 언어 개념을 강조하고 있다. 이 언어 개념은 사회성을 '전달공동체Mittteilungsgemeinschaft'(후설)로 분석하는 현상학의 뿌리로부터 완전히 벗어나 있다.

그 대신에 '시작(詩作)'과 '사유'를 통해서 성찰된, 인간적 본성과 대상적 본성의 대립 상황은 순환적인 폐쇄회로의 영역에서 언어를 객관화한다. 하이데거의 길과 관련된 표현에 따르면, 이것은 "언어를 언어로써 언어로 가져가는 것이다."[30] 여기서 언어는 미디어적인 관점에서 파악된 것이 아니라 완전히 실체주의적인 관점에서 파악되었다. 언어는 전달Mitteilung이 아니라 '응답Entsprechen'이다. 이것이 의미하는 것은 우리는 실제적으로는 말하는 것과 아무런 관련이 없다는 것이다. 왜냐하면 응답이나 사유가 '진정한 행

---

28 Martin Heidegger, "Die Sprache", in: Martin Heidegger, *Unterwegs zur Sprache*, 같은 책, 14쪽.
29 Martin Heidegger, "Der Weg zur Sprache", in: Martin Heidegger, *Unterwegs zur Sprache*, 같은 책, 250쪽.
30 앞의 책, 242쪽.

위'로서 말하기에 앞서 있기 때문이다. 언어는 단순한 표현기능을 넘어서 "원초적인 차원을 뜻한다. 그 안에서 인간존재는 비로소 존재와 존재의 요구에 응답하고 이 응답 속에서 존재에 귀속될 수 있다"[31]는 것이다. 이러한 수수께끼 같은 용어의 사용을 포기한다면, 언어에 앞선 사유행위의 관찰을 통해서 다만 다음과 같은 것이 밝혀질 것이다. 여기 고독한 성찰 속에서는 아마 '무엇인가'가 일어날 것이라는 점(사유가 존재의 본질을 언어로 가져감으로써 존재자 안에 존재가 찾아온다)과, 인간들은 결코 커뮤니케이션하지 않을 것이라는 점이 그것이다. 이 철학자는 언어, 말하기, 시작(詩作)에 대한 논의를 통해서 언어의 역할을 다음과 같은 형태로 극단화한다. 인간은 "그가 알건 모르건 상관없이 언어 속에서 자기 현존재의 진정한 거주를 하게 된다"는 것이다. 그러므로 엄밀한 의미에서 인간을 위해서 언어가 있는 것이 아니라 언어를 위해서 인간이 있는 것이다.[32]

이러한 사유는 더욱이 일상적인 전달목적의 차원에서도 언어의 기능화에 맞서 대항하고 그리고 근대기술에 의한 이른바 언어의 도구화에 맞서 대항한다. 문화는 언제나 이미 언어의 상실이고 오로지 시작(詩作)만이 희망을 줄 뿐이다. 그렇기 때문에 하이데거의 경우 언어적 코드로서의 언어 이외에 다른 문화적 코드를 동의하는 것은 불가능하다. 언어를 과학적 연구의 대상으로 삼고 상세하게 규정하는 것 속에서 언어의 불가피한 탈아우라화가 일어난다. 언어 속에서 경험을 만드는 것, 그리고 이로써 언어를 '존재하게 하는' 것, 말하자면 시적인 경험을 만드는 것은 언어에 대한 과학적 연구보다 높은 가치를 갖고 있다. 후자는 '메타언어'로 불리는 것의 형성을 목표로

---

31 Martin Heidegger, "Die Kehre", in: Martin Heidegger, *Die Technik und Kehre*, Stuttgart: Neske 1962, 40쪽.

32 Martin Heidegger, "Das Wesen der Sprache", in: Martin Heidegger, *Unterwegs zur Sprache*, 같은 책, 159쪽. 같은 책 196쪽의 다음의 문장을 참조하라. "언어가 건네는 말에 응답하고 또한 말을 하는 언어를 위해 쓰이는 한에서만 인간은 인간이기 때문이다."

하는데, 이것은 하이데거의 경우 언어의 도구적 표상으로서 언어의 본질에 대한 배반이다. "메타언어의 형성을 목표로 하는 과학적 철학은 일관되게 스스로를 메타언어학으로 이해한다. 이것은 형이상학처럼 들린다. 이것은 형이상학처럼 들릴 뿐만 아니라 또한 그렇게 형이상학으로 **존재한다**. 왜냐 하면 메타언어학은 모든 언어를 일반적인 기술을 적용해 행성 간의 기능적 인 정보전달수단으로만 만드는 형이상학이다. 메타언어와 인공위성, 메타언 어학과 로켓기술은 동일한 것이다."[33]

기술화에 대항하는 감정은 이것으로서는 물론 너무나 단순하게 이해되었 다. 하이데거는 언어에 대한 과학적 연구를 통해서 정보수단의 혁신을 추구 하자는 요구에 대해서는 반대하고 있지만, 언어에 대한 과학적 연구에 대해 서 기본적으로 반대하는 것은 아니다. 그러면 그에게 근대기술에 의해 나타 난 언어의 상실을 유달리 주제화하도록 만든 것은 무엇인가? 달리 묻는다 면, 그의 단초는 언어에 의해 매개된 현재의 현존재의 '커뮤니케이션 없는' 형식에서 기술과 경험이 어떻게 서로 조건짓는지를 잘 개념화할 수 있는 수단을 우리에게 제공하고 있는가?

대답은 이중적인 의미를 가진다. 우리가 사유의 미디어기술적 아프리오 리가 사유 가능성의 조건으로서 명확하게 밝혀질 수 있는지를 알기를 원한 다면, 언어에서 경험을 만드는 것은 언어를 매개로 무엇인가에 대해서(언어 자체에 대해서도) 연구를 하는 것과 다른 차원을 지닌다는 생각을 가져야 한 다. 근대 기술을 '단순한 인간의 행위가 아닌 어떤 것'으로서 분석하는 것[34] 과 관련해서 볼 때 하이데거의 반인간주의적 단초는 그의 완고함 속에서 지속적으로 작용한다. 이것은 현대의 커뮤니케이션의 영역에서의 양 영역 의 붕괴, 즉 기술과 언어의 붕괴와 관련해 희망의 태도를 부채질하고 있다.

---

33 앞의 책, 160쪽.

34 Martin Heidegger, "Die Frage nach der Technik", in: Martin Heidegger, *Die Technik und die Kehre*, Stuttgart: Neske 1962, 18쪽.

7. 언어기계, 언어의 파괴

이 철학자는 여러 산재하는 언급들 속에서까지도 이러한 현대의 커뮤니케이션상황을 무시했다. 물론 그는 글쓰기기계(타자기)뿐만 아니라 완전한 '말하기기계'가 우리 삶 속에서 자리를 잡을 것이라는 점을 놓치지 않았다. 인간의 모든 영역에서 확산되고 있는 기술은 사유와 현실이 서로 만나는 언어에서 작동한다. 우리가 우선적으로 타자기를 통한 언어와의 기계적 교류에서 비롯되는 편익만을 생각한다면, 기술적인 지배의 환상으로 인하여 기계가 언어를 지배하기 시작했다는 점을 간과할 수 있다. 이로써 기계는 앞서 말한 언어기계가 된다. 하이데거의 경우 언어는 원본적인 존재관계를 갖고 있고 우리는 그 존재관계에 대해서 주권적으로 행동할 수 없고 그 반대로 그것에 의존하고 있기 때문에, 언어기계는 인간존재를 종속시킬 것이다.

그러고 나서 '담론기계'나 더 나아가 '사유기계'로 기능하는 언어기계 같은 미디어의 위협은 인간 현존재에 대한 절대적인 위협이 된다.[35] 하이데거는 언어기계라는 개념에서 원본적인 존재관계를 가로막는 모든 기술적인 것을 압축해 형상화한다. 언뜻 보면, 그가 예컨대 철학자 헤겔의 동시대인으로서 알레만의 방언시인이자 신학자인 헤벨Johann Peter Hebel에 대한 논의에서와 같이 특히 자신의 후기 저작들의 주변부에서 현대의 기술미디어를 다루고 있는 것은 기이하게 보인다. 그는 이 시인이 자신의 언어적 순수성 속에서 아직 기술적 합리성과 접촉되지 않은 것으로 보고 있다. 따라서 그의 언어 속에서 '인간의 보다 원천적인 거주'가 드러난다는 것이다. 이와 같이 하이데거의 경우 토착민의 이데올로기가 뚜렷하게 나타난다. 언어의

---

35 이러한 시각에서 하이데거 번역자인 하임은 퍼스널 컴퓨터가 워드프로세서(Wordprocesser)로서의 가장 많이 사용되는 기능 속에서 은밀한 소프트프로세서(Thoughtprocesser)가 될 것이라고 해석한다. 이에 대해서는 Michael Heim, *The Metaphysics of Virtual Reality*, Oxford Univ. Press 1993.

역사적으로 성장한 형식을 고려할 때(그는 이 형식을 모국어라고 지칭했다) 말하는 인간보다 언어에 우선권이 부여되어야만 한다는 것이다. 이 우선권은 종속의 차원에서 주체의 역할을 정의한다. "본래 인간이 말하는 것이 아니라 언어가 말한다. 인간은 언어에 대해 응답하는 그때마다의 경우에 한에서 비로소 말을 한다."[36] 우리는 이미 이러한 진단을 알고 있다. 그러나 하이데거는 여기서 자신의 관찰에 새로운 전환을 주고 있다. 그의 견해에서 볼 때 숙명적인 것은 언어를 '정보의 도구'로 생각함으로써 언어를 오해한 것이다. 일상적인 '말하기와 글쓰기'의 실천들은 더욱 더 빠르게 더욱 더 익숙해져간다. 결국 '계산기의 구성을 통해' 마침내 언어기계가 실제로 현실화될 것이라는 위협이 놓여 있다.

이것은 무엇을 의미하는가? 하이데거는 스스로가 **말하는** 기계라고 부른, 위험하지 않은 미디어의 형식을 알고 있다. 예컨대 저장 및 전달기계나 인간의 말을 증폭시키는 미디어가 그것이다. 이러한 것들은 자신의 계획에 따라 언어에 실제적으로 개입하지 않는다. 하지만 실제적으로 계산하는 기계나 언어기계는 다르다. 이것은 "기계적인 에너지와 기능으로부터 이미 우리의 가능한 언어사용방식을 통제한다. 언어기계는 현대기술이 언어의 유형과 세계를 그러한 것으로서 다루는 방식이고 그리고 특히 앞으로 그러한 방식이 될 것이다." 이와 같은 비교적 빈약한 표현은 1950년대와 1960년대 기술담론이 철학담론을 대체하는 경향의 오만에 대한 비판으로 평가될 수 있다. 하이데거가 여기서 기록한 것은 과학적 담론의 사이버네틱스적인 모델의 도입에 의해 철학적 해석의 고귀함이 상실될 것이라는 위험이다.[37] 이

---

36 Martin Heidegger, *Hebel. Der Hausfreund*(1957), Pfullingen: Neske 1991, 26쪽.
37 1960년대에 르페브르(Henri Lefebvre)는 철학이 메타언어를 서술할 수 있는지의 물음을 보다 명확하게 제기했는데, 하이데거를 자세히 인용하면서 이 물음에 대해 부정적으로 대답했지만 과학주의적 오만을 넘어서 있는 "새롭게 등장할 정보이론"에 대해서는 환영의 태도를 취했다. 그 이유는 사이버네틱스는 이론형성의 구성적 계기를 투명하게 만들기 때문이다. 이에 대해서는 Henri Lefebvre, *Metaphilosophie. Prolegomena*(1965), Frankfurt: Suhrkamp 1975, 281쪽

것은 거의 성공에 대한 전망 없이 벌이는 퇴각전이다. 실재와 본래성 사이의 틈은 뚜렷하게 벌어졌다. 그 밖에 저지될 수 없는 것은 단지 체념적으로 기록될 뿐이다. "그 사이에 인간이 언어기계를 통제하는 것처럼 보이는 인상을 표면적으로는 받았다. 그러나 언어기계가 언어를 작동시키고 이로써 인간의 본질을 통제하는 것이 진실일 것이다."[38]

이러한 진단이 요구하는 '심층성'은 마치 그의 철학적 단초가 미디어를 다루고 있는 것처럼 보이게 만든다. 그러나 오히려 여기서 나타나는 것은 문제가 많은 회피의 전략이다. 미디어가 단지 인간언어의 증폭기로서만 나타나거나 또 그릇된 방식의 상호이해수단으로서 받아들여지기 때문에, 이 철학자는 '통상의 관계와는 다른 관계'가 존재한다는 점을 주장하기만 하면 된다. 이를 통해서 그는 언어적 요소보다 더 많은 요소로부터 존재하는 미디어현실을 실제적으로 다루려는 문제의식을 없애버린다. 의미는 암시를 해체한다. 남아 있는 것은 몰락의 논리이다. 이 논리는 과거의 상황을 현재에 투사함으로써 현재가 스스로에 대해서 주장하는 탁월성을 이 현재로부터 박탈하려 한다.[39] 하이데거의 '언어로 가져감'은 이제 기계에 의해서 실행될 수 있는 것인데, 이 '언어로 가져감'은 토대주의를 감추고 있다. 한편, 이 토대주의는 일찍이 정보이론적 물질주의(키틀러)로의 도주를 암시하고 있다. 기계는 존재에게 보다 나은 커뮤니케이션을 제공하지 않는다. 왜냐하면

이하를 참조하라.

38 Martin Heidegger, *Hebel. Der Hausfreund*, 같은 책, 28쪽. 하이데거가 인용하는 바와 같이 헤벨은 달을 가족의 벗으로 지칭했다. 왜냐하면 달은 "우리 지구의 최초의 달력 편찬자"였고 계속하여 아직도 "다른 사람들이 자고 있을 때 야간 파수꾼"이기 때문이다. 이것은 하이데거의 고유한 파수꾼 역할에 대한 암호화된 진술로서 이해될 수 있을 것이다. 하이데거는 계속하여 자신의 관찰 속에서 달빛과 태양빛이라는 은유를 통해 언어와 존재 간의 관계에 있어 유사점을 분명하게 드러냈다. "달은 빛을 우리 가까이로 보낸다. 그러나 달이 가져 온 빛은 그가 점화한 것은 아니다. 그 빛은 반사된 빛이고 달이 이전에 자신의 태양으로부터 받아들인 빛이다. 태양의 빛은 동시에 지구를 비추고 있다." 앞의 책, 16쪽.

39 앞의 책, 26쪽을 참조하라. "우리의 언어가 언제가 말했던 것, 그 고갈되지 않는 유물은 점점 더 망각 속으로 가라앉는다."

존재는 전혀 커뮤니케이션하지 않기 때문이다.

하이데거의 핵심어는 언어의 파괴이다. 이로부터 그는 자신의 섬세한 공장파괴운동을 확장해 나간다. 이 철학자는 앞에서 언급한 언어기계와의 연관 이전에 이미 타자기에 관한 잘 알려지지 않은 짧은 구절에서, 스스로 언어의 영역에 기계 장치의 들이닥침이라고 불렀던 것을 다루고 있다.[40] 여기서 우선은 인류의 발전과정에서 나타난 미디어기술의 단절에 대한 회상이 일어난다. 기록은 말하는 사람으로부터 표현을 분리시킨다. 문자가 없는 '구술적 환경'에서만 말로 행위할 수 있을 것이다. 언어적 표현은 비로소 문자가 사용됨으로써 이러한 자연적인 맥락에서 벗어났다. 이를 통해 완전히 독특한 유형의 새로운 맥락성이 근거를 가졌다. 특정한 역사적 순간에 독립적으로 된 문자는 말하는 사람에 대해 일정한 자율성의 권리를 요구했고 그렇게 초월성의 생성을 가능하게 했다.[41] 자연적인 지각처리는 이제 귀를 통해서보다는 더욱 더 빈번하게 눈을 통해서 일어난다. 물론 수백 년 동안 글을 쓴 것은 손이다. 하이데거의 경우 손은 '인간의 본질의 최상의 표시'이다. 따라서 필사본은 기계보다 더 본질적인 연관을 만들어낸다. 문자는 필사본으로서는 언제나 아직 인간의 표시이다. 이때 쓰여진 말은 존재와 인간 사이의 중심적인 연관 장소를 나타낸다. 기계적 표시의 출현에 의해서 이 연관에는 '하나의 전환'이 '일어난다'. 근대의 인쇄기가 글자체를 설정하고 설정된 글자체를 누르자마자 '문자의 속성' 안에 있는 언어기호의 연관은 사라지고 만다. 이러한 설정과 누름은 글쓰기의 본질에 폭행을 가하는 것이다. 글쓰기의 본질은 존재연관을 만들어내는 데 있다. 문자는 기계문자에 의해서 자신의 '본질적 근원Wesensursprung'으로부터 벗어나게 된다.

---

40 Martin Heidegger, Parmenides, Vorlesung 1942/43. Friedrich Kittler, *Film, Grammophon, Typewriter*, Berlin: Brinkmann, 290쪽 이하에서 인용한다.
41 여기서 다시 한번 겔너의 "탈육체화된 단어"에 관한 분석이 지시될 것이다. 이에 대해서는 Ernest Gellner, *Pflug, Schwert und Buch*, 같은 책, 82쪽 이하를 참조하라.

언어기호에 대한 기계기호의 지배는 **기호의 상실로 나아가는 첫 번째 행**보이다. 이에 대해서는 타자기가 책임이 있다. 책인쇄와 기계문자의 장점들은 기술이 강요하고 있다는 것, 말하자면 우리가 기계를 체념하고 회피하면서 기계와 관계하는 것이 필요하다는 것을 알지 못하게 할 것이다. 하이데거의 미디어철학은 인간과 기호 사이의 상황의 몰락이 아니라 인간과 기호 사이의 관계의 몰락에 대해 성찰한다. 이것은 특권적인 세계관계(이것은 시에서 나타나고 있다)를 다시 한번 획득하려는 관점에서 이루어졌다. 이것은 근대의 발전에 대한 귀족주의적인, 여하튼 엘리트적인 시각이다. 예컨대 슈타이너George Steiner와 같은 문화염세주의적인 평론가 세대 전체는 이러한 시각을 수용했다.

하이데거는 기계에 의한 인간지배의 문제가 중요시될 경우에는 이제 완전히 결정론적인 입장을 취한다. 기술의 본질(그는 이것을 몰아세움Gestell이라고 부른다)은 존재에서 위험으로 드러난다. 이것은 인간 현존재가 존재에 대해 간섭하는 것은 무조건적으로 불가능하다는 의미의 변경불가능성을 문화염세주의에 선사하기 위해서이다. 이로부터 결과적으로 나타나는 것은 "기술은 긍정적이든 부정적이든 간에 단순히 자기 자신으로 설정되어 있는 인간의 행위를 통해서는 결코 통제될 수 없다"는 것이다. "기술의 본질은 존재 자체이고 기술은 인간을 통해서는 결코 극복될 수 없다. 만약 그렇다면 인간이 존재의 주인이라는 뜻이 될 것이다."[42]

인간은 스스로가 발전시킨 도구에 대해서 더 이상 자신을 주장할 수 없는 것이 분명하다. 이러한 철학적 체념은 기술자와 엔지니어의 새로운 지배담론을 가로막는다. 1950년대에, 즉 이 철학이 기술의 형이상학적 측면을 개념화하려 했을 때, 기술자와 엔지니어는 미디어를 통해 세계를 네트워크

---

42 Martin Heidegger, "Die Kehre", in: Martin Heidegger, *Die Technik und die Kehre*, Stuttgart: Neske 1962, 38쪽.

화하고 우주로 진출하는 것을 이미 시작했다. 컴퓨터는 그 당시 그야말로 무시무시한 기계였다. 이 기계는 한편으로 사유의 연산처리장치로서, 기대하지 못한 방향에서 인공지능으로서 우주 안의 유일하게 사유하는 존재인 인간과 이제 막 경쟁을 시작했고, 하지만 다른 한편으로는 그 전 세계적인 수요는 한 자리 숫자 속에 있었다. 기계의 위험에 대해서 경고하는 것은 탁월한 텍스트를 보존하려는 작업으로서의 철학이 광야에서 벌이는 퇴각전투에 해당하는 것이다.

8. 미디어의 대체현실?

우리는 제9장의 도입부에서 이러한 순수텍스트로 규정된 세계는 무선전신의 새로운 담론채널에 의해, 그리고 마침내는 이른바 방송사에 의한 라디오의 담론채널에 의해 파괴되었다는 것에 대해서 말했다. 물론 이것은 직접적으로 일어나지는 않았다. 왜냐하면 철학에게 라디오는 우선은 아직 확산채널이 아니기 때문이다. 말과 언어의 성스러운 사원에의 타자기의 침입은 우선은 철학자가 이 현상을 다룰 만한 가치가 있는 그러한 인식가능한 효과를 명확하게 보이지 않았다. 미디어에 대한 구체적 분석은 아직 기다려야만 했다. 이러한 성찰은 1950년대와 1960년대까지는 인간 삶 속에서 우위를 차지하는 기술에 대한 물음이라는 매우 보편적인 차원에서 일어났다.

모든 생활세계의 부문들이 점점 더 기술화되는 것으로 나타나는 합리화의 과정에서, 현대의 매스미디어는 그 당시의 사회철학 담론 속에서 별로 새로운 역할을 하지 못했다. 오히려 매스미디어는 특히 예전부터 종교, 예술, 학문의 형태로 사회심리적 실재에 대항한 사회적 척도의 계속된 전개로서 봉사하는 것이었다. 프로이트의 말에 따르면, 그것은 '대체적 욕구실현'으로서 세계와 세계의 빈곤으로부터 관심을 돌리기 위한 것이다.[43] 종교와 학문, 예술과 문화의 이러한 대체기능을 수용하는 것은 특히 근대적인 것이지만 내적으로는 단절되어 있다. 왜냐하면 이러한 수용이 이러한 이른바 대체현실을 다루는 것이 아니라 순수한 진정한 현실의 잔재로 회귀하는 가능성을 암시하고 있기 때문이다. 물론 이것도 강력하게 등장하는 미디어현실을 다루는 철학적 패러다임으로서 수십 년 후에 등장하게 될 것이다.

유물론적 비판도 문화산업 비판Kritik der Kulturindustrie의 테제 속에서 몰락의 논리Logie des Zerfalls를 인정한다. 모든 윤리적 조건에서 해방된 근대의 계몽주의적인 기술적 합리성은 권력과 지배에의 욕구로부터 생겨난 것으로 지각되었다. 기술적 합리성의 오만은 기술적 합리성의 부정적인 긴장상태가 마침내 폭발할 때까지 계속해 축적되어 나갔다. "계몽주의는 진보적 사유의 넓은 의미에서 볼 때 인간으로부터 과실을 따고 인간을 주인으로 설정하는 목표를 줄곧 추구했다. 그러나 완전히 계몽된 지구는 승리에 물든 재앙의 징후 속에서 환하게 빛나고 있다."[44]

1930년대 초부터 호르크하이머가 이끌었던 프랑크푸르트 사회연구소의 연구계획을 통해 사회철학의 새로운 학제간 연구 형태가 나타났다. 사회전체의 삶의 과정이 연구대상인데, 이 연구대상은 형이상학과 이성을 비판한 사상가들과의 연관 속에서 경제적, 정신분석적, 사회적 요소에 따라 세분화되어 해명되어야 한다.[45] 현대사회 안에서의 인간의 상황은 1930년대 초 새로운 연구패러다임을 요구했다. 또한 이 연구패러다임은 최초로 대중커뮤니케이션 연구에 대한 구상을 내용으로 했다. 호르크하이머가 광범위한 사회이론과의 연관 속에서 기획했던 '언론과 대중문학에 대한 사회학적·심

43 Sigmund Freud, "Das Unbehagen in der Kultur"(1930), in: Sigmund Freud, *Kulturtheoretische Schriften*, Frankfurt: Fischer 1986, 207쪽.

44 Max Horkheimer und Theodor W. Adorno, *Dialektik der Aufklärung. Philosophische Fragmente* (1944), Frankfurt: Fischer 1997, 9쪽.

45 Rolf Wiggershaus, *Die Frankfurter Schule. Geschichte, Theoretische Entwicklung, politische Bedeutung*, München: Hanser 1986.

리학적 심층연구'는 특히 하이데거의 '개인의 실존철학'에 대한 분명한 대안으로 제안되었다. 이것은 마르크스와 프로이트 사이에서 계몽주의 기획을 계속진행하기 위한 것이다. 이 기획은 시민사회를 미화하는 이데올로기에 대해 대항할 뿐만 아니라 하이데거가 근대를 만날 때 지니고 있는 철학적 우울함에 대해서도 대항하고 있다.[46] 『계몽의 변증법』(이 텍스트의 작업은 국가사회주의로부터 받은 인상 속에서 이루어졌으며 1940년대 초 미국의 망명지에서 행해졌다)의 서언에서도 기록되어 있는 것처럼, 사회적으로 명백해진 모든 비합리성에도 불구하고 "사회에서의 자유와 계몽주의적 사유는 분리될 수 없다"[47]는 기본원칙이 포기되지는 않았다. 도대체 어떻게 계몽주의를 계몽할 수 있을까? 이와 같이 계몽주의 개념에 근본적인 의심은 표명되었다. 이 개념은 이론적인 고안으로서나 역사적 형식으로서, 즉 이미 현실화된 사회적 제도 속에서도 이미 반동의 씨앗을 품고 있고 이 반동은 도처에서 일어나고 있다는 것이다. 저자들은 대안적 표현의 가능성을 부정했다. 문화 전체는 이미 비합리성에 의해서 부패된 상태인 것처럼 보였다. 부분적으로 기이하면서도 유혹을 불러일으키는 하이데거의 언어는 바로 사회과학적으로 고무되고 경험적 연구를 다루는 프랑크푸르트학파의 공동체에서는 불쾌감을 불러일으켰다.[48] 그들은 다음과 같이 쓰고 있다. "따라서 사유는 자기의 잘못에 대한 자기 규정의 경우에 과학적 및 일상적 언어의 적절한 사용을 강탈당했을 뿐만 아니라 이와 똑같은 정도로 저항하는 개념 언어도 강탈당했다고 스스로 생각했다. 지배적인 사유방향에 동의하는 쪽으로 노력하지 않

---

46 Max Horkheimer, "Die gegenwärtige Lage der Sozialphilosophie und die Aufgaben eines Instituts für Sozialforschung"(1931), in: Max Horkheimer, *Sozialphilosophische Studien*, Werner Brede(Hg.), Frankfurt: Fischer 1981, 44쪽.

47 Max Horkheimer und Theodor W. Adorno, *Dialektik der Aufklärung*, 같은 책, 3쪽.

48 특히 아도르노는 하이데거의 사유에 대해서는 어느 정도 동감을 갖고 있었지만 그의 독일어의 창조적 사용이 만들어낸 독특한 표현방식을 비판한다. 이에 대해서는 Theodor W. Adorno, *Jargon der Eigentlichkeit. Zur deutschen Ideologie*, Frankfurt: Suhrkamp 1964를 참조하라.

는 표현은 이제 더 이상 제안되지 않는다. 닳은 언어가 적극적으로 실행하지 않는 것은 사회의 메커니즘에 의해 정확히 만회된다."[49]

9. 문화산업 비판

쉬운 상황은 아니다. 사람들은 무엇인가에 대항하기 위해 글을 쓰지만 비판적 기술을 위한 기본입장을 정확하게 제시할 수 없기 때문이다. 이것은 수행적 모순이라 할 수 있다. 비판은 어쨌든 순환의 형태로 반복되었다.[50] 『계몽의 변증법』이란 텍스트는 철학적 단편으로 간주되었다. 이 점은 중요한데, 그 이유는 마침내 이 텍스트 이전에 10년 동안 경험적 사회연구가 선행되어 이루어졌고 체념은 결코 사변적인 성질의 것이 아니기 때문이다. 이러한 형식의 텍스트는 본래 광범위하게 시도된 사회상황에 대한 연구들을 철학적으로 통합해 도입하고 있다. 어두운 음역과 서술의 체념적 분위기는 겹쳐지는 빠른 표현방식에서 비롯된 것이다. 다루어진 주제들의 긍정적 측면은 텍스트 안에서 철저하게 자신의 자리를 차지한다고 한다. 이것은 특히 우리의 맥락에서 중요한 현대의 대중문화에 관한 장에 해당된다. 대중문화는 '문화산업'이라는 개념 속에서 그 핵심이 요약되었는데, 여기서 실제로 중요한 문제는 매스미디어를 통해서 중요하게 된 계몽주의의 상연은 대중기만이라는 것이다. 이미 인용된 서언에서 저자들은 이에 대한 자신들의 설명이 다른 모든 설명들 보다 훨씬 더 단편적일 것이라고 언급하고 있다. 그들은 매스미디어에 의해 비롯된 일반적인 수용성은 영화와 라디오에서 결정적으로 이데올로

---

49 Max Horkheimer und Theodor W. Adorno, *Dialektik der Aufklärung*, 같은 책, 2쪽.
50 "그들은 벤야민의 희망없는 자들의 희망이라는 아이러니에 이끌려 역설적인 개념의 노동으로부터 벗어나지 않았다." Jürgen Habermas, "Die Verschlingung von Mythos und Aufklärung", in: ders., *Der philosophische Diskurs der Moderne*, Frankfurt: Suhrkamp 1985, 130쪽.

기로서 나타나고 여기서 계몽주의의 억압적 성격이 최상으로 드러난다는 점을 보여주기를 원했다. 수고의 복사판에 담겨 있던 다음의 문장은 나중의 인쇄본에서는 삭제되었다. "많은 부분들이 아직 교정을 필요로 하고 있다. 교정을 통해서 대중문화의 긍정적인 측면들도 화제가 될 것이다."[51]

텍스트는 대중문화의 부정적 측면들에 대한 급진적인 표현들을 통해서만 유명해졌다. 핵심은 문화를 '역설적인 상품'으로 규정한 것에 있다. 문화는 '광고'로 동화되면서 진정한 즐거움을 약속하는 예술 같은 내재적 가치를 표피적 목적을 위해 팔아넘겼다. 기본적으로 모든 사람들을 동일하게 만들고 존재하는 것을 긍정하게 하고 문화상품의 소비에 대한 모방을 조장하는 것이 그 표피적 목적이다. 예술은 승화시키지만 문화산업은 억압한다. 문화산업은 소외된 노동의 일상으로부터 작은 도피를 약속하고 자신의 생산물에서 동일한 일상의 찬양을 다시 제공하는 산업생산 과정과 같은 것이다. 아도르노는 문화산업에 대한 요약에서 회고적으로 다음과 같이 주장한다. 그들이 볼 때 대중문화 개념은 더 이상 이러한 과정들에 적합한 개념이 아니고 그렇기 때문에 그들의 저술에서 '문화산업' 개념으로 대체되었다. 그들은 "애초부터 현재 상황을 대변하는 자들의 구미에 맞는 해석을 제외시키려 했다"는 것이다. "중요한 문제는 대중으로부터 자발적으로 발생한 그러한 문화, 즉 현재의 민중예술이다. (……) 매스미디어란 개념은 문화산업과 관련하여 익숙한 개념이지만 이미 그 소박성이 강조된다. 어디에서도 대중이 우선적으로 중요한 것도 아니고 실제로 커뮤니케이션 기술이 중요한 것도 아니다. 중요한 것은 대중들에게 불어넣어진 정신, 즉 그들의 주인의 목소리이다."[52]

구약성서의 우상숭배에 출발하는 근대의 부정성의 미학(이것의 옹호자는 주지하다시피 아도르노이다)은 합리화된 사회의 억압과 모순을 표현해야만 하는

---

51 Rolf Wiggershaus, *Die Frankfurter Schule*, 같은 책, 360쪽을 따라 인용한다.

52 Theodor W. Adorno, "Résumé über Kulturindustrie", in: Theodor W. Adorno, *Ohne Leitbild, Parva Aesthetica*, Frankfurt: Suhrkamp 1967, 60쪽 이하.

데, 바로 문화산업이 이윤의 동기를 정신적 형성물로 전이함으로써 평균화를 목표로 하고 있는 것이다. 모든 진지한 반성노력으로부터 벗어나 있는 미적인 소비가능성의 의미에서뿐만 아니라 이와 연관된 소비주체의 유치화와 문화수준의 후퇴의 의미에서도 평균화는 이루어지고 있다.

문화산업은 계몽주의가 준비했던 반성적 수단을 오용하고 있으며 억압으로부터의 자유가 아니라 '눈부시게 하얀 이빨과 겨드랑이 땀으로부터의 해방'과 같은 것을 약속하고 있다. 이로써 문화산업은 경멸적인 형태의 사회통합을 형성한다. 대중은 최후까지 분발하도록 독려된다. 계몽의 수단에 의해 속임을 당하기 때문에 인간의 행복은 기만당하는데, 바로 여기에 변증법이 있다. 물론 분석은 라디오, 영화, 텔레비전을 통해 널리 확산된 할리우드 생산물이 쉽게 증명될 수 있는 소비사회의 이데올로기를 갖고 있다는 점을 반복하여 말하는 데 머물러 있지 않다. 오히려 이 분석은 생산자에 의해 미디어의 효과 속에 삽입된 계산을 분명히 밝히고 또한 과학적 엄밀성을 갖고 무엇이 일어날지를 아는 생산과 분배기술의 '계몽적' 사용을 분명하게 밝히려는 의도를 갖고 있다.

그렇기 때문에 문화산업의 대중기만과 반계몽주의적 전체효과에 대해서 강력하게 언급하고 있다. 기술은 단순하게 자연만을 통제하는 것이 아니라 인간의 의식을 감금한다. 따라서 기술의 대안적 사용들은 실제로 의식적으로 저지되는 것이 필요한 것이다. 문화산업을 기술적 필연성의 과정으로 설명하기 위해 하드웨어의 측면에서 살펴보면 이러한 '사태 필연성의 논리'는 지배의 이데올로기적 동기뿐만 아니라 의식적으로 기술적 선택도 은폐한다. 기술적 선택은 생산과 확산기술의 자유로운 사용을 허락하는 것이다. 기술적 권력은 언제나 경제적으로 강한 자들의 권력을 뜻한다. 이들은 사람들 속에서 메시지의 단순한 수용자 이상의 어떤 것을 보려 하지 않는 자들이다.

"전화에서 라디오로의 행보는 역할을 분명하게 구분했다. 전화는 아직은 참여자가 주체의 역할을 자유롭게 하도록 했다. 라디오는 민주적으로 모든 사람들이 똑같이 듣도록 만듦으로써 이들을 상황의 동일한 프로그램에 권위적으로 인도한다. 어떠한 항변의 도구도 전개되지 않았고, 민영방송은 부자유의 상태를 띠고 있다."[53]

커뮤니케이션의 도구가 아니라 분배의 도구가 관철된 것이다. 이런 분배의 도구로부터는 단지 수동적인 수용만이 가능할 뿐이다. 이것은 브레히트가 생각했던 **방송**의 미디어적 일방통행로를 양쪽 방향의 진행을 위해 개방할 것인 보편적인 커뮤니케이션 도구에 대한 간접적인 대답을 기술하고 있다. 그는 1930년대 초에 "라디오는 상호교환이 가능하게 해야 한다"고 요구하고 있다. "만약 라디오가 보내는 것뿐만 아니라 받아들이는 것을, 즉 청취자가 들을 뿐만 아니라 말하게 하는 것을, 청취자를 고립시키는 것이 아니라 그를 관계 속에 넣는 것을 이해하게 된다면, 라디오는 공적 삶에 있어서 생각할 수 있는 한 가장 훌륭한 커뮤니케이션 도구가 될 것이다. 엄청난 채널시스템, 바로 그것이 될 것이다. 따라서 라디오는 공급자의 역할을 넘어서 청취자를 공급자로 조직하게 될 것이다."[54]

프랑크푸르트의 저자들은 추측컨대 브레히트와 다음과 같은 점에서 일치했다. 커뮤니케이션 네트워크의 이러한 형식은 기술적인 이유에서 실패하는 것이 아니라 조직적인 이유에서 실패한다는 것이 그것이다. 왜냐하면 미디어 생산자의 경제적인 헤게모니는 그 생산중심에서 우선은 **방송**Broadcasting 원칙에 따라서만 지탱될 수 있기 때문이다. 그러나 이러한 통찰은 단지 반쪽짜리 진리일 뿐이다. 어떠한 **항변의 도구**도 전개되지 않았다고 호르크하이머와 아도르노가 주장한다면, 이것은 객관적으로 잘못된 것이다. 플리히가 현대의 대중커뮤니케이션의 기술적 토대를 재구성하면서 명확하게 한 것처럼, 무선전신은 제1차 세계대전에 성공적으로 투입됨으로써 촉진되었고 산업적 토대

---

53 Max Horkheimer und Theodor W. Adorno, *Dialektik der Aufklärung*, 같은 책, 129쪽 이하.

54 Bertolt Brecht, *Der Rundfunk als Kommunikationsapparat*(1932), abgedruckt in: Dieter Prokop(Hg.), *Produktion. Massenkommunikationsforschung*, Band1, Frankfurt: Fischer 1972, 31쪽 이하.

위에서 곧 뒤따르는 제품의 생산을 통해서 지지되었는데, 이러한 무선전신은 아주 초창기에 이미 매우 앞서 나갔다. 즉 이 새로운 기술의 사회적 동의와 적용에 의해서 예컨대 미국에서는 공공의 커뮤니케이션 공간이 형성되었던 것이다. "그 안에서 아마추어 무선가는 자유롭게 움직일 수 있었다."[55] 무선전신에서 라디오로의 과정에서 중요한 것은 보편적인 커뮤니케이션 도구를 방해했던 기술적 한계뿐만이 아니라 사적인 영역에서 집안에서의 수용상황을 유리하게 하는 사회적 발전이다. 이것은 사회 분석의 추상적 범주인 지배와 착취로만 환원되지는 않는다. 일-대-일Onn-to-one의 교환미디어로서 전화는 1910년경의 첫 자동 전화교환실에서 1970년에서부터 마이크로프로세서의 도입에 의해 디지털시스템의 발전으로 나아갈 때까지 그 당시 서술의 시점에서 볼 때도 아직 기술적 발전을 눈앞에 두고 있었다. 그 반면에 미디어로서 라디오는 사실상 오늘날의 시점까지 거의 근본적인 면에서는 변화되지 않았다.

---

55 Patrice Flichy, *Tele*, 같은 책, 180쪽.

요약

현대의 철학적 담론에서 매스미디어의 출현은 우선은 미디어영역을 명확하게 다루
는 것이 일어나지 않았을지라도 철학적 담론을 그 기초에서 변화시켰다. 특수한 미
디어현실의 생성과 함께 '진정한' 현실에 대한 물음이 새롭게 제기되었다. 이와 같이
후설은 이성의 문화에서 형성된 지각제한이라는 필요 없는 짐에서 자신을 해방시키
면서 사태 자체에 열중하기를 원한다. 근대과학의 합리적인 표면 배후로부터 생활
세계와 관련해 근대과학의 근원에 대해 성찰하는 것이 요구되었다.

철학자 하이데거는 더 멀리 나아간다. 그는 존재자의 상황에 의해서 은폐되어 있는,
존재에 대한 물음을 제기한다. 이때 시적인 존재관계는 현대의 과학기술적 합리성에
대해 이의를 제기한다. 이 시적인 존재관계는 완전히 특수한 방식에서 언어를 중요
시 여긴다. 이때 중요한 것은 현실적인 사회적 커뮤니케이션 관계가 아니라 인간과
세계 사이의 추상적 대상관계이다. 담론적인 공론장에 대한 계몽주의적 요구는 엘
리트적으로 제기된 물음 배후로 후퇴한다. 이 물음은 단지 새로운 커뮤니케이션 매
체에 책임을 지우기 위해서만 이 미디어를 다룰 뿐이다.

이와 달리 호르크하이머의 사회과학적 단초는 이미 1930년대 초에 커뮤니케이션
연구를 시대 진단적 분석과 연관시켰다. 1930년대의 정치적 전개와 호르크하이머
주변의 이론가들의 망명은 이론형성에도 영향을 미쳤다. 미디어에 의한 대중문화의
긍정적 측면들(생산력 발전의 의미에서)은 없어졌다. 남아 있는 것은 계몽 자체에 대
한 가차 없는 그렇지만 체념적인 계몽, 즉 해방적 계기와 억압적 계기 사이에서의
계몽의 '변증법'이다. 특히 새로운 문화산업은 억압적 계기로 간주되었다. 하지만 근
대 계몽주의의 생산적 힘에 대한 희망은 보존되어 있다.

〈삽화 13〉 세계 최초의 사진. 요셉 니세포르 니엡스(Joseph Nicéphore Niepce) 작품
　　　　(1822)

10

문화로서의 기술

발터 벤야민의 새로운 시각

인간은 이른바 한 유형의 의족신(義足神, Prothesengott)이 되었다.

—— 지그문트 프로이트

1. 모든 문화의 긍정적 성격?

정신분석학은 명확한 공식을 제시하지는 않지만 문화의 본질을 다음과 같이 설명한다. 문화는 인간을 자연에서 분리하고 인간들의 상호관계를 조정하는 제도와 능력의 총체라는 것이다. 인간은 도구를 발전시킴으로써 문명의 발전과정 속에서 자신의 운동과 감각기관을 완성해 나간다는 것이다. 인간이 대상을 다루는 경우 모터는 근육의 능력의 한계를 없앤다. 말하자면 신체적 결핍은 인공적 수단을 통해 교정되고 신체기관의 한계는 새로운 도구를 통해 극복된다. 프로이트는 카메라와 축음기를 언급한다. 그는 이것들의 발전을 '인간에게 주어진 회상과 기억능력의 물질화'로 보고 있다. 마침내 텔레매틱스 미디어는 현존하지 않는 자의 유일한 언어로서 특권적 지위를 누렸던 문자를 대체하게 된다.

신과 유사한 존재에 도달하려는 허약한 동물존재의 동화 같은 소망은 모든 총체적인 문화적 창조물을 통해 열려져 있는 과정 속에서 실현된다는 것이다. 물론 이러한 이상은 결코 완전히 도달될 수 없는 이상이다. 프로이트는 다음과 같이 말한다. "인간은 이른바 의족신이 되었다. 인간이 자신의 모든 보조기관을 만들어 낸다면 이것은 정말 대단한 것이다. 그러나 그 보조기관들이 인간과 하나가 되는 것이 아니며 또 경우에 따라서는 그 보조기관들은 인간에게 더 많은 것을 창조하도록 요구한다."[1] 인간은 자신이 신과 유사성을 지녔다는 점에서 진정한 행복을 느끼지도 못하며, 또한 문화적 초자아Über-Ich를 강조하는 문제들도 해결되지는 않는다. 문화를 위해 요구되는 본능의 억제와, 내부로 침잠된 공격성향은 언제든지 다시 등장할 수 있기 때문이다. 그리고 문화화된 인간은 늘 '억압된 것의 반란에 대한 불안' 속에서 살기 때문이다. 프로이트의 심리학이 문화 속에서 세심한 불안을 진단했다면, 그 반면에 사회비판가인 호르크하이머, 아도르노, 마르쿠제Herbert Marcuse는 1930년대 다양한 저술들에서 '모든 문화의 긍정적 성격'에 대해서 말하고 있다. 그들은 대중문화와 매스미디어의 사회적 역할에 관해서 논의했는데, 여기서 대중문화와 매스미디어는 물신(物神)으로 관찰되었다. 물신이 된 대중문화와 매스미디어에 의해 "대중은 그야말로 완벽하게 대중으로 머물러 있게 된다"[2]는 것이다. 모든 문화는 긍정적인 것이 된다는 주장

1 Sigmund Freud, "Das Unbehagen in der Kultur"(1930), in: Sigmund Freud, *Kulturtheoretische Schriften*, 앞의 책, 222쪽.
2 Herbert Marcuse, "Über den affirmativen Charakter der Kultur", in: *Zeitschrift für Sozialforschung*, Jg. VI, 1937, Heft1, 54쪽.

이 여기서 의미하는 것은, 모든 문화는 좋은 상황에서는 기존에 이미 존재하는 것을 이상적으로 정당화하고 나쁜 상황에서는 사회적 억압의 관철에 도움을 준다는 것이다.

문화 전체는 아름다운 가상과 피상적인 향유의 저수지이고 바로 이 때문에 문화는 허구적인 행복일 뿐이지만 이러한 문화는 인간에게 노동과 현실적 빈곤 자체를 견딜 수 있게 만든다는 것이다. 이들 문화염세주의자들에게는 언어와 사유도 마찬가지의 상황이다. 이때 그들은 문화적 산물과 이 문화산물의 생산조건이 기계적인 것과 기계와 유사한 것에 동화되는 것을 분석하는 것을 고집한다. "사유는 독립적으로 진행해 나가는 자동적 과정으로 사물화된다. 사유는 이러한 과정에서 생겨난 기계를 모범으로 삼아 흉내내고 마침내 기계는 사유의 과정을 대체한다."[3] 모든 것이 체계로 통합되는 현상은 특히 충분한 비판적 의식이 결핍되어 있다는 것과 깊은 관련이 있다. 그것은 시민적 개인의 실존에서 이들의 차별화된 지각과 표현형식을 훨씬 능가하는 사회로의 이행의 결과이기도 하다. 더 이상 실체적인 예술은 존재하지 않는다. 단지 일차원적으로 유도된 문화산업의 생산물만이 존재할 뿐이다.[4] 내면적이거나 아니면 관조적인 수용태도는 더 이상 시대에 적합하지 않다. 이러한 과정은 중립적이지 않으며 파시즘과 국가사회주의에 의해 이용당한다.

문화산업 비판은 맹목적 기계에 의한 개인의 제거에 대해 되풀이하여 논의한다. 저자들은 사회적인 변혁의 상황의 모든 징표들을 모으는 자신들의 시대진단 속에서 두 번째 산업혁명의 효과를 확인한다. 그것은 "일상적 삶

---

3 Max Horkheimer und Theodor W. Adorno, *Dialektik der Aufklärung*, 같은 책, 26쪽.
4 "오늘날 사람들은 그저 사람들로서만 보일 뿐이다. '엘리트'이건 대중이건 양쪽 모두 다 주어진 어떤 상황에서도 단 하나의 반응만을 허락하는 메커니즘에 복종할 뿐이다. 그들의 본성의 요소들은 아직까지도 배출구가 마련되지 않았고 이해가능한 표현가능성도 갖고 있지 못하다." Max Horkheimer, "Art and Mass Culture", in: *Studies in Philosophy and Social Science*(Zeitschrift für Sozialforschung), Jg.Ⅸ, 1941, No.2, 294쪽(DTV-Reprint 1980에 따라 인용한다).

에 대한 기계의 획기적인 간섭"[5]을 말한다. 미디어(영화, 라디오)에 의해 강력하게 매개된 문화의 새로운 내지 다른 모습들은 비교적 주저함 없이 '억압'이라는 제목 아래에서 묶였다. 호르크하이머의 경우 매스미디어에 의한 커뮤니케이션 연관의 돌이킬 수 없는 파괴는 인간들이 단지 기호를 통해서만 조종될 뿐이라는 결론으로까지 극단화되었다.[6] 아도르노에 따르면 총체적인 커뮤니케이션은 이제 실제로는 더 이상 불가능하고 더욱이 여기 나타난 "말하기의 몰락은 객관적 경향인 것이다."[7] 그럼에도 불구하고 이데올로기 비판적 분석은 이러한 환상을 파괴하려고 한다. 미디어의 기술적 발전은 이런 맥락에서는 우선 은폐가능성의 상승을 의미할 뿐이고 따라서 계몽적·해방적 회망의 약화를 의미할 뿐이다. 그 반대의 경우는, 이러한 연관관계의 사슬이 정치적 행위를 통해서 끊어지고 이를 통해서 미디어기술이 다른 것에 봉사할 때나 가능할 것이다. 이러한 생각을 했던 마르쿠제는 1960년대에 다시 한번 혁명적인 저항문화의 상징적 인물이 된다. 이 혁명적 저항문화는 문화적 '언어의 상실'을 사라짐의 미학에서 자초하는 것을 그만두고 새로운 표현형식을 발전시킨다. 그런데 이 새로운 표현형식은 변증법적 문화비판에서 유래하는 개념도구들을 더 이상 주저 없이 사용할 수 없었다.

계몽의 변증법의 저자들은 미디어기술 변화의 잠재적 힘으로 간주된 이런 다른 말하기를 인정하기를 원치 않았고 인정할 수도 없었다. 왜냐하면 그들은 "커뮤니케이션은 인간들을 개별화시키면서 인간들을 동화시킨다"고 보기 때문이다. 만약 그러한 개별화의 경향을 넘어서는 가능성의 길이 보일지라도, 이것은 체념적인 문화산업 비판이 스스로 사용했던 것과 동일한 개

---

5 Vilém Flusser, *Kommunikologie*, Schriften Band4, Mannheim: Bollmann 1996, 262쪽.
6 호르크하이머는 1970년 『슈피겔(Spiegel)』의 인터뷰에서 "우리가 의미라고 부르는 것은 사라질 것이다"라고 말한다. Max Horkheimer *Gesammelte Schriften Band7*, Frankfurt 1985, 355쪽을 참조하라.
7 Theodor W. Adorno, *Prismen. Kulturkritik und Gesellschaft*(1951), Frankfurt 1976, 119쪽.

넘적 수단들에서 발전되어 나왔음에 틀림없을 것이다.[8] 그 반면에 미디어에서 비롯된 계몽에서 대중기만으로의 역사적 전환은 일방통행로로 서술되었다. "어떤 항변의 도구도 전개되지 않았다"고 한다. 계몽은 발전된 기술을 갖고 사회통제를 현실화하려는 매스미디어의 이데올로기 속으로 후퇴한다.

2. 기술복제의 생산적 측면

이러한 시대진단 속에서는 문화는 기술복제의 특징으로 나타났다. 기술복제는 자신의 생산물을 판에 박은 듯이 '대중을 위한 꿈 없는 예술'로 전환시키는 것이다. 이와 달리 벤야민은 기술복제나 새로운 영상문자가 지닌 잠재적인 생산적 측면을 강조한다. 기술복제나 새로운 영상문자는 사진, 영화, 광고와 함께 문화적으로 강력한 힘을 얻게 되었다. 벤야민은 다음과 같은 딜레마를 의식하고 있었다. 한편으로 문화적 도구의 변화는 시민적 문화모델의 위기를 초래했다는 점이고, 다른 한편으로 미디어는 자명하게 해방적 성격을 갖고 있지 않기 때문에 정치적인 것이 되어야만 한다는 점이 그것이다. 벤야민의 미디어미학은 호르크하이머와 아도르노의 문화염세주의와 구별된다. 왜냐하면 벤야민은 미디어기술을 문화적 생산의 아프리오리로 간주하는 체계적 입장을 갖고 있기 때문이다. 이와 같이 그의 미디어미학은 비판이론에 의해 의식되기는 했지만 나중에 거부되었던 '매스미디어의 긍정적 측면'뿐만 아니라 새로운 미디어 현실을 진지하게 받아들임으로써 그들과 대응되는 이론을 형성시켰다.[9]

---

8 위르겐 하버마스는 이런 상처 난 지점을 가리키고 있다. 여기에 대해서는 Jürgen Habermas, *Theorie des kommunikativen Handelns*, 같은 책, Band1, Kap.IV.2, 특히 496쪽 이하를 참조하라.
9 여기에 대해서는 앞의 제9장 9절을 참조하라. 노베르트 볼츠가 이 점에서 아도르노와 벤야민의 차이를 본다면 그는 나의 의견과 같다고 할 수 있다. 아도르노의 미학이 아우라의 몰락에 대해 괴로워하고 있다면, 벤야민은 아우라의 몰락이 일어난 미디어기술적인 조건을 논의

1930년대 중반에, 마르쿠제의 기고문이 호르크하이머의 『사회연구소 잡지Zeitschrift für Sozialforschung』에 클로소브스키Pierre Klossowski에 의해 이루어진 프랑스 번역으로 출간되었던 것과 마찬가지로 벤야민의 논쟁적인 에세이인 『기술복제시대의 예술작품Das Kunstwerk im Zeitalter seiner technischen Reproduzierbarkeit』도 출간되었다.[10] 벤야민이 여기서 전개시키고 있는 단초는 분명히 문화염세주의적이지는 않다. 그 반대로 예술작품의 사회적 '기능변화'를 다루고 있는 진보적인 색채가 나타난다. 왜냐하면 이 예술작품은 새로운 기술의 전제를 통해서 더욱 더 정치적 실천으로 옮겨지기 때문이다. 이러한 실천의 어두운 측면은 1930년대 중반의 독일에서는 간과될 수 없는 것이기도 했다. 전체주의적인 국가 또는 파시즘은 대중의 표현을 이용하고 이로써 의식적인 정치의 미학화를 추동하는 행위자로 동일시되었다. 공산주의(또는 부드러워진 프랑스의 첫 출판물에서 불리는 것처럼 인문주의)는 이에 대해서 '예술의 정치화'로 대답했다.

벤야민의 기본명제는 이러한 유명한 전환 속에서 해독될 수 있다. 미적인 것이 정치화될 수 있다면, 이로써 말하자면 기능화될 수 있다면, 관조적 수용을 지향하는 전통적인 예술의 기능역할에 있어서 중대한 변화가 나타난다는 것이다. 이러한 변화를 사회적 해방의 관점에서 생산적으로 만드는 기

하고 있다. "벤야민이 기술을 미디어로서 파악한다면, 아도르노는 기술을 익명의 정신으로 간주한다." Norbert Boltz, *Theorie der neuen Medien*, München: Raben 1990, 104쪽. 내가 생각하기에는, 1925년경에 쓴 『독일 비극의 원천(*Ursprung des deutschen Trauerspiels*)』의 인식비판적인 서언에서부터 1928년의 『일방통행로(*Einbahnstraße*)』의 반어적 경구들을 넘어서 『파사주론(*Passagenwerk*)』에 이르기까지 벤야민의 작품 속에서, 벤야민이 (기존의 많은 벤야민 해석들과 반대로) '아우라의 몰락'을 안타까워하는 문화비판의 종말론적 진영에 결코 속하지 않는다는 충분한 증거들을 발견할 수 있다. 이 문제에 관한 논의에 대해서는 Jürgen Habermas, "Walter Benjamin. Bewußtmachende oder rettende Kritik"(1972), in: Jürgen Habermas, *Philosophisch-politische Profile*, Frankfurt: Suhrkampf 1981, 336~376쪽을 참조하라.

10 Walter Benjamin, "L'oeuvre d'art à l'époque de sa reproduction mécanisée", in: *Zeitschrift für Sozialforschung*, Jg. V, 1936, Heft1, 40~68쪽. Walter Benjamin, *Das Kunstwerk im Zeitalter seiner technischen Reproduzierbarkeit. Drei Studien zur Kunstsoziologie*, Frankfurt: Suhrkamp 1979.

회를 이용하는 것은 타당한 것이다. 여기서 언급되어야 할 것이, 1930년대 초반에는 전체주의적 국가에 대항하는 정치적 희망이 아직은 몇몇의 자격을 갖고 있었다. 형성 가능성은 유물론적 입장에서 도출된다. 사회적 진보에 대한 유물론적 입장에서의 생각은 마르크스의 두 가지 기본명제 위에서 성립되었다. 그것은 자유롭게 축소된 견해에서는 다음과 같다. 한편으로 기술적 생산력의 제한 없는 확장이고, 다른 한편으로 생산수단으로부터의 소외의 지양이 그것이다.

벤야민에게서 나타난 바와 같이 미학과 정치의 결합이 지닌 권리에 대해서는 이미 많이 기술되었다. 벤야민은 망명한 프랑크푸르트 사회연구소의 자유기고가로서 상이한 입장들과 갈등관계에 있었다.[11] 변증법적인 문화엽세주의자들은 자신들의 대오에서 기술적 진보의 옹호자가 의견을 표명하는 것을 어렵게 참아낼 수 있었으며 자신들의 의견을 추가적으로 정리하는 유혹에 빠져 있었다. 그러나 벤야민은 기술적 진보의 사상가로 남았다. 폭력적인 마르크주의의 어법과 거리를 두면서, 첫 번째 산업혁명('토대의 혁명')이후 "모든 문화 영역에서 생산조건의 변화를 관철시키는"[12] 두 번째 혁명('상부구조의 혁명')이 더 많은 시간을 필요로 한다고 말하는 점에서 그는 옳았다고 할 수 있다. 우리는 언제나 벤야민을 통해서 다음과 같이 물을 수 있다. 기술은 자신의 약속을 지키고 있는가? 기술은 우리에게 형식과 내용을 미화하는 예술과 다르게 세계를 지각하게 하는가? 기술은 이를 통해서 새로운 형성가능성을 허용하는가? 복잡하기는 하나 최종적으로 긍정적인 대답이 비교적 간단한 미디어미학적인 반성의 결과 위에서 마련되었다. 미디어미학적인 성찰은 이 경우 초현실주의적 사진의 사례에서 읽혀질 수 있다.

---

11 이에 대해서는 Rolf Wiggershaus, "Walter Benjamin, das Passagenwerk, das Institut und Adorno", in: ders., *Die Frankfurter Schule*, 같은 책, 217~246쪽을 참조하라. 예나 지금이나 교훈적인 글은 Hannah Arendt, *Walter Benjamin, Bertolt Brecht. Zwei Essays*, München 1971이다.
12 Walter Benjamin, *Das Kunstwerk*, 같은 책, Vorwort.

즉 그 사진은 "환경과 인간의 유익한 소외"를 준비한다.[13] 벤야민이 **정치적**인 시각이라고 불렀던 그러한 시각을 열었던 것은 보편적인 측면에서 보면 기술이고, 특수한 측면에서 보면 현대의 미디어기술이다. 그는 기술에 의한 소외가 이러한 기술에 의한 소외 자체에 대항하도록 만든다. 말하자면 기술 자체가 가져오는 수단을 통해서, 즉 기술적 합리화에 의해 가능해진 복제를 통해서, 아니면 기술적 합리화에 의해서 가능해진 확대나 축소와 같은 효과를 통해서 기술에 의한 소외에 대항하는 것이다.

3. 인간과 기술의 만남

이와 같은 해석으로부터 새로운 기술과 전통적인 소유구조 사이의 실제적 관계에 대한 통찰이 도출된다. 브레히트는 이러한 통찰을 이미 언급된 '라디오이론'(제9장 9절 참조)을 위해 유익하게 활용했다. 그 이론에서는 앞으로 다가올 시대의 매스미디어를 위해서 타당한 것이 명확하게 제시되었다. 즉 매스미디어가 담론적 미디어가 아니거나 실제적인 커뮤니케이션 도구가 아니라는 사실은 기술 그 자체로부터 설명되는 것이 아니라 기술의 소유자와 개발자의 결정으로부터 설명된다는 것이다. 브레히트는 도구의 문화적 생산력을 완전하게 발전시키는 것을 머리 속에 떠올렸다. "우리는 보편의 이익을 위해 도구의 보다 나은 사용에 대한 결코 중단 없이 항상 발전해나가는 제안들을 통해서 이러한 도구의 사회적 토대에 대해 논의해야만 한다."[14]

벤야민 스스로는 우선 복제기술의 산업화라는 맥락 속에서 이론적인 결

---

13 Walter Benjamin, "Kleine Geschichte der Photographie", in: *Literarische Welt*, 1931, wieder in: Walter Benjamin, *Das Kunstwerk*, 같은 책, 45~64쪽, 여기서는 58쪽.
14 Bertolt Brecht, "Der Rundfunk als Kommunikationsapparat", 같은 책, 32쪽 이하.

핍에 대해 논의했다. 이와 같이 철학적 물음과 관련해서 볼 때 사진의 발전은 "수십 년 동안 주의를 끌지 못했다. (……) 이러한 사태를 이론적으로 파악하려는 시도들은 너무나 초보적인 상태에 있다."[15] 벤야민 스스로도 이에 대한 체계적인 이론을 정립하지 않았지만 그의 견해를 살펴보는 것은 필요한 일이다. 우리는 '사태'가 무엇을 의미하는지를 알기 위해 그의 견해를 추적하는 것인데, 이 사태란 근대의 근본경험이라 할 수 있는 인간과 기술의 만남die Begegnung von Mensch und Technik이다.

사진기가 인간의 시야로부터 벗겨낸 것은 순수존재의 지각충격이다. 사진기에게 말하는 것은 인간의 눈에게 말하는 것과는 다른 성질의 것이다. 즉 '인간에 의해 의식적으로 작용하던 공간을 대신해서 무의식적으로 작용하는 공간'이 들어서게 된다. 이것은 말하자면 확대의 기능으로서 이미 언급되었던 도구의 미디어적인 기능 중 하나이다. 이 도구는 우리에게 인간의 눈에는 관심을 불러일으키지 않는 구조의 성질을 인식하게 만든다. 사진기는 그 보조수단과 함께 인간에게 시각적 · 무의식적인 것의 차원을 연다. 인간은 이 도구를 통해서야 비로소 그 차원을 경험한다. 예술은 독창적인 주체, 즉 저자를 총애하지만 이와 반대로 근대의 미디어기술은 무의식의 마법을 통해서 마술을 부리고 비주체적인 측면의 관여를 드러내 보인다. 예술의 혁신적 잠재력과 관련해서 보면 기술은 형식과 내용 이전에 이미 먼저 존재하고 있는 것이다.

벤야민은 비교적 명확하게 '저속한 예술 개념'에 대해 대항한다. 그는 예술을 모든 기술과 무관한 것으로 만듦에도 불구하고 "새로운 기술의 자극적인 현상과 함께 자신의 종말이 왔음을 느끼"[16]는 그러한 예술개념에 대해 대항하는 것이다. 그리고 기술적 복제가능성은 특정한 약속을 함축한다. 미

---

15 Walter Benjamin, "Kleine Geschichte der Photographie", 같은 책, 47쪽 이하.
16 앞의 책, 48쪽.

디어도구는 사물과 인간에 대한 근대의 시각이 어떻게 건조한 시각이 되었는지를 밝힌다. 이때 중요한 것은 일종의 예술의 잘못된 실체성을 제거하는 것, 즉 "아우라Aura로부터 대상을 해방시키는 것"[17]이다. 이 아우라란 개념(이 개념에서 벤야민의 미학에 관한 모든 저술들은 현학적인 당혹스러움에 빠지게 된다)은 그의 철학에서는 다름이 아니라 시민적 내재성의 몽유병적 편견과 동의어를 뜻했다. 이것은 예술 그 자체에서 나타나기보다는 특정한 관찰방식에서 나타난다는 것이다. 이러한 대상의 아우라는 도구들이 우리에게 선택하도록 강요하는 근대의 관찰방식을 더 이상 견뎌낼 수 없게 된다.

기술에 의해 야기된 이러한 인간학적인 지각의 충격은 『사진의 작은 역사Kleine Geschichte der Photographie』란 텍스트에서 표현되고 있다. 이러한 충격에서 두 가지 측면이 구분될 수 있다. 한 측면은 모사물의 기계적 복제 자체이고, 다른 측면은 미디어도구를 통한 인간의 모사이다. 이 두 측면은 벤야민에게 새로운 인간학적 상황의 증거로 나타나지만 아직 이 상황이 정치적인 관점에서 종합적으로 성찰되지는 않은 것처럼 보인다. 「기술복제시대의 예술작품」이라는 보다 나중에 쓰인 논문에서는 기술복제에 의한 아우라의 몰락과 이 속에 들어 있는 기회라는 명제가 다시 반복된다. '아우라의 몰락'이라는 토포스는 기술에 의해 그리고 기술을 매개로 하여 일어난 인간의 근본상황의 근원적인 변화를 지시하고 있다. 아우라가 여기서 공간과 시간의 진기한 직물로서 규정된다면, 이것은 미적 범주에 의해서(즉 감각적으로) 규정된, 선험적 주관성(칸트)의 한 부분으로서 해독될 수 있다. 그렇다면 예나 지금이나 열려 있는 인식론적 물음은 이것이 논리적인 범주에도 영향을 미치는지(그리고 어떻게 미치는지)의 물음이다. 달리 표현하면, 그것은 하나의

---

17 앞의 책, 57쪽. "아우라(Aura)" 개념은 1922년 출판된 클라게스(Ludwig Klages)의 작품 『우주발생적 에로스(Vom kosmogenischen Eros)』에서 발원한다. 벤야민의 이론 형성에 있어 사회적 환상의 시간과 각성의 시간의 탁월한 구별은 클라게스에서 찾아볼 수 있다. 이에 관해서는 Ludwig Klages, *Vom Traumbewußtsein*, 1914. 이러한 연관관계는 Rolf Wiggershaus, *Die Frankfurter Schule*, 같은 책, 224쪽 이하에서 재구성되어 있다.

미디어 기술이 감각에 영향을 미침으로써 다른 사유와 더불어 새로운 인간학적 상황을 초래하는지에 관한 물음이다. 물론 확실히 그러한 변화는 시작되고 있다. "거대한 역사적 시기 안에서 인간집단 전체의 현존재 방식과 함께 또한 그들의 지각방식도 변화하고 있다."[18]

4. 코드의 재코드화

전통적인 예술개념이 엘리트적인 생산과 수용의 상황을 함축하고 있다면(여기서 양쪽 측면을 강조하는 것은 중요하다), 미디어에 의한 복제는 전통적 가치를 손상시키고 예술의 배타적 구조를 파괴한다. 벤야민은 예컨대 영화가 문화적 유산 안의 전통적 가치를 제거한 것에 대해서 말하고 있다. "일반화해 표현한다면, 복제기술은 복제된 것을 전통의 영역에서 분리시킨다. 복제기술이 복제물을 복제함으로써 유일무이한 드러남의 자리에 대량의 드러남을 놓는다. 그리고 복제기술이 수용자가 매번의 상황에서 복제물을 받아들일 수 있도록 하기 때문에, 복제기술은 복제물을 현실화한다."[19]

그렇다면 다음의 질문은 복제기술이 사회적으로 어떤 영향을 미치는지의 물음이다. 이와 관련해 벤야민은 이미 초기의 텍스트에서 보다 커진 보편적인 자유로운 처분가능성의 가능한 장점을 암시하고 있다. 벤야민이 '인류의 근본적인 위기와 혁신'(이것은 새로운 미디어기술을 위한 사회적 맥락을 형성시킨다)을 자신의 미적 반성을 위한 정치적 배경으로 간주했던 것은 매우 명백한 것이다. 복제기술이 형성됨으로써 저자에 대한 우리의 견해뿐만 아니라 위대한 작품에 대한 견해도 변화했다. 이것은 보다 손쉬운 수용가능성에서 시

---

18 Walter Benjamin, *Das Kunstwerk*, 같은 책, 14쪽.
19 앞의 책, 13쪽.

작된다. 즉 조각이나 건축은 현실에서보다 사진에서 훨씬 손쉽게 파악될 수 있다. 이때 이것을 '예술에 대한 감각의 몰락이나 동시대인의 결함' 탓으로 돌리는 설명은 근시안적인 것이다.

벤야민은 코드의 재코드화가 **수용가능성**을 손쉽게 만든다는 이러한 관찰에서 출발하면서 계속하여 다음을 주장한다. 예술작품은 "이제 더 이상 개인들의 생산"으로 간주될 수 없고, 오히려 예술작품은 "집단적인 형성물이 되었으며, 따라서 예술작품에 동화하는 것은 예술작품을 축소하는 조건과 결부되는 정도가 되었다"는 것이 그것이다. "결국 기계적 복제방법은 축소의 기술이며 인간이 일정한 정도로 작품을 지배할 수 있도록 돕는다. 이것이 없다면 작품은 결코 더 이상 사용될 수 없게 된다."[20] 벤야민은 고유한 미디어현실의 실존을 인정했던 최초의 이론가 중 한 사람이다. 이 미디어현실에서는 개별적인 저자들의 의도에서 독립해 집단적 수용의 코드가 발전한다. 초현실주의자의 사진실험에서와 같이 미디어를 가지고 유희하는 예술적 구성이 이러한 미디어에 의한 존재론적 변화의 효과를 비로소 폭로하고 있다.

벤야민은 브레히트의 인용과 관련하여 이 내용을 다음과 같이 표현한다. 도구를 통한 실재의 재현이 더욱 더 정확하게 성공하면 할수록, 실재에 대해서는 더욱 더 적게 말하게 된다는 것이다. 그러나 역으로는 새로운 저장 미디어(여기서 생각한 것은 유성영화기록기이다)가 이전에는 알지 못했던 그리고 또한 **생각지 못했던** 시야를 제공하게 되는 것이다. 이와 같이 도구와 실재는 더 이상 결코 복제의 성격을 갖지 않은 '환상적인 자연'을 가져오기 위해 서로 침투하게 된다. 이러한 미디어적 가능성의 의식은 몰입을 의미하고 어떤 탈출구도 남겨두지 않는다. 연극무대에서와는 달리 영화에서는 일어난 것을 환상으로 파악할 수 있게 만드는 감시초소가 이제 더 이상은 없다.

---

20 Walter Benjamin, *Kleine Geschichte der Photographie*, 같은 책, 61쪽.

다른 말로 한다면, 미디어현실로부터 이제 더 이상은 간단하게 벗어날 수가 없다. "실재의 도구로부터 자유로운 측면은 여기서 실재의 가장 예술적인 측면이 되었고, 직접적 현실에 대한 광경은 기술의 나라 안에서의 푸른 꽃이 되었다."[21]

그러므로 『기술복제시대의 예술작품』 논문은 시각적 수용과 **촉각적 수용** 간의 대립설정을 통해 새로운 미적 범주를 도입하면서 그러한 주장을 강화한다. 시각적 수용이 구텐베르크 은하계의 전일적인 미디어현실에서 훈육되었다는 점에 대해서는 나중에 맥루한이 미디어의 사회심리적인 효과를 중심에 놓는 독창적인 숙고를 통해 반응했다. 여하튼 촉각성은 여기 벤야민의 경우 이미 전통적인 미학이 부정했던 범주이다. "역사적인 전환기에 인간의 지각도구에 설정된 과제들은 단순한 시각의 길 위에서는, 즉 관조의 길 위에서는 전혀 해결될 수 없다. 그 과제들은 점차적으로 촉각적 수용의 지도에 따라서, 즉 익숙해짐을 통해서 해결될 것이다."[22]

이러한 새로운 통각의 태도의 결과로서 오늘날의 용어사용에서는 **미디어 리터러시**Media literacy에 대한 요구로 지칭되는 것이 등장하게 된다. 벤야민은 이것을 아직은 '모든 삶의 관계의 문학화'라고 불렀다. 새로운 미디어상황은 담론의 혼합을 요구한다. 즉 기록요소 자체로서의 영상들의 **문자화**뿐만 아니라 마찬가지로 텍스트의 독해와 유사하게 영상의 독해가 필수적인 것이 될 것이다. "사람들이 말하는 것처럼, 문자에 정통하지 못한 사람이 아니라 사진에 정통하지 못한 사람이 미래의 문맹자로 존재하게 될 것이다."[23] 도구를 생산수단으로 사용하는 것은 이때 새로운 유형의 읽고 쓰는 **능력**Literalität의 조건이 된다. 이 능력은 문화적 코드들을 보편적으로 지배하는 것을 목표로 하는데, 이 코드들은 예술의 작품성격을 벗어나 '집단적

---

21 Walter Benjamin, *Das Kunstwerk*, 같은 책, 31쪽.
22 앞의 책, 41쪽.
23 Walter Benjamin, *Kleine Geschichte der Photpgraphie*, 같은 책, 64쪽.

형성물'을 생산한다. 현재 산업적인 대중생산은 문화적 관계에로도 확산되고 있는데, 이러한 산업적인 대중생산의 조건 하에서는 새로운 집단적인 주체성이 생겨난다. 이때 개인은 스스로를 기술적·미디어적으로 야기된 맥락성에 내맡겨진 것으로 보고 있다. 미디어의 객체로서 자신의 역할을 보거나("오늘날의 인간들은 누구나 촬영되고 싶은 욕구를 제시할 수 있다"), 마찬가지로 자신의 역할을 주체의 역할로 보고 있다("독자는 언제든지 저자가 될 준비가 되어 있다"24). 벤야민은 미디어의 피드백 채널이 어떻게 열리는지에 대해서, 즉 우선은 언론의 독자란을 통해, 그 밖에 도구의 사용가능성을 통해 열리는 것에 대해서 명확하게 기록하고 있다. 그는 점점 더 작아지는 사진기와 편재하는 '스냅'에 대해서도 거론한다.

이러한 상황들 속에서 볼 때, 관조적인 예술관찰은 현실도피적인 지역의 바깥에서는 이제 불가능하게 되었다. 연구는 이제 미적으로 고귀한 영역에서 사회적 기능의 영역으로 전환되어야만 한다는 것이다. 이것은 '문학적 권한'이 어떻게 상식이 되고, 저자의 기능이 어떻게 지양되는지에 대한 시야를 열어준다. 그러한 현상은 한편으로 더 이상은 특수한 전문가문화로 존재할 수 없게 된 전문교육에서의 변화를 통해, 다른 한편으로 관련된 기술의 특권적 성격의 상실에 의해 일어난다. 이로써 저자와 작품은 사회적 구성으로 드러난다. 그 가능성은 아주 특정한 참여규칙에 의해서 조건이 결정된다. 물론 기술은 사회문화적 관계의 동의에서건 비판과 해체에서건 인과적이지는 않다. 벤야민은 혁명적인 '소련'을 여러 번 가리키면서, 근대의 완성은 기술적인 혁신만을 통해서가 아니라 사회적 혁신이라는 필수적인 보완을 통해서 실현될 수 있다는 점을 밝히고 있다. 이것은 『기술복제시대의 예술작품』 논문의 한 각주에서 강조되었다. 벤야민은 여기서 스스로를 헉슬리Aldous Huxley와 구분한다. 왜냐하면 그는 정보와 영상의 홍수에 대한 헉

---

24 Walter Benjamin, *Das Kunstwerk*, 같은 책, 29쪽.

슬리의 문화보수주의적인 한탄에 동의할 수 없었기 때문이다. 독해와 영상의 요소에 대한 '자연적인 생산'이 존재하는데, 이러한 생산은 기술적 진보에 의해서, 예컨대 '기술적 복제와 윤전기', '축음기와 라디오'에 의해서 인위적으로 지나치게 높여지고, 이로써 일반적인 수준이 아니라 '쓰레기의 생산'만을 증가시킨다는 것이 헉슬리의 주장이다. 벤야민은 이 대중적인 문화비판가에 대해서 직설적으로 말한다. "이러한 관찰방식이 진보적이지 않다는 것은 아주 명백하다."[25]

5. 담론생산에서의 변화

우리는 벤야민이 미디어 발전의 미래가 가져올 것에 대해 어느 정도는 이상한 생각을 갖고 있었다는 점을 가정할 수 있다. 조심스러운 해석들은 미디어의 출현을 시대진단적으로 파악했고 텍스트서술의 문제로 번역하여 다루었던 그의 급진성을 지금까지 파악하지 못하도록 만든다. 벤야민은 초기의 학술적 텍스트에서 거의 체념적으로 다음과 같이 말한다. "철학적 학설은 역사적인 질서체계에 근거를 두고 있다."[26] 철학의 마지막 **주류**였던 19세기의 체계철학에 의해 에세이라는 대안적인 철학형식은 거부되는데, 서술의 문제는 바로 이러한 철학적 저술전통 안에서 일어난 전환으로부터 발생했다. 벤야민은 이성중심주의의 최초의 비판자 중 한 사람인 클라게스와 같은 사유를 한다고 생각했는데 클라게스의 정신 속에서 계획적인 에세이의 대안적 형식이 고안되었다. 이 고안은 다소 의식적인, 구텐베르크 은하계의 질서체계에 대한 함축적 비판 속에서 이루어졌다. 체계적인 논리성

---

25 앞의 책, 29쪽 이하(각주 21).

26 Walter Benjamin, "Erkenntniskritische Vorrede", in: Walter Benjamin, *Ursprung des deutschen Trauerspiels*(1925), Rolf Tiedemann(Hg.), Frankfurt: Suhrkamp 1978, 9쪽.

에 대항하는 사유의 형성과 이념의 비위계질서 상황을 애원하는, 벤야민의 완성되지 못한 교수자격시험논문의 인식비판적 서언은 다름 아니라 선형성 비판에 관한 완성되지 못한 묘사이다. 그러나 여하튼 이 서언은 철학적 자기비판에 관한 의미심장한(거의 영향을 미치지는 못했을지라도) 관점을 서술하고 있다. 이 비판은 표현과 서술의 문제에 대해서 비로소 처음으로 깊이 묻는 것이다.

상식적인 표현방식과의 단절은 벤야민의 작품을 관통하고 있다. 벤야민의 작품은 몽타주의 원리에 의해, (스스로의 경험을 통해 알고 있었던) 시청각 미디어의 생산조건인 컷앤페이스트Cut and paste에 의해 인상적으로 나타났다.[27] 미완성의 상태로 남겨진 『파사주론Passagen-Werk』[28]에서 다음과 같은 계획을 읽을 수 있다. 새로운 표현미디어인 영화의 반성으로서도 간주될 수 있는 문학적 몽타주에 대한 견해를 사회발전의 역사적 경로로부터 준비하는 것이 그것이다. 텍스트 묶음으로 편찬된 단편과 초록은 19세기의 '문화와 사회'라는 주제에 관한 단순한 자료수집 그 이상의 의미를 갖고 있다. 지난 세계에 대한 조망은 마지막 문학적 인용에서 산업사회를 관통하는 환상의 형태Traumgestalten를 읽을 수 있도록 만든다. 이로써 부르주아문화와 사회의 폐허를 예견하여 분명하게 밝히고 있다. 이러한 폐허는 부르주아문화와 사회의 토대(말하자면 산업화과정 속에)에 이미 담겨 있었다. 변증법적 서술로서 특히 철학의 미디어이론적 태만을 교정한다고 하는 이론의 새로운 명백성을 통해 양은 새로운 질로 전환된다.

중요한 문제는 서술의 문제를 넘어서 과학적 지각방식을 총체적으로 방법적으로 확장하는 것이다. 이것은 특히 깨어 있는 의식상황과 다른 의식상

---

27 벤야민은 신문사를 위해서 일했을 뿐만 아니라 라디오 방송국을 위해서도 일했다. 이에 대해서는 1930년에 나온 그의 라디오에세이를 참조하라. Walter Benjamin, *Aufklärung für Kinder*, Frankfurt: Suhrkamp 1978.
28 Walter Benjamin, *Das Passagen-Werk*, 2Bände, Frankfurt: Suhrkamp 1982.

황을 진지하게 받아들이고 이것을 인식을 위해 생산적인 것으로 만드는 것을 함축하고 있다.[29] 벤야민 스스로가 어떻게 문학적 생산물이 (사회적·문화적으로) 각성된 상황에 미리 앞서 예언적인 '환상형태Traumgestalten'로 해독될 수 있는지를 설명했다. 물론 여기서 계몽주의의 기획인 의식적으로 되기 내지 의식적으로 만들기는 자각이라는 거의 자명한 토포스에 자리를 만들어 주었다. 클라게스는 이러한 벤야민의 생각으로부터 영향을 받아 철학자이자 심리학자로서 자신의 뮌헨 대학의 '표현학 세미나'에서 특히 무의식적인 것이 표현되는 형식들 중 하나라고 할 수 있는 필적감정학Graphologie을 매우 깊게 다루었다. 문화기술과 사유는 여기서 아주 특정한 관점에서 함께 고려되었고 이것은 클라게스가 말한 바와 같이 **환상의 상태**Traumstimmung 로서 문화의 위기나 문화에 대한 불만에 대해서 해명을 한다. 확실히 벤야민은 클라게스가 권고한 바와 같이 기술화와 기계화과정을 거부하기보다는 문화비판이 소홀히 취급했던 이 과정 안에 내재하는 가능성에 대한 분석에 더 많은 관심을 두었다.

6. 인쇄술적 질서체계의 종말

벤야민의 경우 근대의 새로운 경험을 설명하는 것은 기술이다. 왜냐하면 기술이 역사적 규준들의 갑작스러운 파괴를 유발했기 때문이다. 그는 1928년 출판된 아포리즘 선집인 『일방통행로Einbahnstraße』에서 "공인된 회계사Vereidigter Bücherrevisor"란 제목 하에 문화기술적인 발전과정의 윤곽을 제시한다.

---

29 Walter Benjamin, *Über Haschisch*, Frankfurt: Suhrkamp 1972. 여기서도 클라게스를 모범으로 하는데, 클라게스는 환상의 분위기(Traumstimmung)를 "익숙하지 않은 이질적인 장소"의 경험이나 "어떤 마취제를 향유하고 난 이후"의 고갈 상태와 연결시킨다. 이에 대해서는 Ludwig Klages, *Vom Traumstimmung*를 참조하라. Rolf Wiggershaus, *Die Frankfurter Schule*, 같은 책, 224쪽을 인용한다.

여기서 출발점은 책문화의 위기이다. "시대는 르네상스시대와 전적으로 균형적인 관계 속에 있으며, 특히 인쇄술이 발명되었던 상황과는 대립 속에 있다."[30] 루터 이후 책은 대중의 소유물이 되었는데 이제는 이러한 형태로 나타나지 않는다. "모든 상황은 책이 이러한 전승된 형태로서는 종말을 맞이했음을 알려주고 있다." 이에 관한 증거들은 예전보다 더 활발하게 활자체의 모양새와 저술 전체를 실험하는 실제적인 문화생산에서 발견될 수 있고 또한 활자체의 모양새를 "거리에서 즐기지만 경제적 혼란의 난폭한 이질성에 종속된" 광고에 의해 만들어진 기호적 긴장상태에서도 발견될 수 있다.

인쇄된 책에서 문자는 자신의 피난처를 찾았고 한동안은 독립적인 현존을 누렸다. 하지만 영화와 광고는 독해습관을 변화시키고 있으며, 문자는 이미 신문에서 수평적으로 읽힐 뿐만 아니라 수직적으로도 읽힌다.[31] 공적인 사용의 경우 문자는 인쇄된 이차원적인 글쓰기평면을 벗어나는 일에 착수했다. 문자는 공간적 현존을 통해 자신의 본래의 촉각적 성질로, 즉 삼차원성으로 되돌아간다. 이를 통해서 저자의 텍스트에 대한 입장도 변화하게 된다. 기본적인 의미에서 특히 과학적 책문화에서는 한 저자가 한 독자와 커뮤니케이션하지 않고 카드정리함이 다른 카드정리함과 커뮤니케이션한다는 것이다. "책은 두 개의 서로 다른 카드식 목록시스템 사이의 낡은 매개이다."

문자의 발전은 새로운 미학을 위해 과학과 경제의 권력요구를 거부한다는 것이다. 벤야민은 새로운 미학을 '세계적인 가변문자'나 새로운 '영상문자'로 암시했고 이것은 통계도표나 기술도표에서 이미 암시되었다. 문자는

---

30 Walter Benjamin, *Einbahnstraße*, Berlin: Rowohlt 1928, 28쪽(Faksimile der Erstausgabe, Berlin: Brinkmann & Bose 1983).

31 20년 후 맥루한은 뉴욕 타임스의 타이틀로서 "상징적 풍경"을 읽게 될 것인데, 이것은 산업적 인간의 집단적 예술작품이다. 이에 대해서는 Marshall McLuhan, *Die mechanische Braut. Volkskultur des industriellen Menschen*(1951), Amsterdam: Verlag der Kunst, 1996, 12쪽 이하를 참조하라.

이렇게 '새로운 탈중심적인 상징성'(이것은 말라르메Stéphane Mallarmés의 상징적 언어마술과 노이라트Otto Neurath의 민중계몽적 상징적 통계 사이의 어느 지점엔가 자리잡고 있는 것처럼 보인다)으로 진출함으로써 책문화의 문화기술적 제약을 극복하고 적합한 사태내용을 붙잡을 수 있게 된다.[32] 이것은 자연발생적인 과정으로 간주되어서는 안 될 것이다. 기술은 문자를 잘 아는 시인들을 요구하고 있다. 그리고 이 시인들은 적합한 표현수단에 대한 자신들의 요구를 기계 타자기 시대의 아직 초보적인 미디어기술에 제기할 것임에 틀림없다. 이러한 것들은 미래를 예견하고 있는 다음의 언급에서 나타나고 있다. "문필가의 책의 구상과 정확한 인쇄술 양식이 서로 직접 연결될 때에야 비로소 타자기는 문필가의 손으로부터 펜대를 떼어낼 수 있을 것이다. 그렇게 되면 추측컨대 사람들은 보다 유동적인 형태의 문자를 갖춘 새로운 시스템을 필요로 하게 될 것이다. 이 시스템은 능숙한 손의 역할을 명령하는 손가락의 신경자극을 대신하게 될 것이다."[33]

기계가 생활세계에 등장함으로써 **새로운 코드**(빌렘 플루서)가 관철되기 시작했던 역사적 시점에서는 이러한 과정에 대한 매우 광범위한 문화비판적 반작용이 있었다. 이것은 비교적 뒤늦게 기획되었던 종말론적 문화비판인 **계몽의 변증법**을 뜻할 뿐만 아니라 이전에 아주 일찍이 낭만주의(프리드리히 슐레겔Friedrich Schlegel)에서 발원한, 이른바 '삶의 철학Lebensphilosophie'에 뿌리를 두고 있는 초기 블로흐와 하이데거의 신화적 시학을 뜻하기도 한다. 이 신화적 시학은 예컨대 게오르게Stefan George의 문학적 표현들 속에서 재현되었다.[34] 여기서 새로운 미학적 형식이 탐구되었고, 이미 미디어에 의해

---

32 이에 대해서는 Walter Benjamin, *Einbahnstraße*, 같은 책, 29쪽 이하를 참조하라.
33 앞의 책, 31쪽.
34 이것은 산업적 현대의 소외를 거부하는 미적 현실도피주의로 간주될 수 있을 것이다. 이에 대해서는 활자체의 모양새에 몰두하는 태고적 표현방식이 존재한다. 이와 같이 20세기로의 전환기에 강력한 영향력을 갖고 있던 시인 게오르게는 자신의 시를 인쇄하기 위해 고유한 활자체를 고안했다. 이에 대해서는 Helmut Glück, *Schrift und Schriftlichkeit*, Stuttgart: Metzler

변화된 새로운 형태의 글쓰기와 텍스트 생산방식에 관해 반성이 일어났다. 이와 같은 텍스트는 책의 형식에 대해 거리를 두는 경향을 띠고 있다. 이로써 인쇄술 형식이 문자의 **형상화**와 이와 연관된 **형상의 문자화**로 용해되는 현상이 결코 전자미디어의 효과가 아니라는 사실이 입증된다. 새로운 독해 가능성을 열고 또 구성적인 차원에서 언어놀이를 하거나 문자를 대체하는 대안적인 기호(특히 인쇄체)를 만드는 것은 한편으로는 새로운 저장과 전달 미디어에서 나타나는 언어의 기술복제이고, 다른 한편으로는 더 큰 발전을 꾀하고 있는 광고산업이다. 이것은 우리가 예컨대 1920년대의 러시아 미래주의와 구성주의로부터 알고 있는 것과 같은 활자체와 영상텍스트를 뜻한다. 다시 말해 이것은 인쇄물에 통상적으로 적용되는 의미해독 방식에서 극단적으로 벗어나 있고 **초합리적**이거나 **초논리적**인 담론의 메시지를 담고 있는 개념기호를 뜻한다.[35]

이와 같이 하나의 단순한 의미 그 이상으로 기술복제와 '예술작품'은 서로 연관되어 있다. 문화의 전통적 연관관계가 미디어기술 기구의 등장으로 인하여 파괴된다는 것은 다름이 아니라 기술이 전통적으로 정립된 가치를 거부한다는 사실을 의미한다. 벤야민은 이것을 '아우라의 파괴'라고 부른다. 이 말은 어떤 특별한 의미를 갖고 있는 것이 아니라 사회정치적으로 변형된 사회는 문화적 변화를 경험하게 된다는 것과, 이러한 경험은 맨 먼저 자유로운 사용가능성이라는 '민주주의적' 효과에서 비롯된 일종의 세속화과정으로 나타난다는 것을 뜻한다. 예술생산에서의 물질적 차원이 새로운 미디어를 통해 전제조건으로서 고려되었고 보다 강하게 의식되었다. 벤야민이 『기술복제시대의 예술작품』에서 발레리Paul Valéry를 인용한 것은 이유가 있는 것이다. "모든 예술 안에는 물질적인 부분이 있는데 이것은 더 이상 예전처

1987, 243쪽을 참조하라.
35 이에 대해서는 Helmut Glück, *Schrift und Schriftlichkeit*, 같은 책, 239쪽 이하의 사례들을 참조하라.

럼 관찰되거나 다루어질 수 없다. 물질적 부분은 이제 더 이상 현대적 실천 활동과 무관하게 존재할 수 없다." 벤야민은 이론가로서 특히 전승된 문학의 기록들에서 나타나는 산업과 상업의 등장을 연구했다. 이때 그는 과거와의 이별을 축하하는 데 매달려 있기보다는 근대적 실천의 출발배경을 밝히려고 노력했다.

프로이트의 경우에서도 나타나는 바와 같이, 인간의 감각이 미디어기술이라는 '의족(義足)Prothesen'을 통해 확장되는 것은 문명사적으로 매우 중요한 것인데, 이것은 벤야민의 경우 사회정치적 맥락에서 고찰되었다. 물론 이것은 단지 미디어발전의 진단적 고찰을 위한 전주곡일 뿐이다. 미디어의 발전은 산업시대 이전 시대의 인식론적 범주인 원본성과 진정성을 애원하는 순수상황을 은연중에 암시하고 있는 의족이론(명목상의 언어 상실에 관한 진부한 주장과 유사하게)과 단절한다. 특히 시청각 미디어의 등장은 언어학적 · 철학적인 성격을 띤 학술적 담론에서 주장된 자율적인 주체의 입장과 지각의 주체적 성격을 해체한다. "영화, 특히 유성영화는 이전에는 결코 생각될수 없었던 광경을 제공한다." 벤야민에 따르면 이 영화는 말하자면 "더 이상 어떤 유일한 관점도 주장될 수 없는 과정"[36]을 서술한다.

이로써 두 가지 사안이 암시적으로 표현된다. 첫 번째 것은 발전된 기술로 인하여 일어난 인간의 관점의 상실 때문에 생기는 우울함일 것이다. 두 번째 것으로서는 물론 이미 이러한 기술발전에 대한 미디어이론적 공명이 표현되고 있다. 그것은 현실의 재현이 아니라 미디어현실의 생산을 인정하는 것이다. 그리고 이러한 전망의 변화의 계속되는 효과가 언급되어야만 할 것이다. 벤야민은 기술의 변화와 함께 방법론적으로 변화된 상황이 등장하고 있음을, 마찬가지로 담론의 혼합 속에서 새로운 형태의 학문 간의 연관성이 예고되고 있음을 알고 있었다. "사진을 예술적으로 사용하고 과학적으로 사용하

---

36 Walter Benjamin, *Das Kunstwerk*, 같은 책, 31쪽.

는 일을 예전에는 대개 따로 떨어져 있는 것으로 생각했지만, 이제 동일한 것으로 인식할 수 있도록 만든 것은 바로 영화의 혁명적인 기능 중 하나일 것이다."[37] 다른 말로 표현하면, 이러한 문화적 변화들은 특수한 의미에서 미디어기술의 표현차원과 관련되어 있을 뿐만 아니라(사진기술의 도입), 전통적으로 '기술'을 통해서 형성되었던 정당화와 논증연관도 재정의한다.[38]

요약

벤야민은 바로 직전의 모든 것을 남김없이 변화시키는 지각미디어에서 획기적인 변화를 진단한다. 예술작품의 미학을 뒤따라 매스미디어의 미학이 등장하게 된다. 말하자면 우리가 문화로 파악하는 것은 사회적으로 뿐만 아니라 기술적으로도 규정된다는 뜻이다. 예술작품의 미학은 예술의식에 몰두함을 의미하고 일회적인 아우라의 마법을 통한 개인의 반복되는 인정을 의미한다. 그러나 새로운 저장미디어는 예술의 '원본성'을 완전히 새로운 연관관계에 놓는다. 매스미디어의 미학이 예술작품에의 접근의 민주화뿐만 아니라 분산과 오락을 뜻한다는 점은 개인들이 집단적인 형태와 대중적 지각에 필연적으로 몰두한다는 사실에서 나타난다.

이러한 과정에서 해방적인 것은 확대와 축소 사이에서 번갈아가면서 변화한다. 기술을 통해 무의식적인 것을 폭로하는 가능성의 극대화와 생산비용과 크기의 최소화는 문화생산물의 분배에 유용하다. 세 번째 효과는 복제이다. 복제는 이제 언제나 예술작품의 한 부분이 되었고 기술에 의해 강화되며 민주주의적 잠재력을 포함하고 있다.

벤야민이 사회적 코드의 근본적인 재코드화의 과정을 체념적으로 살피고 있다고 말한다면 이것은 단지 표피적인 측면에서일 뿐이다. 이 표면 아래로 벤야민은 이러한

---

37 앞의 책, 35쪽.
38 사진기가 미치는 시각의 구성에 관해서는 Jonathan Crary, *Techniken des Beobachters. Über Sehen und Modernität im 19. Jahrhundert*, Dresden: Verlag der Kunst 1995를 참조하라.

변화들을 근대의 다른 어떤 철학자보다도 진지하게 받아들이며 지성적인 생산방식에 미칠 모든 결과들에 대해서도 다루고 있다. 벤야민은 새로운 미디어 상황 때문에 이미 책의 종말을 진단한다. 부르주아적 문화모델의 위기와 문화적 도구의 변화는 서로가 서로를 전제하고 있다. 이로써 철학적 미학은 변화하여 지각에 관한 순수학문으로 존재할 수 없고 정치적·사회적·기술적 조건을 내용으로 한다. 문화산업에 대한 비판(호르크하이머 / 아도르노)이 이윤의 동기가 정신적 형상들로 전이되는 것을 비판했다면, 벤야민은 정신적 생산수단의 사회화 가능성을 새로운 문화를 위한 기회로 삼고 있다.

〈삽화 14〉 TV를 시청하고 있는 미국의 가정(1940년대)

복제에서 시뮬레이션으로

귄터 안더스의 문화종말론

> "나는 나의 상(像)이 언제나 나의 (주지하듯이 심층의) '나'와
> 일치하기를 원했다. 하지만 그 반대의 경우를 이야기할 수밖에 없다."
>
> ——롤랑 바르트(Roland Barthes)

1. 인간과 기구—하나의 불평등한 관계

발터 벤야민이 평했던 것처럼, 최초의 사진들의 유일무이함은 그것들이 인간과 기계가 만나는 첫 장면을 표현하는 데 있다고 한다. **면대면**Face-to-face 상황 사이에 끼어드는 카메라는 말하자면 원래 타인을 향한 시선을 버리게 하고, 타인에게서 영혼을 빼앗고 그의 모습을 그대로 두지만 그의 시선을 내부로 돌리게 한다. 추측컨대 초기 사진의 감상자들은 인간 얼굴의 모사에서 그때까지 알려지지 않았던 명료함이 나타났기 때문에 사진을 오래 쳐다보기를 꺼렸을 것이다. 말하자면 이것은 일종의 접촉공포인데, 양쪽에서 일어나는 것이지만 서로에 대해서가 아니라 오히려 기구적 고정성에 의해 일어난다. 이러한 모사의 골상학적 관점은 완벽해서 생소한 것이었고,

또한 특별히 섬세한 표면에 집중해야 하는 압박도 혼란스럽게 작용했던 것이다. 초기의 사진촬영의 경우 그 긴 조명시간 때문에 모델들은 머리와 몸통 받침대에 의해 고정되어야 했다. 이 때문에 그림에 일정한 호소력이 더해진다. 초기의 촬영에서는 모델들이 마치 사진 속에서 자라나며, 그들의 시선이 내부를 향하는 것 같다고 벤야민은 해석했다.[1]

인간은 통상 자신의 습관 속에서 기구에 동화되며, 기구의 압력에 자신을 맡기거나 적어도 기술의 배후로 한 걸음 물러난다. 역사적으로 보면 인간의 지각은 지각된 대상들과 마찬가지로 변화한다. 어쨌든 이는 우선 이해하기 쉽지 않은 **선험적 통각**(統覺)transzendentale Apperzeption 안에서의 가변성을 보여준다. 인간은 일정한 역사 시점부터 원하건 원하지 않건 간에 지각과 지각의 처리를, 즉 정보의 수용과 저장을 영혼이 없는 기구와 분담하도록 강요되었다. 인간의 눈 이외에 카메라도 마치 눈의 대리인처럼 전에는 감춰진 채 있었던 현실의 특징들을 드러내기 위해 현실을 파고든다. 문화에 대한 불안에 기술에 대한 불안이 추가되는데, 이러한 기술의 기구들이 현실지각의 주권자로서의 인간의 지위를 박탈하기 때문이다. 이는 진정성과 증인의 자격이 재설정되는 방향으로 나아갈 것이다. 즉 진정성과 증인의 자격이 인간 주체에게서 박탈되고 기구의 사안에 속하게 되는 방향으로까지 진행될 것이다. 신문사진의 인기가 보여주었던 것처럼, 사진은 곧 더 이상 세계의 사물이나 사건의 모사로서가 아니라 최종적인 증거로서 간주되었다.[2]

미디어기술로서의 카메라는 바로 근대기술에 대한 은유가 된다. 인간은 기술의 영광 앞에서 부끄러워하면서 그 뒷전으로 밀린다. 그렇다면 그러한 압박은 얼마나 깊은 것인가? 그럼에도 불구하고 이 기구들은 분명히 생산

---

1 Walter Benjamin, *Das Passagen-Werk*, 같은 책, 832쪽과 Walter Benjamin, *Geschichte der Photographie*, 같은 책, 52쪽을 참조하라.
2 "현상학적으로 보면, 사진에서는 증명의 능력이 재현의 능력에 비해 우위에 있다"(Roland Barthes, *Die helle Kammer*, Frankfurt: Suhrkamp 1989, 99쪽).

적인 특성과 더불어 해방적인 특성을 지니고 있는가? 예술작품의 기술적 복제성이 사회발전을 위한 잠재력을 지니고 있다는 생각은 특히 발터 벤야민의 미디어이론적 성찰의 함축적 주장이다. 그의 동시대인들이 무조건 그렇게 보았던 것은 아니다. 즉 시대진단적인 문화비판이 기술복제의 사회적 효과나 미디어의 '문화산업'을 깊이 다루면 다룰수록, 이 문화비판은 점점 더 종말론적인 특징을 취했다. 여기에 귄터 안더스Günter Anders가 속한다. 그는 하이데거에게서 학습한 후 미국에서의 망명 동안에 학술적으로 확고한 기반을 가질 수 없었고, 그렇기 때문에 학술적 텍스트의 생산보다는 산문, 수필, 논쟁적 시평(時評)에 몰두했고, 정치적 개입에 대해서도 별다른 거리낌이 없었다.[3]

2. 부정적 인간학

안더스는 기술과 미디어의 영향 속에서 변형되고 있는 현대문화를 성찰함으로써 인간의 상태에 대한 이해를 끌어내려고 했다. 정확히 말하면, 그는 "2차 산업혁명 시기에 나타난 영혼의 변화"에 대한 통찰을 시도했다.[4] 함축적으로 볼 때 문화비관적인 관점에서, 안더스의 관찰은 시뮬레이션 시대에 나타나는 기본적인 인상들을 그리고 있다. 이 인상들은 방법적인 과장

---

3 귄터 안더스는 심리학자 윌리암 슈테른(William Stern)의 아들로 ("안더스Anders"는 언론인으로서의 필명이었다) 1920년대 초반에는 카시러, 파놉스키, 후설, 하이데거에게서 배웠다. 미국 이민시절(1936)에는 공장노동자, 연극소도구담당자, 호르크하이머의 Zeitschrift für Sozialforschung의 직원(서평 담당)으로 일했다. 그는 1950년에 빈으로 재이민했고, 1989년에 그곳에서 사망했다. 안더스는 그밖에도 러셀(Bertrand Russell)의 War Crimes Tribunal과 반핵운동단체에서 활동했다. Konrad Liessmann, *Günther Anders zur Einführung*, Hamburg 1988을 참조하라. 안더스의 과장된 태도의 배후에는 개인적인 생활문제가 들어있다는 의혹에 관해서는 Detlef Clemens, *Günther Anders. Eine Studie über Ursprünge seiner Philosophie*, Frankfurt: Haag 1996을 참조하라.

4 Günther Anders, *Die Antiquiertheit des Menschen. Band1: Über die Seele im Zeitalter der zweiten industriellen Revolution*(1956), 5.Auflage, München: Beck 1980, 235쪽에서 인용한다.

을 보이기도 하지만 미디어현실에 무의식적으로 사로잡힌 인간에 대해 여전히 생각해 볼만한 몇 가지 진실을 제시했다. 안더스의 관점은 2차 산업혁명(그리고 3차 산업혁명)의 시대에 부정적 인간학을 취한다. 왜냐하면 이 혁명이 "항상 동일하게 움직이는 기계의 광란 속에서" 생활세계와 삶 자체를 파괴하기 시작했기 때문이다. 안더스는 다른 곳에서 생산의 관점에서 분석되던 문화산업을 산업적인 디오니소스적 컬트라고 불렀는데, 이는 자신의 승리를 "육체에 계속 반복해 주입하는"[5] '기계 신'에 동화되려는 것을 뜻한다.

산업생산 기술은 인간에게 거꾸로 구속력 있는 영향을 미친다. 왜냐하면 인간은 인간의 통제에서 벗어나는 기구들을 더 이상 따라잡을 수 없기 때문이다. 진행성의 기술은 그 반대의 진행으로서 퇴행적인 인간학적 상황을 만들어내고 인간의 골동품성(骨董品性)Antiquiertheit des Menschen을 초래한다. 생산세계를 중단 없이 가속화시킨다고 해도, 인간은 결코 프로이트식의 보족신Prothesengott과 같아질 수 없다. 인간은 자신의 육체뿐만 아니라 본질적으로 영혼과 관련해서 파멸적인 변화를 경험하기 때문이다. 그리고 그 원인은 보편적 산업화과정에 있다.

칼 마르크스는 포이어바흐에 관한 테제 중 그 유명한 열한 번째이자 마지막 테제에서 다음과 같이 썼다. "철학자들은 세계를 단지 다양하게 해석했을 뿐이다. 그러나 문제는 세계를 변혁시키는 것이다." 귄터 안더스는 적당한 역사적 거리두기와 산업혁명의 경험 속에서 이 테제에 대한 응답을 다음과 같이 표현했다. "세계를 변혁시키는 것만으로는 충분하지 않다. 어차피 우리는 이것을 한다. 그리고 이것은 심지어 우리와 무관하게 일어날 것

---

5 앞의 책, 84쪽. 『인간의 골동품성(*Antiquiertheit des Menschen*)』 제2권은 "3차 산업혁명시대의 삶의 파괴에 대하여 Über die Zerstörung des Lebens im Zeitalter der dritten industriellen Revolution" 라는 부제를 달고 있다. Günther Anders, *Antiquiertheit des Menschen, Band2*: München: Beck 1981을 참조하라.

이다. 우리는 이러한 변화를 해석해야만 하는 것이다. 말하자면 이 변화를 변화시키기 위해서 그렇다. 이는 세계가 더 이상 우리 없이 변화되지 않게 하기 위해서이다. 그리고 마침내 세계가 우리 없는 세계로 변화되지 않게 하기 위해서이다."[6]

니체의 징후적인 사유 속에서 인간은 반시대적인 존재가 되었다. 왜냐하면 생산력의 전유와 발전을 마르크스주의적으로 긍정하는 것(즉 주체지위의 근대적 보장)이 이제 더 이상 인간에게 어떤 현실적인 대안이 되지 못하기 때문이다. 이는 이 철학적 비판가를 어려운 상황으로 몰고 갔다. 그의 **기술적 이성비판**Kritik der technischen Vernunft이 비생산적인 또한 반동적이라 할 수 있는 기계파괴 운동의 근처로 그를 움직였기 때문이다.[7] 그러나 안더스의 경우 기구 또는 기술적 수단의 비판이 아니라 **거대기계**Makro-Gerät의 비판이 중요한 문제이다. 그가 말하는 거대기계는 거의 초월적 카테고리로 발전해 나갔다. 인간의식이 소멸되는 위협적인 시점에서 이 주어진 상황을 다시 한번 파악하려는 시도는 기술적 이성비판을 '철학의 미해결 문제'로 간주한다. 이때 기술적 이성에 대한 근본적 비판은 "인간의 생산활동이 그 모든 경계를 벗어난 것처럼 보이는"[8] 시점에서 인간의 한계설정 내지 인간의 모든 능력의 한계 설정으로 이해되었다. 이러한 부정적 인간학은 완전히 인본주의적이지도 않게, 그리고 순수사변적이지도 않게 고안되었다.

안더스는 자신의 논의 과정에서 줄곧 인간세계와 기계세계 사이의 동시성Synchronisierung은 분명히 불가피하게 실패할 수밖에 없다고 확언한다. 실

---

6 Karl Marx, *Thesen zu Feuerbach*(1845), in: Karl Marx und Friedrich Engels, *Werke Band3*, Berlin: Dietz 1981, 7쪽을 참조하라. Günther Anders, *Die Antiquiertheit, Band2*, 같은 책, Motto를 참조하라.

7 기계파괴운동가의 사회사에 관해서는 Kirckpatrick Sale, *Rebels against the Future. The Luddites and their War on the Industrial Revolution. Lessons for the Computer Age*, Reading/Mass.: Addison-Wesley 1995를 참조하라.

8 Günther Anders, *Die Antiquiertheit, Band1*, 같은 책, Einleitung, 18쪽.

패한 동시성은 어느 때는 근대Moderne의 신경과민으로, 어느 때는 기술과의 접촉에서 나타나는 세대 문제로, 또는 기술에 의해 유발된 우리의 생활세계의 가속화문제로 등장한다는 것이다. 동시성의 결여라는 사실은 인간세계와 기계세계 사이의 격차Gefälle로 파악되는데, 여기에서 인간은 시지프스류의 상황에 사로잡힌다. 즉 그의 영혼은 계속해서 "공사 중under construction"이며 결코 완성될 수 없다. 그의 현재는 미래로의 고유한 앞서감을 결코 따라잡지 못한다. 이로 인해 인간의 자기 자신에 대한 불만이 기술과 관련하여 제기된다. 이것은 예컨대 녹음테이프에서 자신의 목소리를 들을 때 개별적으로 경험하는 것을 마치 집단적으로 경험하는 것과 같다. 불충분한 느낌과 보다 완벽함에 대한 혼란스러운 요구와 같은 것이다. 아니면 사진술의 초창기 사진들을 상기해보자. 새로운 기구 앞에서 자기 자신과 일치하는 얼굴로 찍혀지기를 원치 않는 것으로 보이는, 그러한 얼굴사진은 인간과 (미디어)기술의 만남의 시대에 대한 은유이다. 인간과 기계의 상황에 의해서 커뮤니케이션적인 면대면 상황이 극복된 현상은 이 철학자로 하여금 복잡한 문제들에 직면하도록 한다. 요컨대 그는 이른바 인간의 모습을 인간에 대한 캐리커처를 통해 폭로하려 하고, 또는 역으로 인간을 기술이 만들어낸 캐리커처로 묘사하려고 한다.

3 현대인의 수치

안더스는 "실제로 아직 형체가 없고 특징이 없는 얼굴들에 개성 있는 인상을 주려고" 시도했다. 이 캐리커처는 스타일상의 과장과 다름없는데, 안더스는 산업화의 조건 하에서 인간이 처한 저 두 세계 간의 격차문제와 관련해 볼 때 이러한 과장을 유일하게 가능한 해답이라고 강조했다. 안더스는 어떤 곳에서 매우 한정된 의미로 벤야민을 준거로 삼는다. 벤야민이 '아우라의 몰락'을 논의했던 그 방식에서(벤야민에게서 중요한 것은 관찰의 객체에 의한 주체적 시야의 전환이다)[9], 즉 시선의 전환이라는 방식에서 안더스는 스스로에 의해 창조된 기계세계 앞에서 갖게 되는 현대인의 수치라는 자신의 테제가 이미 선취되었음을 보았다. 이러한 기계세계의 기이하게도 말없는 시선은 이 생물학적 존재를 압박하고, 이 존재는 "창조된 것이 아니라 생성된 것"이라는 자신의 결점을 의식하게 된다.[10] 이때부터 이 존재는 결점을 극복하고 제작된 세계에 가능한 한 잘 동화되려는 본질적인 노력을 알게 된다. 육체의 인위적 과장(메이크업, 유행 의상, 피트니스)이 문화적 실천에서 이에 상응하는 결과인 것이다. 그러나 자신에 의해 제작된 생산물로 인해 인간 자신이 낡아 보인다는 사실이 달라지지는 않는다. 안더스는 이 때문에 인간에게 엄습하는 수치를 "프로메테우스적"[11] 수치라고 불렀다. 그리고 그는 진정한 현실과 한갓 복제된 현실 사이의 차이를 '프로메테우스적 격차'라고 불렀다. 인간의 상상력은 기계의 잠재력을 더 이상 감당하지 못한다는 것이다. "인간과 자신의 생산물의 세계 사이에서 비공시성이 나날이 커져가고 있다는 사실, 즉 그 격차가 나날이 커져가고 있는 사실을 우리는 '프로메테우스적 격차'라고 부른다."[12]

당연히 이러한 명제에서는 다시 마르크스주의의 소외이론이 감지된다.

---

9 "아우라의 경험은 (……) 인간사회에서 통용되는 반응형태를 무생물이나 자연과 인간 사이의 관계에 옮기기 때문에 발생한다. 감상되는 것이 (……) 시야를 연다. 어떤 현상의 아우라를 경험한다는 것은 시야를 여는 능력을 통해서 아우라를 부여한다는 뜻이다"(Walter Benjamin, 'Über einige Motive bei Baudelaire', in: *Studies in Philosophy and Social Science(Zeitschrift für Sozialforschung)*, Jg.VIII, 1939, No.1/2, 84쪽). 안더스는 이것과 관련이 있다. Günther Anders, *Die Antiquiertheit, Band1*, 같은 책, 333쪽, 각주를 참조하라.

10 Günther Anders, 'Über prometheische Scham', in: Günther Anders, *Die Antiquiertheit, Band1*, 같은 책, 21~95쪽, 여기서는 24쪽. 이러한 전도된 연관성을 다르게 주제화한 것이 사이버페미니즘 담론에서 발견된다. 이에 관해서는 Donna Haraway, *Die Neuerfindung der Natur, Primaten, Cyborgs und Frauen*, Frankfurt: Campus 1995를 참조하라. 장르 내재적 비판에 관해서는 Marie-Luise Angerer, *Body-Options, Körpers, Spuren, Medien*, Bilder, Wien 1998을 참조하라.

11 그리스어 προμεθευς - 신중한 자, 미리 계획하는 자, 앞서 생각하는 자.

12 Günther Anders, *Die Antiquiertheit, Band1*, 같은 책, Einleitung, 16쪽.

그러나 안더스의 경우 중요한 것은 생산관계와 이데올로기 사이의 차이뿐만 아니라 새로운 종류의 존재론적 구조이다. 이 존재론적 구조는 생산과 표상 사이의 다층적인 격차들 속에 드러난다. 이러한 비공시성은 제2차 세계대전 말 파괴적인 원자폭탄의 사용이라는 사태에서 명백해진다. 기술은 그 결과를 더 이상 잘 다룰 수 없는 행위들로 우리를 유인한다. 안더스에 따르면 프로메테우스적 격차는, 그리고 또한 우리의 행위세계가 이미 우리의 도덕관념의 세계와 일치하지 않는다는 사실은 우리의 '종말론적 맹목성'과 이와 관련된 공포에 대한 무능력의 근거가 된다. 이러한 무능력은 거대기계와 대립하지 못하는 무능력에서 나온 결과이다.[13] 이제 이러한 격차는 생활세계의 진전되는 근대화와 더불어 눈에 띄게 벌어질 것이다. 인간은 자신을 에워싼 기술을 전혀 본래대로 이해하지 못할 뿐만 아니라 자신을 이제 더 이상 현실적으로 이해하지 못한다. 왜냐하면 인간이 자신의 감정이나 정서적 가치들을 기술화된 세계에 더 이상 맞추지 못하거나 그 발전에 뒤쳐져 무력하게 비틀거리기 때문이다.

이러한 생각의 기준점은 기구들 및 만들어진 기술과 인간신체 및 육체 사이에서 끊임없이 반복되는 대립이다. 프로이트가 말했듯이, 인간이 자신에 장착된 보족기구를 무조건적으로 잘 다루는 것은 아니다. 그러나 증대하는 기술에 직면해서 '인간'의 육체성을 원상회복시키려는 윤리가 존재해야 함에도 불구하고 현실의 윤리를 보았을 때 그렇지 못하다는 결함이 여기서의 문제는 결코 아니다. 새로운 미디어 상황에 직면해 볼 때 오히려 중요한 문제는 적절한 분석의 기준이다. 현실과 복제 사이의 차이에 관한 담론에서 수사적 임의성을 배제하는 분석의 기준이 그것이다. 그렇다고 철학적으로 오래전부터 알려진 인간의 추상능력과 구체적 지각 사이의 차이를 고발하

---

13 Günther Anders, "Über die Bombe und die Wurzeln unserer Apokalypse-Blindheit", in: Günther Anders, *Die Antiquiertheit, Band1*, 같은 책, 233쪽 이하.

는 시도가 중요한 문제는 아니다. 기술과 미디어의 성과에 관련해 매우 비관적인 이러한 구상들이 가질 수 있는 가능한 결론들은 안더스의 성찰운동의 범위를 벗어나는 것이다. 안더스의 성찰은 사회현실과 미디어 현실을 명확하게 구분하는 것이 비교적 아직 용이했던 시기에 이미 미디어의 팬텀 세계의 전체주의 문제에 대해 정곡을 찔렀다고 할 수 있다.

4. 영상으로 가득 찬 세계 속의 탈문자적 문맹자집단

안더스는 우선 근대의 특징적인 현상인 영상Bild의 과잉생산을 분석하는데 전념했다. 그는 이것을 아이콘매니아ikonomania라고 부르고, 이와 관련해 프로메테우스적 수치에 관한 해답을 시도했다. 출발점은 기술적(記述的) 차원에서 볼 때 진부한 문화염세주의적인 성격을 띠고 있다. 오늘날 전세계적으로 나타나는 영상의 홍수 속에서 탈문자적postliteraisch 문맹자집단이 등장하게 되었다는 것이다. 복제기술 수단은 감상자들을 피상적으로만 세계에 참여하게 하는 영상과 세계상을 만들어낼 뿐이다. 이미 칸트의『판단력 비판Kritik der Urteilskraft』은 합리적인 계몽을 위해 구약성서의 우상숭배금지를 받아들인 바 있는데, 이와 같이 안더스도 영상을 계획적인 우민화 도구로 간주한다. 영상이 인간에게 볼거리를 더 많이 제공하면 제공할수록, 인간 스스로가 말하는 일은 점점 더 줄어들 것이다. 아이콘매니아의 두 번째 기능은 아이콘매니아가 기계의 연속적인 대량생산 세계에 연결점을 만드는 것과, 인간이 프로메테우스적 수치라는 차원에서 참을 수 없기 때문에 자신의 형상적 복제품을 제작함으로써 자신의 고유성을 교정하는 것에서 찾을 수 있다. 그러나 어느 누구도 자신이 대량생산의 결과물이라고 생각하길 원치 않는다. 따라서 "우리는 우리의 영상들을 통해 대량생산적인 형태의 실존에 참여하고 있지만 그럼에도 불구하고 우리는 우리 스스로 존재하고 있

다"고 생각함으로써 기본적으로 "아이콘매니아적 타협"을 하게 된다.[14]

'팬텀과 매트릭스로서의 세계'라는 제목이 붙은, 인간의 골동품성에 관한 분석이 전개되는 장에서, 특히 사진촬영에 관한 보론에서 영상의 엄청난 과잉상태와 관련해서 인간의 태도가 계속해서 고찰되고 있다.[15] 여기서의 핵심주장은 미디어적인 초과실재Hyperrealität의 생성이다. 이러한 초과실재의 상황에서는 반복에 의해서, 다시 말해 이미 정해진 원칙의 반복적 입력에 의해서 현실이 자신의 형상을 모사하는 일이 벌어진다. 모델과 복제된 상품 사이의 관계와 유사하게, 이제 실재는 미디어 영상들에 의해 형성되는데, 이 미디어 영상들은 실재로부터 만들어졌던 것이다. 이로부터 실재와의 독특한 관계가 생겨난다. 기술복제의 추세 속에서 경제적인 조건에 따라 실재하는 것의 변화가 일어난다. 말하자면 대량으로 복제된 상품으로서의 복제품은 이것의 원본모델보다 '더 실재적'이다. 자연과학의 근대적 인식론에서는 모든 것이 실험적으로 반복될 수 있어야만 한다고 보았는데, 이와 마찬가지로 이러한 상황 하에서는 유일성은 점차로 사라져 버린다. "오로지 유일무이한 것은 존재하지 않는다." 안더스가 볼 때 사진촬영 행위는 새로운 유형의 생산존재론의 요구에 부응하는 패러다임 전환적인 반응이며, 이 존재론은 오직 연속적인 것만을 "실재적으로 존재하게 한다"는 것이다. 혼란스럽게 하는 유일성은 특히 역사적 대상물로서 등장하는데, 이것은 실제의 원본으로, 다시 말해 "연속적인 대량생산세계에서 유일한 견본으로 주변에 존재"하고 있다.

그러나 이에 대해서도 강박증을 나타내는 미디어 세계는 하나의 해법을

---

14 Günther Anders, *Die Antiquiertheit, Band1*, 같은 책. '프로메테우스적 수치'에 관해서는 앞의 책, 59쪽을 참조하라.

15 Günther Anders, "Die Welt als Phantom und Matrize. Philosophische Betrachtungen über Rundfunk und Fernsehen", in: Günther Anders, *Die Antiquiertheit*, 같은 책, *Band1*, 97~211쪽, 여기서는 179쪽 이하.

개발했다. 말하자면 사진촬영은 이러한 혼란에 대한 적절한 반응을 뜻했다. 예컨대 관광객들은 볼만한 것 앞에서 이것을 사진촬영함으로써 연속적인 대량생산 세계의 참된 마술사로 변화된다는 것이다. 조지 버클리의 존재와 지각의 동일화 명제, 즉 '존재한다는 것은 지각된다는 것이다esse est percipi'는 "존재한다는 것은 소유된다는 것이다Esse est haberi"라는 강력한 명제로 대체된다. 촬영된 것은 자기에 대해 만들어진 사진을 통해서 자신의 실재성을 입증한다. 사진촬영의 심층적 의미는 모사된 것이 본래의 실재적인 것이 되는 존재론적 전도(顚倒)에 있다. 관광여행자들에게 일관되게 중요한 것은 "거기 있다"가 아니라 휴가사진을 통해 제시되는 증거, 즉 "거기에 있었다"이다.[16] 이러한 사진촬영 행위는 복제와 획득이라는 오늘날의 두 가지 주요 행위와 일치하는 것이다. 그리고 사진은 세계에 대한 인위적 모델이 어떻게 실재의 세계를 형성시키는지를 증명하고 있다. '유일한' 볼 만한 가치는 본질적으로 오직 사진촬영에 의해서만 그 존재 정당성을 획득하게 된다.

이로써 귄터 안더스가 '팬텀과 매트릭스로서의 세계'에 대한 논의를 통해 제시했던 매스미디어 현상학의 기본사유가 드러났다. 영상으로의 선회와 같은, 제한적으로만 해석되었던 주요현상은 방송과 텔레비전에 관한 상응하는 분석을 통해서 보완되었다.[17] 기계세계의 도입과 광범위한 관철을 통해 기계세계의 승리는 완벽한 것처럼 보인다. 이와 관련해 심각한 문제는 인간이 기계세계와 동일해진다는 사실에 있는 것이 아니라 인간이 이 사실을 깨닫지 못하고 기술의 강제Sachzwang를 꿰뚫어 보지 못한다는 데 있다.

---

16 존탁(Susan Sontag)은 안더스와 놀랍게도 유사한 성찰이 안더스에서 기인한 것인지를 자신의 에세이에서 분명히 하지 않았다. 이에 관해서는 Susan Sontag, *Über Fotografie*, Frankfurt: Fischer 1978을 참조하라. 마찬가지로 플루서(Vilém Flusser)의 경우에도 이러한 사유가 안더스와 관련 없이 재차 등장한다(제13장 참조).

17 안더스는 이러한 분석의 '경험적' 기초로 1948년에(!) 몇 분간의 텔레비전 시청을(!) 제시했는데, 이것은 물론 다시 그의 과장하는 태도에 속하는 것이다. Konrad Liessmann, *Anders zur Einführung*, 같은 책, 52쪽을 참조하라.

인간은 기계체계 속의 나약한 부분체계와 다름없다. 인간은 아직도 기술을 1차 산업혁명시기에 사용되었던 그러한 기술로 생각한다. 다시 말해 기술을 일정한 투명한 목적을 위한 수단으로 생각한다. 그러나 이는 더 이상 맞지 않는 이야기이다. 왜냐하면 근대의 미디어기술은 고유한 요구를 하는 특성을 지니고 있기 때문이다. 특수한 사회적 관계가 우선 기계를 생산하고, 그후에 기계들의 앙상블이 거꾸로 이 관계에 영향을 미쳐 막중한 변화를 가져온다는 것이다. 기술의 사회적 효과에 관해서 비판적으로 평가해야만 하는데, 이를 위한 단초는 전체적으로 볼 때 결여되어 있는 것으로 보인다.

5 실존형식으로서의 미디어성

기술의 가장 강력한 효과 중 하나는 미디어매개성Medialität인데, 이 미디어매개성은 산업화에서 유래된 실존형식이다.[18] 안더스의 관찰에서 매우 특징적으로 나타나는 것은 언어유희와 시대진단이 서로 착종되어 있다는 점이다. 안더스는 오늘날에는 노동 대신에 기업에 의해 획일화된 활동으로서의 **협동**Mit-Arbeit만이 존재한다고 주장한다. 노동자는 기계의 논리와 리듬을 따라야만 하는데, 협동은 이러한 기계 앞에서 시작되어서, 특히 획일화된 탈도덕적인 **협조**Mit-Tun라는 순응주의에서 끝난다. 그런데 이러한 협조는 20세기에 인간성에 대하여 재앙적인 범죄 행위를 저질렀다는 것이다. 미디어적인 인간은 급진적으로 변화된 인간이다. 왜냐하면 그는 자신의 행위의 목적을 상실했으며 그 목적에 대해서 생각하는 것 자체를 상실했기 때문이다. 이러한 과정에 대항해서 나중에 낭만적·목적론적·전근대적 인간

---

18 Günther Anders, "Über die Bombe und die Wurzeln unserer Apokalypse-Blindheit", in: Günther Anders, *Die Antiquiertheit, Band1*, 같은 책, 233~324쪽, 여기는 286쪽 이하(§18)를 참조하라.

상을 되찾으려 하는 것은 아무런 의미가 없는 것이다.

"예전의 플라톤의 대화편에서부터 하이데거의 '적소전체성' 분석에 이르기까지 인간의 행위와 제작은 행위 속에서 실현되어야 하는 에이도스Eidos를 따라 해야 하는 것으로 묘사되었다. 이러한 만들어지는 것(또는 행위 속에서 도달되는 것)의 에이도스는 미디어적 행위에서는 '제거된다'. 행위는 에이도스 없이 진행된다. 아리스토텔레스는 인간의 행위방식을 두 종류로 분류했다. 즉 (요리처럼) 목적을 따라야 하는 행위방식과 (산책처럼) 다름 아닌 자기 자체를 따라야 하는, 따라서 그 목적을 자체 속에 갖고 있는 행위방식으로 분류했다. 그 반면에 오늘날의 행위와 유사하게 오늘날의 노동에서는 그 목적이나 에이도스가 제거되었기 때문에 이러한 구분이 쓸모없게 되었다. 기계 앞의 노동이나 획일화된 협조는 하나의 목적을 지향하지 않으며, 산책과 같이 목적에 도달하지도 않는다."[19]

아리스토텔레스적 관점에서 볼 때 이러한 기계논리는 분산된 상황의 모습을 가리키고 있는데, 이것은 인간 편에서 볼 때 반쪽의 영혼과 다원적인 개별기능을 토대로 한 '분산된 근면성'을 목표로 한다.[20] 기계는 일정한 목표를 향해 주체적으로 설정된 시간의 화살을 부러뜨릴 것을 요구한다. 물론 이는 노동과정 내의 순환적 반복을 위해서이다. 인간을 복제성의 존재 상태에 처하도록 몰아가는 미디어세계의 인위성을 살펴보게 되면 반복의 원리가 지배적이라는 것을 알 수 있다. 여기서 그의 철학적 분석은 곤란한 기계파괴운동에서 존재상태에 대한 개념적 이해로 다시 되돌아간다. 이 존재상태에서 '컴퓨팅기계'나 '사이버도구'[21]는 블랙박스로서 사회현실의 생산과

---

19 앞의 책, 292쪽 이하.

20 Günther Anders, "Die Welt als Phantom und Matrize", in: Günther Anders, *Die Antiquiertheit, Band1*, 같은 책, 138쪽.

21 Günther Anders, "Über prometheische Scham", in: Günther Anders, *Die Antiquiertheit, Band1*, 같은 책, 27쪽.

정에 결정적 역할을 담당하고 있다고 한다. 자주 거론되었던 형이상학의 종말을 코드의 내재성 속에서 다시 한번 기억하게 하기 위해 어떤 곳에서 '시뮬레이션의 극사실주의Hyperrealismus der Simulation'라고 명명했던 것은 잘못된 것으로 확인되었다.

물론 이 철학적 이론은 이제 앞서 진단된 바 있는 차이를 극복하기 위해 어떤 동시성을 이루려는 노력을 하려고 하지 않는다. 어떤 '휴머니즘적인' 매개도 예고되지 않았다. 왜냐하면 이러한 매개는 이미 기술에 의해서 훨씬 더 잘 이루어지기 때문이다. 다시 말해 텔레비전 속에서 영상과 모사된 것은 동시적이기 때문이다. 텔레비전 영상은 내가 존재하지 않는 어떤 곳으로부터 중계된 영상이다. 그럼에도 불구하고 나는 멀리서 온 이것을 볼 수 있다. 그러나 **텔레비전**이 우리에게 명백하게 영상을 제공한다는 것, 바로 이것이 속임수라는 것이다. 안더스는 자신의 고찰에 대해서 가상적으로 이의를 제기한 사람에게 응답했다. 철학적 범주들은 텔레비전 중계의 동시성(同時性)과 공시성(共時性)에서 혼란에 빠진다. 안더스는 영상과 대상 대신에, 그리고 대상과 그 기호 대신에 내용 없는 형식이 존재한다고 하는데, 그는 이것을 **팬텀**이라고 불렀다(맥루한은 얼마 후 내용이 메시지가 아니고 미디어 자체가 메시지라는 주장으로 유명해진다). "우리가 받아들이는 것은 단순한 영상들이 아니다. 우리도 마찬가지로 현실적인 것에서 실제로 현실적으로 존재하고 있는 것이 아니다. '우리가 존재하는가 아니면 존재하지 않는가?'라는 물음은 사실상 쓸데없는 것이다."[22]

---

22 Günther Anders, "Die Welt als Phantom und Matrize", in: Günther Anders, *Die Antiquiertheit, Band1*, 같은 책, 131쪽. 이를 통해서 이미 시뮬레이션의 논리가 설명된 것이다. 여기서 시뮬레이션이란 개념은 물론 컴퓨터로 지원된 데이터 조작의 특수한 준(準)현실에 맞춰져 있다. Jean Baudrillard, *Der symbolische Tausch und der Tod*, München: Mattes & Seitz 1982를 참조하라. 이에 관해서는 또한 다음의 인용의 피드백 고리를 참조하라. "시뮬레이션의 초현실은 현실적인 것을 흡수하면서 참과 거짓이나 현실과 가상에 관한 물음들을 쓸데없는 것으로 만든다"(Norbert Bolz, *Eine kurze Geschichte des Scheins*, München: Fink 1991, 111쪽).

이로써 안더스는 철학적 미학의 해석을 반박한다. 철학적 미학은 순수형상이나 재현의 문제들만을 다루고 있고 미디어 현상에 대해서는 미적 가상으로 논의하기 때문이다. 이와 달리 이미 방송에서는 (축구경기 중계가 예로서 언급된다) 존재론적 모호성이 명백해졌다. 이 존재론적 모호성은 사진과 모사된 것을 서로 대립시키거나 가상과 존재를 대립시키는 것을 허용하지 않는다. 안더스는 이와 같이 미디어가 생산한 현실의 사이비사실주의를 그러한 미디어현실의 **팬텀성**Phantomhaftigkeit이라고 부른다. 미디어현실은 명백히 현실적이지만 동시에 가상적이다.

예술의 미적 가상과 현실 사이의 관계는 비교적 분명하게 규정될 수 있다. 하지만 미디어현실성은 이러한 예술의 미적 가상을 넘어서 있다. 미디어현실성은 가상적인 것을 현실적인 것으로 만들고 현실적인 것을 환영적인 것으로 만드는 형식을 통해 현실을 장악한다. 그 목표는 이제 더 이상 미적 향유가 아니라 영상을 숭배하게 하는 강제Idolatrie이다. 안더스가 거론했던 하나의 예를 통해 이 주장을 살펴보자. 1938년 오손 웰스Orson Welles는 「우주전쟁」이란 라디오 드라마를 연출했다. 여기서 (화성인의 지구침입 이야기를 다룬, 1895년에 출판된 H. G. Wells의 유토피아 소설에 따라 만들어진) 하나의 픽션이 객관적인 뉴스 보도프로그램 형식으로 방송되었는데, 이것은 약간의 대중들을 공포에 떨게 만들었다고 한다.[23] 존재와 가상이 뒤섞였고, 특수한 미적 가상의 성격은 라디오 중계방송의 가장된 진정성을 통해 팬텀의

---

23 Günther Anders, "Die Welt als Phantom und Matrize", in: Günther Anders, *Die Antiquiertheit, Band1*, 같은 책, 143쪽 이하를 참조하라. 안더스가 무비판적으로 수용한 신화는 적어도 그러하기를 원했다. 웰스의 방송드라마가 실제로 뉴욕과 뉴저지에서 대중경악을 야기했었다는 이 소식은 그 자체가 짐작컨대 역사적 진실과는 다른 미디어현실의 일부분이다. 인간은 미디어 산물의 가공성을 지성적 비판이 지각하려고 했던 것보다 훨씬 더 잘 간파한다. 달리 말해 아마도 그러한 경악은 과장이었을 것이다. 이것은 전적으로 그 당시의 자극적인 주말 뉴스 스타일에 속하는 것인데, 이를 통해 가장 진부한 것조차도 보도가치가 있는 사건으로 만들어졌다. 말하자면 이 사례는 철학적 의미에서 선결문제요구의 오류(petitio principii)를 주장하는 안더스의 논증에 스타일적으로 잘 들어맞는다고 할 수 있다.

'실재성' 속으로 사라졌다.

이제 라디오나 텔레비전 드라마의 존재론적 모호성은 진지함과 농담, 진실과 허구 사이를 구별하는 것이 점점 더 어렵게 되는 결과를 초래한다. 라디오 드라마는 미디어의 사이비 진정성의 연출이라는 일련의 오랜 과정의 시작이라 할 수 있는데, 이러한 라디오 드라마의 경우에 라디오는 스스로 유희를 한 것이다. 여기서는 투명성의 원칙이 모습을 나타내지도 않는다. 이때 불분명한 것은 이것이 의도된 것인지 그렇지 않은지의 문제이다. 여하튼 안더스는 미디어의 원리에 입각해서 전복적인 독해의 가능성을 전적으로 부정한다.[24] 객관적 현실을 토대로 하는 차원에서 계몽을 추진하는 것(비판적 입장, '이것은 단지 연출일 뿐이다')은 불가능하게 되었다고 한다. 왜냐하면 진실은 거짓의 외양을 한 채 등장하도록 강요당하고 있고 이와 같이 어떤 것도 이제 더 이상 연출의 강제로부터 벗어날 수 없기 때문이다. 세계가 텔레비전이라는 소우주 속에서 재구성될 때 특히 그러하다. "영상전달의 목적은, 다시 말해 전체 세계상을 전달하는 것의 목적은 이른바 현실 그 자체라는 것을 통해서 현실적인 것을 은폐하는 데 있다. 말하자면 그것은 세계를 영상들 속에서 사라지게 하는 것이다."[25]

그 역설은 다음과 같다. 우리는 우리에게 진리로 연출된 것을 진리로 받아들일 수밖에 없다. 이러한 총체적 관점에 대해서는 우리가 호르크하이머와 아도르노의 '문화산업비판'에서 벌써 알고 있다. 안더스의 말에 따르면 이 총체적 관점은 두 가지 전제조건을 근거로 한다. 미적 가상의 수용행위가 미디어의 단순한 소비라는 수동성으로 변화된다는 것, 말하자면 자유의

---

24 미디어문화가 준거와 자기준거의 복합적인 유희 속에서 자신의 고유한 전복적인 해독지침을 어떻게 발전시켰는지에 관해서는 Douglas Rushkoff, *Media Virus, Hidden Agendas in Popular Culture*, New York: Ballantine 1994가 보여준다.
25 Günther Anders, "Die Welt als Phantom und Matrize", in: Günther Anders, *Die Antiquiertheit*, Band1, 같은 책, 153쪽 이하.

박탈과 행복이 동일시된다는 것이 첫 번째 조건이다. "이미 19세기의 '종합예술'은 공백의 공포Horror vacui에 대해 깊이 생각했고, 인간의 모든 감각들을 자극하여 인간을 총체적으로 장악하는 작품들을 제공했다." 새로운 미디어기술들은 이 원칙을 계속해서 밀고 나간다. 이로써 기존의 문화적 생산물들은 평준화되고(예컨대 고전음악이 만화의 배경으로 사용된다), 모든 미적으로 세분화될 수 있는 동기들은 '방송'을 통해 완전히 무차별적으로 피상적인 소비에 제공된다. "오늘날에는 완전히 이질적인 요소들을 동시에 전달하는 것이 정상적인 것이다." 둘째로, 예술적 향유가 누적되면 감각을 동시적으로 압도하는 상황으로 상승해 가는 것과 관련하여, 안더스는 문화비판적 관점에서 자주 비난된 현대대중의 표준화가 아니라 개인이 다수의 기능으로 분할되는 것이 근본악이라고 확언한다. 그가 말한 것처럼, 개인이, 즉 분할될 수 없는 것Individuum이 분할되는 것Divisum으로 변화되고 다수의 기능으로 분할되었다는 것이다.[26]

이로써 안더스는 거대기계(그는 이렇게 불렀다)에 의한 주체의 지위해체를 인식했다. 하지만 안더스가 먼저 한 걸음 앞서 나갔음에도 불구하고 이러한 인식이 맥루한, 푸코, 플루서에서처럼 미디어철학적인 측면에서 생산적으로 완수되지는 않았다. 그가 한 걸음 더 나간 것은 기계의 골통품성과 관련해서 다음과 같은 것을 예견했다는 데 있다. 기계의 발전은 보편기계Universalapparat를 향해 갈 것이고 이 보편기계는 모든 가능한 기능을 자체적으로 통합해 가지고 있을 것이라고 한다.

"기계세계의 승리는 기계가 기계적 구성체와 사회적 구성체 사이의 차이를 근거 없는 것으로 만들고, 양자의 구분을 쓸데없는 것으로 만든다는 데서 볼 수 있다. 기업의 기계는 기능하기 위해서 한 노동집단의 능력을 다른

---

26 Günther Anders, "Die Welt als Phantom und Matrize", in: Günther Anders, *Die Antiquiertheit, Band1*, 같은 책, 153쪽 이하.

제11장 | 복제에서 시뮬레이션으로－귄터 안더스의 문화 종말론 **305**

노동집단의 능력과 일치시켜야 하고, 수많은 물리적 도구들(전화기부터 펀치카드기계에 이르기까지)을 자신의 기계세계 안에 포괄한다. 기업의 기계는 보통 이러한 명칭을 붙이고 있는 물리적·기술적 사물과 같이 그야말로 정확하게 '기계'이다. 아니, 그것이 기계인 이유는 하나의 구성체가 에너지와 능력을 자신 안으로 더 많이 결집하면 결집할수록 기계의 이상(理想)이 더 완전하게 심지어 더 높은 정도로 실현될 수 있기 때문이다. (……) 이러한 결론이 매우 환상적으로 들린다 해도 여기서 언급되어야 하는 것은, 기계는 원칙적으로 '이상적 상태', 즉 오직 유일하고 완전한 **하나**의 **절대**기계만 존재하는 상태를 향해 힘차게 나아간다는 점이다. 이 절대기계는 모든 기계들을 자신 안에서 '지양하고', '모든 것을 성공적으로 실행하는' 그러한 기계이다."[27]

이것은 1960년에 기록되었다. 이 시기는 앨런 튜링Alan Turing이 자신의 보편계산기에 대한 수학적·논리적 고찰을 발표하고, 그 결과로 COLOSSUS, ACE 그리고 MADAM과 같은 컴퓨터의 초기 형태를 개발하는 데 '건축가'로서 참여했던 때로부터 20년 이상의 시간이 흐른 때이다.[28] 안더스가 컴퓨터의 개발에 관한 연구들을 일반적인 차원 이상으로 알고 있었는지는 불분명하다. 하지만 그의 기술철학은 컴퓨터의 원리에 대해 사유하려고 시도했다고 말할 수 있을 것이다. 그것은 컴퓨터의 이론적 원리는 (보편 튜링기계Universaelle Turing-Maschine) 물론 1940년대에 실제로 만들어진 데이터처리 기계에도 해당된다. 이 데이터처리 기계는 미리 저장된 보편 알고리즘에 따라 기능하는 것

---

27 Günther Anders, "Die Antiquiertheit der Maschinen", in: Günther Anders, *Die Antiquiertheit, Band2*, 같은 책, 110쪽 이하.

28 Alan Turing, *On computable numbers, with an application to the Entscheidungsproblem*, 1937. 또한 Alan Hodges, *Alan Turing. Enigma*. Wien: Springer 1994를 참조하라. 제2차 세계대전 동안에 독일의 ENIGMA 암호해독기계의 코드를 계산했던 COLOSSUS 기계에 대해서는 군사기술상의 기밀유지 때문에 알려진 것이 별로 없다. ACE나 MADAM 및 Manchester Automatic Digital Machine과 같은 Automatic Computing Engine은 전후 몇 년 동안에 개발되었다.

이었다.[29] 여기서 그는 초과실재적인 세계의 생성을 보았던 것이 아니라 기계가 인간의 생활세계에 대해 독립하면서 인간의 생활세계에 영향을 미칠 때 파괴적 경향이 나타나는 것을 보았다. 인간은 산업의 원리가 스스로 만들어 낸 연속적인 생산과정의 끝에서 단지 소비자로서만 존재할 뿐이다. "사람들이 기계의 원리를 반복하면서부터, 다시 말해 기계 또는 적어도 기계의 부분들을 기계적으로 생산하면서부터"[30] 그렇게 존재하게 되었다.

보편기계를 생산과정에서 사용하는 것이 규칙이 되었고 반복이 지속적으로 강화되고 있는 역사적 시점에서야 비로소 우리는 우리가 산업이라는 우주 안에 갇혀 있다는 것을 알게 되었다. 그리고 우리가 거대기계 앞에서 또는 사물세계의 전체주의 앞에서 인간존재로서 마비되어 가고 있다는 것을 알게 되었다. 이러한 거대기계의 가능한 최종의 생산물이라고 할 수 있는 것이 3차 산업혁명이라고 지칭될 것이다. (미국의 원자폭탄이 일본에서 사용된 점에서 볼 때) 인류는 인류 자신의 멸망을 초래할 수 있는 최종적인 생산수단을 창조한 것이다. 이제 기계가 역사의 주체로 등장했기 때문에, 핵의 시대로 들어선 것은 탈역사Posthistoire, 역사 이후Nachgeschichte의 시대로 들어섰음을 의미하는 것이기도 하다.[31]

---

29 미국에서는 모클리(John W. Mauchly), 에커트(J. Prosper Eckert), 그리고 특히 노이만(John von Neumann)의 지휘 아래 천공계산기(Röhrenrechner ENIAC) 또는 Electronic Numerical Integrator and Computer가 대용량 데이터 처리를 위해서 개발되었다. ENIAC은 하루에 3,000만 개의 임의의 계산적 기본 작업을 수행할 수 있었다. 이것은 7만 5,000명의 하루 실적과 같은 것이다. 노이만이 프로그램을 저장시킨 보편계산기인 EDVAC이라는 후속모델을 통해 현대 컴퓨터구조의 초석을 놓을 때까지 프로그래밍은 외부에서 이루어졌다. John von Neumann, *First Draft of a Report on the EDVAC*, 1944를 참조하라. "계산기에서 컴퓨터로의 이행은 두 개의 연구, 즉 전자계산기에 대한 모클리와 에커트의 작업과 노이만의 논리적·수학적 연구가 새로운 종합으로 융합된 1940년대 말에 일어났다." Patrice Flichy, *Tele*, 같은 책, 238쪽 이하를 참조하라.

30 Günther Anders, "Einleitung", in: Günther Anders, *Die Antiquiertheit*, Band2, 같은 책, 15쪽.

31 Günther Anders, "Die Antiquiertheit der Geschichte", in: Günther Anders, *Die Antiquiertheit Band2*, 같은 책, 271쪽 이하.

6. 표현의 실종

모든 생활세계적인 연관성은 소멸된 것처럼 보인다. 안더스는 우리 시대에 나타난 표현의 실종에 관해 말했다. 그는 이러한 현상을 기계의 표현 불가능성에서 추론하고 있는데, 기계는 자신의 기원에 대해서는 물론이고 적소전체성에 대해서도 침묵한다. 그 어떤 기계적인 것도 지니고 있지 않은 현대의 기계는 표현상실 시대의 패러다임, 다시 말해 표현 그 자체가 골동품이 되어버린 시대의 패러다임으로 통한다.[32] 이러한 기술의 초감각성의 조건 속에서 인간의 감각의 미적 기준들이 이제 더 이상 유효하지 않은 것은 당연하다(보드리야르는 디지털의 차가운 우주와 모든 것을 흡수해버리는 시뮬레이션 원리에 대해 언급할 것이다). 오손 웰스의 라디오 드라마를 상기해보라. 미디어에 의한 표현의 '가상적 현상'이 우리를 비현실적인 과정에 '현실적인 참여자'로 만들고 있다. 우리는 팬텀적인 것을 받아들이기 때문에, 말하자면 팬텀적인 것을 (우리가 진리라고 여기는 그러한) 대체물로서가 아니라 고유한 실재로서 받아들이기 때문에(우리는 단지 미디어 현실만을 진리로 여긴다), 우리는 팬텀의 차원에서 현실을 변형시키고 있다. 그렇기 때문에 미디어에 의해 생산된 세계는 (직접적인 실재도 아니고 그것의 모상도 아닌) 팬텀이자 동시에 매트릭스이다(말하자면 세계는 이와 같이 구성되고, 구성된 사이비형상은 새로운 사회적 현실의 모범이 된다).

안더스는 이러한 기만의 연관관계 밖에다가 문제의 소지가 있는 배타적인 입장을 설정한다. 더욱 정교해지고 있는 미디어기술이 어떠한 조작 가능

---

32 Günther Anders, "Methodologische Nachdenken", Günther Anders, *Die Antiquiertheit Band2*, 같은 책, 423쪽을 참조하라. "사람들은 오늘날의 어떤 기계에서도 그것을 규정하는 효과에 대해서는 거의 자세히 관찰하지 않는다. (유럽입자물리연구소CERN를 살펴본 것을 나는 잊을 수 없는데, 그것은 완전히 공허한 것이었기 때문이다.) 상황은 우리에게 비가시적으로 있다. 왜냐하면 우리의 감각이 기술로부터 더 이상 발전해나갈 수 없을 정도로 기술이 복잡해졌기 때문이다(……)"(앞의 책, 423쪽).

성을 만들어낼지를 우리가 알 수 있다는 것을 안더스는 어떻게 설명할 것인가? 그것이 의식적이든지 또는 무의식적이든지 간에 거짓은 존재론적 원리로서 미디어에 속해 있다. 진리와 거짓은 수용의 입장에서 구별될 수 있는 것이 아니다. 현실의 영상이 만들어질 때마다, 이 영상은 결코 객관적이라고 할 수 없다. 이 영상은 자신의 연출상황들을 일관되게 은폐하기 때문이다. 이는 진정성을 암시하는 사진미디어에도 분명 해당된다. 사진미디어는 "그 이전의 어떤 미디어보다도 더 많은 비진리를 흡수할 수 있고 더 많은 거짓을 만들 수 있을 정도로 믿을 만하고 '객관적'"[33]이다. 하지만 안더스의 분석은 생산과정과 수용과정이 미디어매개성 속에서 어떻게 뒤섞이는지를, 그리고 예컨대 미디어적 가상배후에 실재적인 존재를 가리킴으로써 아직도 소박한 계몽을 가능하게 할 수 있다는 이러한 생각들이 어떻게 제거되는지를 우리에게 보여주고 있는데, 바로 이것이 안더스의 분석이 지닌 강점이다.

미디어현실과 현실은 결국 엄격하게 구분될 수 없다. 따라서 환상을 깨는 계몽적 태도를 취할 수 있게 했던 비판적 입장 자체가 문제시된다. 말하자면 미디어의 메시지는 '꾸며진 판단들'이다. 다시 말해 방송은 체험과 보도된 것 사이의 차이를 간단하게 없애버린다. 미디어는 자신의 대상을 단순하게 모사하는 것이 아니라 그 대상을 새롭게 구성하는데, 이 점은 그사이에 분명해졌다고 할 수 있다. 그리고 또한 미디어는 이 새로운 대상을 수용하도록 우리를 압박한다. 이제 이 새로운 대상은 사실Faktum로서 현상한다. 여기서 안더스는 어원상의 단어의미를 가리키고 있는데, 사실Faktum은 만들어진 것das Gemachte을 뜻하고 이것은 우리의 행동을 규정하고 있다. 여기서 우리는 언어가 현실에 미치는 영향에 대해 이미 살펴보았던 마우트너를 생각하게 될 것이다. 개념이 실재하는 것이 아니라 세계에 미친 개념의 결

---

33 Günther Anders, *Die Antiquiertheit, Band1*, 같은 책, 166쪽.

과가 실재하는 것이다(제5장 참조).

안더스는 문명적 자기 파괴와 더불어 거의 상상할 수 없었지만 전적으로 가능하게 된 결과들을 강조한다. 안더스는 이 과정에 대해서 미리 예측하는 해석을 **예측적 해석학**prognostische Hermeneutik이라 부른다. 마우트너의 경우에는 언어에 대한 미신이 이데올로기 비판적 논의를 불러일으키는 실제 결과를 초래했다면, 안더스에 따르면 미디어에 의해 구성된 대상을 실재적인 것으로 만드는 것은 이 구성된 대상을 우리의 실천적 성향과 연관시키는 행위이다. "뉴스의 존재 근거는 수용자가 뉴스에 따라 **스스로를 정향시킬 수 있는 가능성을 제공하는 데 있다.**"[34]

미디어는 우리에게 세계를 매개하는 것과는 전혀 다른 일을 하는데, 이러한 미디어는 점차 한계가 설정될 수 없는 사건의 패러다임이 된다. 물론 한계를 찾아 의식적으로 극복하면서, 즉 자신의 고유한 극복능력을 통해 이러한 한계설정이 불가능하다는 점을 부단히 새롭게 증명하는 것도 기술의 사안이다. 이것은 대체로 맹목적 실천 속에서 작동한다. 여기서 안더스는 비판적 이의제기자로서 등장하여 이 과정을 가능한 한 성찰의 차원으로 올려놓으려고 한다. "현재 내가 볼 때는 **인간의 한계에 대한 비판**, 말하자면 인간의 이성의 한계뿐만 아니라 **그의 모든 능력**(그의 상상력, 감지력, 책임능력 등)의 한계에 대한 비판이 바로 오늘날의 철학에서 절실히 요구되는 것으로 보인다. 왜냐하면 인간의 생산활동은 모든 한계를 뛰어넘은 것처럼 보이기 때문이고, 이러한 독특한 한계 뛰어넘기는 다른 능력들의 아직 존재하는 한계를 점점 더 분명하게 보여주었기 때문이다."[35] 안더스가 볼 때 칸트의 이성분석에서 제외되어 있었던 인간의 감성능력들을 이해하는 일은 필요한 것이다. 그것이 이성이든지, 판타지능력이든지 또는 상상력이든지 간에, 인

---

34 앞의 책, 256쪽.

35 Günther Anders, *Die Antiquiertheit, Band1*, 18쪽.

간의 모든 능력은 그동안 갇혀 있던 특정한 한계를 넘어선다. 이론적 한계 규정들은 쓸모없는 것이 되었고 그 한계규정들은 기술적인 그리고 정치적인 과정에서 이제 초월된다.[36]

핵폭탄의 재앙은 우리의 상상력의 한계를 뛰어넘는 과정이었다. 이것은 기술의 결과에 대해서 사유하지 못했던 맹목성을 증명하고 있는데, 안더스는 이것을 우리의 **종말론적 맹목성**Apokalypse-Blindheit이라고 부른다. 우리의 상상력을 뛰어넘은 또 하나의 과정은 우주여행이었다. 1960년대의 미국인의 달 착륙은 거의 히스테리적인 미디어 반응을 유발했다. 핵폭탄과 로켓은 거대기계의 산물로서 일정하게 연상적인 친화성을 갖고 있는데, 핵폭탄과 로켓은 안더스에 의해 다소 의도적으로 강조되어 정신분석학적 관점에서 **집단적 남근컬트**Kollektivphallus-Kult로 해석되었다. 안더스가 제시한 로켓에 대한 성상징법이 결코 놀라운 인식은 아니다. 그리고 여기서 국가적·서구적, 또는 전세계적인 차원에서 동일화가 계속해서 허구적으로 만들어진다고 한다. 이것은 정신분석학적 범주에서 볼 때 근본적인 문제라는 것이다. 말하자면 마침내 '우주비행 기술'(하이데거)의 생산물은 텔레비전 화면 앞에서 비로소 완성되는데, 이때 공포를 강요하는 동일화방식과 열광주의적인 동일화방식을 (성적 권리와 성적 금기) 동시에 수용하는, 그러한 전적으로 이중적인 형태의 참여가 뚜렷이 나타난다는 것이다. "텔레비전 화면 앞에 앉은 수백만 명의 사람이 국가적 남근 발기의 목격자가 될 때, 그들은 그 강력함으로 인하여 자신들에게 부과된 금지에 자신들을 동일화시키는 것이 아니

---

36 경계개념 자체도 미디어시대에는 문제가 된다. 안더스는 베를린 장벽이 무너지기 정확히 10년 전에 멀리 내다보는 눈으로 경계설정에 관해 말했는데, 이러한 형태의 경계설정은 미디어현실 앞에서, 곧바로 그러한 현실 앞에서 주지하듯이 더 이상 존립할 수 없었다는 것이다. 이것은 경계의 골동품성이다. "전자시대에는 '경계'개념이 어떤 것과도 상응하지 않는다는 것은 타당하다. 베를린 장벽은 이미 그것이 건설되었을 때 20세기의 가장 진부한 건축이었다." Günther Anders, "Die Antiquiertheit der Grenze", in: Günther Anders, *Die Antiquiertheit, Band2*, 208쪽 이하를 참조하라.

라 그 강력함 자체에 자신들을 동일화시키는 것이다. 다시 말해 거대한 조직과 그 거대한 성과에 자신들을 동일화시키는 것이다. 그리고 그들은 공포와 억압 앞에서 두려워하기보다는 성적인 허풍에 찬 자기의식의 거대한 상승을 체험한다. 이제 그들은 자랑스러워하면서 열광적으로 소리칠 것이다. 그의 것! 우리의 것! 나의 것!"[37]

우주여행과 30년 전에 성공한 달 착륙이 기술적 성과로서 비로소 완성되기 위해서는 그것의 대응물에 해당하는 미디어의 도움이 필요하다. 미디어는 단순한 부속품이 아니라 그 자체가 전체 기계장치의 생산적인 요소라는 특성을 가지고 있다. 우주항공기술을 통해 한계들이 제거되었는데,[38] 이러한 한계제거에 미디어가 기여했던 부분은 지구의 새로운 자아상의 생산이었다. 달 자체는 우리에게 아무런 가치도 없고 무의미하며 흥미롭지 않다. 흥미로운 것은 첫째, 물론 냉전의 상황에서 우월함을 과시하기 위한 것이지만 기술적 수단을 통해 달에 도달했다는 사실이다. 둘째로 흥미로운 것은 달에 설치된 텔레비전 카메라가 우리에게 가능하게 해 준 시각이다. "이제껏 오로지 거울 속에 반사된 인간만이 자신을 만날 수 있었던 것처럼", 지구는 자기 자신을 만나게 되었던 것이다.

외부 관찰자의 관점이 상상적이거나 사변적이 아니라 물리적으로 사실적으로 받아들여지게 된다면, 이제 지구는 최종적으로 더 이상 모든 사물의 척도가 아니다. 또한 이는 다시 아름다운 존재론적 중의성 속에서 일어났다. 왜냐하면 달에 있던 우주인만 이것을 지각했던 것이 아니라 서유럽 세계의 도처에 영상을 중계했던 비디오카메라 또한 이것을 지각했기 때문이다. 안더스는 다음과 같이 주장한다. "이것은 최초로 일어났다. 또한 이것은 완전히 새로운 종류의 역사적 사건이기도 하다. 지구가 거울 앞에 선 것처

---

37 Günther Anders, *Der Blick vom Mond. Reflexionen über Weltraumflüge*, München: Beck 1994, 104쪽.
38 이러한 이론과 간접적인 연결에 관해서는 Paul Virilio, *Fluchtgeschwindigkeit*, München: Hanser 1996을 참조하라.

럼 반성적으로 되었고 지구가 자기의식을 획득해 깨어났고 적어도 자기지
각을 얻게 되었던 것이다. 지구가 자신을 외부로부터 보게 되었을 때, 즉
자신을 대상으로서 보게 되었을 때, 마치 멀리 떨어져 있는 존재처럼 나타
나게 되었을 때, 이러한 최초의 자기지각은 지각된 것의 완전한 낯설음과
관련이 있다."[39]

안더스는 자신의 학문적 생애의 초기에 '청취의 현상학Phänomenologie des
Zuhörens'으로 교수자격 취득을 시도했지만 그것은 헛된 것이었다. 잘 알려
져 있듯이 안더스는 이후에는 더 이상 대학에 대한 희망을 갖지 않았고 그
대신에 기존의 전문영역의 과학적 진술의 맥락 속에서 주변적 관찰과 이차
적 성찰을 적절하게 편입시키려는 의도에서 저술했다.[40] 하지만 관련되는
논의들이 재차 떠오른다. 이미 앞에서 언급되었던, 집단적 남근 메타포를
통해 이루어진 프로이트의 정신분석학과의 연결처럼, '달의 시선'의 논의는
자크 라캉Jacques Lacan의 이른바 '거울단계'를 거치는 자아발달과 서로 해석
적인 유사성을 지니고 있음이 분명하게 드러난다. 여기서 유아적 자아는 불
완전한 자아를 견뎌내는 것이 불가능한 그러한 조건들 속에서 형성된다. 거
울 속의 자아상은 바로 결정적인 종합이다. 그것은 유기적 전체로서의 나이
다. 거울 속에서 재현된 자아의 완전성은 구원의 복음으로 받아들여진다.
완전한 상징적 자아상은 나중에 상상적 자아상을 만들어낸다.[41] 달의 시선
은 카메라를 통해서 연출된 인류의 거울단계이다. 다시 말해 "'나Mich'가
'나Ich'로부터, 즉 처음으로 자기 스스로와 대조된 나Ich로부터 구별되듯이,

39 Günther Anders, *Blick vom Mond*, 같은 책, 90쪽.
40 안더스는 자신의 작업을 상황철학Gelegenheitsphilosophie이라고 불렀다. 그것은 "직업철학자들
   이 나를 직업철학자로 생각할지 안 할지에 대해 조금도 가치를 두지 않기 때문"이라고 한다.
   Günther Anders, "Methodologische Nachgedanken", in: Günther Anders, *Die Antiquiertheit, Band2*,
   같은 책, 418쪽을 참조하라.
41 Jacques Lacan, "*Spiegelstadium als Bilder der Ich-Funktion*", in: Jacques Lacan, *Schriften1*, Frankfurt:
   Suhrkamp 1975, 63쪽 이하. 이러한 "분석적 암시"에 대한 해석과 비판에 관해서는 Peter
   Sloterdijk, *Blasen, Sphären1*, Exkurs9: Von wo an Lacan sich irrt, 543쪽 이하를 참조하라.

인류에게 '그 자신sie selbst'으로서 눈앞에 걸려 있던 것은 인류 자신ihr selber
과 구별된다."⁴² 하지만 달의 시선은 어떤 새로운 집단적 주체를 만드는 것
이 아니라 미디어에 의해 생성된 팬텀이다. 이 팬텀 속에서 서유럽 문화의
단편들이 단지 외견상 일관되게 조합될 뿐이다. 달의 시선은 '옳은' 정보를
통해 보편적 이데올로기를 부수려 했던 미디어비판적 모델의 관점에서 볼
때는 결국 체념을 의미하기도 한다.

따라서 안더스의 결론은 어둡게 보인다. 현재의 미디어적 인간은 '지금
그리고 여기에서'라는 직접성 속에서 살지만 이러한 직접성의 상태에 대한
통찰이 성취할 수 있는 장점을 살리지 못한다. 왜냐하면 그가 주어져 있는
미디어적 실천에 맹목적으로 몰두해 있기 때문이다. 뉴스가 세상에 대해
'외부에서' 그에게 보고하는 대신에, 그는 미디어 소비자로서 뉴스를 표준
으로 삼아 따르고 있을 뿐이다. 그의 행위와 외모는 텔레비전 연속물에 의
해 미리 결정된다. 텔레비전의 계속적인 연속물 방송에서 증명되고 있는 것
처럼, 텔레비전은 미디어현실에 대한 이러한 냉소주의zynismus를 우선적으로
최고조로 몰아간다. 왜냐하면 현실적인 것은 이러한 텔레비전의 모사를 통
해서야 비로소 현실적인 것이 되고, 영상의 현실이 진정한 세계경험을 대신
하는 대체물이 되기 때문이다. 텔레비전의 고유한 기술은 현대의 미디어적
인간들을 플라톤의 동굴 속으로 내던졌던 것이다. 여기서 인간은 자기 자신
과의 비동일성이라는 불투명함 속에 사로잡혀 있다.
전세계적인 텔레비전은 결국 매개Vermittlung의 차원에서의 미디어가 아니
라 사이비현실을 생산하는 역설적 기계인 것이다. 사이비현실은 현실보다
더 현실적으로 존재함을 요구한다. 안더스는 미디어현실이 긍정적 의미에
서도 사회정책적인 현실에 영향을 미칠 수 있다고 나중에는 인정했다. 처음

---

42 Günther Anders, *Blick vom Mond*, 같은 책, 90쪽.

에는 『인간의 골동품성』에서 '집으로 배달된 세계'라는 제목 하에 다음과 같이 주장되었다. 라디오와 텔레비전 방송은 자기 스스로를 위한 수단일 뿐이고 진지한 목적을 위해 사용될 수 없는 것인데, 그 이유는 팬텀의 영상들은 근본적으로 거짓의 속성을 지닐 수밖에 없기 때문이라는 것이다. "우리를 특징짓거나 특징을 없애는 것, 우리를 형성시키거나 변형시키는 것은 바로 '수단'을 통해 매개된 내용뿐만이 아니라 수단 자체, 즉 기계 자체이다. 이 기계는 단지 사용가능한 객체로서만 존재하는 것이 아니다. 기계는 정해진 구조와 기능을 통해 사용방법을 미리 확고하게 규정함으로써 우리의 활동과 삶을 규정한다. 요컨대 기계는 우리를 규정하는 것이다."[43]

이것은 미디어 자체가 메시지라는 말로 바꾸어 해석될 수 있을 것이다. 이러한 근본적으로 비관적인 입장(이 입장은 다시 맥루한에게서 비슷한 형태로 발견된다)을 부분적으로 수정하게 했던 것은 물론 두 개의 미디어사건이었다. 베트남 전쟁에 대한 텔레비전 보도와 유대인 학살에 관한 텔레비전 연속기획물이 그것이다.[44] 이 영상들이 실제로 계몽적으로 작용해서 의식을 형성시키고 정치적 행동을 만들어냈다면, 이 영상들은 미디어가 어떤 메시지를 갖고 있다는 사실을 보여주는 것은 아닌가? 그리고 베트남으로부터의 텔레비전 영상들(베트남 전쟁은 최초의 '미디어전쟁'이었다)이 미국에서 공개적인 저항운동을 이끌어냈고 이를 통해 종전에 기여했다면, 이 영상들은 목적을 위한 수단이 아닌가? 안더스는 『인간의 골동품성』의 신판 서문에서 마침내 자신의 종말론적인 입장에 대하여 고무적인 보완의 입장을 힘들게 말했다. "말하자면 그 사이에 나타난 현상에서 볼 때, 텔레비전의 영상들이 우리가 다른 방법으로는 전혀 참여할 수 없는 그러한 현실을 그래도 일정한 상황에서 집으로 배달하며 또한 우리를 뒤흔들고 역사적으로 중요한 발걸음을

---

43 Günther Anders, *Die Antiquiertheit, Band1*, 같은 책, 100쪽.
44 이에 대해 회의적인 입장에 관해서는 Konrad Liessmann, *Anders zur Einführung*, 같은 책, 68쪽을 참조하라.

내딛을 수 있도록 자극한다. 지각된 영상들이 지각된 현실보다 나쁜 것이지만 그래도 영상들이 없는 것보다는 좋은 것이다." 이러한 수정의 추진 방향은 분명하다. 현실에 전혀 참여하지 않는 것보다는 미디어현실이 낫다는 것이다. 그러나 이렇게 수정된 입장도 마찬가지로 문제가 있다. 왜냐하면 이 입장은 미디어적 현실과 실재적 현실이라는 이원론을 계속 고집하기 때문이다. 하지만 실재적 현실이 진정한 현실로서 도대체 (아직도?) 지각될 수 있는지의 문제는 차치하고라도, 이 실재적 현실이 미디어에 의한 은폐의 관점에서 다시 논의되어야 하는지가 의문스럽다.

요약

'상황철학자' 귄터 안더스는 계산된 과장 속에서 새로운 미디어현실에 관해 진실을 말하려고 했다. 이 새로운 미디어현실은 하나의 인간상을 그려내고 있는데, 이 인간상은 완전히 골동품의 형태로 나타난다. 부정적 인간학으로서 구상된, 그의 기술시대의 철학(이에 따르면 인간은 일정하게 확정된 것이 아니다)은 인간의 근본적인 실존상황에 대하여 다음과 같은 철학적 질문을 던진다. 미디어는 청각, 시각 등의 인간의 감각을 어떻게 구성하는가? 미디어는 타당하다고 간주되는 인식을 어떻게 만들어내는가?

이러한 부정성은 다시 그 한계에 대해 질문한다. 전체적인 기술의 승리의 이면은 역사의 주체로서의 인간의 실종이라는 것이 그 기본주장이다. 다시 말해 현대적 생산활동이 인간의 사유활동에 관여한다는 것이다. 이러한 주장의 기초가 되는 것은 기술의 자기동력에 대한 급진적인 새로운 평가이다. 인간은 욕구를 충족시키는 세계를 만들어내기는 했지만 이 세계는 인간의 욕구를 멀리 벗어나 있다. 왜냐하면 동시에 세계는 스스로 변화하기 때문이다.

안더스는 현대의 미디어문화의 포괄적인 '아이콘매니아'를 부정적인 과정으로 진단한다. 왜냐하면 아이콘이 현실세계를 대신하는 대체물로 성장했기 때문이다. 현실적인 것은 그것이 모사되었을 때만 비로소 현실적인 것이 된다. 그러고 나서 이 영상은 다시 현실 구성의 모델이 된다. 이 세계가 팬텀과 매트릭스로서의 세계이다. 동시에 인간적 판단력은 실종된다. 왜냐하면 대중 미디어의 뉴스들은 미리 작성된 판단들이지 정보를 전달하는 것이 아니기 때문이다. 뉴스의 수용자들은 제공된 정보를 마음대로 사용할 수 있는 것이 아니다. 이로써 텔레비전에서 명백하게 드러나는 것은 텔레비전이 현실을 모사하는 것이 아니라 자신의 고유한 현실을 만들어낸다는 점이다. 인간은 이러한 맥락을 파악하고 있지 못하기 때문에 플라톤의 동굴과 같은 유형의 미디어 문화 속에 사로잡혀 있다. 우리는 미디어현실과 현실을 혼동하게끔 강요당하고 있다.

시민문화개념의 위기. 모든 것은 스펙터클?

이성문화는 계몽주의에 의해 추상적인 비판의 차원에서 성찰되었는데, 이제 이성문화에 대한 성찰은 매스미디어의 자기성찰의 형식을 취한다. 현대인은 대중적인 자기연출에 종속되어 있고 문화와 사회는 스펙터클로 전락해간다. 귄터 안더스가 이 모든 것을 포함하여 미디어 사회의 아이콘매니아를 비판했던 것은, 그리고 호르크하이머와 아도르노가 자신들의 문화산업의 비판에서 모든 것이 판매 가능한 생산품으로 되는 것을 염려했던 것은 매스미디어라는 20세기의 새로운 현상에 대해 철학적으로 반응한 최초의 시도들이다. 하지만 이 시도들은 대체로 하나의 전통적인 문화모델과 깊은 관련이 있다. 이 전통적 문화모델에서는 특권적인 커뮤니케이션이 일어나는데, 여기서는 특히 엘리트적 격차가 나타난다. 추상적 교양과 구체적 영상 사이의, 책과 사진 및 필름 사이의, 엘리트와 대중 사이의 격차가 그것이다.

말하자면 코드의 추상화 정도와 가치평가는 언제나 서로 함축적으로 연관되어 있다고 할 수 있다. 여기서 중심적인 역할을 하는 것은 단연 청교도적 사유형태이다. 임마누엘 칸트는 도덕성을 고양시킬 목적으로 구약성서의 우상숭배금지를 정당화했는데, 그는 기껏해야 신학자집단이 구현하고 있던 그러한 부정성을 옹호했던 것이다. 그 반면에 평범한 민중은 '그림들

과 유치한 도구들'에 의해 고무되고 있었다. 흥미로운 것은 칸트가 자신의
『판단력 비판』에서 내린 결론이다. "그렇기 때문에 또한 정부도 종교에게는
최후의 부속품을 충분히 갖추도록 기꺼이 허용했고 동시에 백성들에게는
자의적으로 설정된 제약들, 그리고 백성들을 순전히 수동적으로 손쉽게 다
루기 위한 수단으로서의 제약들을 넘어서려는 노력뿐만 아니라 그럴 수 있
는 정신적 능력을 갖출 것을 요구했다."[1] 계몽주의는 이에 대해서 부정적이
었다. 그것은 진정한 인륜성이나 '신비스러운 자유이념'이 결코 긍정적으로
표현될 수 없는 것과 마찬가지이다.

이러한 사유형태는 대중문화에 대한 종말론적 비판가들의 경우에 오늘날
까지도 지속되고 있다. 이 사유형태는 부분적으로는 진부하지만 부분적으
로는 미디어영향력을 지니고 있는데,[2] 바로 이러한 상황에서 눈에 띄는 것
은 이 사유형태가 너무나 근거 없는 것을 기초로 하는 것은 아니지만 적어
도 세 개의 증명되지 않은 전제를 기초로 하고 있다는 점이다.

• 이 사유형태는 성공적인 매개를 위한 소실점(消失點)으로 맥락과 무관
한 보편적인 형태의 이상적인 커뮤니케이션 형식을 가정한다.

• 이 사유형태는 인쇄문화 자체의 한계를 고려하지 않고 추상적·몰역
사적·불변적 문화기술을 가정한다.

• 이 사유형태는 교육을 통한 사회화기능을 전제하는데, 이것이 문화적
엘리트를 재생산하고 따라서 문화 전체에 대해 모범적 성격을 지닌다는 것
이다.

---

1 Immanuel Kant, *Kritik der Urteilskraft, Werkausgabe BandX*, 같은 책, 201쪽 이하. 그리고 다음
을 참조하라. "유대인의 법전 속에서 너는 우상을 만들지 말라는 계명보다 더 숭고한 곳은
아마도 없을 것이다. (……) 바로 동일한 계명이 도덕적 법칙에 대한 관념과 우리 안의 도덕
성과 관련된 소질에도 또한 유효한 것이다"(같은 책, 201쪽 이하).

2 예컨대 Neil Postman, *Wir amüsieren uns zu Tode. Urteilsbildung im Zeitalter der Unterhaltungs-
industrie*, Frankfurt: Fischer 1985를 참조하라.

이제 특히 영상이 참된 계몽주의의 부정성을 거역하는 원죄로 간주되었다. 실제적인 문화발전은 특히 새로운 매스미디어에 의해 아이콘적 커뮤니케이션이라는 방향으로 나아갔던 반면에(오토 노이라트에서 마셜 맥루한에 이르기까지 사회적 커뮤니케이션에서 아이콘의 통합적 힘이 강조되었다), 일정한 지식인 계층(과학연구자나 엔지니어가 아니라 바로 정신과학자)은 익숙한 준거 틀의 의미 상실에 대해 불만을 표시했던 것이다. 이러한 관점에서도 대중문화는 시민 문화모델의 위기를 뜻한다. 왜냐하면 일정한 전통적 **매개자**Mediator들의 역할은 시대에 뒤떨어지는 경향성을 띠었고 학술적 지식인들은 자신들의 기능이 위협받는다고 느꼈기 때문이다. 문화적 커뮤니케이션은 그 모습을 바꾸었다. 서적인쇄 이후 미디어들은 이러한 문화적 변화의 원인으로 해석되었을 뿐만 아니라 이러한 문화적 변화의 표현으로 해석되었다. 비판은 분명히 새로운 미디어를 주제로 삼기보다는 매개 자체의 문제를 다루고 있는데, 이때 전적으로 잘못된 사용이라는 차원에서 의혹이 제기된다. 말하자면 이러한 매개를 훼손시킨 것이 미디어라는 것이다. 물론 벤야민의 경우에는 그렇지 않다. 벤야민은 이미 미디어 자체에 대해서 개방된 시야를 가지고 있었다.

미디어는 사회의 외부적인 것이 아니라 세분화되고 있는 문화의 한 부분이다. 움베르토 에코는 다양한 형태의 대중문화비판들을 회고하면서 1960년대에 다음과 같이 쓰고 있다. 특히 니체와 호세 오르테가 이 가세트Jose Ortega y Gasset가 이룬 이러한 종말론적 비판 속에서 '귀족주의적 편협성'이 발견된다고 한다. 귀족주의적 편협성은 대중문화에 반대하는 것이 아니라 대중에 반대하는 것이다. 그리고 귀족주의적 편협성 안에서는 "기본적으로 특정한 시대에 대한 향수가" 들끓고 있는데, "이 특정한 시대는 문화적 가치가 아직 누구에게나 개방되어 있는 것이 아니라 단지 하나의 단일한 계급의 유산과 소유로서 존재했던 시대이다."[3] 그밖에 에코는 자신의 대중문화비판에서 대중문화에 대한 비판적 불신을 제외시켰다. 왜냐하면 이러한 불신은 예컨대 아도르노의 경우처럼 특정한 형태의 지식인의 지배에 대항하는 것이기 때문이다. 하지만 그의 비판은 문화비판 안에 은폐되어 있는 지식인계급의 지배의 동기나 자기 보존의 동기를 폭로하기 때문에 중요한 의미를 가진다. "공적인 삶에 (외관상으로) 능동적으로 참여하는 하층계급이 증가하고 정보의 흐름은 물론 정보의 양이 늘어나게 되자 '미디어문명'이라는 새로운 인간학적 상황이 생겨나게 되었다."[4] 잘 알려져 있듯이 에코는 이러한 맥락에서 이론의 형성이 아니라 **기호학적 게릴라**의 형성을 촉구했다. 기호학적 게릴라는 자신을 무력한 수동적인 메시지 수용자로 보는 것이 아니라 수용의 측면에서 해석의 힘을 강조한다. 말하자면 대중문화의 재코드화에서 발견되는 것은 미디어의 메시지의 해석은 코드에 의해 이루어지지만 그 코드가 하나의 절대적인 커뮤니케이션 코드는 아니라는 점이다.

20세기의 아방가르드 예술은 바로 이러한 점을 집중적으로 다루었다. 마찬가지로 기 드보르Guy Debord가 1960년대에 '상황주의자'의 대표자로서 등장했던 것은 우연이 아니다. 드보르는 사회적 관계와 상징적 재현의 조작 사이의 연관성을 밝히기 위한 분석을 시도했다. 여기서 예술적 수단과 이론적 수단을 통해 시도되었던 것은 날로 증가하고 있는 사회의 초과실재Hyperrealität에 저항하는 것이었다. 드보르에 따르면, 우리의 **스펙터클사회**Gesellschaft des Spektakels는 생산의 측면에서 볼 때 현실적인 모든 것을 왜곡하는 복제품을 만들고 있고 이 복제품은 현실의 사회관계들로부터 이미 멀리 떨어져있다는 것이다.

"1. 근대적인 생산조건이 지배하는 모든 사회에서는 삶 전체가 **스펙터클**의 거대한 축적물로 나타난다. 한때 직접적으로 생생했던 모든 것은 단순히 재현으로 존재할 뿐이다. (……) 4. 스펙터클은 이미지들의 집합이 아니다.

---

3 Umberto Eco, "Massenkultur und 'Kultur-Niveaus'", in: Umberto Eco, *Apokalyptiker und Integrierte. Zur kritischen Kritik der Massenkultur*, Frankfurt: 1984 39쪽을 참조하라.
4 앞의 책, Einleitung, 33쪽.

오히려 스펙터클은 이미지들에 의해 매개된 사람들 사이의 사회적 관계이다. (……) 19. 스펙터클은 시각의 범주를 수단으로 해 행위를 파악하려 했던 서유럽철학의 기획이 지닌 모든 취약점을 계승하고 있다. (……) 21. 스펙터클은 잠을 자려는 욕망 이외에 다른 어떤 것도 나타내고 있지 않은, 감옥에 갇힌 현대사회의 악몽이다. 스펙터클은 이러한 잠의 수호자이다."[5]

이 주장에 따르면 생활세계는 실재의 차원과 영상의 차원으로 분할되고, 이때 영상의 차원은 실재의 차원을 매개하는 것과 이를 통해서 사회를 조직하는 것을 위임받는다. 따라서 여기서 중요한 것은 영상의 기능이나 영상의 사회적 효과이지 영상 그 자체는 아니다. 이러한 생각에 대해서 이제 저항이 촉구되었다. 왜냐하면 관심이 재현의 상징적 차원으로 옮겨갔기 때문이다.

드보르는 '통합된 스펙터클'로 나아가는 추세가 될 것이라고 확신했는데, 현재 디지털 문화에서 가상세계가 발전하고 있는 현상을 분명히 자신의 주장을 결정적으로 증명해주는 것으로 간주했을 것이다. 스펙터클은 우리 사회의 내용 없는 공허한 상황에 대하여, 완벽한 소외에 대하여, 일차원적 폐쇄성에 대하여, 피드백의 가능성이 없는 매스미디어적인 지속적 연출에 대하여 통렬하게 고발하는 은유이다. 드보르의 분석은 마르크스주의적 소외 비판의 전통 속에서 제기되었고 이것은 물론 패배주의적으로 전환되었다. 말하자면 그의 문제는 이러한 조건들 아래서도 아직 행동할 능력이 있는 역사의 주체를 확인하는 것이다. 한편으로는 예술 속에 희망이 있다. 스펙터클을 파괴하는 행동주의적 개입과 전용detournement이라는 상황주의적 전술(미디어생산물의 급진적 전복)은 미디어의 허위메시지를 폭로하도록 도울 수 있을 것이다. 하지만 이러한 대안은 어떤 수용자를 위해 소통되어야 하는

---

5 Guy Debord, *La société du spectacle*(1967). 미국의 판본 *The Society of the Spectacle*, New York: Zone 1994에 따라 여기서는 12쪽과 17쪽 이하를 인용한다. Text online: *http://www.nothingness.org*를 참조하라.

가? 다른 한편으로 드보르는 전복적 부정은 물론이고 심지어 범죄도 사회에 대한 공격으로 본다. 즉 그것은 "허용된 소비 기계를 파괴하라고 촉구하는 (……) 새로운 러드Ludd 장군"[6]이다. 누가 여기서 즉시 컴퓨터 해킹을 생각하지 않겠는가? 하지만 이것이 스펙터클 시스템을 전복시킬 활동으로 충분한 것일까? 저항[7]이 나가야 할 방향도 우리를 완전히 만족시키지는 않는다. 그것은 현실적 삶의 고유성을 향한 것인가? 아니면 모든 소외의 지양을 향한 것인가? 하지만 그 동안 우리가 경험할 수 있었던 것처럼 미디어현실이 이제 더 이상 일방통행로가 아니라면, 말하자면 새로운 미디어 조직형태 때문에 방송원칙의 송신주권이 힘을 상실했다면, 스펙터클사회의 잠은 아마 그다지 깊은 잠은 아니었고 스펙터클사회라는 전망도 그다지 포괄적인 것은 아니다.

---

6 다음의 These 115를 참조하라. "부정을 향한 새로운 배가되고 있는 경향의 징표들이 경제적으로 더 발전된 국가들에서 확산되고 있다"(앞의 책, 85쪽).

7 Thomas Pynchon, *Is it O.K. to Be a Luddite?* The New York Times Book Review, 28, 10.1984, http://www.nettime.org/nettime.w3archive/199601/msg00017.html을 참조하라.

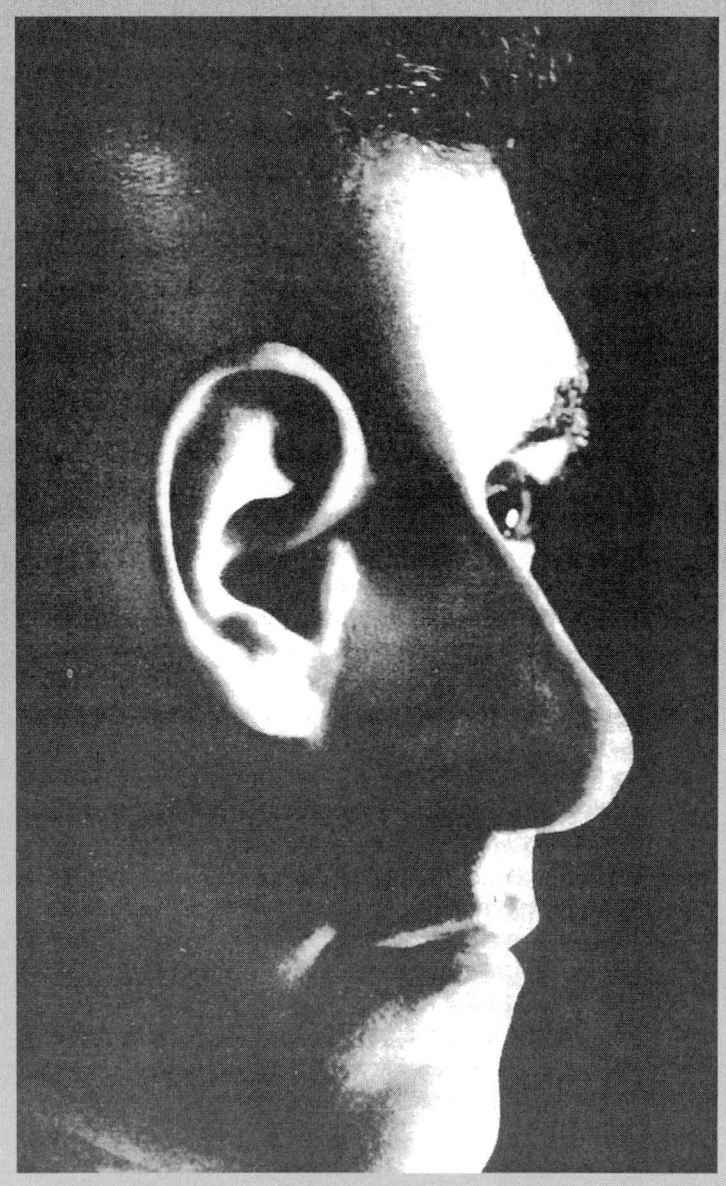

〈삽화 15〉 쿠엔틴 피오리(Quentin Fiore), 'An Eye for an Ear'(1967)

12 눈에서 귀로

이니스, 맥루한 그리고 커뮤니케이션의 기술적 장치

"2500년 동안 서유럽세계의 철학자들은
질료-형상 문제를 다루면서 모든 기술을 배제시켰다."

— 마셜 맥루한(Marshall McLuhan)

1 관점의 교체

1940년대 중반에 출판된 『계몽의 변증법』에서 다루어졌던 바와 같이, 제2차 세계대전이 가져왔던 것이 기술적 진보는 '비용'을 지불해야만 한다는 새로운 경험만은 아니다. 이 시기에는 결정적인 미디어 기술의 혁신들도 일어났다. 이 혁신들은 특히 "군사적 목적을 위해 지각 기구를 사용하는" 배경 속에서 일어났다. 그 결과 지각습관의 변화가 생겨났던 것이다. 전쟁이 새로운 '지각의 병참학'[1]과 기술발전의 가속화를 야기했던 것은 의심의 여지가 없지만 전쟁을 미디어기술 혁신의 유일한 아버지로 간주하는 것은 잘못된 판단이다. 물론 전쟁은 라디오에서 텔레비전을 거쳐 인터넷에 이르기까지 기술과 산업에서 항상 새로운 전망을 열었던 것이 사실이다. 하지만 개별미디어들의 등장이 이를 통해서 설명될 수는 없는 것이다. 개별미디어들은 **기술적 차원이 아니라** (플루서를 인용하면) **커뮤니콜로기적**kommunikologisch 차원에서 각 시기마다 관철되었다. 사회적 전유는 특정한 목적을 위해 개발된 기술을 다른 용도로 사용하기 때문이다.[2]

또한 여기서 언급해야 할 중요한 점은 이것은 결코 의도된 과정이 아니라 익명의 기술사의 결과와 같은 것으로 서술될 수 있다는 점이다. 달리 말하면, 의식적으로 행동하는 주체가 이제 더 이상 핵심적인 문제가 아니라는 것이다. 문화발전을 오랜 시간을 놓고 관찰할 경우에 특히 그러하다. 서유럽 문명의 위기는 자율적·휴머니즘적 주체가 힘을 상실한 것과 확실히 관련이 있는데, 그리고 바로 이 시기에 '구조주의적' 관점이 등장하기 시작했다. 이러한 관점의 변화가 지리적으로 확장되어 지각세계의 차원에서 관점의 변화를 동반한 것은 결코 우연이 아니다. 제2차 세계대전은 전황을 보도하는 미디어적 사건이었지만 일국가적인 집중경제Aufmerksamkeitsökonomie의 경계를 초월하는 것이기도 했다. 이때부터 경제는 미국, 유럽, 일본이라는 삼각형을 중심으로 새롭게 구성되었다. 이로써 수십 년 후에 사람들은 세계화 과정이라는 것에 대해 말할 수 있게 되었지만 유럽이 단지 이러한 정치적·경제적 확장에 의해서만 상대화된 것은 아니다.

1940년대에 이미 연구담론에서는 인식의 변화가 나타났는데, 이 변화는 상반된 운동도 있었지만 유럽 중심적인 사유 전통으로부터 벗어나는 과정에서 뚜렷하게 나타났다. 경제사와 정치경제학의 맥락에서 탈식민주의적인 이론 구성의 시도가 생겨났다. 미디어이론에서 강력한 영향력을 갖게 되었

---

1 Paul Virilio, *Krieg und Kino, Logistik der Wahrnehmung*, München: Hanser 1986.
2 라디오와 관련해서는 Patrice Flichy, *Tele*, 같은 책, 181쪽과 다른 곳들을 참조하라.

던 '토론토의 커뮤니케이션 학파Toronto School of Communication'가 그 예가될 수 있다. 이 학파는 바로 기술에 대한 담론에서 새로운 생산적인 자극을 가져왔다.[3] 이러한 자극은 함축적인 형식으로 표현된, 맥루한의 유명한 슬로건인 "미디어가 메시지이다"[4]에서 나타난다. 이와 관련해 무엇이 논의되어야 하는지, 그리고 이 명제가 어떻게 맥락화될 것인지를 앞으로 다루게 될 것이다. 우선 우리는 맥루한의 그늘에 가려 거의 잊혀진 캐나다의 경제사학자 헤럴드 애덤스 이니스Harold Adams Innis의 이론을 살펴볼 것이다.[5]

인본주의가 제2차 세계대전의 발발과 함께 최종적으로 위기에 처한 가운데, 정신과학과 사회과학에서는 어떻게 문명화된 사회에서 나치즘의 만행과 같은 일이 일어날 수 있었는지에 대해서뿐만 아니라 도대체 문명의 본질이 무엇인지에 대해서 대대적인 성찰이 시작된다. 미디어철학의 맥락에서 관심을 끄는 것은 이미 언급된 바 있는 주체 중심적인 역사이해에 대항해 일어난 관점의 변화이다. 말하자면 정신뿐만이 아니라 기술도 한 사회의 문화를 역사적으로 형성시키는 요인이고, 특히 커뮤니케이션과 교통의 미디어기술이 그러하다는 것이다. 교통과 물품운송의 역사가 사회를 형성시키는 요소의 본질적 부분이라는 것인데, 이는 문화이론의 기술적 전환Technological turn으로 간주되고 이니스 이론의 핵심을 이룬다.[6]

---

3 Arthur Kroker, *Technologies and the Canadian Mind. Innis/McLuhan/Grant*, New York: St. Martin' Press 1984.
4 이것은 본래 Marshall McLuhan, *Understanding Media. The Extensions of Man*, Toronto: McGraw-Hill, 1964의 1장의 제목이다. 앞으로 Reprint, London: Routledge, 1994에 따라 인용한다.
5 이니스는 경제사적인 저술 이외에 미디어이론적으로 유의미한 다수의 저술들을 출간했다. *Empire and Communication*, Oxford 1950, *The Bias of Communication*, Toronto 1951, *Changing Concepts of Time*, Toronto 1952, *The Strategy of Culture*, Tronto 1952가 그것들이다. 이것들 중 일부는 독일어 텍스트선집인 Karlheinz Barck(Hg.), *Harald A. Innis. Kreuzwege der Kommunikation*, Wien: Springer 1997에 수록되어 있다.
6 『커뮤니케이션의 십자로(*Kreuzwege der Kommunikation*)』의 서론 속의 바르크의 지적을 참조하라. 이니스에 대한 훌륭한 입문은 앵거스(Ian Angus)의 논문이 제공한다. Ian Angus, "Orality in the twilight of humanism: a critique of the communication theory of Harold Innis", in: *Continuum. The*

헤럴드 애덤스 이니스는 경제사학자로서 출발해 1920년과 1940년 사이에는 특히 캐나다의 철도의 역사, 모피산업의 역사, 대구잡이 어업의 역사를 분석했다. 그 후 그는 사회조직의 형태에 대한 커뮤니케이션 미디어의 영향과 효과에 관심을 집중시켰다. 우선 통상로가, 즉 '외부세계의 **통상로** trade-routes of the external world'가 과학적 연구의 대상이었다면, 곧이어 '정신의 **통상로** trade-routes of the mind'도 그 대상이 되었고 이와 같이 기술적 관점에서 정립된 문화사가 생겨났다. 여기서는 시간적 및 공간적으로 지식을 분배하는 역할이 중요한 문제이다. 미디어는 커뮤니케이션의 **물질적** 운반자로서 사회세계의 형태를 형성시키고 행동의 유형을 규정하는 것으로 이해되었다. 미디어는 커뮤니케이션과 사회적 재생산의 장치Dispositive이다. 문화적 차원에서뿐만 아니라 개인의 심리차원에서도 그러하다. 이니스는 자신의 구상을 다음과 같이 요약하고 있다.

"나는 문명이 각각의 상이한 시기마다 각각의 상이한 커뮤니케이션 미디어에 의해, 예컨대 점토, 파피루스, 양피지, 처음에는 천 조각에서 그리고 나중에는 목재에서 생산된 종이 등에 의해 결정되었다는 주장을 발전적으로 개진하기 위해 노력했다. 이러한 각각의 미디어는 각각의 글쓰기 방식과 관련해 매우 중요한 의미를 지니고 있으며 따라서 각각의 교육의 독점 형태와 관련해서도 매우 중요한 의미를 지닌다. 교육의 독점은 항상 반복해 일어나며 창조적 사유의 전제조건을 파괴하는 것이다. 교육의 독점은 새로운 미디어에 의해 다시 해체되지만 새로운 미디어는 재차 특정한 형태의 교육의 독점을 만들어낸다."[7]

이니스가 관심을 둔 것은 커뮤니케이션미디어의 물질성, 정확히 말해 자

Australian Journal of Media & Culture, Vol.7/1, 1993을 참조하라. *Online: http://kali.murdoch.edu.au/~cntinuum/7.1/7.1.html*을 참조하라.

7 Harold A. Innis, "Die Press, ein vernachlässigter Faktor in der Wirtschatsgeschichte des 20. Jahrhunderts"(1952), in: *Kreuzwege der Kommunikation*, 같은 책, 234쪽.

료전달미디어Datenträger의 형태이며, 이것의 등장이 사회적 조직에 어떤 영향을 미치는지의 문제이다. 이니스는 한 사회의 커뮤니케이션 미디어가 공동체형성의 구조와 공동체유지를 위한 제도와 관련해 어떤 구성적인 기능을 하는지를 연구하는 가운데 일종의 커뮤니케이션 결정론을 제창했다. 특히 자신의 저서 『제국과 커뮤니케이션Empire and Communications』에서 이니스는 사용된 커뮤니케이션 미디어의 원심력과 구심력, 그리고 그 분산시키는 경향성과 집중시키는 경향성을 밝혔다.

2. 문명의 미디어이론

이러한 두 경향은 두 종류의 미디어 형태로 구체화된다. 예컨대 돌이나 돌로 건축된 건물처럼 견고하고 지속적인 미디어가 있다. 이러한 미디어는 시간을 지배한다. 이니스는 이러한 의미에서 『커뮤니케이션의 편향The Bias of Communcation』의 한 곳에서 빅토르 위고Victor Hugo를 인용하면서 다음과 같이 말했다. 건축은 6000년 동안이나 지배적이었던 '인류의 위대한 필사본 Handschrift'이었지만 우리 문명에 인쇄기가 도입됨으로써 자신의 패권을 최종적으로 상실했다는 것이다. 이러한 지속적이면서도 집중시키는 미디어 외에도 (인쇄기가 이미 암시하고 있듯이) 종이처럼 쉽게 움직이는 커뮤니케이션 미디어(또는 자료전달미디어)가 있다. 이것은 일시적이지만 그 대신에 유동적이고 운반가능하기 때문에 공간지배적으로 작용한다.

이니스는 시간적 또는 공간적으로 통합적으로 작용하는 이러한 힘의 두 개의 근본적 형태는 결코 투명하게 등장하지 않지만 이상적인 경우에는 조화를 이루는 데, 이러한 두 형태가 하나의 문명 속에서 작동하고 있다고 이니스는 보고 있다. 그리고 그는 한 문명이 공간개념과 시간개념의 균형을 통해 자신의 존속을 확보하는 데 성공할 수 있는지에 따라 이 문명을 판단한다. "우리는 한 문명을 그것의 영토뿐만 아니라 그 존속기간을 참작해서 판단해야 한다. 각각의 커뮤니케이션 수단의 특수한 성격은 각각의 문화에서 시간의 관념이나 아니면 공간의 관념을 과도하게 강조하는 경향을 만들어낸다. 이러한 경향이 어떤 새로운 미디어에 의해 조정되고 일정한 안정적인 상황에 이르게 되는 것은 매우 드문 시간 간격 속에서 발생한다."[8]

미디어와 문명발전을 함께 연관지워 생각하면 새로운 역사적 전망들이 열린다. 적어도 시대를 포괄하는 차원에서 인류사의 발전을 재구성하는 경우 **미디어고고학**Medienarchäologie이라는 권력이론적인 접근방식은 매우 매력적으로 작용한다.

"수메르 문화가 토대로 삼았던 소리와 바빌론에서 사용되었던 돌은 서로 대립해 있다. 카시테족의 통치시대에는 오랫동안 비교적 안정된 시기가 지속되었다. 문자 미디어의 파괴력에 재갈을 물렸던, 그리스의 전승을 위한 구술의 힘은 전인미답의 문화적 창조의 시대를 열었다. 로마제국의 행정에서의 파피루스 두루마리와 알파벳 사용은 교회에서의 양피지 필사본의 사용에 의해 보완되었고, 이러한 균형은 비잔틴 제국에서 1453년까지 유지되었다. '교회와 군대는 훈육의 힘과 위계적 등급을 통해 질서를 이룩한다'(메테르니히Metternich). 다른 한편, 서유럽 제국의 절반에서 나타난 양피지 필사본의 일방적 사용은 교회의 절대적 우세를 알아볼 수 있게 한다. 그리고 새로운 미디어인 종이에 의해서 경쟁이 일어나게 되었다. 종이와 인쇄기가 도입된 후 근대국가에서 정신적 독점은 그 고유한 토양에서 성장한 독점에 의해 해체되었다. 시간적 독점의 뒤를 이어 공간적 독점이 생겨났다. 시간의 가장 중요한 문제들에 대한 간략한 조망은 아마 우리 문명의 경계들을 보다 분명하게 인식하는 데 기여할 수 있을 것이다."[9]

---

8 Harold Innis, "Ein Plädoyer für die Zeit", in: *The Bias of Communication*, 같은 책, 61쪽 이하. 독일어는 in: Karlheinz Barck(Hg.), *Kreuzwege der Kommunikation*, 같은 책, 122쪽.
9 앞의 책, 122쪽 이하.

이니스 책의 독일어 번역본에서 '편향Tendenzen'으로 번역된 것은 원전의 경우 'bias'인데, 이 개념은 경험적인 사회연구에서 사용하는 것과 유사하게 편견이나 왜곡을 뜻하기도 한다. 이니스에 따르면 이와 같은 사회적 안정의 왜곡은 그 사회의 주요 커뮤니케이션 수단들에서 파악할 수 있다. 서유럽의 문명은 이 기준들에 따라 판단되어야 할 것이고 그 위기의 원인도 규명되어야 할 것이다. 작동하는 지배는 시간과 공간에 동시에 펼쳐져 있다. 따라서 이 지배는 상이한 커뮤니케이션 수단들의 공존과 관련이 있다. 말하자면 공간지향적인 커뮤니케이션 수단들뿐만 아니라 시간지향적인 커뮤니케이션 수단들과 관련이 있다. 이러한 두 측면 모두에 대한 균형잡힌 통제만이 사회적 틀의 안정에 기여할 것이다. 하나의 측면이 과도하게 되면, 사회질서의 틀 안에 변화가 생길 것이고 권력의 교체가 일어날 것이다. 시간지배적인 석조건축이 사회적 커뮤니케이션의 중심에 있을 경우 이것은 군주제의 지배형태, 중앙집권, 지속성을 가리키는 것이다. 그 반대로 공간지향적인 미디어는 분배, 확산, 참여를 의미하는 것이고 편향적으로 민주주의로의 방향을 지향한다. 이것이 커뮤니케이션의 **편향**Bias이 의미하는 것이다.

3. 기술적 장치

이러한 의미에서 돌에서 파피루스로의 이행은 중요한 문화적·정치적 함의를 지닌 발걸음이었다고 이니스는 『제국과 커뮤니케이션』에서 주장했다. 이집트 문명은 기원(紀元) 이전에 오랫동안 절대왕조의 위광의 토대로서 피라미드를 건설하는 것과 함께 돌을 커뮤니케이션 수단으로 삼았고, 좀 더 민주적인 국가형태로 이행해가는 것과 동시에 파피루스로의 중심이동이 일어났던 것이다. 이니스는 더 나아가 알파벳이 가능하게 했던 파피루스의 사용과 파피루스의 사용에 따라 더욱 높아진 추상화 수준의 발전에 대해 서술했다. 일상적 사용에서 나타나는 문화기술의 노동경제성으로 인하여(좀 더 단순한 기호를 좀 더 적게 사용하는 사람이 더 빨리 쓴다) 상형문자는 사라졌다. 미디어(예컨대 석판용 석필로써 설형문자가 새겨진 토기판)에 의해 조건이 성립되어, 픽토그램은 좀 더 추상적인 형식에 의해 교체되었고 단어가 그림 대신에 등장했다.[10] 알파벳과 글쓰기는 초월과 종교의 발생에 기여했는데, 종교는 성문화된 문자를 토대로 전승된 지배의 권리를 현재까지 방어하고 있다. 알파벳, 즉 추상적 기호기계는 나중에 그리스 자연철학의 형성을 위한 가능조건, 다시 말해 자연을 추상적으로 하나의 전체로서 사유하기 위한 가능조건이었다.[11]

여기서 우리는 이니스가 커뮤니케이션의 물질성에 대해서나 '정신의 통상로'에 대해 생각했던 것을 별다른 어려움 없이 이해할 수 있다. 미디어의 특성이 물리적·물질적 차원에서 파악되었는데, 물론 그 예들이 이해하기 쉽게 만들고 있지만 다소 사변적이고 또 매우 단순화하고 있다는 인상을 주고 있다. 오히려 우리는 미디어와 미디어기능을 구분하고 이러한 미디어기능과 특수한 문화기술을 구분하는 데 어려움을 갖게 되었다. 때때로 미디어, 커뮤니케이션 수단, 자료전달미디어, 커뮤니케이션의 물질적 미디어라는 개념들은 줄곧 같은 뜻으로 사용되었다. 이 문제는 맥루한의 경우에서도 다시 나타난다. 물론 다른 형태이기는 하지만 거기서도 마찬가지로 모든 것이 미디어이거나 또는 미디어가 될 수 있다. 물론 중대한 차이가 있다. 왜

---

10 Harold Innis, 'Die Medien in den Reichen des Altertums', in: *Empire & Communications*, 같은 책, 15쪽 이하. 독일어로는 Karlheinz Barck(Hg.), *Kreuzwege der Kommunikation*, 같은 책, 56쪽과 63쪽. 이에 관해 이니스의 전통 속에서 좀 더 상세하게 다룬 것을 살펴보기 위해서는 Derrick de Kerckhove, *Schriftgeburten, Vom Alphabet zum Computer*, München: Fink 1995를 참조하라.

11 Ernest Gellner, "Die Ankunft des Anderen", in: Ernest Gellner, *Pflug, Schwert und Buch*, 같은 책, 80쪽 이하를 참조하라. 이니스와 연관성 속에서 이에 관한 상세한 설명은 Martin Burckhardt, "Unter Strom. Der Autor und die elektromagnetische Schrift", in: Sybille Krämer(Hg.), *Medien, Computer, Realität, Wirklichkeitvorstellungen und neue Medien*, Frankfurt: Suhrkamp 1998, 27~54쪽, 여기서는 30쪽 이하를 참조하라.

냐하면 이니스가 사용하는 미디어개념은 내적인 특성을 갖기 때문이다.[12] 이니스가 미디어의 물질성에 집중적 관심을 갖는 반면에, 맥루한에 따르면 한 문화 안에서의 미디어의 사용형태나 미디어의 사회심리적 효과가 무엇이 커뮤니케이션 미디어인지를 결정한다. 그렇기 때문에 맥루한의 경우 미디어는 오래된 미디어(라디오 속의 극장, 영화 속의 책, 텔레비전 속의 영화 등)를 제외하고는 어떠한 고유한 '내용'도 갖지 않는다. 말하자면 미디어는 환경의 산물이다. 이에 반해 이니스의 경우에는 미디어의 물질적 고유성이 강하게 관철된다. 왜냐하면 이니스는 미디어가 하나의 문화형태 안에서 미칠 수 있는 효과의 진정한 근거를 이러한 미디어의 물질성에서 찾기 때문이다. 그러나 이러한 차이는 맥루한이 이러한 차이를 인지하고 이것을 자신의 목적에 생산적인 것이라고 간주함으로써 약화된다. 맥루한은 이니스에 대해 다음과 같이 쓴다.

"2500년 동안 서유럽세계의 철학자들은 질료와 형상의 문제를 다루면서 모든 기술을 배제했다. 이니스는 기술의 심리적·사회적 영향에 주목하도록 하는 데 자신의 인생의 많은 시간을 썼다. 우리의 철학이 테크네techne에 관한 성찰을 체계적으로 배제할 것이라는 점을 이니스는 아직 알 수 없었다. (……) 플라톤에서 오늘날에 이르기까지 서유럽세계에는 기술의 변화로부터 야기된 심리적 변화를 다루고 있는 이렇다 할 만한 이론이 없었다."[13]

이제 주된 관심은 **환경적·기술적 조건**environmental technological conditioning에, 다시 말해 우리가 기술을 사용할 때 거의 인지하지 못하는 (문화)기술의 모든 영향들에 놓여 있다. 이러한 관점에서 이니스는 단순히 문화의 변화의

---

12 이에 대해 앤거스가 지적한다. Ian Angus, *Orality in the twilight of humanism*, 같은 책, 특히 각주 19를 참조하라.

13 Marshall McLuhan, in: *Letters of Marshall McLuhan*, Toronto 1987, 427쪽과 458쪽, Karlheinz Barck(Hg.), Kreuzwege der Kommunikation, 같은 책, 5쪽에서 인용한다. 또한 Marshall McLuhan, "Media and Cultural Change", in: *Vorwort zur Neuauflage von Innis, The Bias of Communication*(1964), 독일어로 *Medien Verstehen. Der McLuhan-Reader*, Mannheim: Bollmann 1997, 77~83쪽을 참조하라.

조건들뿐만이 아니라 권력의 형태들에 대해서도 사유했다. 이 영향들은 미디어에 의해 제공된 내용을 통해서 해명될 수 없다. 이와 달리 기술적 커뮤니케이션 미디어의 고고학은 미디어의 고유논리를 따르는데, 말하자면 미디어가 개인들의 심리에 미치는 영향은 물론 사회 전체의 '정신'의 형성에 미치는 영향을 집중적으로 다룬다. 이러한 해석은 자유롭게 행위하는 주체라는 역사철학적 관념과 당연히 급진적으로 결별한다.

"운송개념에서 사회적·심리적 관계의 변형TransFORMation개념으로의 미디어이론의 전환은 이니스에 의해 시작되었는데, 이러한 전환에서 문자 이전의 구술문화, 문자문화, 책시대의 문화라는 그의 시대사적 구분이 (맥루한을 매료시킨) 한 측면이라면, 여기에 보완적인 다른 한 측면은 주체 중심적이지 않은 역사해석이다."[14]

한 사회의 기술적 성과는 그 사회의 물질적 구성과 사회적 구조를 설명해주는 것은 물론 한 사회의 자기인식의 사각지대를 설명해준다. 말하자면 이 경우 책문화와 인쇄산업의 사각지대를 설명해준다. 우리는 이니스가[15] 그토록 강하게 강조했던 '커뮤니케이션의 기술적 변화'를 진지하게 받아들여야 한다. 이는 한 문화에서 사용되는 미디어가 이 문화의 현실을 구성하고 변형한다는 차원에서뿐만 아니라 미디어가 그 안에서 스스로 자신의 고유한 현실을 구성한다는 차원에서 미디어와 현실의 관계가 존재한다는 점을 인식하기 위해서이다. 우리가 미디어현실에 대해 말한다면, 이 말은 바로 이러한 미디어고고학적 관점에서 고안된 문화이론에서 그 정당성을 지니고 있다.

---

14 Karlheinz Barck, "Harold Adams Innis—Archäologe der Medienwissenschaft", in: Karlheinz Barck, *Kreuzwege der Kommunikation*, 같은 책, 12쪽.

15 Harold Innis, *Changing Concepts of Time*, 같은 책, 'Vorwort', Karlheinz Barck, *Kreuzwege der Kommunikation*, 같은 책, 13쪽을 참조하라.

4. 새로운 커뮤니케이션 개념

이니스는 정치경제학과 원료경제Staple economy 분석에서 시작해 사회 안의 인간의 삶을 규정하는 사회의 기술장치에 대한 분석에 이른다. 운송과 커뮤니케이션은 여기서 매우 본질적인 요소이다. 이것들은 문화의 변화의 조건을 나타내기 때문이다. 물론 이 관점이 완전히 새로운 것은 아니다. 이미 19세기 중엽 칼 마르크스Karl Marx는 비교적 잘 알려진 문헌에서, 부르주아의 권력욕이 한편으로 어느 정도까지 모든 생산수단을 개선시켰는지, 그리고 다른 한편으로 어느 정도까지 "커뮤니케이션"을 쉽게 해 "전(全)방위적인 교류"를 통해 "정신적 생산에서도" 새로운 종속을 만들었는지를 주장했다.[16] 여기에서 이미 커뮤니케이션미디어의 사회적 기능에 대한 분석이 제안되었다고 주장하는 것은 과장된 것일 수 있다. 하지만 마르크스는 분석적이라기보다는 시대진단적인 텍스트에서 생산과정에서의 혁신Innovation의 역할과 자유무역Handelsfreiheit에 대해, 다시 말해 산업의 진보에서 나타나는 두 가지 본질적 특징에 대해 지적했다. 마르크스의 이론은 생산수단과 운송수단을 다루는 가운데 사회적 혁신을 위한 본질적 수단을 보았던 것이다. 물론 여기서는 커뮤니케이션의 기능 중 하나만이 시장과 관련해서 언급되었을 뿐이고, 커뮤니케이션 자체가 상품으로 인식된 것도 아니고 그 기능이 사회적 조정자로 파악된 것도 아니었다.

그러나 우리는 19세기의 진단을 곧바로 현재의 미디어개념의 관점에서 평가할 수는 없다. 19세기에는 커뮤니케이션이 하나의 장소에서 다른 장소로 상품을 물리적으로 운송하는 것을 뜻했는데, 이것은 아직도 우리 문화

---

16 Karl Marx, Friedrich Engels, *Manifest der Kommunistischen Partei*, London 1848, Ausgabe Stuttgart: Reclam, 1998, 23쪽 이하를 인용한다. 현재의 미디어문화의 관점에서 이에 관한 분석에 대해서는 Slavoj Zizek, *The Spectre is Still Roaming Around! An introduction to the 150th anniversary edition of the Communist Manifesto*, Zagreb: Arkzin 1998을 참조하라.

속에서 '정보고속도로'라는 기호로 하나의 은유로서 머리 속에 어른거리고 있다. 이때 커뮤니케이션은 기계론적 틀에서 이해된 것인데, 여기서는 무엇인가가 '전달'된다. 이러한 생각은 수학적 계산 가능성을 근거로 하여 발신자의 메시지를 채널을 통해 수신자에게 전달하는 것으로 간주함으로써 복합적인 과정을 단순화하는 소박한 커뮤니케이션 모델에까지 유효하다.[17] 그렇지만 이는 커뮤니케이션 개념이 지니고 있는 의미차원의 일부분에 해당하는 것일 뿐이다. 물론 이니스는 시각적으로 지향된 독서문화와 책문화의 공간 구속적 권력space-biased을 강조함으로써 그 의미차원을 확립하려고 노력했다.

우리는 그사이에 19세기의 커뮤니케이션 개념으로 벗어났지만, 이니스는 바로 그 경계선에서 사유하고 저술했다. 맥루한은 이니스와 근본적으로 구별되는데, 특히 그 이유는 맥루한이 탈근대적인, 유토피아적인 의미를 함축하고 있는 커뮤니케이션 개념과 미디어 개념을 도입했기 때문이다. 미디어를 이해한다는 것은 맥루한을 이러한 관점에서 규명하는 것을 뜻한다. 말하자면 이때 비로소 정보 개념과 커뮤니케이션 개념의 기계론적 틀에서 결정적으로 벗어나게 되었다. 우리는 이니스의 텍스트에 어느 정도는 멜랑콜리가 스며들어 있음을 확인할 수 있을 것이다. 이것은 그가 근본적으로 보수적으로 논의하기 때문에, 다시 말해 유럽의 과거 문화유산과 미국지배의 확장된 제국 사이에서 긴장에 사로잡힌 채 어느 정도 유럽중심적으로 논의하기 때문에 그런 것이다.[18] 여기서 이니스가 문화적 변화를 다소 보수적인

---

17 "현대 서유럽의 모든 커뮤니케이션 모델의 기초인 섀넌-위버모델은 좌반구의 선형적 편견의 특성적 예이다. 그것은 소프트웨어 내용을 위한 하드웨어 운반자라는 파이프라인 모델의 일종으로서 주변환경을 무시한다." "Explorations in Visual and Acoustic Space: Hidden Effects", in: Marshall McLuhan und Bruce R. Powers, *The Global Village. Transformations in World Life in the 21th Century*, New York: Oxford Univ. Press 1989, 75쪽을 참조하라.

18 크로커는 이니스의 스타일을 "유럽의 과거의 문화유산과 미국 제국의 확장된 영역 사이에서 갇혀 있는 것"으로 간주했다. Arthur Kroker, *Technology and the Canadian Mind*, 같은 책, 95쪽을 참조하라.

우려 속에서 진단하고 있음을 알 수 있다. 그는 서양 문화가 위험에 처했다고 보고 있다. 왜냐하면 서양 문화가 공간지배적인 미디어적 요소에 지나치게 집중되어 있기 때문이다. 이러한 현상은 불균형을 만들어낼 뿐만 아니라 이를 통해 문화 속에 자기 파괴적인 경향이 생겨난다는 것이다. 따라서 우리는 우리 문화에서 구술성을 재발견하거나 확산시킴으로써 이러한 시간지배적인 요소를 통해 다시 보다 높은 문명적 안정성에 도달해야만 한다. 이로부터 이언 앵거스Ian Angus는 이니스의 이론구성은 진단적인 의도뿐만 아니라 치료적인 의도에 의해 이루어지고 있다고 결론짓는다.[19] "우리는 일정한 커뮤니케이션 미디어의 사용은 전달되는 지식의 형태를 장기간에 걸쳐 일정한 방식으로 결정한다는 사실에서 확실히 출발할 수 있다. 또한 어디에서나 존재하는 이 미디어의 영향은 언젠가는 하나의 문화를 만들어내는데, 이 문화에서 삶의 변화는 점점 더 힘들게 될 것이다. 그러나 결국 새로운 커뮤니케이션 미디어가 등장할 것임에 틀림없고 이 미디어는 새로운 문화의 생성을 가능하게 할 수 있는 충분한 정도의 장점을 명백하게 가지고 있을 것이라고 우리는 단언한다."[20]

하나의 커뮤니케이션 수단은 언제나 하나의 교육독점과 연관되어 있으며 사회적 지식에 접근할 때 규제자로 기능한다. 이것은 보수적 권력을 의미한다. 커뮤니케이션수단의 진보적 성격은 지식이 체제로 순화됨으로써, 그리고 일정한 개인들과 사회적 그룹들에 의해 커뮤니케이션 제도 내에서 독점이 체계적으로 사용됨으로써 퇴보로 전환된다. 다시 말해 문화적 수준이 천박해지고 증대된 모사가능성에 의해서 점차 기만의 가능성이 증가하게 된다는 것이다. 새로운 미디어는 파괴적 측면뿐만 아니라 동시에 구성적 측면

---

19 "그것은 문명의 위기에서 비롯된 진단적이고 치료적인 의도이다. 문명의 위기는 커뮤니케이션 미디어 이론의 현재적 발전을 자극했다"(Ian Angus, *Orality*, 같은 책).
20 Harold Innis, "Tendenzen der Kommunikation"(1949), in: Karlheinz Barck, *Kreuzwege der Kommunikation*, 같은 책, 96쪽.

을 갖는다. 그 밖에 이니스는 사회에서 지식확산이 지닌 경제적 의미에 대해 인지하고 있으며 미디어와 정치의 밀접한 연관성에 대해서도 알고 있다. 이제 이러한 시각에 따라 세계의 정치적 사건들이 분석되었다.

이니스는 기본적으로 문화염세주의적으로 논의하기 때문에, 그리고 여러 번 커뮤니케이션의 기계화나 기계화된 커뮤니케이션을 비판하기 때문에, 이러한 분석의 결과는 대체로 우울한 분위기로 나타난다. 그는 서유럽 문명이 확실히 위협받고 있다고 생각했는데, 그는 책을 서유럽 문명의 발전 속에서 나타난 '부단한 정신적 노력의 산물'로 간주하고 책의 안정화시키는 역할을 살펴본다. "서유럽의 공동체는 커뮤니케이션 시스템의 기계적 산업화가 지니고 있는 분쇄효과 때문에 해체되었다."[21] 그리고 동시에 책문화는 (사회적 유토피아의 의미에서) 사회적 진보를 저해하는 교육독점을 만들어냈다. "이러한 독점은 개인주의를 강조했고 따라서 불안정을 야기했으며, 또한 민주주의, 출판의 자유, 언론의 자유와 같은 슬로건을 통해 환상을 만들었다. 이와 같이 눈을 기반으로 하는 커뮤니케이션 미디어 독점의 재앙적인 효과는 정보의 전달에서 귀에 정향된 미디어가 경쟁적으로 탄생하는 것을 촉진했다. 말하자면 라디오의 탄생이나 영화 및 텔레비전에서 음향기술의 발전을 촉진했다. 인쇄물은 라디오 중계방송과 스피커에 비해 영향력을 상실하게 되었다."[22]

특히 『커뮤니케이션의 편향』에서 우리 현대문화를 특징짓는 '문자성으로부터의 도피'가 중앙 집중화의 경향들과 관련지어 논의되고 있다. 중앙송신국과 방송원리를 생각하면, 이것은 맞는 이야기이다. 하지만 여기에서 비판이 시작된다. 한 국가의 운송체계와 **원료경제**에 대한 분석에서 출발해, 이니스는 하나의 문화를 지배하고 있는 기술에 집중적인 관심을 가졌다. 하지

---

21 Harold Innis, "Ein Plädoyer für die Zeit"(1951), in: Karlheinz Barck, *Kreuzwege der Kommunkation*, 같은 책, 135쪽 이하.
22 앞의 책, 137쪽.

만 20세기에는 사회에 대한 기술의 의식하지 못하는 기능을 이제 더 이상 운송의 개념 속에서 파악할 수 없다. 전기와 전신기 도입은 사회의 커뮤니케이션 시스템을 근본적으로 변화시켰다. 맥루한은 현대 커뮤니케이션의 즉시성Instantaneität을 인식했다면, 그 반면에 이니스는 맥루한이 말했던 구텐베르크 은하계의 공간 지배적인 미디어들에 이론적으로 집착함으로써 자기 스스로가 구텐베르크 은하계 문화에 대해 비판했던 바와 똑같은 '기술의 맹점'을 자신의 분석에서도 보여주고 있다. 이니스는 바로 라디오에 대한 자신의 논평에서 자신의 이론 구성의 근본적인 원칙을 일관되게 적용하지 않았다. "이니스는 갑작스럽게 시각적 영역으로 라디오의 청각세계를 옮겨 놓는다. 왜냐하면 그는 눈과 시각문화의 중앙집중적인 모든 힘들을 귀에 귀속시키기 때문이다. 여기서 이니스는 자신의 시대의 일반적 이해에서 벗어나 그릇된 길로 나아간다."[23] 이니스는 자신의 고유한 방법에 충실치 않았고, 그렇기 때문에 탈중앙집중적·분권적으로 작용하는 **새로운 전기**(電氣)적 유형의 문화를 더 이상 부각시킬 수 없었다는 것이다. 이니스의 미디어 고고학적 고안은 매우 흥미롭고 중요한 것이지만 공간과 시간의 강조 속에서 새로운 미디어의 논리를 이해하기에는 너무 간단하게 논의가 전개된 것 같다.

5. 미디어의 논리 : 두 가지 명제

이니스에 의해 마련된 단초는 그 후 허버트 마셜 맥루한Herbert Marshall McLuhan이 완성하고 일반화하였다. 정확히 말하면 미디어의 논리에 대한 이해와 사회와 사회적 심리에서 미디어의 역할에 대한 이해가 중심문제가 되

---

23 McLuhan Reader, 같은 책, 82쪽.

는 차원에서 이루어졌다. 맥루한의 두 가지 명제는 특히 새로운 미디어 개념과 커뮤니케이션 개념을 둘러싼 이러한 새로운 담론을 대변한다.[24]

첫째, 그것은 **구텐베르크 은하계의 종말**과 활판인쇄술의 패러다임에 정향된 사회적 재생산의 종말을 단언한 점이다. 1950년대 맥루한의 문학 연구는 한 문화의 언어, 텍스트, 영상은 확고한 구조가 아니라 역사적으로 우연적인 구조를 형성한다는 하나의 가정을 구체화했다. 바로 그 당시 텔레비전이 새로운 정보 및 오락 미디어로 관철되면서 커다란 불안과 문화염세주의가 등장하게 되었는데, 이에 대해 맥루한은 매우 적절한 시점에 반응했고 그렇기 때문에 개인적으로 높은 유명세를 얻게 되었다. 그는 텔레비전과 관련해서 자신의 테제를 완벽하게 정립하지는 못했지만, 이 텔레비전 미디어는 맥루한의 테제를 완벽하게 증명하는 것처럼 보인다. 지난 500년 동안의 활판인쇄술 및 기계론의 시대 이후 이제 우리는 인간 상호의존의 새로운 형식과 구조를 만들어내는 전기시대로 움직여간다는 주장이 그것이다. 그리고 이 새로운 미디어인 텔레비전을 이해하기를 원한다면, 그것의 내용을 분석할 것이 아니라 이 미디어의 논리 자체를 다루어야 하고, 더불어 이 미디어가 사회 속에서 나타내는 효과를 연구해야 한다는 것이다.[25] 따라서 그 두 번째 명제에 해당하는 것은 '미디어 자체가 이미 메시지이다'라는 기본명

---

24 첫 번째 명제는 Marshall McLuhan, *The Gutenberg Galaxy. The Making of Typographic Man*, Toronto: Univ. of Toronto Press 1962에 정리되었고 두 번째 명제는 Marshall McLuhan, *Understanding Media, The Extensions of Man*, Toronto: McGraw-Hill 1964에서 정리되었다. 이 두 개의 '신화적인' 단행본은 세속적인 목적 속에서 적지 않은 비용이 지불되어 탄생했다. 첫 번째 것은 '언어와 행동의 틀 내에서의 변화와 새로운 커뮤니케이션미디어'에 관한 1952년에 완료된 포드 재단의 연구기획에서 비롯되었다. 맥루한은 이 연구기획에 인류학자인 카펜터 (Edmund Carpenter)와 함께 지원하는 데 성공했다. 그 다음 것은 원래 맥루한이 전국교육방송 인협회(National Association of Educational Broadcasters)를 위해 작성한 기획보고였고, 고등학교에서 미디어교육 계획을 수립하는 데 도움을 주고자 했던 것이다. 'Das Vorwort der Herausgeber', in: *Der McLuhan-Reader*, 같은 책, 14쪽 이하와 18쪽 이하를 참조하라.
25 위에서 다루어진 안더스의 분석도 이러한 요청에 부응하는 것이다. 이것은 커뮤니케이션학인 접근방식과 미디어철학적인 접근방식의 차이를 보여주고 있다.

제이다.

커뮤니케이션은 일정한 물질적 미디어들과 결부되어 있고 이 물질적 미디어들은 문화사의 과정 속에서 변화된다는 이니스의 이론은 이로써 미디어시대의 철학으로 바뀌게 된다. 이미 라디오의 출현과 함께 시작된 구텐베르크 은하계로부터의 퇴거는 새로운 형태의 구술적인 전통을 만들어냈고 이를 통해 산업화 이전의 논리를 만들어냈다. 그리고 또한 자신의 영토를 지구 전체로 하는 종족문화, 다시 말해 **지구촌**Global Village이 탄생하게 되었다.

여기서 맥루한이 단숨에 이니스와 더불어 치료적 담론을 추구하는 이론가로 소개되는 이유를 묻는 것은 중요하다. 맥루한은 자신의 진단에 대해 상반된 감정을 동시에 갖고 있었던 것이 사실이고, 통속적인 수용에 의해 새로운 미디어의 무비판적 예언자로 이해되었던 것이다. 맥루한은 자기 자신을 계몽주의적 요구를 갖고 있기는 하나 보수적 카산드라로 생각했다. 그는 무엇이 문자문화를 파괴했는지 보다 정확히 알고 싶었다. 맥루한은 (그의 모친에 의해 고무된) 18세기 영국문학의 열성적인 독자였다. 바로 『구텐베르크 은하계The Gutenberg Galaxy』에서도 교양귀족적인 태도가 강력하게 표현되고 있다. 새로운 전자적 환경에 관한 탐구는 기계화에 대한 문화염세주의적인 비판에서 비롯된 결론을 동반한다. 이것은 언제나 맥루한의 미디어철학의 출발점을 이루는 것이기도 하다. "이 모든 것이 산산이 조각나, 모든 일관성은 사라지고, 그저 **충족시키며** 그리고 관계만 있을 뿐(존 던John Donne)"[26]이라고 한다. 결국 이러한 새로운 전자적 환경에 대한 탐구는 문자와 인쇄라는 중심적인 미디어기술과 관련해 일어난, 이미 진단되었던 바 있는 인식적 상황의 해체가 반드시 문화염세주의에 머물러 있게 하는 것은 아니라는 점을 보여주는 매혹적인 사례이다. 맥루한은 시각의 고립이나 이와 연관된 인간의 경험감각 폭의 추상화가 인류의 문명발전에서 극복될 수 없는 최후의

---

26 Marshall McLuhan, *The Gutenberg Galaxy*, 같은 책, 258쪽.

단계를 나타내는 것은 아니라는 데 희망을 둔다고 한다.

6. 문화의 몰락, 문학 그리고 대중문화

캐나다 출신인 맥루한은 1930년대 초부터 영국의 케임브리지에서 문학을
공부했다. 그곳에는 **신비평주의**New Criticism 학파가 있었고, 이 학파는 아보
어 A. 리차즈Ivor A. Richards 및 프랭크 R. 리비스Frank R. Leavis와 **스크루터니**
지(紙)Scrutiny를 중심으로 문예학을 보수적 정치를 위해 활용하고 있었다. 그
당시에는 19세기의 식민주의적 정신이 아직 지배적이었는데, 이에 따르면
영국연구English Studies도 대영제국의 문화적 동질성을 유지하려는 목적을
성취해야 한다는 것이다. 미학적 차원을 통해서 영국적인 것이 매개되어야
한다는 것이다. 그렇기 때문에 문학비평은 스스로를 일종의 도덕적 교의(敎
義)로 이해했고, 이러한 교의는 탁월한 작품과 작가의 보존되어야만 하는
규범에 스며들어 있다는 것이다. 그런데 현재의 커뮤니케이션학에서 점점
더 중요시되고 있는 **문화연구**Cultural Studies가 특히 여기에서 그 출발점을
찾았다는 사실은 역설적이다.[27] 문학비평은 상업적 형식의 대중문화에 맞서
서 고급문화의 도덕적 가치를 수호하는 데 종사했다. 왜냐하면 이러한 대중
문화는 문화적·도덕적 몰락을 가져올 위험이 있기 때문이다. 인본주의적
교양 규범의 파수꾼은 선언적 형식의 학술논문들을 씀으로써 이러한 경향
들에 맞서 그 반대를 지향해야 하고 윤리적으로 우월한 구상들을 정당화함
으로써 문화를 살려내야 한다는 것이다.[28]

적과 싸워 이기려면 적을 알아야 한다. 따라서 문학적 규준을 위협할 가

---

27 이러한 맥락에 관해서는 Christina Lutter und Markus Reisenleitner, *Cultural Studies. Eine
Einführung*, Wien: Turia+Kant 1998, 18쪽 이하를 참조하라.
28 Frank R. Leavis, *Mass Civilization and Minority Culture*, Cambridge 1930.

능성이 있는 것을 논박하는 과정에서 문학비평적인 연구방법론을 적용하여 대중문화의 산물들을 연구하게 되었다. 이로써 대중문화(라디오, 영화, 통속문학, 가판신문)는 과학적 분석의 새로운 연구대상으로 등장했을 뿐만 아니라(이와 관련 없이 막스 호르크하이머Max Horkheimer는 1931년에 사회과학적 맥락에서 대중문화연구를 촉구했다) 이것을 다룰 새로운 방식도 등장했다. 문화적 생산물을 윤리적 차원과 교육적 기능의 관점에서 보기 때문에, 결국 중요한 것은 독자에게 미치는 질적인 영향을 텍스트의 효과로 설명하는 데 있다. 이때 형식적 기준도 중요하지만 특히 내용이 매우 중요하다.

이 모든 것은 맥루한 자신의 작업을 위한 중요한 영감의 원천에 해당한다. 이 중에서 케임브리지에서 익힌 "지각 및 커뮤니케이션 모델을 기반으로 한 문학 다루기"는 특히 그러하다.[29] 더 나아가 맥루한은 1930년대 초에 근대 영국문학을 공부했는데, 이것은 그에게 미학적 충격이었음에 틀림없다. 여기서 중요한 것은 선형성에서 점차 벗어나는 새로운 미학의 문제이다. 그 예로서 우선 이즈라 파운드Ezra Pound를, 그리고 더 나아가 제임스 조이스James Joyce와 T. S. 엘리엇T. S. Eliot을 거론할 수 있는데, 맥루한은 이들의 작품에 매료되었다. 맥루한은 가능한 한 최상의 서정적 집중도를 가진 매우 좁은 공간에 안정적으로 표현하는 것을 추구했던 파운드의 문학방법에서 표의문자의 중요성을 발견했다. 파운드는 예컨대 자신의 『칸토스Cantos』에서 글쓰기에서 글자 행들을 '개념의 정돈'이라 불린 중국글자로 압축했다.[30] 이 중국의 표의문자는 다층적인 집중 속에서 다음과 같은 가능성을

---

29 Jürgen Reuss und Rainer Höltschl, "Mechanische Braut und elektronisches Schreiben. Zur Entstehung und Gestalt von Marshall McLuhans erstem Buch", in: Marshall McLuhan, *Die mechanische Braut. Volkskultur des industriellen Menschen*(1951), Amsterdam: Verl. Der Kunst 1996, 233쪽 이하를 참조하라.

30 Erza Pound, Uzura-Cantos XLV und LI, Eva Hesse(Hg.), Zürich: Arche 1985, Canto LI, Vers69를 참조하라. 이에 관해서 다음과 같이 설명한다. "파운드에게는 cheng-ming 개념은 회화에서 분명한 선의 언어적 대칭물이다"(앞의 책, 98쪽). 파운드는 여기서 중국학자이며 예술사가인 패놀로사Ernesto Fenollosa의 영향을 받았는데, 파운드는 그의 유작들을 정리했다. 이에 관해서는

보여준다. 알파벳으로 코드화된 텍스트 체계와 달리 미디어 현실의 다각적 전망을 볼 수 있게 하는 가능성이 그것이다. 이 시인에 대한 이러한 애착은 맥루한의 미디어이론은 물론 그의 스타일에도 큰 영향을 주었다. 이것은 특히 맥루한이 점으로 구성된 모자이크의 텔레비전 영상을 새로운 문화코드의 패러다임으로 진지하게 받아들이도록 자극했다. 이 문화코드는 선형성이라는 전통적인 개념형식과 결별한다.

〈삽화 16〉 중국어 칭-밍(cheng-ming)

7. 산업적 대중문화

맥루한은 대학졸업 후 거의 20년 동안에 걸쳐 이 모든 영향들이 종합되어 나타날 독특한 저술에 전념했다. 그는 1951년 출판된 이 저술을 『기계신부The Mechanical Bride』라 명명하고 산업적 인간의 대중문화Volkskultur 분석을 약속한다. 이것은 뉴욕 타임스의 타이틀 면의 묘사와 함께 다음과 같은 도발적인 질문으로 시작된다.

"어떤 것이 여기서 총보(總譜)Partitur인가? 왜 뉴스 면이 오케스트라의 문제인가? 신문 기사의 재즈적 랙타임Ragtime의 불연속성은 어떤 방식으로 여타의 현대적 예술형식과 연관되어 있는가? 중국에서부터 페루에 이르기까지 이들에 대한 보도를 사진의 동시적인 선명도에서 가능하게 하기 위해

Jürgen Reuss und Rainer Höltschl, 같은 책, 243쪽을 참조하라.

타이틀 면의 입체주의보다 더 효과적인 것을 생각할 수 있을까? 당신은 신문의 한 면이 상징주의적인 지도라고 생각하지 않는가?"[31]

'산업적 인간'을 위해 기능하는 언론에 관한 두 쪽 분량의 짧은 에세이가 그 뒤를 잇고, 미디어상황, 미국적인 **생활방식**, 광고, 영화포스터, 문고판 소설 등에 관한 다양한 주제들이 이어진다. 그런데 이것은 무엇을 의미하는가? 맥루한은 아주 명백하게 과학적 분석의 전형적 형식들과 결별한다. 그는 스스로 그것을 문학적 작품으로, 다시 말해 자신의 어머니에게 썼던 것처럼, "광고와 만화의 등장인물을 주인공으로 하는 새로운 형식의 공상과학소설"로 간주했다. 그리고 그는 더 나아가 "무엇인가를 **증명하는** 것보다 공동체를 행동으로 보여주는 것이 나의 일이기 때문에, 사람들은 사실상 이것을 하나의 새로운 소설형식으로 볼 수 있을 것이다"[32]라고 말했다.

하지만 맥루한은 근심스러운 문화비판가의 태도로 등장했던 것이 사실이다. 그는 새로운 미디어문화의 효과를 그 모든 중첩적인 현상에서 진지하게 받아들였고 뒤따르는 결과들에 대해 경고했으며 거리를 둔 관찰자로서 이성의 목소리를 요구했다. 여기서 맥루한은 아직도 전적으로 구텐베르크 은하계의 인간이라는, 즉 책문화의 수호자라는 인상을 주었다. 광고와 미디어가 '공동체의 공적인 사유'를 조작하고 착취하고 통제하고 있음을 서문에서 폭로했고, 새로운 계몽을 강력하게 요구했다. "공론장은 자신에게 무의식적으로 영향을 미치고 있는 드라마를 의식적으로 지각하는 것에 대해 왜 후원하지 않는가?"[33] 그리고 그는 의식화에 의해서 나중에 커뮤니케이션 게릴라Kommunikationsguerilla로 불리게 될 어떤 것이 생겨날 것이라는 희망을, 다시 말해 미디어의 기계적인 영향을 분석함으로써 "많은 개별적 전술들이 스스로 생겨날 것"이라는 희망을 나타냈다.

---

31 Marshall McLuhan, *Die mechanische Braut*, 같은 책, 12쪽 이하.
32 Marshall McLuhan, 1952, Jürgen Reuss und Rainer Höltschl, 같은 책, 238쪽에 따라 인용한다.
33 Marshall McLuhan, *Die mechanische Braut*, 같은 책, 7쪽.

합리적인 거리두기로 특징지워지는 중립적 관찰자의 지위를 결과적으로 유지할 수 없었던 맥루한은 동시에 자신의 계속되는 작업에서 일관되게 고수하게 될 방법에 대해 주의를 환기시켰다. 맥루한은 애드거 앨런 포Edgar Allan Poe의 『큰 소용돌이에 빨려 들어서A Descent into the Maelström』(1841)를 인용한 바 있는데 맥루한은 자신을 포와 연관 짓는다. 포는 소용돌이에 빨려 들었지만 추락의 순간이나 살기 위해 싸우는 동안에 주변의 사물들이 소용돌이의 중심으로 빨려 들어가는 속도를 추측하는 데서 일종의 즐거움을 추구하는 어떤 뱃사람을 묘사했다. 이러한 거리를 둔 관찰은 이 뱃사람에게 소용돌이를 이해하는 방법을 찾게 하고, 이를 통해 그는 위협적인 상황에서 자신을 구할 수 있는 것이다.

〈삽화 17〉 서핑하는 맥루한

맥루한은 자신이 이 뱃사람과 전적으로 유사한 상황에 처해 있다고 본 것이 확실하다. 맥루한은 자신의 콜라주 저술 작품인 『미디어는 마사지이다 The Medium is the Massage』(맥루한은 이 문장을 재차 다시 인용했다)에서 "그의 태도는 우리가 우리의 불쾌한 상황을 파악하는 데, 즉 전기의 구조로 얽혀 있는 전체의 소용돌이를 파악하는 데 도움이 되는 전술을 제공한다"라고 썼다.[34] 이 문장을 인용했던 두 시점 사이에 『구텐베르크 은하계』와 『미디어의 이해』가 출판되었고, 또한 근대의 기계화에 대한 비판에서 방향을 돌려 포스트모던적인 인간의 전자적 환경에 대한 탐구로 나아갔다. 인쇄기술과 신문문화의 낡은 미디어세계에서 텔레비전으로의 전환 속에서, 산업적 인간의 기계적 신부로부터 전자적 신부로의 전환 속에서 새로운 미디어현실이 발견되었고, 이 새로운 미디어현실은 책문화의 해체 속에서 일정한 형태로 등장했다. 그러나 맥루한의 태도는 일관되게 동일하다. 맥루한은 특히 여러 인터뷰에서[35] 자신의 분석들은 명백한 목적을 가지고 있다는 점을 계속해서 표명했는데, 미디어의 효과를 연구하고 이를 통해 사회에 미치는 미디어 효과의 무의식적인 과정을 해독함으로써 미디어에 관한 계몽을 추구한다는 것이 그 목적이다.

여기서 출발점은 구술문화에 인쇄기가 출현했으며 인쇄기는 여타의 다른 감각에 비해 시각적인 것을 독점했다는 점인데, 이 주제는 매번 반복적으로 다루어졌다고 할 수 있다. 이때부터 기계적인 것이 유기적인 것과 대립하게 되고, 눈이 귀를 대신하게 되는데, 이것은 산업화의 기본조건이다.[36] 1950년

---

34 Marshall McLuhan und Quentin Fiore, *The Medium is the Massage*(1967), 독일어판 *Das Medium is Massage*, Frankfurt: Ullstein 1984. 150쪽에 따라 인용한다.

35 *http://www.webcorp.com/sounds/mcquote.html*에서 음성인용을 참조하라.

36 수공업기술이 구술적 전승과 문자적 전승 사이의 경계에서 등장한 것에 관해서는 예컨대 Joseph Moxon, *Mechanick Exercises on the Whole Art of Printing*, London 1683/1684와 Marshall McLuhan, *The Gutenberg Galaxy*, 같은 책, 255쪽을 참조하라. 막슨의 저술은 특히 저자들이 인쇄 준비 기술을 습득하는 것을 가능하게 했다. Elisabeth Eisenstein, *Die Druckerpresse*, 같은 책, 93 쪽 이하와 129쪽을 참조하라.

대 초에는 아직도 사회에 미치는 미디어의 **기계적인 영향**이 주요 논제였고, 1960년대에 이것은 **전자적 구조화**라는 논의로 변화했다. 이에 대해 설득력 있는 설명이 있다. "(맥루한이) 올바른 용어선택에서 어려워한 것은 기계적 미디어와 전자적 미디어가 반도체기술의 결정적인 발전단계 이전인 1940년 대 말과 1950년대 초에, 즉 1947년과 1948년의 트랜지스터기술의 발전 속 에서 얼마나 강하게 서로 아직도 얽혀 있었는지를 보여준다. 기계시대에 만 들어진 세분화를 더구나 컴퓨터에 의해 제어되는 기계들로 지양하는 정보 시대야말로 양자의 상이한 특성을 분명하게 드러내준다."[37]

8. 사이버네틱스학자로서의 나르시스

맥루한은 『미디어의 이해』의 자신의 분석에서 이러한 단계를 의식하게 만들었는데, 그는 사이버네틱스의 원리를 자율조직시스템이라는 새로운 패 러다임으로 수용한다.[38] 이것은 고대의 나르시스 신화에 대한 맥루한의 분 석에서 분명하게 나타난다. 그는 정신분석학과 무관하게 아주 비상한 방식 으로 이 신화를 다루었다. 그는 **나르시스**Narziß와 **나르코시스**Narkose[39]의 어 원상의 공통된 뿌리를 지적하는데, 이는 이러한 친족성을 근거로 하여 신화 를 직접 인간의 경험의 상황과 연관지우기 위해서이다. 나르시스는 다른 사 람의 것으로 여겼던 자신의 모상에 의해 마취되었다. 그렇기 때문에 그는

---

37 Jürgen Reuss und Rainer Höltschl, 같은 책, 240쪽.
38 맥루한이 메이시재단(Macy-Foundation)이 1940년대 말에서 1950년대 초에 미국에서 열었던 학술대회를 알고 있었는지, 이 대회에서 일종의 두뇌집단으로서 사이버네틱스 구상의 가능 성이 숙고되었음을 알고 있었는지는 알려져 있지 않다. 이에 관해서는 Steve J. Heims, *The Cybernetics Group*, Cambridge/Mass.: MIT Press 1991을 참조하라.
39 마비되다, 경직되다라는 뜻의 그리스어 ναρκαψ을 참조하라. 나르시스는 자신의 마취시키는 향기로 인해 그러한 이름을 갖게 되었다.

자신의 사랑을 구하는 요정 에코의 유혹의 말을 듣지 못했다. 그러나 요정 에코가 나르시스와의 충족된 사랑을 저지당했던 것은 나르시스의 자기애 때문이 아니라 미디어 또는 반사하는 것과 사랑에 빠짐으로써 일어난 나르시스의 마취 때문이라고 한다. 나르시스는 현대의 기계애호가Gadget Lover이다. 그는 자기 자신의 확장된 모습에 사로잡히고 적응함으로써 폐쇄된 체계가 된다. "청년 나르시스는 물에 비친 자신의 모습을 다른 사람이라고 오해했다. 거울을 통한 자기 자신의 이러한 확장은 그가 확장된 또는 반복된 자기 자신의 이미지의 자동제어메커니즘servomechanism이 될 때까지 그의 지각을 마비시켰다. 요정 에코는 나르시스의 고유한 말의 파편들fragments을 통해서 그의 사랑을 얻으려 했지만, 그것은 헛된 것이었다. 그는 마비되어 있었다. 그는 자신의 확장에 적응해서 폐쇄된 체계가 되었다."[40]

맥루한이 볼 때 이 이야기의 핵심은 인간이 자기의 소외에 매료되어 있다는 점이다. 다시 말해 자기를 확장시킨 것이기는 하지만 자기 자체는 아닌 모든 것에 매료되어 있다는 점이다. 우리 자신의 확장, 즉 우리의 기술 문화는 우리를 마취시킨다는 것이다. 인식이 차단됨으로써 어떠한 자기 인식도 불가능하게 되었다. 바로 이 때문에 기술체계에서 비롯된 인간 자율성의 제약은 맥루한에게 중요한 문제이다. 이것은 인간중심적인 미디어이론의 사유형태를 취하고 있으며 중추신경계의 유기생리학과의 연관 속에서 논의가 전개되고 있다. 스트레스와 과다자극으로부터 자신을 보호를 위해, 신경계는 방해가 되는 감각을 '절단'한다. 다시 말해 감각을 정지시키거나 마비시킨다. 전자기술은 인간의 확장extensions of man으로서 인간의 신경계와 유사한 것이다. 이제 맥루한은 책인쇄가 발명된 이후 진행된 인간 신체 기관의 점진적인 기계화는 매우 강압적이고 자극적인 경험으로 존재했고 이는 충분히 경험 가능한 것이었다고 추측한다. 바로 인쇄술로부터 인간의

---

40 Marshall McLuhan, *Understanding Media*, 같은 책, 41쪽.

문화파괴적인 절단이 초래되었다는 것이다.[41]

어떤 치료 또는 치료제가 사회에 적용되어야 하는가? 사실상 파괴적인 문화경향의 원인은 개별감각들을 고립시키는 인쇄시대의 특이성에서 찾을 수 있다. 책문화는 전적으로 눈에 집중해 있기 때문이다. 우리가 서유럽 세계에서 의식이라고 부르는 것은 모든 다른 감각들의 경험을 포기한다. "표음문자는 상형문자나 중국의 표의문자와 같은 형식에 의해 확보된 의미와 지각의 세계를 희생시킨다."[42] 문화적으로 풍부한 표현형식들을 배경으로 하고 있는 이러한 비판은 코드화의 차원에서 추상화에 의한 일면화를 향하고 있다. 한편 이러한 추상화는 고도의 해독능력을 요구하는 것이기도 하다. 그렇다면 이미 오토 노이라트가 제안했던 것처럼, 아이콘으로의 회귀가 위기의 탈출구인가? 맥루한의 경우 아이콘이 문화적 표현의 포괄적 형식을 의미했던 것이 사실이다. 그 반면에 인쇄문화는 요구되는 추상적 해독능력(한편 이것은 교육 제도를 필수적인 것으로 만든다)으로 인하여 경향적으로 배제하는 형식들을 발전시켰다.[43]

결국 여기서 중요한 것은 20세기의 인간이 때때로 영화관에 간다는 것이 아니다. 중요한 것은 추상적인 책문화의 퇴조의 징후들이 쌓여가고 있다는 사실이다. 텔레비전에서 형식들의 비언어적 배열Konfiguration을 인식하는 것은 어렵지 않다. 이러한 비언어적 배열은 자연과학적 연구에서도 원인개념을 해체하기 시작했다.[44] 책인쇄의 시대는 특정한 관점을 만들어내고 더

---

41 "전기 기술이 등장함으로써 인간은 중추신경계 자체의 살아 있는 모델을 확장 또는 외화시켰다. (……) 인쇄술의 발명 이래 나타난 여러 육체 기관의 잇따른 기계화는 중추신경계가 견디기에는 너무나 폭력적이고 자극적인 사회적 경험을 만들어냈다고 할 수 있다." Marshall McLuhan, *Understanding Media*, 같은 책, 43쪽을 참조하라.

42 앞의 책, 83쪽.

43 맥루한은 영화와 관련해서 다음과 같이 말한다. "우리는 아이콘의 포괄적 형식으로 되돌아간다"(앞의 책, 12쪽).

44 "오늘날 우리의 과학과 방법은 어떤 하나의 관점을 추구하는 것이 아니라 어떻게 하나의 관점에 매달리지 않을 수 있는지의 문제를 추구하며, 폐쇄된 방법이나 관점이 아닌 공개된 '장(field)'이나 판단중지(the suspended-judgement)의 방법을 발견하기 위해 노력한다. 동시적인 정

불어 시각적 지각이론을 만들어내는데, 이러한 시각적 지각이론은 근대과학 전체 속에 반영되어 있다.[45] '문자 없는 문화'라는 기획적인 제목을 달고 있는 초기 에세이에서, 이미 맥루한은 여러 다양한 의미에서 경계를 초월하는 그림문자의 '사용되지 않은 에스페란토'로 되돌아갈 가능성을 묘사했다.[46] 그는 우리의 기술의 성과는 역사적으로 조건지어진 과거의 악몽으로부터 깨어나게 하는 각성제가 될 것이라고 추측했다. 그렇다면 알파벳 인간은 하나의 에피소드와 다름없게 될 것이다. 인쇄에는 커뮤니케이션의 기본 특징에 해당하는 즉시성이 결여되어 있다는 것이다. 따라서 이러한 문화도 언젠가 새로운 지각기술과 새로운 판단형식을 발전시키고 마침내 새로운 형식의 '가독성'을 창출하도록 강요되는 시점에 이를 것이다(이것은 이니스의 이론과 동일하다). 맥루한은 이 속에서 이제껏 상상할 수 없었던 문화적 풍요를 보고 있다. 더구나 이 문화적 풍요는 책문화의 구조에 의해 집요하게 부정되었던 진리에 개방되도록 커뮤니케이션을 회복시킨다. 이는 "순환적이며 또한 자기 교정의 가능성을 지니고 있는 커뮤니케이션체계에 대한 기본 요청"[47]이 충족되는 것을 뜻한다.

맥루한은 나르시스 신화가 그러한 순환성을 주제로 삼고 있다고 본다. 하지만 이 신화의 경우 순환성은 긍정과 부정 사이에서 모호한 함축적 측면을 갖고 있다. 인간은 즉시적 커뮤니케이션의 피드백 가능성 대신에 자신의 기계세계에 대한 사랑에 빠져 기계세계의 자동제어 메커니즘으로 추락한다.

보 이동과 총체적인 인간의 상호의존성이라는 전자적 조건 아래서 현재 유일하게 실행 가능한 것이 바로 그러한 것이다." Marshall McLuhan, *The Gutenberg Galaxy*, 같은 책, 276쪽.

45 이에 관해서는 이미 언급된 Elisabeth Eisenstein, "Die Wandlungen des Buchs der Natur", in: Elisabeth Eisenstein, *Die Druckerpresse, Kapital*7 이외에 Michael Giesecke, *Der Buchdruck in der frühen Neuzeit. Eine historische Fallstudie über die Durchsetzung neuer Informationsund Kommunikationstechnologien*, Frankfurt: Suhrkamp 1998을 참조하라.

46 맥루한과 카펜터가 편집한 잡지 『*Explorations*』의 첫 호(1953)에 발표되었다. 독일어는 *Der McLuhan-Reader*, 같은 책, 68~76쪽을 참조하라.

47 앞의 책, 75쪽.

이제 그는 수정(受精)의 목적을 위해 기계세계에 봉사하고 기술적인 세계의 생식기관Sexualorgan이 된다. 나르시스를 다시 참된 사이버니틱스학자로 만들어 그를 조타수로 투입할 수 있는 가능성이 존재하는가?

9. 기술적 휴머니즘

목표는 주어져 있다. 맥루한은 자신의 책 『미디어의 이해』의 프로그램을 계몽적 약속이라고 지칭했다. 모든 미디어 및 미디어와 관련된 갈등들을 잘 이해하는 것은 물론 인간의 자율성을 다시 고양시킴으로써 여러 갈등과 문제를 해결하겠다는 것이다.[48] 결국 이것은 고등학교 학생을 위한 미디어학습 계획의 준비를 지원하는 연구맥락에서 유래한다.

'마술적 채널'의 의미에 관한 연구는 결코 간단하게 이루어지지 않는다. 또한 이러한 연구가 미디어를 인간의 조직기관의 단순한 기술적 확장으로 이해하는 단순한 보족기구이론Prothesentheorie(인간의 확장The Extensions of Man 이라는 부제가 암시하듯이)으로 환원될 수 있는 것도 전혀 아니다. 우리는 앞에서 기본적인 커뮤니케이션 개념의 변화를 다루었다. 산업시대에 기계가 근육을 강화시키는 것처럼 인간의 힘을 확장시키는 것이 더 이상 중요한 문제가 아니다. 오히려 전자시대에 중요한 것은 인간의 중추신경계를 전세계적인 수준에서 사용하는 것이다. 이것이 우리 문화가 의식하지 못하고 있는 바로 그 확장이다. 문화와 기술은 자연적인 환경과 똑같이 우리들을 규정하는 유사 유기적 환경을 창출한다. 맥루한은 『미디어는 마사지이다』에서 다음과 같이 서술하고 있다. "환경은 결코 수동적인 외피가 아니라 비가시적

---

48 "본서는 미디어와 미디어로부터 파생된 갈등과 미디어들이 유발한 더 큰 갈등의 이해를 추구함으로써 인간 자율성의 고양을 통해 이러한 갈등을 축소시킬 것을 약속한다." Marshall McLuhan, *Understanding Media*, 같은 책, 51쪽을 참조하라.

으로 존재하는 능동적 과정이다. 피상적인 지각은 환경의 기본규칙, 일반적 구조, 그리고 포괄적 규범을 파악할 수 없다."[49] 기술의 심층적인 문법이 인간의 문화를 규정한다는 것이다.

그러나 이미 기계화의 기술은 스스로가 인간의 확장이라는 사실을 은폐하고, 인간은 이제 더 이상 기술을 자신의 확장으로 생각하지 않는다. 이것이 위에서 논의된 절단현상이 의미하는 것이다. 여기서 맥루한은 기술이 아니라 기술의 본질에 대해서 묻는 것이 필요하다고 주장했던 하이데거와 만난다. 그러나 계몽주의는 분별 있는 관찰과 엄격한 논증을 통해 이 문제에 답할 가망이 없다. 맥루한에 따르면, 기술의 특수한 힘은 스스로 수요를 창출한다는 데 있다. 다시 말해 기술이 인간욕구의 충족수단으로 관철될 것이라면, 기술의 신화화(이것은 나르시스가 굴복한 마취이기도 하다)는 피할 수 없는 일이 될 것이다.[50] 따라서 맥루한의 스타일이 오늘날까지 비과학적으로 간주된다고 할지라도, 역설적으로 바로 그렇기 때문에 그의 스타일은 단연코 의미가 있다.

미디어는 자신의 고유한 미디어현실을 은폐한다. 미디어는 자신의 실천 속에서 미디어현실을 의식하지 못하게 한다. 미디어는 정보를 저장하고 불러낼 수 있게 만듦으로써 경험들을 다른 형태로 전달하는 중개자 또는 번역자이다.[51] 맥루한은 점점 더 커지는 저장능력을 마음대로 사용할 수 있고 이를 통해 커뮤니케이션을 가속화하는 것에서 미디어의 기본기능을 보고 있다. 왜냐하면 계속해 기능하기 위해서는 점점 더 커지는 다량의 자료에의

---

49 Marshall McLuhan und Quentin Fiore, *The Medium is the Massage*, 같은 책, 68쪽.
50 Marshall McLuhan, *Understanding Media*, 같은 책, 67쪽 이하를 참조하라. 기술의 신화화의 불가피성에 관해서는 Michael Giesecke, "Geschichte, Gegenwart und Zukunft sozialer Informations-verarbeitung", in: Manfred Faßler(Hg.), *Alle möglichen Welten*, München: Fink 1999, 185~205쪽, 여기서는 187쪽을 참조하라.
51 "(……) 미디어 또는 인간의 확장은 '알리는' 중개자가 아니라 '발생시키는' 중개자이다." "모든 미디어는 경험을 새로운 형태로 바꾸는 힘을 가진 능동적인 은유이다." Marshall McLuhan, *Understanding Media*, 같은 책, 48쪽 또는 57쪽을 참조하라.

접근이 지속적으로 최적화 되어야 하기 때문이다. 이것은 현대사회에서 도서관 기능이 갖고 있는 한계성을 보여주었다. "현재 우리는 지각과 판단의 새로운 기술을 발전시켜야 한다는 압박 속에 있다. 우리 주변의 언어들과 문화와 지식 부문의 다양성들을 읽을 수 있게 만들기 위해 새로운 방법을 발전시켜야만 한다."[52]

그렇다면 개념지평은 어떻게 명확해지고 비판적 과제는 어떻게 계획되는 가? 맥루한은 미디어적인 표현과 과학적인 논증 사이에서, 신화적 진술과 명제적 진술 사이에서, 문학과 시청각적 담론 사이에서 경계인의 형태로, 말하자면 유목하는 경계인의 형태로 작업했다. 예술은 이러한 패러다임 교체의 모범으로 간주된다. 왜냐하면 예술은 새로운 언어와 새로운 기술을 발전시킴으로써 상황을 새롭게 관찰하고 다른 익숙하지 않은 관점들을 제시하기 때문이다. 미디어가 만들어낸 비가시적인 환경을 가시적으로 만든다는 것은 이러한 경계선에서 작업하는 것을 뜻한다. 이론적으로 생산적으로 일할 수 있으려면 우리는 그야말로 비판의 고전적인 의미에서 경계설정이 분명히 필요하다. 물론 경계가 경계인을 만들어내는 것이기도 하다.

그리고 바로 여기에서 미디어의 진실을 보여주는 하나의 순간이 나타난다. 미디어는 스스로가 접촉하는 모든 삶의 형식을 변형시킨다. 미디어는 내용을 통해서가 아니라 오직 자신의 현존을 통해서 이렇게 한다. 하나의 미디어는 언제나 단지 하나의 더 오래된 다른 미디어를 내용으로 할 뿐이다. 바로 이러한 짝짓기는 양자의 작용방식을 은폐한다. 영화화된 책은 영화도 아니고 책도 아니다. 그것은 양자에서 나온 잡종이다. '순수'형식은 존재하지 않으며 이러한 생각은 화해하는 미학의 환상이다. 엘리엇과 조이스의 문학은 재즈와 영화의 형식을 사용한다. 예술가가 참된 경계인으로서 한 미디어의 힘을 다른 미디어에서 발전시켜나는 것과 같은 것이다. 여기에 바

---

52 Marshall McLuhan, "Kultur ohne Schrift", in: *Der McLuhan-Reader*, 같은 책, 75쪽.

로 희망이 있다. 우리를 나르시스적인 마취에서 빠져 나오게 할 수 있는 것은 바로 미디어의 이종교배이기 때문이다. "두 가지 미디어의 이종교배 또는 만남은 진실과 폭로의 순간이며, 이로부터 새로운 형식들이 탄생한다. 두 가지 미디어 사이의 균형관계가 나르시스의 마취에서 깨어나게 하는 형식들 사이의 경계에 우리를 세우기 때문이다. 미디어들의 만남의 순간은, 미디어들에 의해 우리의 감각에 강제된 평상의 최면상태와 마취로부터 벗어나는 자유와 석방의 순간이다."[53]

자유와 진실의 순간은 완전히 기술화되었으나 그럼에도 불구하고 시적인 특질을 갖는 그러한 사회상황을 목표로 한다. 인간의 감각 지각은 우연적이고 선별적이며 역사적으로 우연적이다. 벤야민도 아주 비슷하게 생각했었는데, 기술적 기계에 의한 보완과 대체는 인간의 잠재력의 제한이 아니라 확장이다. 기술적 미디어기구는 인간의 인지적 능력에 근접해가고 있고, 이를 통해 생물학과 기술의 경계가 점차로 뒤섞이고 있다.[54] 달리 말해 해방은 기술적 지배의 해체로 이해되거나 그것의 부정으로 이해되어서는 안 된다. 또한 그렇다고 무조건적인 탐닉으로 이해되어서도 안 된다. 기술과 사회는 특별한 보완 관계에 있는 것으로 파악되었다. 기술의 한정된 사용이 인간으로부터 감각 능력을 빼앗아갔다면, 이제 기술의 확장된 사용은 인간에게 그 감각 능력을 되돌려준다는 것이다. 아서 크로커Arthur Kroker는 이 태도를 적절하게 기술적 휴머니즘technologischen Humanismus이라고 불렀다.[55]

이것의 배경에 해당하는 것은 문자 그대로의 의미에서건 전의된 의미에

---

53 Marshall McLuhan, *Understanding Media*, 같은 책, 55쪽.

54 이 주제에 관한 현재의 성찰들에 관해서는 Kevin Kelly, *Out of Control, The New Biology of Machines, Reading*, Mass. etc.: Addison-Wesley 1994를 참조하라.

55 Arthur Kroker, *Technology and the Canadian Mind*, 같은 책, 54쪽 이하. 맥루한은 1990년대에나 실증적으로 검증될 수 있었던 것을 1970년대 말에 이렇게 모방할 수 없는 방식으로 표현했다. "일종의 종합적인 관찰에서 볼 때 컴퓨터는 비즈니스세계의 목적과 목표를 변형시키는 비즈니스세계의 환각제라고 말할 수 있을 것이다"(*Der McLuhan-Reader*, 같은 책, 166쪽).

서건 간에 가톨릭교이다. 기계화의 비판가로서 등장했던 맥루한은 새로운 전자미디어를 기계화에 대항하는 대리인으로 간주한다. 전자미디어는 기술을 통해 새로운 형태의 공동체성을 만듦으로써 공동체의 파편화나 인간의 개별화를 막을 수 있다는 것이다. "전기시대에 우리는 전 인류를 우리의 피부처럼 몸에 입고 있다."[56] 가톨릭교회에 대한 맥루한의 신앙은 "그의 사유와 실존을 형성하고 자극하는"[57] 불가분의 전체를 이룬다. 맥루한이 테야르드 샤르댕Teilhard de Chardin의 진화론적 사변을 알고 있었을 것으로 짐작된다. 우주에서 인간의 지위에 관한 이 예수회 신부의 논문은 1955년에 출간되었는데, 여기서 인간의 '행성화Planetisation'가 묘사되었다. 이것은 아마 덜 영혼적인 의미내용을 갖는, 오늘날 세계화Globalisierung라고 이름붙인 것의 초기 형태일 것이다. 샤르댕은 자연적인 것을 해체하는 인위성을 공세적으로 옹호한다. 이러한 인위성이 시공간의 미학적 특성들을 상대화하고 결국 이른바 정신권역Noosphäre이 출현하는 것을 도울 것이기 때문이다. 다시 말해 인위성이 1950년대에 대중화된 엔트로피에 대한 생각에 맞서 정신을 자연 발전의 궁극목적으로 정한 '보편적 미래'의 출현을 도울 것이기 때문이다. 샤르댕은 네트워크 패러다임에 근거한 새로운 공동체성이라는 흥미로운 사유를 제시한다. 이것은 세계를 포괄하는 정신성에 대한 전망이다. 이 정신성 속에서 지구는 '자신의 영혼"을 기획으로서의 인간을 통해 발견하게 되리라는 것이다.[58] 이러한 전망에서 중요한 것은 기술이 생물학적 현상을 약화시키는 것이 아니라 강화시킨다는 점이다. 기술이 기계화의 지배로

56 Marshall McLuhan, *Understanding Media*, 같은 책, 47쪽.

57 Derrick de Kerckhove, *Schriftgeburten*, 같은 책, 105쪽. 또한 이에 관해서는 Arthur Kroker, *Technology and the Canadian Mind*, 같은 책, 61쪽 이하를 참조하라.

58 Pierre Teilhard de Chardin, *Le Phénomene humain*, Paris 1955(유고로 출판되었다), 독일어판 *Der Mensch im Kosmos*, München: Beck 1994, 184쪽을 인용한다. 인간되기(Menschwerdung)라는 샤르댕의 중심적인 신학적 은유는 빌렘 플루서에 의해 다시 사유된다. Vilem Flusser, *Vom Subjekt zum Projekt, Menschwerdung*, Schriften Band3, Mannheim: Bollmann, 특히 161쪽 이하를 참조하라.

부터 벗어났기 때문에 이렇게 할 수 있는 것이다.

10. 언어의 미래

맥루한이 미디어에서 해독하려는 새로운 상호의존성은 반종교개혁적인 의미를 내포하고 있는데, 이는 우연이 아니다. 미디어는 세계관을 정립시킨다. 이와 같이 책인쇄의 관철은 루터 이래로 신의 메시지는 오직 문자를 통해서만 확산된다고 생각한 신교의 성립과 밀접한 연관이 있다.[59] 신앙에서 대화의 중요성은 프로테스탄티즘에 의해 문자가 선호됨으로써 약화된다. 이러한 합리적인 단일미디어를 지향하는 생각은 활판인쇄미디어를 통해 서구세계에 등장하게 되었다면, 이제 그것은 새로운 미디어의 촉각성Taktilität에 의해 와해된다. 맥루한은 독실한 가톨릭신자로서 이러한 촉각성에서 새로운 형태의 인간공동체에 대한 희망을 찾는 성향을 갖고 있었다.[60]

이러한 관점에서 좀 더 분명하게 드러나는 것은 맥루한이 새로운 미디어와 연관된 서양의 가치의 근본적 변화를 어떻게 이해하고 있는지의 문제이다. 특정한 문화기술을 기반으로 하는 가치를 절대화시킬 충분한 근거가 있는가?[61] 맥루한은 새로운 미디어에 내재된 커뮤니케이션적인 장점을 본다.

---

59 "루터의 종교개혁은 근세 초기 이래로 이성적 정보처리와 단일미디어적인 상호작용 없는 커뮤니케이션을 정당화하고 지원했다"(Michael Giesecke, *Soziale Informationsverarbeitung*, 같은 책, 196쪽).

60 "맥루한이 묘사하는 것처럼, 신앙의 중심사안이 듣는 것이라고 한다면, 커뮤니케이션에서 시각적 형식들이 지배적으로 나타나는 것이나 특히 인쇄된 언어의 시각화된 단어들 속에 포괄적으로 의미가 표현되는 것은 이러한 신앙에 진정한 위험이었다. 왜냐하면 이것은 주석을 수단으로 삼아 텍스트를 지배하는 것을 가능하게 하기 때문이다. 그 결과로 듣기와 '마음'의 지각은 서서히 사라지게 되었다"(Derrick de Kerckhove, *Schriftgeburten*, 같은 책, 113쪽).

61 "지난 500년 동안 (단지) 유럽의 일부분에서 인쇄된 책에 의해 형성된 계층들의 상호관계를 조정하였던 그러한 가치들을 모든 시대에 대한 측도기로 만들 이유는 없다"(Michael Giesecke, *Soziale Informationsverarbeitung*, 같은 책, 188쪽).

새로운 미디어의 참여적 특성이 전자적 커뮤니케이션수단들에 의해 선호되는 형식들에서 나타난다. 구어, 직관적으로 파악할 수 있는 그림, 비이성적인 촉각성 등이 그것이다. 새로운 미디어의 이러한 촉각성은 그 무의식적인 효과 차원을 암시하고 있는데, 이 개념의 사용은 정보처리의 비언어적 형식을 높이 평가하는 방향을 가리키고 있는 것이다. 이것이 인간의 확장Extensions of Man의 의미이다. 다시 말해 전기를 커뮤니케이션 기술적으로 이용하는 것을 기반으로 하여 인간의 감각을 확장시키는 것을 뜻한다. "전기는 의식과정 자체를 전혀 말로 나타내지 않고 세계적 규모로 확장시키는 방법을 보여주고 있다. 이러한 의식 상태가 아마 인간의 언어 이전의 상황이었을 것이다."[62]

우리 문화에서 인쇄미디어를 통한 언어적 정보처리의 형식들은 이미 한계에 달했다는 지적은 계속해서 있어 왔다. 『미디어의 이해』의 사진에 관한 장에서는 대부분의 과학적 학문분과들은 처음부터 적절한 비언어적 정보전달수단이 결여되어 있었기 때문에 방해를 받았다고 쓰여 있다. 예컨대 물리학은 오늘날 사진 없이 생각할 수 없지만 사진을 과학적 정당화의 근거로 인정한 것은 최근 일이라는 점을 숙고해야 한다. 매우 흥미로운 점은 다수의 학문분과에서 이른바 진보가 그때까지 비가시적이었던 것을 가시적으로 만드는 방법의 발전과 일치했다는 사실이다.

언어의 미래는 사실상 모험의 상황에 처해 있다. 그리고 나의 언어의 한계들은 이미 오래전부터 나의 세계의 한계들을 형성하지 않는다. 디지털 계산기가 숫자를 필요로 하지 않듯이, 전자기술도 이제 더 이상 언어적 코드에 의존하지 않는다. 새로운 미디어의 촉각적 효과는 다른 새로운 형태의 코드화의 일정한 **무언어성**(無言語性)Sprachlosigkeit 속에서 일어난다. 언어는 물론 하나의 코드에서 다른 코드로의 번역도 언젠가는 필요로 하지 않게 될 것이

---

62 Marshall McLuhan, *Understanding Media*, 같은 책, 80쪽. 루이스 멈퍼드(Lewis Mumford)의 경우 일체를 포괄하는 메가머신이라는 새로운 유토피아도 전기를 토대로 세워진다. 이에 관해서는 Lewis Mumford, *The Myth of the Machine*, 2Bde., New York 1964, 1970을 참조하라.

라고 맥루한은 말한다. 만약 그렇게 된다면 이는 문화와 미디어의 공동 진화가 가져올 논리적 결과일 것이다. 이러한 공동진화의 목표는 기술의 발전이라는 길을 통해 우주적인 의식에 도달하는 데 있음을 알 수 있다. 성령강림절의 기적(보편적 이해와 통일의 **성령강림절 상황**Pentecostal condition of universal understanding and unity)과 같은, 기술을 통한 언어의 우회가 그것이다. 다시 말해 기술에 의해 정당화된 맥루한의 종말론[63]은 생물과 기계의 공동체적 의식이라는 전적으로 새로운 인식공간을 보고 있다. 여기서 전기는 이러한 의식이 언어능력과 혼동되지 않게 일정한 방향을 미리 정해주고 있다. 맥루한은 신비주의의 경향 속에서 마우트너는 물론 비트겐슈타인과 만나고, 비알파벳적인 입장에서는 하이데거와 만나며, 비언어적 출구를 찾는 관점에서는 플루서와 만난다.

11. 데카르트적 기획의 끝에서

맥루한이 『미디어의 이해』의 끝부분에서 표현했던 것처럼, 전자적으로 조직된 사회는 새로운 상상력의 방향으로 해방이 일어남으로써 우리를 "위협한다."[64] 이제까지 인간은 닫혀 있는 세계상 안에서 교양과 교육에 사로잡혀 있었다면 이제 이 사회에서는 유목민적 정보채집자로 변하게 되고, 그의 미래 과제는 학습과 지식에만 있을 것이다. 그리고 노동과 직업은 근본적으로 변형되어 임금이 지급되는 학습의 형태가 될 것이다. 새로운 정보경제는 이제 더 이상 노동과 재화생산을 통해서가 아니라 직접적으로 정보의 운동

---

63 이에 관해서는 Erik Davis, *TechGnosis: myth, magic and mysticism in the age of information*, New York: Harmony Books 1998, 특히 253쪽 이하를 참조하라.

64 "우리는 스스로 내부의 힘을 해방시켜 풍부한 상상력을 갖고 사회에 참가하도록 갑작스럽게 위협받는다." Marshall McLuhan, *Understanding Media*, 같은 책, 358쪽.

을 통해서 부가가치가 생겨나도록 한다. 전기기술은 지금까지의 사물의 질서를 거꾸로 세운다. 말하자면 유기적 구조가 기계적 세계상을 대체하게 될 것이다. 그리고 이것은 정보체계 안에 모든 물질적 사물들이 녹아들어서 언제든지 상품으로 팔려나갈 수 있을 때까지 진행될 것이다.[65]

맥루한은 충분한 근거 속에서 논리적·선형적 세계관과 더불어 데카르트의 프로젝트가 종말에 이르렀다고 확신했다. 기계적 사유는 새로운 유기체성에 의해 해체되고, 기계화과정은 자동화과정에 의해 해체되고, 선형성은 사이버네이션 회로에 의해 해체되기 때문이다. 앨버트 아인슈타인Albert Einstein의 상대성이론으로 인하여 20세기 그 당시까지의 철학적 인식론의 토대는 중요성을 잃어버렸다. 철학의 딜레마는 선형성과 같은 특수한 미디어 효과를 의식적으로 인식하기 위해 성찰수단의 사용을 소홀했다는 데 있다. 오히려 그 반대로 철학은 이러한 효과들에 굴복했다. 이와 같이 철학은 구텐베르크의 안무에 따라 정신적 발레를 추었던 것이다. "철학은 인쇄술의 독점 또는 동력을 무의식적으로 수용한 점에서는 과학만큼이나 순진했다."[66]

근대의 지배적인 철학을 표현하는 것은 데카르트주의이다. 데카르트주의는 **연장된 사물**res extensa과 **사유하는 사물**res cogitans을, 즉 기계적 법칙에 의해 지배되는 물질과 이성적 정신의 의식을 구별하는 확고한 규칙을 갖고 있다. 데카르트주의는 느낌과 무의식을 거부하는 입장, 달리 표현하면 **가상적인 것**의 지속적 현존을 거부하는 입장인데, 데카르트주의는 운동하는 물질과 의식하는 정신 사이에서 미디어현실이라는 상징적 현실이 중요시될

---

65 앞의 책, 58쪽을 참조하라. 1980년대 말까지도 맥루한의 비전을 이해하는 데 커다란 어려움이 있었다. 이러한 점은 시대에 뒤진 독일어 번역에서도 나타난다. 새로운 기본미디어로서의 인터넷과 정치적·경제적 기획으로서의 정보사회는 맥루한의 많은 예언적 주장들을 이해하기 위한 새로운 전제조건들을 만들었던 것은 물론 나중에 그의 비전을 참된 예언으로 보이게 만들었다.

66 Marshall McLuhan, *The Gutenberg Galaxy*, 같은 책, 246쪽.

경우, 또한 주권적인 주체적 본성을 지니지 않은 매개형식들이 중요시될 경우 어려움에 처하게 된다. 그 결과로 철학은 의식적 주체의 역할을 규정하는 데 지나치게 사로잡혀 있었다. 따라서 철학은 텍스트에서의 명확성과 지속성의 구성 배후에 은폐되어 있는 공포를 인식할 수 없었다. 현실의 우연성과 복합성에 대한 공포가 그것인데, 이 공포 속에서 주체는 사물의 질서를 규정하는 강력한 역할을 넘겨받았던 것이다.[67]

철학은 마치 문화기술의 차원에서 별다른 변화가 일어나지 않은 것처럼 아카데믹한 학문으로서 전통적인 태도를 취한다. 철학은 순수정신을 **표현**하는 데 몰두하고 그러한 표현 가능성의 기술적 조건들에 대해서는 별로 묻지 않는다. 철학은 자신의 고유한 미디어 제약성에 대해 성찰하지 않는다. 이와 같이 철학은 자신의 표현 가능성이 책문화의 제한성과 연관되어 있다는 것을 의식하지 못하고 있다. 물론 철학은 언어와 문자를 주제로 삼고 있다. 하지만 철학은 그러한 철학적 분석이 마치 표음문자, 활판인쇄, 전자적 텔레커뮤니케이션 등의 영향과 무관하게 이루어지는 것처럼 생각하고 있다. 이러한 회피전략은 20세기에 철학을 위기로 몰아넣고 있다.

맥루한이 볼 때 이에 관한 가장 설득력 있는 사례는 하이데거이다. 알파벳과 이와 유사한 형태의 문화기술 수단이 예전의 철학적·종교적 전제들의 무의식적인 원천이었다면, 하이데거는 이와 비슷한 무의식적인 방식에서 언어전체성을 사용한다. 맥루한은 하이데거의 반데카르트주의, 즉 하이데거의 서양형이상학의 극복 시도를 언어와 철학에 대한 시적인 입장으로 해독한다. 말하자면 언어와 철학에 대한 비알파벳적인 입장으로 해독한다. 맥루한은 이 입장이 이미 이 철학자를 둘러싸고 있던 전자기술에서 기인한다고 보고 있다. "데카르트가 기계의 물결을 탔을 때 그랬던 것만큼이나 하이데거는 의기양양하게 전자의 물결을 탔다."[68]

---

67 Michel Foucault, *Archäologie des Wissens*, Frankfurt: Suhrkamp 1981, 23쪽.

우리가 하이데거의 언어철학적 탐색에 대해 열광하는 이유는 우리가 전자적 환경의 형이상학적 유기체metaphysical organicism of our electronic milieu에 소박하게 몰입하게 되는 것과 똑같은 이유이다. 데카르트가 이미 그랬던 것처럼, 마찬가지로 하이데거도 자신의 철학함의 특유한 담론의 질을 고수하기 위해서 무의식적으로 작용하는 미디어기술의 상황에 관한 가능한 통찰을 일정한 차원에서 하지 않았다. 우선 이러한 미디어기술은 서유럽 합리주의에 명석 판명한 이성인식을 제공했고, 결과적으로 경험과 언어를 일체가 되게 했다. 아마 하이데거는 인식론적인 변화 속에서 신비적인 모습을 띠는, 자신의 성찰의 기초로서 언어전체성을 전제할 수 있었던 최후의 철학자였을 것이다.

12. 사이버네이션

전자적 환경의 새로운 감각적 상호의존성은 다른 성찰수단을 요구하는 미디어상황을 낳는다. 우리의 진술의 대부분이 문서로서 미디어의 저장장치에 들어간다 해도, 현실을 활판인쇄적인 요소들의 불연속성으로 분해하는 것은 문화적인 표현차원에서 더 이상 무제한적인 타당성을 주장할 수 없다. 이로써 문화적으로 전승된 단편들에 대한 문헌학적 접근도 또한 상대화된다. 문화적 근대는 우선 먼저 (데카르트적 시각에서 본다면) 비합리성들을 생산함으로써 책문화의 외형적인 형식과 함께 자신의 고유한 토대를 초월한다. 맥루한은 이 비합리성을 나와 세계 사이의 새로운 거래라고 풀이했다. 이 미디어철학자는 무조건적인 물리적 통합 없이도 미디어적인 몰입을 가능하게 하는 문화적 감각기관의 변형에 대해서 중요한 지표들을 수집했다. 표음

---

68 Marshall McLuhan, *The Gutenberg Galaxy*, 같은 책, 248쪽.

문자를 통해 가상의 기하학적 공간에 적용했던 고대 그리스 이래로, 철학은 문화이론적으로 볼 때 낮은 수준에 머물러 있다. 왜냐하면 시각적 문화에 대한 선호가 점차적으로 **확정된 내용**definitiver Inhalt이라는 그릇된 생각을 생기게 했기 때문이다.[69] 인쇄의 단독적인 현존이 서양 문화의 모든 삶의 영역에서 언어, 경험, 사람들의 행동에 미친 영향에 대해서는 성찰적 차원에서 거의 의식되지 않았다. 계몽주의는 '데카르트적인 의식의 명백한 분절적 계기들'(맥루한)을 만드는 데는 성공했지만 감각과 무의식이라는 중간세계를 간과했던 것이다. 이 중간세계는 근대적 합리성이 소홀히 했던 경험가치를 중요시한다. 맥루한은 문화변동 과정의 특징들을 명확하게 인식하려는 문화변동이론을 토대로 하여 미디어철학을 주장했다. 한편, 문화변동과정의 단절적 성격은 이제 더 이상 부정되지 않는다.

그의 논의를 너무 혹사시킬 위험이 있기는 하지만, 끝으로 우리는 맥루한이 『미디어의 이해』의 마지막 부분에 요약해 놓은 내용에 다시 한번 관심을 두려고 한다. 그는 이 마지막 장을 간단히 '자동화Automation'라 명명하고 이 장에서 앞으로 다가올 정보사회를 묘사한다.[70] 산업사회와 정보사회 사이의 단절은 전자가 기계적 원칙을 따른다면 후자는 사이버네이션의 원칙을 따른다는 데 있다. 은유적으로 말하면 산업사회를 대표하는 것은 기계이고, 정보사회를 대표하는 것은 자동화automation, cybernation이다. 여기서 자동화는 기계적 원칙의 단순한 확장을 뜻하는 것이 아니다. 자동화는 전기의 즉시성을 기반으로 한 기계적 세계의 정복을 의미한다.

---

69 "우리는 어떻게 알파벳이 그리스인을 허구적인 '유클리드의 공간'에 관계하게 만들었는지를 보았다. 청각적·촉각적 세계를 시각적 세계로 변화시킬 때 표음문자의 효과는 물리학과 문학 모두에서 '내용'이라는 오류를 발생시키는 데 있다"(앞의 책, 252쪽).

70 Marshall McLuhan, *Understanding Media*, 같은 책, 346~359쪽. 마찬가지로 정보사회가 화두인 앨빈 토플러(Alvin Toffler)의 저서 『미래의 충격(*The Future Shock*)』은 1년 후(1965년)에야 비로소 출판되었다.

	산업사회	정보사회
특성	기계	자동제어메커니즘
원칙	기계성	전기성
상징인물	구텐베르크	마르코니
주도 미디어	책인쇄	텔레비전
양식	정역학(靜力學), 안정	속도
가치창출	생산	정보
행위	노동, 생산	활동, 동시화
자원	에너지, 노동	지식, 학습
방법	분석적 구분	유기적 통일
감각장치	시각적	청각적 / 촉각적
사회심리적 효과	분화적	통합적

사이버네이션 원칙은 정보사회 또는 지식사회를 규정하는 데, 이 원칙은 기계적 세계상의 모든 가치를 커뮤니케이션이라는 중심 개념 속으로 녹여낸다. 커뮤니케이션은 한때 운송Transport을 의미했지만 이제 변형Transformation을 의미한다. 이러한 관점에서 맥루한은 개발엔지니어들과도 연관된다. 개발엔지니어들은 자동화를 다루고 동시에 자동화를 사유와 행위의 형식으로 간주하기 때문이다. 근본적인 차이는 자동화의 방향으로 기계가 발전되어가는 가운데 정보회로의 피드백 또는 도입이 예견되어 있다는 점이다. 이것은 기계와 그 환경 사이의 '대화'(맥루한은 이 개념을 피드백과 같은 동의어로 사용한다)가 우선시됨으로써 기계적인 순서라는 의미에서나 A에서 B로의 흐름이라는 의미에서의 선형성이 종말에 이르렀음을 의미한다. 그리고 우리는 알파벳과 유클리드의 공간을 통해 서유럽 문화를 규정했던 그러한 선형성의 종말에 대해서도 말할 수 있다.

말하자면 행위형식은 작용결과나 효과에 의해서 방향성을 갖게 된다. 이것은 사유형식에 영향을 미치는데, 그것은 인과적 연관성이나 점진적 순서가 이제 더 이상 지배적인 설명모형으로 존재하지 않을 정도이다. 포스트모던적인 세계상을 규정하는 것은 기계적인 결합이 아니라 공시적인 활동들이다. 이 세계상에서는 노동과 복지도 생산의 요소로서가 아니라 정보의 요소로서 나타난다. 전기는 정보시대의 기본 미디어로서 쌍방적 상호의존성의 동시성을 만들어낸다. 그리고 이러한 상호의존성은 한편으로는 경제시장을, 다른 한편으로는 사회조직을 지속적으로 재구성한다.[71]

이 모든 것을 통해 맥루한이 자신의 이론형성의 은밀한 출발점에 해당되는 문화종말론적인 입장을 왜 고수할 수 없었는지를 설명해주는 지점에까지 이르렀다. 개별적으로 분절된 업무들을 기계적으로 수행하는 것은 전기의 조건 아래서는 이제 더 이상 충분한 것이 아니다. 전면적인 상호관계의 세계에서는 다양한 공시적 행위들이 요구된다. 바로 이것이 맥루한이 기계적 분할과 반대되는 의미에서 말하는 유기적 성질이다. "자동화는 생산뿐만 아니라 소비와 마케팅의 모든 국면에 영향을 미친다. 왜냐하면 소비자는 자동화 회로 내에서 생산자가 되기 때문이다. 이는 모자이크적인 신문의 독자가 자기 자신의 뉴스를 만들거나 또는 독자 **자신이 뉴스**인 것과 똑같은 것이다. (……) 에너지와 생산은 오늘날 정보와 학습에 융합되려고 한다. 그리고 마케팅과 소비는 학습, 계발, 정보입력과 하나가 되려고 한다."[72]

커뮤니케이션 과정의 즉시성은 새로운 인간학적 상황을 만든다. 이 상황은 미디어의 두 가지 기본기능(자료의 저장과 정보의 가속화)의 확장과 더불어 탈기계적 인간을 새로운 방식으로 요청한다. 정보시대에는 모든 감각의 동

---

71 이미 19세기 중엽에 대서양을 관통하는 케이블 설치를 통해 가능해진 원거리 실시간 커뮤니케이션과 함께 이러한 즉시성이 도입되었다. 케이블과 위성의 커뮤니케이션 기반시설에 관한 비교적 최근의 역사에 관해서는 Arthur C. Clarke, *How the World was One, Beyond the Global Village*, London: Gollancz 1992를 참조하라.
72 Marshall McLuhan, *Understanding Media*, 같은 책, 349쪽 이하.

시적 사용을 요구한다. 이것은 최고의 집중적인 참여의 상황 속에서 최대한의 자유를 의미하는 것이며, 이것은 언제나 예술가들의 특권으로 존재했던 것과 같은 것이다. 우리 실존이 사이버네이션적인 것에 수렴됨으로써 계몽주의시대의 기계적 조건에서는 불가능했던 인식의 잠재력이 구출된다. 커뮤니케이션의 가속화는 다름 아니라 그 자신의 고유한 원칙의 극단화, 다시 말해 피드백 회로의 단축을 뜻하는데, 이러한 커뮤니케이션의 가속화는 우리에게 실시간적 성찰을 강요한다. 이 가속화는 나중에 플루서가 말한 바와 같이 역사 이후Nachgeschichte가 시작되는 것을 강요한다. 커뮤니케이션의 기계적·선형적 원칙에서 비롯된 결정적 차이에 관한 성찰은 너무 늦게 등장했다. 이 성찰은 즉시성의 조건 아래서는 더 이상 유효하지 않다. 우리는 이것을 과정을 보이도록 만드는 영화에서의 저속촬영과 같은 것으로 생각해도 될 것이다. 그리고 맥루한은 이것을 사실상 기회로 파악하는 것이 아니라 미디어시대에 내재적인 인식 의무로 파악한다.

"인간의 문화에서 어떤 시대에도 인간은 발명과 기술에 얽혀 있는 정신적 메커니즘을 이해하지 못했다. 변화와 발전이 가진 패턴과 외형을 오늘날 처음으로 쉽게 알아차릴 수 있게 된 것은 바로 전기에 의한 정보의 순간적 속도 때문이다. 이제 과거의 그리고 현재의 전세계는 영화를 아주 빨리 돌렸을 때 그 성장 모습을 보여주는 식물들처럼 스스로를 드러내고 있다."[73]

---

73 앞의 책, 352쪽.

요약

근대적 주체는 자신의 고유한 상을 연출할 수 있는 능력은 가지고 있었지만 이러한 상의 틀 자체를 인식하는 능력은 없었다. 문화와 그 문화의 커뮤니케이션미디어 사이의 연관관계는 이제 사상가들의 관심을 불러일으켰는데, 왜냐하면 한편으로 사상가들이 유럽의 계몽주의적 인본주의의 위기를 경험하게 되었고, 다른 한편으로는 이 사상가들이 새로운 해석의 원리를 요구할 정도로 시청각 미디어의 기술적 발전과 사용이 광범위하게 확산되었기 때문이다. 언어, 문자, 인쇄의 인식론적 상황은 텔레비전과 같은 새로운 미디어에 의해서 상대화되었다. 여기에서 기술이 사유와 지각에 어떤 영향을 미치는지의 물음이 제기된다. 마셜 맥루한은 이러한 과정의 예언자(Kassandra)이자 동시에 계시자(Visionär)이다.

헤럴드 이니스로부터 출발해서, 즉 경제사를 배경으로 하여 전개된 이니스의 기술적 미디어고고학에서 출발해서 (문화)기술의 영향력에 대해 물을 수 있을 것이다. 우리는 그 기술을 사회적으로 사용하고 있으면서도 그 영향력에 대해서는 잘 알지 못한다('환경적인 기술적 조건'). 기술적인 관점에서 이루어진 문화사에서 미디어는 커뮤니케이션의 물질적 운반자Träger로 이해되는데, 이때 미디어는 사회세계의 형식을 구성하고 행위방식을 규정하는 것으로 간주된다. 가장 확장된 의미에서 볼 때, 미디어는 내용의 운반자로서뿐만 아니라 사회적 커뮤니케이션과 문화적 생산의 장치로서 간주된다. 이러한 접근방식은 미디어는 내용의 (아마도 중립적인) 전달자일 뿐만 아니라 미디어 그 자체가 이미 메시지라는 맥루한의 명제를 이끌어냈다.

모든 기술적 혁신은 어떤 정신적 메커니즘을 기초로 하는데, 이 메커니즘은 관련된 인간에 의해서는 이해되지 못한다. 맥루한이 말했듯이, 비로소 전기 문화에 이르러서야 정보운동의 즉시적 방식을 토대로 해서 기술 발전과 연관된 문화 혁신의 형태를 인식할 수 있고 거의 실시간으로 성찰할 수 있는 가능성이 생겨났다. 미디어시대는 상호연결과 네트워크를 허용하는 전기 조직체를 토대로 해 순간의 세계(Augenblickswelt)가 되었다. 이 순간의 세계에서는 기계시대의 선형성과 점진적 순서가 인과적 연관성과 더불어 시대착오적인 것이 된다. 20세기는 기계의 지배로부터 벗어났다. 문화기술은 인간을 변화시키는 것은 물론 인간학적 상황을 인식할 수 있게 하기도 한다. 미디어분석은 우리에게 문화기술이 인류사적으로 이룩한 것을 파악하도록 해준다. 문자문화와 인쇄문화의 사회 조절 기능은 새로운 촉각 미디어의 압박으로 인하여 약화되었다. 그렇기 때문에 우리는 구텐베르크 은하계의 무의식적인 기계적 구조가 종말을 향하고 있음을 잘 인식할 수 있다. 우리가 인식하는 그 자체가 된다면, 네트워크화된 '문자 없는 문화' 속에서 우주적 인간이 탄생할지도 모른다. 이 인간은 모든 감각능력을 사용해 직접적으로 그리고 집중적으로 사건 (Geschehen)에 관여한다. 이것은 이전에는 예술가에게만 허용되었던 특권이다. 종말론자인 맥루한은 전적으로 언제나 몰락의 논리만을 주장하는 종말론적 문화비판의 대안으로 읽힌다.

기계화의 지배

이니스가 경제사학자로서 다루었던 것처럼, 운송제도나 화물산업의 역사는 특정한 관찰의 관점을 해체하거나 최소한 보완한다. 기술적 혁신들은 각각 위대한 발명가의 개성에서 기인하고, 정치나 경제는 주체적인 실력자에 의해 이루어진다는 관점이 그것이다. 하지만 기술적 진보는 갑작스런 인식론적 단절이라는 모형을 따르는 것이 아니라 그 반대로 개발엔지니어들의 공동체 내에서 이루어지는 일상적인 작은 작업에서 비롯되는 것이다. 이 경우 공식적으로 인정된 지식의 수준은 실제로 활용되는 지식에 빈번히 뒤쳐져 있다.[1] 특정한 인식규범의 상황과 특정한 물질적 토대는 기술적 성공의 많은 작은 단계들을 조금은 환상적인 진보 개념으로 통일시키는데, 이러한 특정한 인식규범의 상황과 특정한 물질적 토대에의 의존성은 너무나 명백해서 발명가의 이상적 형상은 영원히 칭송받기 어려운 것이다.

20세기에 나타난 물질성으로의 관점 전환은 문화적 무의식을 주제화하는 데에서, 말하자면 일상적인 것은 물론 탁월한 혁신적인 문화성과물에도 똑같이 관계하는 무의식적 전략을 주제화하는 데에서 자신의 보충적인 짝을 갖는다. 이론에서뿐만 아니라 예술적인 표현에서도 구성적인 요소가 의식

---

1 쿤(Kuhn)의 단초를 기술사에 적용하는 것에 대한 비판에 관해서는 Patrice Flichy, *Télé*, 같은 책, 206쪽 이하를 참조하라. 더 나아가 초개인적(transpersonal) 주체성의 개념에 관해서는 Pierre Lévy, *Die kollektive Intelligenz*, Mannheim: Bollmann 1997을 참조하라.

적으로 강조된다.[2] 여기서는 공예의 차원, 즉 예술과 공예Art and Crafts로서의 수공업의 차원도 언급되는데, 이것은 기능성 속에서 간결함과 우아함을 강조함으로써 근대의 스타일을 특징짓고 있다. 시민사회의 기념비적인 것과 영원한 가치의 과장됨에 대해 작업의 단순성은 맞서는데, 특히 건축, 가구제작, 시각적 커뮤니케이션(인쇄 포스터나 당연히 사진과 영화 같은 혁신을 통해 새로운 도약을 만들었다) 등에서와 같이 예술과 현대의 일상적 생산이 서로 만나는 곳에서 그렇다.

천편일률적인 단순성과 단순한 구성원리는 기계적인 제작의 전제이다. 예술에서는 기술적 복제로부터 영향 받은 새로운 운동형식들, 즉 파편화나 기계화의 운동들이 논의된다(마르셀 뒤샹Marcel Duchamp, 페르디낭 레제Ferdinand Leger, 쿠르트 슈비터스Kurt Schwitters, 폴 클레Paul Klee). 발터 벤야민의 말에 따르면, 카메라는 광학적·무의식적인 것을 문화적 표현의 차원으로 끌어올렸다(에드워드 마이브리지Eadweard Muybridge). 건축에서는 아돌프 루스Adolf Loos[3]가 요청한 장식으로부터의 해방이 관철된다(발터 그로피우스Walter Gropius, 르 코르부지에Le Corbusier).

"우리는 여러 말들과 잘못 사용된 상징들의 커다란 쓰레기더미 앞에 서 있고, 그 옆에는 완전히 새로운 발견, 발명, 가능성의 거대한 저장고가 있다. 이것들 모두는 더 나은 삶을 약속한다."[4] 기계설계사이며 건축이론가인 지크프리트 기디온Sigfried Giedion의 역사적 기록에 관한 분석은 예술과 기술에서 나타난 기술의 작용현상들에 깊은 관심을 두고 있는데, 그는 19세기와 20세기의 모델의상, 작업기록, 카탈로그, 선전 소책자 등을 역사적 기록으

2 이러한 태도의 대표적인 예로 칸딘스키(Wassily Kandinsky, 1866~1944)의 저술과 작품이 거론된다.
3 Adolf Loos, *Ornament und Verbrechen*, Wien 1906.
4 Sigfried Giedion, *Mechanization Takes Command*, Oxford Univ. Press 1948, 독일어판 *Die Herrschaft der Mechanisierung. Ein Beitrag zur anonymen Geschichte*, Frankfurt 1982, 770쪽에서 인용한다.

로 다루면서 그 중에서도 특히 미국 특허청의 소장품을 중심으로 조사했다. 이는 "우리의 생활방식에 대한 기계화의 영향을 조사하기 위해서"이다. 예술사가 '이름 없는 예술'(창조적 천재를 넘어 선 예술)을 인정하기 시작한 것과 비슷하게, 그리고 초기의 맥루한이 기계적인 것을 조형적 주체의 행동을 넘어선 현대미학의 성과로 연구했던 것과 비슷하게, 익명의 대량 생산물이 '익명의 역사'의 재구성이라는 관심의 중심에 등장한다. 이것은 이미 발터 벤야민이 추구했던 것처럼 "한 시대의 정서적 내용을 전하기 위해" "일상적 사물들의 단편들을"[5] 조합하는 것이다. 익명의 역사의 역사가가 여기에 도달할 수 있는 것은, 연구되는 단편들을 가능한 한 동시에 제시하면 이것들의 특수한 상황 속에서 갑자기 새로운 인식이 떠오르기 때문이다.

기디온은 1941년에 당대의 건축에 관한 책[6]을 출간했다. 그의 말에 따르면 그는 이 책에서 자신의 시대가 건축의 영역에서 어떻게 자신의 시대를 의식하게 되었는지를 제시하려고 시도했다고 한다. 물론 기계문명에는 이 문명을 형성시킨 것과 관련된 모든 기억을 잃어버릴 위험이 있다. 근대의 재구성은 현재를 형성시킨 중심적인 생산원리에 대한 기억을 요구한다. 지크프리트 기디온은 '기계화의 지배'라는 제목 하에서 이 재구성에 착수할 것을 제안했고, 이것은 1948년 출판되었다. 이 저자는 예술이론적으로 잘 훈련된 건축이론가로서 바우하우스에 가까운 신건축학회 CIAM의 사무총장이었는데, 그는 새로운 생산현실에 직면해서 인간의 욕구가 기술의 절대 명령에 대항해 스스로를 주장할 수 있는가라는 질문을 제기했다. 인간은 일상에서 기술적 수단에 의해 정복되었지만 근대물리학이나 예술은 이미 기계론적 관점의 종말을 가리키고 있다는 것이다.

---

5 앞의 책, 19쪽.
6 Sigfried Giedion, *Space, Time and Architecture*, Cambridge, Mass. 1941.

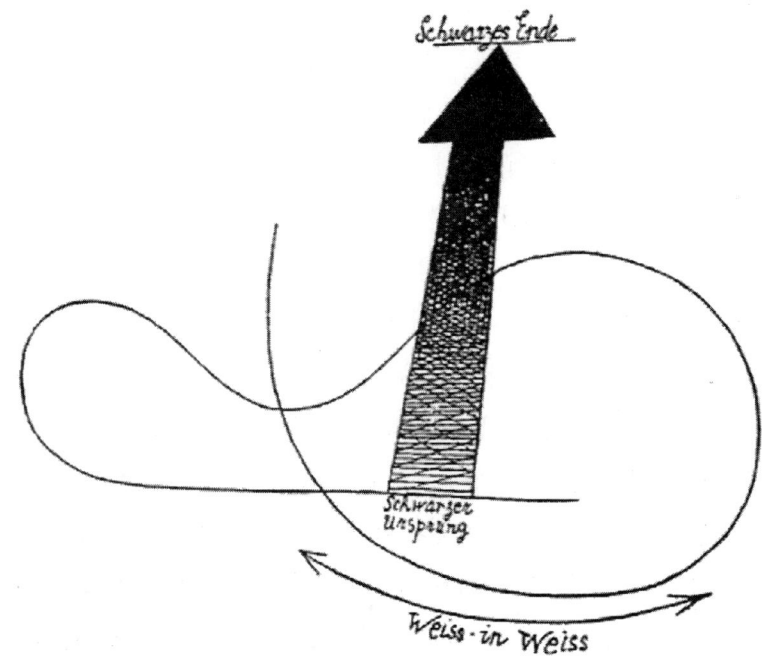

〈삽화 18〉 폴 클레(Paul Klee), 검은 화살표의 조형(1925)

예술사가 '이름 없는 예술'을 묘사하기 시작한 것과 비슷하게, 이 책에서 기계화의 과정은 주체의 형성적 행위를 넘어서 있는 합리적 근대의 미학과 이데올로기로서 연구되었다. 기디온이 자신의 스승인 스위스의 예술사가 하인리히 뵐플린Heinrich Wölfflin과 연관해 표현한 것처럼, 이것은 방법적으로 "작은 사물들을 선택해서 이것들을 큰 차원으로 옮기는 것"[7]에 해당하는 것이다. 익명의 대량생산은 자신의 고유한 역사를 쓰고 있는데, 이 역사는 노동과정과 생활방식 등에서 비롯된 일상문화의 단편들에 의해 조합된

---

7 Siegfried Giedion, *Herrschaft der Mechanisierung*, 같은 책, 783쪽.

것이다.

기디온은 인간의 생산활동에 이론적 관심을 가졌던 최초의 문화사가 중한 사람이다. "여기서 문제가 되는 것은 매우 단순한 사물들이다. 이것들은 보통 진지하게 여겨지지 않았고 여하튼 역사적 관계에서는 그러했다. 하지만 회화에서와 마찬가지로 역사에서도 대상의 크기가 중요한 것은 아니다. 커피 스푼 속에도 해는 비친다."[8] 이것은 결코 일상적인 것을 예찬하는 것으로 귀결되는 것이 아니라 사회적 생산의 일정한 과정의 기계화를 서술하고 분석하는 것으로 나아간다. 여기서 세탁, 요리, 주거와 같은 일상활동은 그 배후에 있는 생필품 산업이나 가구제작 공장의 반복적 생산활동과 관련지워졌다.

이것이 기디온이 특허문서와 여타의 보존문서에 대한 원전연구를 근거로 하여 현대의 생활세계에 제기한 완전히 새로운 관점이다. 현대의 생활세계는 이미 여러 번 다루어진 바와 같이 인간과 기술이 서로 맞붙어 있는 특징이 있다. 기디온이 묻는 물음은 단지 외관상으로만 볼 때는 소박한 것이다. "문의 자물쇠나 농부처럼 인류의 상징에 해당하는 빵과 같은 유기적 실체에 기계화가 일어난다면 어떻게 될까? 기계화는 빵의 구성과 소비자의 입맛을 어떻게 변화시킬까? 이러한 기계화는 언제 등장하는가? 미각과 생산은 어떤 연관성이 있는가? 기계화가 동물과 같은 꽤 복잡한 유기체에 일어난다면, 어느 정도까지 진행될 수 있는가? 그리고 도축업과 같은 복잡한 수공업의 도태는 어떻게 일어나는가?"[9]

산업시대는 유기적인 것을 기계화함으로써 광범위한 합리화를 관철시킨다. 유기적인 것들이 어느 정도까지 이러한 과정을 따를 것인지가 사실상 결정적인 문제이다. 이러한 현대의 정서적 내용은 **합리화**이고 이 합리화는 특히 20세기로의 전환기에 삶의 모든 영역에 직접적으로 작용하기 시작했

---

8 앞의 책, 19쪽.
9 앞의 책, 23쪽 이하.

다. 기계적 사유방식이 다양한 영역들에서 무의식적으로 유사하게 관철된다는 것이 기디온의 기본주장이다. 원래 함께 속해 있던 것은 산업생산과정에서 가능한 한 최소의 단위들로 분해되고 그리고 나서 다시 조립된다. 예술은 이에 대해서 아이러니나 낯선 묘사로써 반응하고 이로부터 초현실주의와 다다이즘이 생성된다. 막스 에른스트Max Ernst의 콜라주나 프랑시스 피카비아Francis Picabia의 생체역학적 초상화들을 생각해보기만 하면 된다.

기계화의 근원문제에 관한 증거를 확보하려 할 때 기디온은 과학과 예술의 경계영역에서 그 출발점을 찾는다. 여기서 중요한 것은 유기적 운동을 그래픽 형태로 가시화하는 것이다. 19세기 후반에 프랑스의 생리학자 에티엔 마레Étienne Marey는 반복된 전기자극에 노출된 개구리다리의 반응을 기록하는 실험을 성공적으로 수행했다. 이를 위해 개발된 기록장치(맥박기록기 spygmograph)를 통해서 그는 검게 그을린 실린더 위에 인간의 맥박형태와 빈도를 표시하는 데에도 성공했고, 나중에는 사진에 몰두했다.

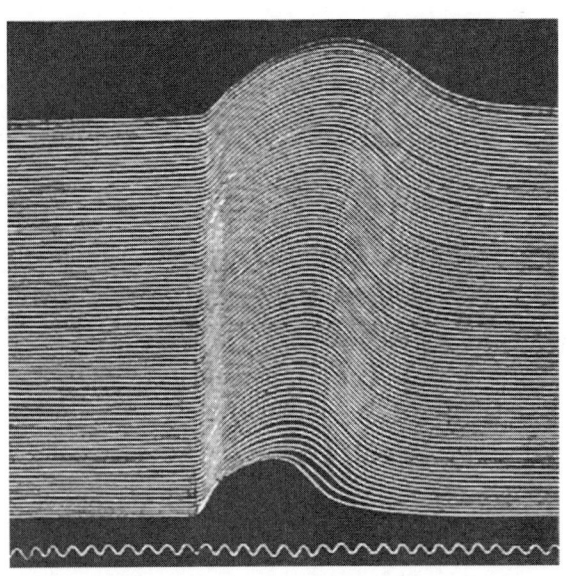

〈삽화 19〉 에티엔 J. 마레이, 근육운동의 기록(개구리다리의 반응, 1868년경).

마레는 그래픽 형태로 유기적 운동을 재현할 때 확실히 데카르트에 근거를 두고 있다. 그의 구상 중 하나는 유기적 운동이 이 운동의 주체로부터 분리되어 자립적인 운동으로서 공간과 시간 속에 명확하게 가시화될 수 있다는 것이다. 전류를 통한 자극에 따라 근육운동을 기록하는 형식은 이 연구자를 매혹시켰는데, 그는 이것을 "현상자체의 언어"[10]라고 불렀다. 이어서 마레는 방아쇠를 작동해 실린더에 장착된 사진판을 움직여 새가 날아가는 단계를 형상화할 수 있었던 사진기 소총을 개발했다. 마침내 깊은 숙고 속에서 고안된 실험적 배열을 통해 3차원적 운동이 기록되기에 이르렀다. 이것은 같은 시기에 탄생한 에드워드 마이브리지의 생리학적 순간의 순차적 운동의 기록보다 뛰어난 것이며, 오늘날 우리는 이것을 **현실가상**reale Virtualität이라고 부른다. 이것은 인간의 눈의 지각에서 일반적으로 벗어나 있는 것을 가시화하는 것일 뿐만 아니라 특수한 맥락과 연관되어 있는 현실들을 가시화하는 것이기도 하다.

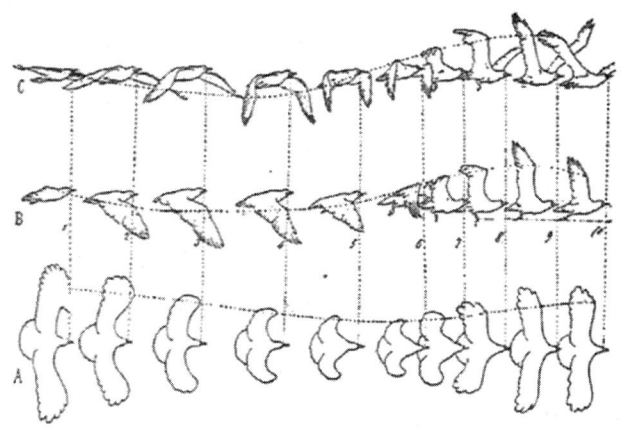

〈삽화 20〉 에티엔 J. 마레, Le vol des oiseaux(1890년 경)

---

10 Etienne J. Marey, *La Méthode graphique dans le sciences expérimentale*s, Paris 1985. Siegfried Giedion, *Herrschaft der Mechanisierung*, 같은 책, 40쪽에서 인용한다.

마레의 순차적인 사진술, 말하자면 시대에 민감한 사진술은 카메라를 통해 인간의 눈에 은폐되어 있는 운동들을 가시적으로 만든다. 산업화의 관리자들은 이 기술을 잘 사용했다. 그들은 이러한 기록 방법을 통해 생산과정에서의 운동과정을 분석했기 때문이다. 미국의 경영기술자 프리데릭 W. 테일러Frederick W. Taylor(그리고 후에 프랭크 B. 길버스Frank B. Gilbreth)가 유포시켰던 것처럼, 이것은 과학적 기업경영이라는 목적에 이용되었다. 여기에 기계적으로 수행된 노동과정을 시각적으로 재현하는 것이 속한다. 정확한 관찰을 통해 노동을 수행하는 과정에서 불필요한 운동은 합리적으로 개선된다. 스톱워치를 동반한 이 운동연구에서는 놀라운 추상화가 일어나는데, 이 추상화는 기계적 수행력을 상승시킴으로써 최상의 산업적 노동방법을 이끌어내는 것이다. 과학적 기업경영 또는 테일러리즘은 인간신체의 총체적 기계화, 다시 말해 인간의 기계에의 동화와 같은 의미를 가지는 것이며 산업사회의 중심은유가 되었다.[11] 이것은 시카고 도축장에서의 도축의 기계화나 헨리 포드의 자동차 컨베이어 벨트 생산에서 연원하는 **조립라인**Assembly line의 도입과 함께 진행되었다. 모든 것은 자유롭게 사용될 수 있는 부분들로 분해되고 다시 새롭게 조립되는 이러한 생산과정 모델을 따른다.

기계화의 핵심은 기계적 생산과정 자체와 인간의 손을 기계로 대체하는 추세이다. 합리화과정은 노동의 일상에서 인간의 개입을 표준화하고 궁극적으로는 지체시키는 방해요소인 인간의 개입을 **조립라인**을 통해 완전히 배제하려고 시도한다. 말하자면 전자동화 생산이나 **라인생산**Line Production을 목표로 한다. "노동자가 기계의 운동을 이제 더 이상 대체하는 것이 아니라 단지 관찰자나 검사자로서 생산을 감독한다면, 컨베이어 벨트의 문제는 인간적으로나 기술적으로 해결된다."[12] 이제 인간은 아직 기계에 의해서는 이루어

---

11 Frederick W. Taylor, *Shop Management*, 1903과 Frederick W. Taylor, *Principle of Scientific Management*, 1911. Henry Ford, *My Life and Work*, New York 1912. 인용은 Giedion, *Herrschaft der Mechanisierung*, 같은 책에서 한다.

질 수 없는 운동의 진행에 종사하게 된다. 테일러리즘과 포디즘은 발전된 산업사회의 두 개의 중심개념으로서 자동화된 생산단위를 창조하려는 목표 속에서 진행된 오랜 과정의 산물이다. 여기서 인간은 단지 관찰자의 역할을 수행할 뿐이다.

기디온은 이 과정이 현대 예술에 반영된 것을 추적하는데, 여기서는 예컨대 마르셀 뒤샹Marcel Duchamp의 유명한 「계단을 내려오는 누드Akte, die Treppe herabsteigend」(1912)에서처럼 운동을 분할해서 표현하는 것이 중요한 역할을 한다. 그러나 앞에서 말했던 것처럼 기디온은 이 과정에서 유기적인 것의 저항의 잠재력을 묻고 있으며, 또 기계적 발전의 종말을 가져올 많은 지표들을 수집했다. 이와 같이 예컨대 빵 생산은 원하는 정도까지 기계화되지 않는다. 즉 대량생산된 밀가루와 자동화된 빵 굽는 오븐은 마침내 우리가 지금까지 빵이라고 이해했던 것을 변화시킨다. "복잡한 도구들을 통한 완전한 기계화는 빵의 구성을 변화시켜 빵이라고 부를 수도 없고 과자라고도 부를 수도 없는 구성물을 만들었다."[13] 기계화는 빵과 같은 유기적 생산물을 자신에게 종

〈삽화 21〉 미국의 기적의 빵, 선전(1944)

---

12 Siegfried Giedion, *Herrschaft der Mechanisierung*, 같은 책, 102쪽.
13 앞의 책, 229쪽.

속시키는 데는 성공하지 못했지만 새로운 제품을 생산하고 대중의 입맛을 변화시켜 새로운 제품에 대한 인위적 수용을 만들어냈다고 기디온은 주장한다.

이에 반해 기디온은 인위성에 대한 저항에 기대를 걸고 있다. 그는 이러한 저항이 생활수준이 높은 국가들에서 진행되고 있다고 본다. 자연적인 것이나 유기적으로 성장한 것에 대한 고려가 생산의 독재에 대항하기 시작했다는 것이다. 기디온은 순수한 기계화의 정점은 넘어간 것으로 보고 있다. 그리고 그는 유기적인 것과의 화해를 선언적인 형태로 요청하는 것으로 익명의 기계화의 역사에 관한 자신의 기록을 끝맺는다. 그의 화보집은 산업생산의 일용품, 이것과 연관된 디자인과 생활방식의 마법에 대해 성찰하고, 이러한 시각에서 보면 그릇된 본능의 유령적인 세계처럼 나타날 이 시대와의 미학적 단절을 주제로 삼았다.

n sie so wie das ZNS sie prozessiert hat, und die

ogrammiert. Er ist dem System in unserer genetisc

en. Die Welt hat fuer uns jene Formen, die in der

seit Beginn des Lebens auf Erden angelegt sind.

uer, dass wir die der Welt nicht alle beliebigen Form

Welt nimmt nur jene Form an, die unserem Lebensp

Wir haben begonnen diesem Lebensprogramm

e ganze Serie von Schnippchen zu schlagen. Wir ha

Apparate erfunden, die aehnliches leisten wie da

Wir koennen die von ueberall ankommenden Reize (F

komputieren. Wir koennen andere, alternative Wahr

ensche und Gedanken erzeugen. Wir koennen, ausser

Welt, auch in anderen Welten leben. Wir koennen

"da" kann mehrere Bedeutungen haben. Das eben gesa

ja monstroes, aber es gibt dafuer beschwichtige

rtueller Raum sind solche Beschoenigungen. Und s

Man nehme eine Form, irgendeine, und zwar

kulierbaren Algorithmus. Man fuettere diese Form

en Plotter. Die derart ersichtlich gewordene For

eglich mit Partikeln. Und siehe da, es entstehen

n ist ebenso wirklich wie die des ZNS (also die

lingt, die Formen ebenso dicht zu fuellen wie di

Das ist eine schoene Hexenkuechen: Wir kо

men und tun dies mindestens ebenso gut wie es de

beruehmten sechs Tage getan hat. Wir sind die He

das erlaubt uns, da wir nun einmal Gott uebertr

rklichkeit ueber alle Tischkanten und Immanuelka

, was anstaendig, tuechtig, gewissenhaft in Form

d unwirklich ist, (zum Beispiel, traeumerisch, il

〈삽화 22〉 빌렘 플루서, 사물의 상황에 대해서(타자된 원고면)

13 점에서 점으로의 진자(振子)운동

플루서의 담론적 인식론

> "인간의 의사소통은 죽을 수밖에 없는 운명을 지닌
> 삶의 극단적 허망함을 잊게 하려는 의도를 가진 하나의 기교이다."
>
> ──빌렘 플루서

1. 역사의 종말

자유. 우리의 문화는 이제 더 이상 현실의 형상을 갖고 있지 않고 오히려 스스로 고유한 상상물을 창조하고 있다. 이것은 오랫동안 진행된 과학기술 혁명의 결과이다. 우리의 형상들은 이제 더 이상 어떤 현실적인 것을 모사하기 위해 존재하는 것이 아니다. 이로써 우리의 문화는 문화사적으로 획기적인 추상화의 운동을 완성하게 된다. 이 추상화의 운동은 인간을 주체의 위치에서 해방시키는 잠재력을 갖고 있다. 그리고 빌렘 플루서가 말하듯이 이 운동은 **탈역사적 마법**post-historische Magie('탈역사Nachgeschichte'로의 진입)을 실행한다. 인간에게 이러한 자유를 제공한 것은 미디어기구Apparat이다. 이 미디어기구는 더 이상 '매개'를 시도하지도 않고 현실을 모사하지도 않는다. 우리의 이론적인 미디어 개념은 기술에 의해 규정된 미디어 개념이다. 물론 우리가 **기술의 우위성**에만 관심을 두면 이러한 전환점 속에, 또한 이것과 동시에 일어난 새로운 정당화 작업들 속에 담겨 있는 도전들을 파악할 수 없게 된다. 따라서 플루서는 **코무니콜로기**Kommunikologie의 기획에 착수한다. 이것은 문화의 기술적 성향이 침묵을 요구한다고 해도 이러한 문화의 본질이 무엇인지를 규명하기 위해서이다. 그의 진단에 따르면 "말하기와 알파벳을 통한 글쓰기를 그만두는 것이 가능한 상황에 있다"[1]고 한다.

기존의 문화에서 새로운 문화로, 다시 말해 순차적 사유에서 공간·시간의 감성범주들의 초월을 지향하는 사유로 넘어가는 문턱에서 하나의 이론적 도전이 생겨난다. 맥루한이 **지구촌**Global Village으로의 이행 속에서 **구텐베르크 은하계**를 회고적으로 살펴보았다면, 코무니콜로기는 이와 유사하게 각 시대의 지배적인 문화코드가 어떤 역할을 하는지의 관점에서 인류사의 발전을 재구성한다. 하지만 플루서는 근육과 신경의 기술적인 시뮬레이션을 분석하는 미디어 의족(義足)이론을 받아들이지 않고 이것과 의견을 달리했다. 이미 안더스가 시도했던 것처럼 플루서도 사진기나 전신기 같은 텔레매틱스 미디어의 효과가 생활세계에서 어떻게 지속적으로 작용하는지에 따라 산업혁명의 과정을 세분화했다. 첫 번째 단계의 산업혁명은 노동을 변화시켰고 인간과 사물 사이의 전통적인 관계를 변화시켰다. 그리고 두 번째 단계에서는 상호주관적인 관계, 다시 말해 커뮤니케이션을 변화시켰다. 포스트모던적인 환경에서는 커뮤니케이션의 실제적인 형태가 이제 더 이상 대화의 형태가 아니다. 이 두 번째의 혁명은 "코드의 혁명" 내지 커뮤니케이션 관계방식의 혁명을 의미한다. "선형적 알파벳과 대화가 역사적 실존방식을 만들어냈던 구조였기 때문에, 커뮤니케이션 혁명은 그야말로 '역사'의

---

1 Vilém Flusser, "Alphanumerische Gesellschaft. Die Zukunft des Buchstabenlebens", in: *Die Revolution der Bilder. Der Flusser-Reader zu Kommunikation, Medien und Design*, Mannheim: Bollmann 1995, 52쪽.

종말을 뜻한다."[2] 이때 **코드**code는 다름이 아니라 커뮤니케이션에서 상징을 질서지우는 원리를 의미한다. 문화는 코드에 의해 짜여진 하나의 직물인데, 코드는 다름이 아니라 상징을 조작하는 방식이고 이 방식은 역사적으로 변화될 수 있다.

그렇다면 이러한 발전은 환영할 만한 것인가 아니면 비판되어야만 하는 것인가? 여러 많은 가능성들이 존재하고 있기 때문에, 플루서도 탈산업사회의 파시즘의 가능성에 대해, 다시 말해 인간이 대중문화의 발전과정 속에서 능동적이 아니라 수동적으로 되는 가능성에 대해 경고하고 있기 때문에, 말하자면 미래의 상황은 열려 있기 때문에 커뮤니케이션이론적인 성찰은 (유의할 일이지만 전문적인 커뮤니케이터 지도층의 영향력과 상관없이) 현재의 가장 중요한 도전이다. 현재의 세계는 새로운 의미들을 생산하고 있고, 이 세계 안에서 인간의 실존은 다른 새로운 방식들을 수용하고 있다. "따라서 커뮤니케이션이론은 우리의 문화상황을 고려해 볼 때 이론적 사유의 초점에 해당된다. 이제 커뮤니케이션이론이 예전에 철학이 했던 역할을 넘겨받는다고 해도 이것이 과장된 표현이라고 할 수 없다."[3]

'역사 이후'라는 극적인 전망, 서양전통의 종말이라는 종말론적 울림들, 전복과 혁명이라는 의미심장한 수사학, 정립된 문화과학 담론과의 결별이라는 급진성과 같은 이 모든 표현들은 진지한 분석보다는 수사학적 전략을 가리키고 있는 것처럼 보이고, 의혹을 낳는 것은 물론이고 거부의 감정까지 불러일으키고 있다. 플루서는 도대체 무엇을 말하려고 하는가? 그는 이론가인가 아니면 단순히 선동가에 불과한가? 이미 주장된 바와 같이[4] 텍스트 세

---

2 Vilém Flusser, "Vorlesungen zur Kommunikologie", in: Vilém Flusser, *Kommunikologie*. Schriften Band4, 236쪽.
3 앞의 책, 242쪽.
4 Elisabeth Neswald, *Medien-Theologie. Das Werk Vilém Flussers*, Wien: Böhlau 1998. 이 책은 플루서에 관한 이차문헌이 아주 적다는 점에서 볼 때 주목할 만한 책이기는 하나 본질적으로 플루서의 수행적 자기모순을 입증하고 플루서의 '미디어환상'과 '불분명한 종교성'을 조롱하는데

계의 종말에 관한 그의 진단은 미디어신학을 준비하는 것일까?

2. 텔레매틱스 사회

우리가 플루서의 좌표를 파악하려고 할 때 미리 전제해 두어야 할 것이 있다. 현재의 미디어 환경에서는 아주 자명한 것으로 간주되는 많은 것들이 아직 모호한 가능성으로서만 나타났던 시점에 그가 글을 썼다는 사실이 그것이다. 워드프로세서가 때때로 사용되었고 편집기를 갖춘 메인프레임 컴퓨터 정도가 존재했던 이러한 열악한 조건 속에서 그 당시 나타났던 기술 발전을 인식하기 위해서는 아주 많은 상상력이 필요했을 것이다. 인터넷은 아직 소수의 학문적 엘리트에게나 접근가능한 것이었다. 플루서는 시대가 아직 실제적인 컴퓨터망을 사용하는 단계로 이행되지 않았음에도 불구하고 알파벳적인 사유에서 컴퓨팅komputieren적인 사유로의 패러다임 전환의 원리를 파악했다.

하나의 예를 들어 이것을 설명해 보자. 앞에서 말한 바와 같이, 『계몽의 변증법』의 저자들은 아직 인간에게 주체로서의 역할을 허용했던 최종의 기구의 예가 전화기라고 생각했다(제9장 9절 참조). 플루서에게 중요한 것은 이러한 주체 역할을 보존하는 일이 결코 아니다. 물론 그도 역시 「전화기의 작은 철학Kleine Philosophie der Telefonie」에서 전화기가 대화적 성격을 지니고 있기 때문에 이 기계의 '원(原)기술적인paläotechnisch' 성격을 강조하기는 한다. 이 기구는 원칙적으로 어떠한 새로운 변화도 없이 20세기 전체를 함께 했다. 전화기에서의 유일한 기능변화는 자동화였다.[5] 우리가 곧 플루서의

국한하고 있다.

5 이에 대해서는 Patrice Flichy, *Tele*, 앞의 책, 특히 197쪽 이하 "Der mühsame Weg zur Auto-matisierung"를 참조하라.

방법에 대해 살펴보게 되겠지만 그는 기술을 현상학적으로 관찰한다. 현상학에서는 모든 대상이 지향성과의 관계 속에 주어진다(즉 의식은 그 자체로 주어져 있지 않고 항상 무엇에 대한 의식으로서만 존재할 뿐이다). 따라서 전화기는 개인들 사이를 연결하고 있지만 각각의 사용목적에 따라 수동적인 도구가 될 수도 있고 능동적인 도구가 될 수도 있다.

그러나 이 '도구Werkzeug'를 발신자나 수신자의 관점에서 관찰하는 것만이 중요한 문제는 아니다. 플루서는 어떠한 다른 차원이 존재하는지를 명확하게 밝힌다. "전화기 배후에 존재하는 물질적인 또는 비물질적인 선이 선택의 변수를 나타낸다."[6] 진부한 이야기이지만 발신자와 수신자 사이에 연결이 이루어지기 위해서는 기반시설과 이를 사용하는 방식이 필요하다. 이러한 방식은 전화번호에 의해서, 말하자면 결코 중복적이지 않은 하나의 코드를 수단으로 해서 가능하게 된다(이것은 그리 진부한 것이 아닐 것이다).

이와 같이 이미 전화시스템은 알파벳 이후의 상황을 예고하고 있다. 이때 알파벳 코드는 엄밀한 연산(演算)에 기초하는 자동화에 의해 밀려난다.[7] 그리고 결국 완전한 사이버네틱스 사회는 단지 그러한 엄밀성을 수단으로 해서만 구성될 수 있을 것이다. "전화코드는 우리가 사용하는 몇 안 되는 비중복적인 선형적 코드들 중 하나이다. 이러한 종류의 다른 코드는 수표 코드이다. 코무니콜로기적 혁명의 경향성 중 하나는 모든 중복의 제거로, 다시 말해 총체적인 정보로 나아가는 데 있다.[8] 이것은 탈산업사회의 파시즘

6 Vilém Flusser, "Kleine Philosophie der Telefonie", in: *Der Flusser-Reader*, 같은 책, 67쪽.
7 다양하게 확인될 수 있는 이러한 경향은 그밖에 널리 통용되고 있는, 기술 혁신의 결과를 폄하하는 명제인 '언어상실'의 실제 이유이다. 인간은 문자나 인쇄를 도입한 이후 말하는 것을 그만두지 않았으며 텔레매틱스 사회에서 언어 없이 살 수 없다. 그러나 인간이 확실히 달리 *말하게 될 것이라는 점이 사태의 본질이다.* '계산될 수 있는' 명확성과 조응하지 않는 기록유형은 모두 사라질 것이라는 위험은 거의 모든 계산능력은 바로 그러한 명확하지 않은 기록들도 사용자 표면에서 모방해낼 수 있다는 사실을 통해 약화된다. 디지털의 세계에서는 더 이상 본래성이란 없다. 이것은 역시 기계코드의 차원에서도 없다.
8 *Der Flusser-Reader*, 같은 책, 68쪽.

의 재앙을 나타내는 징후로 간주될 수 있다. 왜냐하면 인간의 의사소통은 기본적으로 높은 중복성의 특징을 띠고 있기 때문이다. 플루서는 이러한 파시즘의 등장을 전적으로 가능한 것으로 보고 있다. 적어도 중앙 통제적인 방송미디어가 지배하는 구속적인 사이버네틱스 사회를 생각할 수 있는 것이다. 이와 대립해서 대화를 위해 기구를 사용하려는 힘이 존재한다. 커뮤니케이션에 대한 실존적인 욕망의 충족과 관련해서 보면 이것은 기구가 주는 약속이다.

미디어철학은 이론적으로 이러한 차이를 분석하는 것이다. 플루서는 미디어에 대한 기술적(記述的) 반성에서 출발하면서 미래의 대화미디어dialogische Medien의 가능 조건들을 밝히려고 한다. 이러한 대화개념은 제약 없는 공지성(公知性)의 조건 속에서의 정치적 삶이라는 하나의 유토피아와 아주 강한 연관성이 있다. 대화미디어는 대화를 촉진하는 미디어를 의미하지 않는다. 대화미디어는 예컨대 출판, 교환, 정보검색과 같이 순환적인 대화를 위한 모든 요소들을 허용하는 미디어를 뜻한다.

이미 플루서는 전화의 진부한 특성에도 불구하고 전화에서 '비전통적인 유형의 대화'를 위한 변수를 감지했다. "우리는 전화에서 면대면face-to-face 대신에 원거리현존Telepräsenz의 체험을 익히게 된다. 원거리현존을 교육하기 위한 수단으로서의 전화나 전화Telefon에서의 '원거리tele'라는 접두사는 교육적 의미를 갖는다."[9] 이러한 의미에서 우리는 텔레매틱스 사회의 전단계에서 이미 다른 현실 속에서 사는 것을 배운 것이다. 플루서가 말하는 것처럼 여기에 특정한 변증법이 숨어 있다. 왜냐하면 미디어는 이 미디어를 통해 커뮤니케이션하는 사람들을 연결하는 동시에 분리하기 때문이다. 접두사 '원거리tele'에 대해 좀더 생각해 보면 이 점은 보다 명확해질 것이다. 망원경Teleskop이나 텔레비전Television 같은 경우 중요한 것은 멀리 있는 것을 가까이 가져온다는

---

9 앞의 책, 73쪽.

것이다. 안더스의 말에 따르면 텔레비전을 통해 세계는 우리의 집으로 배달된다. 물론 이러한 멀리 있는 것을 가까이 가져오는 것에는 숨겨진 위험요소가 있다. 왜냐하면 이것은 우리를 현실로부터 단절시킬 뿐만 아니라 이웃으로부터도 단절시키기 때문이다. 우리와 다른 사람들과의 관계가 **차단된다.** 그 반면에 우리는 다만 멀리서 현란한 그림자만을 소비하게 될 것이다. 안더스가 상세히 설명한 바와 같이 이 그림자의 현실성의 수준은 존재론적 의미에서 볼 때 모호한 것이다. 그렇기 때문에 플루서는 텔레비전을 실망시키는 것 Enttäuschung이라고 부른다. 텔레매틱스(텔레비전Fernsehen, 전화기Fernhören, 탐지기Fernspüren)는 인간의 새로운 문명을 의미한다. 왜냐하면 이 문명은 직접 커뮤니케이션의 척도를 근거로 해서는 올바르게 평가될 수 없기 때문이다. 플루서에 따르면 커뮤니케이션에서 직접성과 같은 것이 존재할 것이라는 생각은 하나의 환상일 뿐이다(제3장 2절 참조). 우리는 현실의 의미를 상실했지만 다른 현실 속에서 사는 것을 시작했다고 말할 수 있을 것이다.[10]

프로그램을 방송하는 미디어인 텔레비전은 우리가 알고 있는 바와 같이 일방향적으로 연결된다. 따라서 이러한 기구들은 커뮤니케이션 도구가 아니라 단순히 광선의 종착점을 위한 수신기에 불과하다. "만약 텔레비전이 전화기처럼 하나의 네트워크로 존재한다면, 우리는 여기서 멀리 있는 사람들을 우리의 이웃으로 인식하고 인정하게 될 것이다. 그리고 그들과 이야기할 수 있게 될 것이다." 이미 브레히트Bertolt Brecht가 라디오와 관련해 말했던 것처럼, 플루서는 텔레비전에서 이와 같은 구속적인 연결에 담겨 있는 정치적·경제적 동기를 드러낸다. 그는 "이 도구는 전환될 수 있을 것이다!"라고 말한다. "다발에서 네트워크로의 전환, 무책임한 종착점에서 책임이 있는 교차점으로의 전환, 그리고 일의적인 경로에서 가역적인 경로로의

---

10 "Vom Fernsehen und der Vorsilbe 'tele'", in: Vilém Flusser, *Lob der Oberflächlichkeit. Für Phänomenologie der Medien*, Schriften Band1, Mannheim: Bollmann 1993, 214~221쪽, 여기서는 216쪽을 참조하라.

모든 경로의 변경"은 텔레매틱스 사회를 건설하기 위한 정치적 전제이다.[11] 이미 전화망에서 알 수 있는 바와 같이 텔레매틱스 사회의 기본구조는 리좀 모델일 것이다. 다시 말해 그것은 계속해 가지를 쳐 나가는 네트워크 모델일 것이다.

3. 언어현상학적인 자극 유발

플루서가 미디어를 분석할 때 사용하는 방법에 대해서는 이러한 서론적인 서술을 통해 이미 어느 정도는 묘사되었다고 할 수 있다. 그는 자신의 주장들을 거의 맥락화하지 않는다. 다시 말해 그의 주장들은 대학의 학문 전통에 있는 기존 이론들과 별로 관련이 없다. 텔레비전을 생각해 볼 때 예컨대 그와 안더스나 맥루한과의 유사성은 어렵지 않게 발견된다. 하지만 이러한 유사성을 재구성하는 것은 무익한 일이다. 한편으로 플루서는 기술적 상상 코드에 의해 강화된 '문화혁명'의 조건 하에서 글을 쓰기 때문이다. 이러한 상황에서 대개의 고전적인 철학적 물음들은 힘을 잃게 된다.[12] 다른 한편으로 그는 자신의 텍스트를 다른 텍스트들과 연관지으려 하지 않고 독창적인 미디어현상학을 정립하려고 하기 때문이다. 그는 "후설을 텔레매틱스에 적용했다"[13]고 한다.

플루서는 언어현상학적으로 세분하여 상세히 설명하고 있지만 도발적인 은유의 왕국에서 움직이고 있다. 사람들은 그가 하이데거적인 어원의 추정과 안더스적인 방법적 과장 사이에서 움직인다고 말할 수도 있을 것이다. 그렇

---

11 앞의 책, 219쪽 이하.
12 Vilém Flusser, *Kommunikologie*, 같은 책, 242쪽.
13 Vilém Flusser, *Vom Subjekt zum Projekt. Menschwerdung*, Schriften Band3, Düsseldorf: Bollmann 1994, 279쪽.

다고 해서 그가 은유적인 텍스트를 쓰려고 했던 것은 아니다. 이것은 그가 현상들을 언어로써 표현하려고 한 데에서, 바로 현상들을 오직 언어로써만 표현하려고 한 데에서 유래한다(이러한 점은 마우트너를 열광시켰을 것이다). 그는 자신의 중요한 미완성 에세이의 제목이기도 한 **인간되기**Menschwerdung의 개념을 설명하면서 다음과 같이 말한다. 이 개념은 은유적으로 이해되어서는 안 된다고 한다. 그리고 이 텍스트는 "사람들이 현상들을 진지하게 받아들여야 한다는 것, 말하자면 현상들을 언어로 파악해야 한다는 것(현상들이 언어로 드러나도록 하는 것), 그리고 대개의 세련된 말들은 은유로서 나타난다는 것"[14] 을 보여주려고 시도한다고 한다. 대개의 개념들은 인간의 생물학적인 한계성을 함축하는 내용들로 이루어져 있다. 이것이 이상한 상황은 아니다. 텔레매틱스 사회의 인간은 바로 이러한 한계성에서 벗어나는 것을 시작했기 때문이다. 플루서는 이에 관해 말하면서 **말로써 파악하는** 투쟁을 계속 반복해서 중심주제로 삼고 있다. 그가 "언어로 파악된 것(하지만 유감스럽게도 형상으로 파악되지 않고)"[15]이라고 말하듯이, 이제 매우 중요한 전회가 일어난다. 그는 텍스트, 문자, 형상이 근본적으로 변화된 상황들 속에서 은유로 철학하기가 아니라 형상으로 철학하기의 입장을 취한다. 그에 따르면, 학문분과에 종속되지 않고 철학을 한다는 것은 말없이 철학하는 것이다. "사람들은 말의 배후에 도달하기 위해, 말하자면 말을 말로써 파악하기 위해 말없이 철학한다."[16] 그렇다고 여기서 신비적 직관이 함축적으로 의도된 것은 아니다.

플루서는 고전적인 철학적 질문들을 그대로 유지하고 있다. 우리는 철학이 언제나 집중해서 다루었던 인식론 문제, 말하자면 도대체 확실성이 존재할 수 있는지, 기만하지 않는 것이 존재할 수 있는지의 문제를 어떻게 '디지털 가상'의 조건하에서 다시 수용할 수 있는가? 철학은 본질적으로 형상

---

14 앞의 책, 186쪽.
15 앞의 책, 117쪽.
16 앞의 책, 189쪽.

금지Bilderverbot의 조건에서 작업한다(보론 2 참조). 형상은 전통적으로 기만적인 가상에 대한 은유이다. 그리고 형상은 우리가 실재를 보지 못하도록 가로막는다. 서양의 전통적인 철학담론은 "자모(字母)로부터 행을 만드는"[17] 선형성의 형태로 이루어졌다. 형상이 "스스로에 의해 매개된 것에 도달하지 못하게 길을 가로막는"[18] 경향성을 띠고 있음을 플루서도 역시 알고 있다. 그러나 이제 더 이상 단순형상들이 중요한 문제가 아니다(이로써 모든 생각들의 방향이 전환된다). 왜냐하면 사진기가 우리 문화에 등장함으로써 형상의 지위는 근본적으로 변화했기 때문이다. 이에 대해서는 곧 다시 다루겠지만 우선 간단히 말해보자. 이미 사진기가 입자의 상태로, 다시 말해 점상(點狀)으로 세계를 구성할 수 있게 만들었다면, 컴퓨터의 산출(算出)된 형상은 이제 비선형적인 사유를 확실하게 표현하고 있다. 철학적으로 숙련된 관찰자는 이러한 형상들을 보게 되면 바로 감정이 폭발할 것이고 예전처럼 텍스트를 갖고 철학하는 것이 아니라 이제 형상을 갖고 철학을 시도하는 방향으로 이행할 것이다. 우리는 '우리 계산합시다!'라는 라이프니츠의 요구를 기억한다.

"숫자적 형상이 컴퓨터 화면에 나타날 경우, (……) 알고리즘에 기초한 형상들은 빈 공간에서(전자장(電磁場)에서) 나타나게 된다. 이것이 '이념'이라고 불리던 바로 그것이다. 플라톤과 예언가들 이후 형상만들기에 대해 퍼부어졌던 비난들은 종합적 형상들synthetische Bilder을 고려해 보면 완전히 무의미한 것이 된다. 숫자적 형상들을 투사한다는 것은 바로 철학을 하는 것을 뜻하게 된다. 형상적으로 표현하는 코드가 존재하게 되면, 사람들은 이제

---

17 앞의 책. 담론의 물질성에 대한 이러한 고수는 "성공한 실증주의"를 실행하고 있는 것이다. 푸코는 이 실증주의를 자신의 계보학적 담론비판의 "학문적 거리낌없음"에 대한 대응물로 선언했다. Michel Foucault, *Die Ordnung des Diskurses*, Frankfurt: Fischer 1997, 43쪽 이하를 참조하라. 푸코의 영향에 대해서는 Flussers biographische Skizze, *http://www.equivalence.om/labor/lusbo.html*를 참조하라.
18 *Der Flusser-Reader*, 앞의 책, 142쪽.

더 이상 말로써 철학을 할 수 없고 말로써 철학을 해서도 안 된다. 말은 이제 더 이상 형상적인 표현 능력이 없기 때문이다. 사람들은 말할 수 없는 것에 대해서 더 이상 침묵할 필요가 없고 이제부터 그것에 대한 종합적 형상들을 만들 수 있게 된다."[19]

이와 같은 '통찰'을 기반으로 해서, 플루서는 부시Vannevar Bush의 시도가 시작한 발전에 반응한다. 부시는 **지능증폭**Intelligence Amplification을 위해 거대한 '논리기계'를 만들려고 시도했다.[20] 이 기계는 상징을 처리하는 데 있어서 문자복제와 저장을 능가하는 것이어야만 했다. 부시는 이것을 1940년대에 마이크로필름 저장을 토대로 해서 제시했지만 미래의 기술발전에 희망을 걸어야만 했다. 이러한 기술적 발전은 1960년대에 결과로 나타났다. 엥겔바르트Douglas Engelbart가 비트맵 방식Bitmapping이라 불리는 혁명적인 시각화를 통해 컴퓨터 화면에 디지털 창이 나타나게 했고 이 화면은 마우스를 통해 쌍방향으로 작동되었던 것이다.[21] 이러한 발전은 기계를 인간 신체의 부분들이 의족적(義足的)으로 확장된 것으로 보는 생각과는 관련성이 없다. 새로운 인터페이스가 정보공간을 새로운 방식으로 열게 됨으로써 컴퓨터는 미디어가 된다. 이 작업방식은 필기도구나 인쇄기와 관련이 없는 것은 물론이고 부시가 상상했던 것처럼 인간의 정신이 연상하는 것과 같은 방식으로 존재한다.

---

19 Vilém Flusser, "Menschwerdung", in: Vilém Flusser, *Vom Subjekt zum Projekt*, 앞의 책, 190쪽.
20 Vannevar Bush, *As we my think*, 1945. 이에 대해서는 또한 아래 보론 4의 각주 57을 참조하라.
21 *Augmentation Research Center at the Stanford Research Institute*의 엥겔바르트의 연구계획서는 온라인에서 접근 가능하다: *http://sloan.stanford.edu/mousesite/EngelbartPapers/Contents.html*. 또한 *The Personal Computing History Page*- *http://www.histech.rwth-aachen.de/www/quellen.html*을 참조하라. 또 이에 대해서는 Steven Johnson, *Interface Culture. Wie neue Technologien Kreativität und Kommunikation verändern*, Stuttgart: Klett-Cotta 1999.

4. 손 / 글쓰기

문자 대(對) 형상이라는 대립구도는 존재와 가상이라는 이원론을 은유적으로 표현하고 있는데, 이러한 문자 대 형상이라는 대립구도를 포기하는 것은 말하자면 철학에서 미디어철학으로의 이행을 의미하는 것이다. 18세기 끝 무렵의 언어철학이 언어를 통한 철학일 뿐만 아니라 언어에 대한 철학이었던 것처럼, 미디어철학은 이와 유사하게 미디어에 대한 철학으로 존재한다. 모든 사물에 대한 절대적인 관찰자 입장이라는 것은 호사스러운 것이고 이제 더 이상 정당화될 수 없다. 지식의 지평에서는 이론과 실천(여기는 책, 저기는 삶)이 화해의 모습으로 나타나지 않는다. 하지만 이러한 불일치는 그야말로 미디어의 '사용규칙'이 포괄적으로 수렴되는 상황에서는 극복될 수 있을 것이다.

철학은 개념들을 갖고 작업을 한다. 그리고 개념화하는 것은 전적으로 촉각적인 원천을 갖고 있고 이로부터 변하지 않는 특성을 갖고 있다. 플루서가 떠올리는 것처럼, 형상으로 철학하기는 세계를 개념화하기(움켜쥐기 begreifen) 위해 선회하는 그러한 손의 특성을 기억한다. 이 손은 예컨대 카메라와 같이 우리가 문제 주위를 맴돌 때 우리를 돕는 기술적 수단을 최적화한다. 플루서에 따르면 이것은 어떤 새로운 것을 만들어내는 기술적 손이다. 그러나 이는 단지 한 측면만을 말해주고 있다. 근본적으로는 인간은 두 개의 손을 갖고 있다. 이때 한 손(철학적 손)은 다른 한 손(기술적 손)이 무엇을 하는지 모른다. 이 두 손이 서로 하나가 된다면, 말하자면 기술론을 보완하는 코무니콜로기의 도움을 통해 서로 하나가 된다면, 비로소 우리는 새로운 차원을 개념화할 수 있고 따라서 형상적으로 철학할 수 있을 것이다. 기술적 상상das Technoimaginäre의 출현이 새로운 인간학적 차원을 의미한다는 점에 대해서는 이미 이야기했다. 플루서는 기존의 미디어문화와 구별되는 점을 설명하기 위해서 노동이 자동화되어 있는 텔레매틱스 사회의 조건 속에서 '한가로이 노니는' 손의 은유를 사용한다. 플루서는 이를 통해서 유대교적·그리스도교적 이웃사랑의 형상을 제시한다. 왜냐하면 한가로이 노닐며 "어떠한 사물에도 딱 들어맞지 않기 때문에" 더 이상 그 어떤 것에도 매달릴 수 없는 손들은 "다른 손에 매달리기 위해 서로 손을 잡는 것"[22]이 좋은 일이기 때문이다. 이와 같이 텔레매틱스 사회는 매스미디어 사회의 은밀한 메커니즘을 기술적 차원에서 능가하는 것은 물론이고 또한 현대에서 문제시된 연대성을 다시 복원할 것이라고 한다.

그러나 여기서 우리는 아직은 사변적 은유의 왕국에 도달한 정도라고 말해야 할 것이다. 왜냐하면 이 언어현상학적인 구상은 텔레매틱스의 미래에 관해 명확하게 말하는 데 있어서는 부족한 면을 갖고 있기 때문이다. 따라서 경험적 지식, 다시 말해 네트워크에서 발생하는 사건이나 기술문화의 질서에 대한 사회과학적 분석이 필요한 것이다. 플루서가 이룩한 성과는 문자의 차원을 넘어서는 글쓰기를 시도함으로써 철학의 방향을 제시한 일일 것이다. 그는 자신의 전기에 대한 스케치에서 다음과 같이 말한다. 그는 "언어의 실타래 위에서 움직이면서 비언어로의 탈출 계책을 찾고 있다"는 것이다. 그는 주변인으로서의 행보를 뚜렷이 해나갔다. 그에 따르면 글쓰기에 대해서 취하는 태도는 최소한 세 개의 형태가 있다.

① 첫 번째 형태는 글쓰기는 의미를 만든다고 생각하는 엘리트적인 문화비평가의 형태이다(이것은 특히 슈타이너George Steiner, 블룸Alan Bloom, 포스트만 Neil Postman과 같이 문명의 몰락을 선언하는 미국의 사상가들에 해당된다).

② 두 번째 형태는 유치원으로 다시 되돌아가는 형태이다. 플루서는 이것을 학교의 조건반사적인 알파벳 사유 이전 상태로 돌아가는 것으로 생각했다. 이전 상태로의 의도적인 복귀, 다시 말해 상징적 세계와의 유희적 관계

---

22 Vilém Flusser, *Lob der Oberflächlichkeit*, 같은 책, 220쪽을 참조하라. 상업Handel과 행위Handlung 는 "인간으로 되는 과정"의 중심개념들이다. 이에 대해서는 단편 "Vorderhand", in: Vilém Flusser, *Vom Subjekt zum Projekt*, 앞의 책, 197쪽 이하를 참조하라.

가 목표이다. 이러한 상황에서 행동하는 개인은 예컨대 컴퓨터 예술가이다. 그들은 기계를 갖고 예측하지 못했던 것을 만든다. "그들은 손가락 끝을 통해 종종 걸음으로 형상의 우주로 되돌아간다."[23] 그들은 개념을 형상적으로 서술함으로써 다른 가능성의 세계를 구성하는 것과 같은 것에 접근해 간다.

③ 플루서는 세 번째 형태로서 역할모델을 제시한다. 사람들이 글쓰기가 이제 더 이상 어떤 의미도 갖지 못한다는 것을 한편으로 알고 있지만 다른 한편으로 다른 가능성을 알지 못하기 때문에 글을 쓰는 형태가 바로 그 세 번째 형태이다.

플루서는 글쓰기에 미래는 있는가의 물음을 다룬 에세이를 1980년대에 디스켓으로도 출판했다. 이것은 독자에게 능동적으로 텍스트에 개입하게 하고 이로써 "추서(追書)가 원래의 글을 점점 덮어씌우게 하기"[24] 위해서이다. 바람직한 사유이기는 하지만 이때 이것은 기술적으로는 소박한 형태로 적용되었다. 플루서는 후기에 자신의 에세이의 실패원인을 분석한다. 여기서 그는 문자로부터는 두 가지의 탈출방향이 존재한다고 보고 있다. 그것은 그림으로 되돌아가느냐 아니면 숫자로 상상으로 계산으로 나아가느냐이다. 그는 그 사이에 다음과 같은 점을 인식했던 것이다. "숫자들은 스스로를 형상들로 컴퓨팅한다komputieren. 사람들은 텍스트적 글쓰기의 사유에서 상상하는 계산으로의 이행을 시도할 수 있다. 만약 이것이 성공한다면, 계산적이고 상상적인 사유방식은 텍스트적 사유방식에서 지양될 것이다. 그렇게 되면 작가들은 수학자와 형상제조자를 삼켜 소화시키고 그럼으로써 자기 스스로를 어떤 새로운 사유의 차원으로 고양시킬 것이다."[25]

---

23 Vilém Flusser, "Das Abstraktionsspiel", in: *Lob der Oberflächlichkeit*, 같은 책, 21쪽. 또한 "Kunst und Computer", 앞의 책, 259쪽 이하를 참조하라.

24 Vilém Flusser, Die Schrift. *Hat Schreiben Zukunft?* Göttingen 1987. 이 책은 Frankfurt: Fischer 1992년 판에 따라 인용한다.

25 앞의 책, "Nachwort zur zweiten Auflage"(1989), 143쪽.

그러나 여기서 플루서는 중요한 것을 간과한 것처럼 보인다. 상상하는 것과 계산하는 것은 실제로 컴퓨팅하는 것에서 하나가 된다. 그러나 이것이 글쓰기의 미래에 관한 문제에서 유일하게 중요한 차원은 아니다. 특히 문화의 텔레매틱스화의 조건 속에서 변화된 (글쓰기) 담론의 생성조건과 분배규칙의 문제도 중요하다. 이러한 변화는 글쓰기 도구를 통해 글을 쓰는 사람과 글쓰기 간의 관계가 변화되는 것을 뜻할 뿐만이 아니라 플루서의 원서(原書)Vorschrift에서 추서(追書)Nachschrift로의 전환에서 암시적으로 표현된 바와 같이 글을 쓰는 사람, 쓰여진 것, 독자 간의 관계도 변화된다는 것을 뜻한다. 미디어에 의한 네트워크화 과정이 관심을 끄는 이유는 바로 이 과정이 저자의 종말이라는 주장을 최상으로 정당화해주기 때문이다.

푸코Michel Foucault는 이 문제에 대해 연구했다. 저자와 텍스트 간의 고전적인 관계 틀은 텔레매틱스에 의해 "글 쓰는 주체를 점차 사라지게 하는 공간이 열리게 됨"으로써 상대적인 것이 된다. 물론 글쓰기는 미래를 갖고 있다. 그러나 틀림없이 책문화에서의 글쓰기와는 다른 형태의 글쓰기가 존재하게 될 것이다. 사실상 책문화는 사회의 일정한 담론의 현존, 기능, 분배를 위한 특정한 형태의 문화일 뿐이다. 특정한 학문분과들의 진보는 꼭 단행본 텍스트의 생산과 관련이 있는 것이 아닌데, 이러한 학문분과에서 다른 형태의 글쓰기가 오래 전부터 확연하게 나타나고 있다. 푸코는 어떤 하나의 과정을 설명하고 있는데, 이 과정은 네트워크화된 지식사회로의 이행 속에서만 강력하게 전개될 수 있다. "17세기 또는 18세기에 하나의 전환이 일어났다. 사람들은 학문적 텍스트를 그것 자체 때문에 받아들이기 시작했다. 다시 말해 사람들은 그 텍스트를 확고히 정립된 진리 또는 언제나 새롭게 입증가능한 진리라는 익명성 속에서 받아들이기 시작했다. 학문적 텍스트는 이 텍스트를 만든 사람이 고려되었기 때문이 아니라 이 텍스트가 전체 체계에 속하기 때문에 믿을 만한 것으로 수용되었다. 저자의 기능은 사라진다. 발명가의 이름은 고작해야 하나의 정리(定理), 하나의 공리(空理), 하나의 주목할 만한 결과, 하나의 특성, 하나의 물체, 하나의 요소집합, 하나의 증상에 이름을 붙이기 위해서 사용될 뿐이다."[26]

그런데 플루서는 기이하게도 그가 글 쓰는 사람에 대해서 말할 때면 언제나 단수형태를 사용했다. 그는 개인과 기구 간의 관계에 관해서 편견을 갖고 있었다. 말하자면 그는 정보들이 사회적으로 처리되는 것이 아니라 개별적으로 처리된다는 편견을 갖고 있었다.[27] 그러나 추서로의 이행은 개별적인 작업이 아니다. 『글쓰기에는 미래가 있는가』텍스트를 디스켓으로 출판한 일은 실험적인 작업으로 작동될 수 없었다. 왜냐하면 이것은 저자에서 독자로의 선형적인 커뮤니케이션 흐름을 실질적으로 극복하는 것을 계획하지 못했기 때문이다. 추서는 어떤 한 전문가의 담론이 아니라 협력적인 텍스트의 여과 작업일 것임에 틀림없다(이에 대해서는 아래 제14장 참조).

5. 상상하기 – 이야기하기 – 정보만들기

지금까지는 서론에 해당하는 것이고 이제 플루서가 주장하는 가설의 핵심으로 들어가 보자. 그는 이 가설을 자신의 **코무니콜로기**에서 개진했는데, 코무니콜로기는 출간된 모든 텍스트에 산재해 있다. 그 가설에 따르면, 정보공간(사이버스페이스)이 개방됨으로써 미디어현실의 모습은 명백히 다른 현실로 나타나게 되었고 이로써 인간의 실존도 새롭게 정의된다는 것이다. 우선 우리는 플루서가 인류사적으로 미디어현실을 재구성한 것에 대해 살펴보고, 이와 연관해서 새로운 인간의 상황에 관한 문제로 다시 되돌아올 것이다.

---

26 Michel Foucault, "Was ist ein Autor?", in: Michel Foucault, *Botschaften der Macht*, 같은 책, 40쪽.
27 특히 칼스루헤의 원자력연구센터에서 강연했던 텍스트인 "Schreiben für elektronisches Publizieren", in: Vilém Flusser, *Lob der Oberflächlichkeit*, 앞의 책, 102~110쪽을 참조하라.

인류의 발전은 요약된 설명 속에서는 대략 다음과 같이 서술된다. "인간들은 생활세계에 대해 상상하기 위해 우선 생활세계로부터 뒤로 물러났다. 그러고 나서 인간들은 생활세계를 기술(記述)하기 위해 상상으로부터 뒤로 물러났다. 그러고 나서 인간들은 생활세계를 분석하기 위해 선형적인 문예비평으로부터 뒤로 물러났다. 마침내 인간들은 분석으로부터 벗어나 새로운 상상력의 도움으로 종합적 형상들synthetische Bilder을 투사한다."[28]

우리는 이러한 일련의 행동들을 플루서가 말한 것처럼 선형성의 위기라는 급진적 방향 속에서 개별적으로 살펴볼 것이다. 이 행동들은 세계에 대한 일정한 관여로 서술된다. 그리고 이러한 관여는 인간의 존재상황에 다시 역으로 영향을 미친다. 처음에는 그림그리기의 행동이 있었다. 이것은 설명되기를 원했다. 인간들은 주어진 신체조건 때문에 시각적인 차원이나 청각적인 차원에서 커뮤니케이션을 한다. 구술문화의 경우 커뮤니케이션은 신속하고 복잡하지 않은 정보교환에 봉사한다. 그러나 이러한 커뮤니케이션은 부정확하고 쉽게 방해받을 수 있다. 따라서 선사문화에서 이미 상상 Einbildung이 등장하게 된다. 말하자면 어느 정도 힘들여서 형상을 돌에 새겨 만들고 이를 통해 장기간 지속되는 커뮤니케이션을 만드는 데 도달한다. 플루서가 말한 바와 같이 이러한 그림그리기나 상상은 알파벳 이전 코드, 즉 이차원적 코드를 따른다. 그림그리기는 공간과 시간에 장면들을 표현한다. 이 장면들은 나중에 보게 될 때 해석되거나 해독될 수 있을지는 몰라도 명확하게 독해될 수는 없다. 이러한 그림들은 기본적으로 현상들에 대한 주관적인 추상을 상징화하고 있기 때문에 일정한 해석의 전승이 일어나게 된다. 그리고 이로부터 종교가 규범적으로 발전하는 결과가 생겨나게 된다.

알파벳 문자의 발명 이후 근본적인 발전들이 단계적으로 나타나게 된다. 우리가 알고 있는 것처럼, 글쓰기는 선형적이고 이제 더 이상 장면적이지 않

---

28 Vilém Flusser, "Eine neue Einbildungskraft", in: *Der Flusser-Reader*, 같은 책, 149쪽.

다. 자모들은 유연하게 삽입될 수 있고 이를 통해 모든 것을 가능하게 기술할 수 있다. 상징들은 선형적 연속으로 나타나게 되고 이것들은 이제 해석되는 것이 아니라 독해된다. 문자는 하나의 발전을 뜻하는데, 이때 발전 개념은 원래의 뜻 그대로 이해되어야 할 것이다. 말하자면 "문자의 발명은 새로운 상징들을 발견했다기보다는 상징들을 선('행')으로 펼쳤다는 데 그 의미가 있다."[29] 이로부터 비롯된 문화적인 결과들은 상당히 큰 것이다. 왜냐하면 문자에 의한 장면에서 과정으로의 이행은 고대 세계에 역사의식을 탄생시켰고 이와 함께 선형적인 진보의 관념을 탄생시켰기 때문이다. 철학은 이것을 신화Mythos에서 이성Logos으로의 이행이라고 불렀고, 이러한 이행은 이론과 학문의 토대를 서술했다. 그리고 이때 구술문화의 이차원성Zweidimensionalität은 문자문화의 일차원성Eindimensionalität으로 압축된다. 이른바 책인쇄의 발명은 다름이 아니라 이러한 문자문화 안에서 반복되는 과정을 기계화한 것에 불과하다. 이제 문자문화는 책문화로 확장해 나간다.

알파벳 이후의 코드는 이러한 선형성과 단절한다. 이 코드는 문자의 일차원성을 기술적 형상의 영차원성Nuldimensionalität으로 압축하기 때문이다. 기술적 형상을 통해 모사된 것은 다시 부호화되고 각각의 개별적인 계기들은 서로 연관되어 다시 결합된다. 기술적 형상은 인간에 의해서가 아니라 기구가 '만들고' 기술적 형상의 코드는 인간이 직접적으로 인식할 수 없다는 점에서 기술적 형상은 전통적인 형상과 구별된다. 기술적 형상은 대개 기계적으로 읽을 수 있는 소스코드Source-Code를 갖고 있다. 기구는 비로소 이 소스코드로부터 인간의 지각능력이 **수용할 수 있는** 형태를 산출한다. 그러나 우리가 바로 컴퓨터를 생각할 필요는 없다. 왜냐하면 기술적 형상은 예컨대 사진에서처럼 아날로그 차원에서 이미 존재하기 때문이다. 플루서는 기술

---

29 이에 대해서는 Vilém Flusser, "Die kodifizierte Welt", in: *Lob der Oberflächlichkeit*, 같은 책, 63쪽 이하, 여기서는 67쪽을 참조하라. 또한 in: *Der Flusser-Reader*, 같은 책, 33쪽을 참조하라.

적 형상이 직접 읽혀질 수 있다거나 하드웨어로부터 이해될 수 있다는 생각은 치명적인 오류에 해당한다고 본다. "기술적 형상들은 선형적 텍스트의 상징들과 같은 그러한 상징들에 의해 덮인 표면들이다. (……) 기술적 형상을 만든다는 것은 형상을 기술적으로 만든다는 것, 예컨대 달의 표면을 정밀한 기구를 사용함으로써 사진촬영한다는 것을 뜻하지 않는다. 기술적 형상들은 장면들이 아니라 개념들, 다시 말해 달의 표면들이 아니라 천문학 텍스트의 개념들이다. 달의 표면에 관한 텍스트의 저자들은 이러한 형상들을 만들려고 시도할 것이다."[30]

우리의 세계는 이러한 기술적 형상으로부터 존재하고 있다. 우리는 기술적 형상을 읽을 수 있다고 믿고 있지만 기술적 형상의 프로그램 구조를 실제로는 인식할 수 없기 때문에 플루서는 우리의 세계를 프로그램화된 세계, 즉 **코드화된** 세계라고 부른다. 예컨대 사진은 하나의 대상을 모사하는 것이 아니라 사진기가 대상으로부터 만든 일련의 개념들을 가지고 있는 것이다. 그리고 더 나아가 이른바 모사하는 카메라는 이 카메라를 구성하는 텍스트가 지배하고 있다. 이 경우는 화학적 공식이라 할 수 있다. 이와 같이 많은 매개의 차원들이 장치되어 있고 이 매개의 차원들은 결국 세계로부터 인간을 점점 더 소외시키는 작용을 할 것이다. 우리가 세계에 관여하는 것이 아니라 세계가 우리의 실존에 관여하는 것이다. 그 이유는 우리가 기호를 통제하는 일을 기계에게 넘겨주기 시작했기 때문이다. 기계는 처음에는 소수에 의해 프로그램화되지만 나중에는 기계 스스로가 스스로를 프로그램화하게 되고 결국 인간세계를 프로그램화하게 된다. 플루서는 이것을 **정보만들기**Informieren라고 부르거나 형태만들기의 과정이라고 부르기도 한다. 정보는 다양한 차원에서 의미를 새겨 넣는 것과 같은 뜻이다(새겨 넣는다는 것은 이미 노동이 이미 대상의 **정보**를 알리고 있음을 뜻한다). 기술적 형상은 개별상징들

---

30 Vilém Flusser, *Kommunikologie*, 같은 책, 139쪽.

로부터 이루어지는데, 이 개별상징들은 이제 더 이상 차원을 갖고 있지 않다. 우리에게 나타나는 것은 예컨대 비트매핑Bitmapping이나 밝음·어두움이라는 격자모양의 눈금처럼 점들로부터 조합된 모자이크이다. 모니터화면의 화소는 밝게 비추거나 그렇지 않거나 둘 중 하나일 뿐이고, 이것의 토대가 되는 비트는 1이나 0의 값을 가지고 있다.

세 단계로 전개된 문명의 발전을 개괄적으로 정리한다면 다음과 같이 나타날 것이다.

사회적 코드	알파벳 이전	알파벳	알파벳 이후
사유형식	순환적(신화)	선형적(이성)	점형적(모자이크)
미디어형식	상징화하는 장면	선형적 과정	상황
문화기술	해석하기	읽기/쓰기	컴퓨팅하기
기본행동	상상하기	이야기하기	정보만들기
사회형식	마법적 문화	산업사회	지식사회
미학	이차원적	일차원적	영차원적

6. 선형성의 위기

우리가 더 이상 프로그램을 만드는 자로서가 아니라 프로그램이 만든 자로서 존재하는 경향성을 띠게 된다면 우리 문화는 위기에 빠지게 될 것이다. 플루서는 우리를 둘러싼 기술적 형상들이 어떤 의미를 프로그램화하는지에 대해서 우리가 알 수 없다는 점을 강조하고 있다. 이러한 점에 볼 때는 그가 문화염세주의적인 입장에서 말한다고 할 수 있다. 우리가 자신의 특유한 냉소주의를 잘 파악하지 못한다는 유명한 광고전문가들처럼 종말을 고하지 않으려면, 우리는 다시 프로그램화하는 능력을 발전시켜야만 한다. 문자의 발전은 그림의 마법적 힘에 대한 믿음의 상실을 뜻했다. 그렇기 때문에 이미 문자문화와 인쇄문화의 시대는 비판적 태도를 발전시켰고 마침내는 계몽주의에 도달하게 되었다. 이때 개념들이 지배적인 힘을 갖게 되었고 이와 함께 설명, 이론, 이데올로기도 마찬가지로 힘을 가졌다. 이 모든 것들은 리오타르가 현대의 '거대담론(巨大談論)'이라 불렀던 것들이다. 세계를 기술적 상상Technoimaginäre을 통해 다시 코드화한다는 것은 텍스트에 대한 믿음이 약화되었고 이로써 근본적인 가치의 위기가 일어났다는 사실을 의미한다. 우리는 설명의 선형적 세계에서 벗어나 모델의 기술적 상상의 세계로 나아간다. "그것은 하나의 '위기'이다. 왜냐하면 말하자면 텍스트에서 벗어남으로써 예컨대 정치, 철학, 과학과 같은 종래의 프로그램들이 힘을 상실하였지만 아직 새로운 대체 프로그램들이 생겨나지 않았기 때문이다."[31]

따라서 순차적·역사적·비판적 사유가 문명발전의 종착점으로 간주되어서는 안 된다. 우리가 앞으로 무엇이 등장하게 될 것인지, 이러한 **새로운 상상력**(이것은 문화의 새로운 기회를 의미한다)을 어떻게 사용할 것인지에 대해서 잘 모르고 있을 뿐이다. 여기서 플루서는 문화염세주의를 떠난다. 기본적으로 그는 문화염세주의를 극복할 가능성을 기대하고 있기 때문이다. 이러한 과정이 커뮤니케이션이론적 관점에서 의식된다면, 문자를 넘어 종합적인 형상을 만들어내는 새로운 상상력이 고안된다면, 그 극복은 가능한 것이다.

---

31 Vilém Flusser, *Lob der Oberflächlichkeit*, 같은 책, 70쪽.

네스발트Elisabeth Neswald는 플루서가 "세계의 불충분한 상황을 전격적으로 지양하여 새로운 세계를 탄생시키는 기구"[32]로서 컴퓨터를 생각했을 것이라고 말했다. 하지만 그것은 결코 그렇게 간단한 문제가 아니다. 오히려 플루서는 핵심적 문화기술의 구성요소였던 알파벳을 능가하는 새로운 재코드화 과정이 진행 중에 있다고 생각했다. 이것을 이해하기 위해서는 왜 도대체 알파벳이 발명되었는지의 물음과 함께 다시 한번 문화의 발전과정을 살펴보아야 할 것이다.

인간이 태고의 선사시대에 그림을 그리기 시작하면서부터, 상상력과 함께 "대상세계로부터 자신의 고유한 주체성으로 물러나는 탁월한 능력, 다시 말해 객관세계의 주체가 되는 탁월한 능력"[33]이 생겨났다. 플루서는 다른 곳에서는 이것을 탈존Ek-sistenz의 능력이라고 부른다. 자연에의 예속상태에서 벗어나는 능력 내지 서서히 이차적 자연을 만들어나가는 능력이라고 말할 수도 있을 것이다. 그림그리기는 아마 자연에 대항해서 자신을 관철해야만 하는 필요성에서 기인했을 것이다. 사람들은 더 잘 행동하기 위해서 그리고 그림에 담겨 있는 '행위의 윤곽'을 전승하기 위해서 자신의 생각을 확고하게 만들려고 했을 것이다. 인간은 이러한 그림그리기의 행동을 통해 대상으로부터 뒤로 물러나서 대상의 주체가 된다. 대상들은 더 이상 명백한 것으로 존재하는 어떤 것이 아니다. 이제 대상들은 우리가 바라보는 현상들이 된다.[34]

우리가 여기서 보게 되는 것은 장면적으로 배열된 그림문자들Piktogramme이다. 이것들은 말하자면 내포적으로 코드화된 그림들이고, 따라서 불명확하게 코드화된 그림들이다. 문자의 발전은 상호주관적인 커뮤니케이션의 필요성으로부터 추론된다. 문자는 일정한 복잡성의 단계에서 나타나는 불

---

32 Elisabeth Neswald, *Medien-Theologie*, 같은 책, 128쪽.
33 *Der Flusser-Reader*, 같은 책, 142쪽.
34 Vilém Flusser, *Krise der Linealität*, Bern: Benteli, 1992.

명확성을 해결해야만 했다. 문자는 상상을 비판한다. 이와 같이 문자는 해석 **가능한 코드**(내포적 코드)를 **명확히 독해 가능한 코드**(지시적 코드)로 대체한다. 표음문자의 자모들의 배열이 그림문자들을 대신하여 등장한다. 이것은 평면 구조에서 선형적 배열의 선의 구조로 나아가는 문화기술의 추상화 과정이다. 그리고 이것은 대상세계로부터 한 걸음 더 뒤로 물러나는 것을 뜻하며 또한 대상세계로부터 더 많이 소외되는 것Entfremdung도 뜻한다. 이러한 주장의 타당성을 정당화하는 증거들은 많이 있다. 지시적인 문자언어는 불명확하고 내포적인 방언에 대항해 생성된다.[35] 구약성서의 형상금지 Bildervorbot도 형상을 숭배하는 신화적 세계에 대항해 스스로를 관철시켜야 했던 문자문화의 필수적 요구사항으로 해석될 수 있다.

알파벳으로 만들어진 표음문자는 표의문자적 상징인 숫자를 통해 보완된다. 자모들과 숫자들은 서로 합쳐져서 알파벳숫자 코드를 낳았고, 이 코드는 우리 사회를 지배하게 되었다. 형식적 · 계산적 사유는 담론적 · 역사적 사유와 함께 나란히 발전했는데, 이 형식적 · 계산적 사유는 르네상스 이후에, 특히 데카르트, 라이프니츠, 뉴턴의 구상 이후에 점점 더 많은 힘을 갖게 되었다. 알고리즘(계산법)이 세계를 설명하는 글쓰기 텍스트 옆에 등장했다. 계산은 보다 많은 확실성과 보다 높은 정확성을 허락했다. 숫자를 사용하여 세계를 개개의 점으로 코드화하기 때문에 여백(간격)을 만들 수밖에 없는 계산의 단점은 계산방법의 발전에 따라 점차 보완되었다. 이와 같이 미분법은 숫자로 과정을 설명하는 것을 가능하게 했다.

이로써 가능해진 **프로그램화하는** 상상력은 새로운 코드와 새로운 형태의 세계지각을 가리킨다. "서양 문화는 중요한 정보들이 알파벳숫자 코드로 암호화되어 있는 담론이다. 이 코드는 다르게 구조화된 코드에 의해 쫓겨날

---

35 언어의 객체화 과정에 대해서는 다음의 연구를 참조하라. Jack Goody/ Ian Watt/ Kathleen Gough, *Entstehung und Folgen der Schriftkultur*(1968), Frankfurt: Suhrkamp 1997.

처지에 있다."[36] 이 새로운 코드는 우선은 단지 간접적으로만 컴퓨터시대의 디지털코드와 관련이 있다. 플루서는 역사적 코드화가 계산적 코드화에 의해 어떻게 대체되는지에 관한 사례로서 사진기를 들고 있다. 사진기는 아날로그 방식으로 낱알형태의 '모사 속에서' 세계를 점의 부호로 해체하고, 그러고 나서 사진술을 통해 세계를 다시 하나의 형상(사진)으로 조합한다. 이때 이 형상은 계산된 바이트로부터 성립된 것이다. 우리가 지각하는 것은 처리된 데이터이다. '불완전한 계산'이 문제가 되는지는 모르지만 여하튼 세계는 점–여백코드에 의해 처리된다. 사진술의 관점에서 세계를 본다면, 이제 비선형적인 사유가 활동할 수 있게 된 것이다.[37]

우리는 프로그램화를 통한 형상만들기를 가능하게 하는 기구가 무조건 디지털 컴퓨터일 필요는 없다는 것을 알게 되었다. 물론 새로운 상상력은 합성된 컴퓨터영상에서 최고로 효력을 발휘할 것이다. 우리가 그렇게 처리한 것의 결과가 현실로 존재한다면, 완벽한 프로그램화는 초고속 디지털 프로세서를 수단으로 해서 세계의 보다 완전한 변화를 허용하게 될 것이다. 우리가 이러한 다른 현실 속에서 사는 것을 배우게 된다면, 생산된 형상과 복제된 형상을 계속 구분하는 일은 점차 무의미한 일이 될 것이다. 이와 같이 선형성의 위기는 기본적으로는 오랫동안 지속되어 온 선형성 비판의 결과로 간주되어야 할 것이다. 말하자면 이 위기는 그림그리기에 대한 비판과 함께 시작된 발전방향의 연장선 속에서 이해되어야 할 것이다. 플루서에 따르면 '컴퓨팅의 의식'의 새로운 상상력은 높은 해방의 잠재력을 갖고 있다고 한다. 그리고 우리는 먼저 이러한 새로운 상상력 속에서 우리 스스로를 훈련시켜야만 한다고 한다. 이러한 전제들 속에서 플루서는 마침내 '주체의 죽음'이라는 포스트모던의 명제를 놀랍게도 커뮤니케이션이론적으로 재구

---

36 앞의 책, 7쪽.
37 앞의 책, 26쪽 이하. 또한 Vilém Flusser, *Lob der Oberflächlichkeit*, 같은 책, 278쪽 이하를 참조하라.

성하는 데 성공했다.

7. 주체에서 기획으로

우리는 컴퓨팅하고 합성한다. 선형성으로부터의 이탈은 가상적 대상성을 창조한다. 19세기에는 페러데이Michael Faraday와 맥스웰James Clark Maxwell에 의해 최종의 물질 입자에 대한 믿음이 힘을 상실했다. 전자기장이라는 새로운 설명개념이 물리적 실체로서 여겨졌던 에테르를 대체하게 되었고 이를 통해 하나의 새로운 존재론이 등장하게 되었다.[38] 이러한 세계상의 변화는 20세기의 모든 철학적·과학적 담론에게 많은 영향을 미쳤다. 우리는 (때때로 그렇게 믿지 않는다 해도) 세계는 어떤 견고한 대상성을 갖고 있는 것이 아니라는 사실, 세계의 대상성은 지각의 구성물이라는 사실을 알고 있다. 객체가 이러한 형태로 사라지게 된다면, 이러한 현상은 스스로를 주체로 생각하는 우리들의 지각방식에도 영향을 미치게 된다.

플루서는 이것을 다음과 같이 표현한다. "우리는 이제 더 이상 우리가 어떤 하나의 견고한 본질(하나의 동일성, 하나의 '자아', 하나의 '정신', 하나의 '영혼')을 우리 안에 갖고 있다고 착각하지 않는다. 우리는 공동의 심리적 장(場)에 나타나 잠정적인 하나의 기포처럼 등장하여 정보를 획득하고 처리하고 전달하고 그리고 다시 사라진다."[39] 유사한 의미에서 우리는 이제 더 이상 우리가 세계 자체를 지각한다고 착각하지 않는다. 플루서가 말한 바와 같이 오히려 우리는 세계를 구성하고 내지는 지각된 것을 현실로 '처리'하고 있다. 따라서 우리는 어떤 주어진 것을 변화시키고 있는 것이 아니다. 우리는

---

38 James Clark Maxwell, *A Dynamical Theory of the Electromagnetic Field*(1864), Arthur Zajonc, *Die gemeinsame Geschichte von Licht und Bewußtsein*, 같은 책, 특히 175쪽 이하를 인용한다.
39 Vilém Flusser, *Krise der Linealität*, 같은 책, 32쪽.

대상들을 다루는 일을 하는 주체가 아니다. 우리는 주어진 가능성을 현실화하는 경향성을 띤다. 말하자면 우리는 현실을 변화시키는 것이 아니라 가능성을 현실화시킨다. 이러한 의미에서 플루서는 인간의 발전과정을 주체에서 기획으로의 운동으로 이해한다. "우리는 이제 더 이상 주어진 객관세계의 주체가 아니라 대안 세계들의 기획이다."[40]

물론 플루서는 무조건적으로 진보적 낙관주의를 대변하지는 않는다. 그는 견고한 파시스트적인 지배의 형태 같은 중앙집권적 기술지배의 가능성을 처음부터 알고 있다. 하지만 그는 네트워크형 대화의 가능성도 제시한다. 이러한 네트워크형 대화 속에서 인간들은 커뮤니케이션을 통해 자신들의 '부조리한 삶'에 의미를 부여하게 되고 이로써 스스로를 실현하게 된다는 것이다.

그러나 여기서 커뮤니케이션을 한다는 것은 단순히 '서로 대화를 하는 것'만을 뜻하는 것이 아니라 완벽하게 계산을 하는 것을 뜻한다. 플루서가 상세히 설명한 바와 같이, 위기의 상황 때문에 예컨대 정직, 집, 도시, 가족, 어린이, 육체, 성, 기술, 노동 등에 관한 새로운 고안들이 등장하게 될 것이고 "완벽하게 계산된 것을 다른 대안적 구체성으로 다시 컴퓨팅하는" 일이 벌어질 것이다.[41] 이와 같이 플루서는 '인간되기'의 아직 종료되지 않은 과정 속에서 볼 때 (객체에 대해 주체로서 존재함으로써 다른 동물과 다르게 세계 안에 존재하는) 반자연적 태도로 계속 몰아가는 **인위적인 행동**을 우리가 더 이상 할 필요가 없다고 주장하는 데까지 이르렀다. 종국에는 인위적인 것과 자연적인 것이 더 이상 구분되지 않는 상황에 도달하기 때문이다. 완벽한 컴퓨팅의 조건 속에서는, 미디어현실 내지 컴퓨팅된 현실과 진정한 현실 사이의 구분을 의미 없게 만드는 어떤 다른 대안적 구체성이 창조된다. "따라서 형

---

40 Vilém Flusser, *Lob der Oberflächlichkeit*, 같은 책, 283쪽.
41 Vilém Flusser, *Vom Subjekt zum Projekt*, 같은 책, 7~160쪽, 여기서는 122쪽.

상과 사물을 구분한다거나 허구와 실제를 구분하는 것은 점점 더 불가능한 일이 될 것이다."[42]

이제 제기되는 물음은 다만 이러한 상황에 도달하게 될 때까지 일정한 단계들이 존재할 것인지, 이 단계들이 어떤 중대한 영향을 미칠 것인지의 문제 정도일 것이다. 플루서는 미디어시대의 부정적 인간학을 정초했다. 물론 이 인간학은 열려진 미래와 함께 하나의 기획으로 남아있다. 기술과 철학 양쪽 모두를 능가하기 위해 기술의 완성을 근거로 해서 철학적 사변을 급진적으로 이끌어나간 것은 엄청난 시도라고 할 수 있다. 끝에는 결국 환상적인 시학Poesie이 남게 된다. 이 시학은 자연적인 것에서와 마찬가지로 예술적인 것에서도 단지 점 단위의 조합들만을 인식할 뿐이고 이러한 점들 사이를 구별하는 여백만을 인식할 뿐이다. 여기서는, 언제나 어떤 기만하지 않는 것을 찾고자 하는 인식의 방법은 현기증을 느끼게 될 것이다. 이 인식의 방법은 전통적 인식론이 했던 것과 달리 어떠한 입장도 취할 수 없게 된다. 왜냐하면 이 인식의 방법은 어떤 입장을 취할 때 그 무한한 가능성을 알고 있기 때문이다. 따라서 이 인식의 방법은 유희적인 "점에서 점으로의 전환"[43]을 연출한다. 이로써 도출되는 것은 다름이 아니라 상호의존성의 관계망이 존재한다는 것, 그리고 커뮤니케이션의 필요성이 존재한다는 것이다. 여기서는 어떤 입장도 고집스럽게 고수되지 않는다. 이러한 전제에서 볼 때, 가능성의 놀이가 현존 문화를 새롭게 표현하고 있는 말일 것이다. **탈역사적** 상황에서의 문화의 지양은 (헤겔 말을 빌리면) 문화를 부정하는 동시에 보존하는 것을 의미한다. 다시 말해 문화의 지양은 새로운 미디어에서의 증가, 보관, 파기로 나타나게 될 것이다.

우리가 19세기에는 언어를 통해, 20세기에는 새로운 미디어를 통해 알게

---

42 앞의 책, 19쪽.
43 앞의 책, 263쪽.

되었던 것은 미디어현실들Medienwirklichkeiten이 존재한다는 사실과, 이 미디어현실들은 그 중 어떤 것이 현실로 이해되어야만 하는지의 문제를 둘러싸고 서로 경쟁하고 있다는 사실이다. 이러한 불일치는 현재 경향적으로 드러났다. 우리는 현실에 대한 정확한 의미를 상실했다. 우리는 이러한 현실이 하나의 구성Konstruktion임을 배워야 했기 때문이다. 우리가 구성하는 자로서의 우리 역할을 의식하지 못한다면, 그리고 우리가 그 역할을 잘 수행하지 못한다면, 기술파시즘이 우리를 위협하게 될 것은 물론이다.

요약

모든 언어는 그 자체가 이미 현실로부터 추상화된 것이다. 우리는 이러한 프로그램화된 구조를 실제로는 인식할 수 없고 단지 간접적으로만 알 수 있을 뿐이다. 그렇기 때문에 플루서는 우리의 세계를 코드화된 세계라고 부른다. 인류는 '문화'를 수단으로 해서 인간과 세계 사이를 매개하고 동시에 인간을 세계로부터 보호해주는 인위적인 표피를 창조했다. 인간으로 실존한다는 것은 자연에 매몰되어 있는 상태 '바깥에' 존재한다는 뜻이다. 인간들은 이러한 실존에 대해 성찰하기 위해서 커뮤니케이션을 한다. 인간들은 자기 자신과 세계 사이의 심연을 메우려는 시도를 한다. 이때 특정한 코드들이 탄생하게 된다. 무엇보다도 먼저 인간의 언어코드들이 탄생했고 이 코드들에 따라 인간의 삶은 미리 프로그램화된다(이로써 특정한 유형으로 '정보만들기'가 이루어졌다). 코드화된 세계는 알파벳숫자 코드의 전통세계와 다른 방식으로 정보를 저장한다. 이것은 수백 년 동안 형성되었던 선형성의 위기를 의미한다. 이 위기는 사진기로부터 시작되었는데, 이 위기의 효과는 커뮤니케이션이론적으로 연구되어야만 한다. 말하자면 그 연구는 미디어철학으로 지칭될 수 있는 차원에서 기술적 상상의 출현을 올바르게 평가하고 언어학적 구상들을 차용함으로써 이루어져야 할 것이다. 플루서는 이를 위해 컴퓨팅하는 사유에 대해 묘사했다. 이 사유의 새로운 상상력은 문화의 새로운 과제를 제시하고 있는데, 가능성의 장으로 세계를 변화시키는 것이 그 과제이다. 인간이 미디어의 발전과 함께 현실에 대한 의미를 실제로 상실했는지, 또는 인간이 다른 현실 속에서 사는 것을 이미 시작한 것은 아닌지가 현재의 상황에서는 불분명하다. 그렇다면 인간은 이제 더 이상 하나의 주어진 객관 세계의 주체로서가 아니라 대안적 세계들의 기획으로서 존재하는 것이다.

따라서 텔레매틱스 사회로의 이행은 문화의 종말이 아니다. 그 이행은 자율성의 공동 확립을 위한 기술적·사회적 기획을 만드는 도전으로 나타난다. 이 문제는 미디어철학의 관점에서 새로운 인간학이 정립됨으로써 일찍이 해결되었다. 중요한 것은 기술적 형상에 대해 깊이 사유하는 것이다. 우리는 특히 어떻게 기술적 형상이 만들어지고 어떻게 사람들이 기술적 형상으로부터 프로그램화되는지를 이해해야 할 것이다. 우리가 이제 더 이상 역사적으로 존재하는 것이 아니라 컴퓨팅하는 형태로 존재하는 세계에서는, 휴머니즘의 관점이 문화학의 토대로서의 중요성을 더 이상 갖지 못한다. 이러한 점에서 본다면 커뮤니케이션이론은 담론의 전체주의적 경향에 대응하기 위해서 연구 활동을 근본적으로 개혁하는 것을 뜻하기도 한다. 이와 같이 커뮤니케이션 이론은 코무니콜로기로서 네트워크형 대화의 잠재력을 연구한다.

욕망기계, 리좀에의 열광, 메멕스

'주체의 죽음'이라는 수사학은 1960년대의 정치적 저항운동과 저항문화의 과정 속에서는 사회정치적 계획의 종말로 해석되었다. 이러한 사회정치적 계획에서 중요했던 것은 시민적 주체성의 개념을 계속 발전시켜나가는 것이었다. 시민사회의 주체는 그 자신에게는 의식되지 않는 충동들에 예속되어 있고 근대의 주체성은 우리를 움직이는 것에 대한 계몽의 과정에서 반복적인 자기애의 질병에 걸려 있다는 사실을 프로이트는 보여주었다.

한편으로 인구의 폭발적 증가와 다른 한편으로 사회가 점점 더 세분화됨으로써 나타나는 사회관계의 복잡성의 증가는 개인과 사회 사이의 관계에 대해 사유할 것을 요구했다. 아직 프로이트는 개별적인 시민주체들을 **대화치료**Talking cure를 받게 함으로써 사회화 과정에 재통합할 수 있었다면, 포스트모더니즘은 프로이트와 그의 개별주체에 관한 구상을 넘어서야만 했다. 프로이트 이후 수십 년 동안의 논쟁은 정신분석학과 마르크스주의가 연결될 수 있는지, 정신분석학적으로 고안된 개념도구들이 탈산업사회의 억압적 성격을 파괴하려는 목표에 맞게 이 사회에 적용될 수 있는지와 같은 핵심문제들에 의해서 형성되었고, 이 논쟁은 1930년대와 1960년대에 최고점에 있었다. 1970년대에 이러한 담론들 중에서 정신분석학과의 결말을 낸 완결적인 두 개의 텍스트가 갑작스럽게 등장했는데, 각각의 텍스트는 각기 자신의 방식대로 담론의 선형성과 단절하고 있다. 들뢰즈와 가타리의 『욕망

기계들을 위한 프로그램의 총괄적 검토Programatische Bilanz für Wunschmaschinen』(1972)와 『리좀Rhizome』(1976)은 프랑스의 하위문화에서뿐만 아니라 독일의 하위문화에서 시기적절한 **리좀에의 열광**을 불러일으켰고, 오늘날까지도 이른바 '네트워크 담론'에 깊은 영향을 미치고 있다. 첫 번째 에세이는 『안티-오이디푸스Anti-Ödipus』의 부록이고, 두 번째 에세이는 『천개의 고원Mille Plateaux』의 서론에 해당된다.[1]

여기서 중요하게 다루어지고 있는 것은 20세기의 핵심주제라 할 수 있는 인간, 사회, 기술 사이의 관계이다. 욕망기계에 대한 텍스트는 예컨대 키튼Buster Keaton의 영화 「항해자The Nevigator」를 인용한다. 이 영화에서 항해자는 배 안의 조리실의 기술적 위험요소에 대항해 싸워야만 한다.[2] 그의 모든 다른 영화들에서처럼 여기서도 대중적인 기계를 개인적인 목적에 맞게 사용하는 시도는 실패로 끝난다. 이러한 상황은 근대의 문제가 생산력의 확대를 요구하는 것을 통해서는 해결될 수 없다는 점을 은유적으로 표현하고 있다. 왜냐하면 기술적·사회적 기계와 들뢰즈와 가타리가 말한 '욕망기계' 사이에는 범주적인 차이가 존재하기 때문이다. 그들은 욕망을 전략적으로 개인적 상황으로 되돌림으로써 세계에 대한 욕망을 아주 체계적으로 방해하는 것을 비판한다. 이것은 우리 문명의 신화적 형상인 오이디푸스와 같다. 오이디푸스는 대체충족의 복합성을 해명하는 것이 중요한 문제이기 때문에 프로이트의 이론형성에서도 당연히 중심에 놓여 있었다. 그렇기 때문에 안티-오이티푸스이다. 말하자면 전체를 향해 있으나 그 비밀스런 욕망은 가장 은밀한 것(어머니)을 향해 있고, 그 욕망의 실현은 비극적인 실패로 결

---

1 Gilles Deleuze, und Félix Guattari, *Anti-Ödipus. Kapitalismus und Schizophrenie1*(1972), Frankfurt: Suhrkamp 1977, Gilles Deleuze, und Félix Guattari, *Rhizom*(1976), Berlin: Merve 1977, Gilles Deleuze, und Félix Guattari, *Tausend Plateaus. Kapitalismus und Schizophrenie*(1980), Berlin: Merve 1992.
2 Gilles Deleuze, und Félix Guattari, *Anti-Ödipus*, 같은 책, 514쪽.

정되어 있는 오이디푸스 형상에 대립하는 것이다. 반복운동을 조직하는 욕망기계는 강압과 억압을 만들어내는 오이디푸스적 도구에 대항하고 있다. 반복운동을 조직하는 욕망기계는 안티-오이디푸스의 은유이다. 그리고 이 욕망기계는 "무한하게 모든 측면에서 모든 방향으로 뻗어나가는 연결의 능력"[3]으로 정의될 것이다. 이러한 근본 사상을 다시 한번 달리 표현한다면 다음과 같다. 즉 문화의 선형적인 목표지향성이 여하튼 허무로 나아가고 욕망의 충족이 단지 기만되었을 뿐이고 파편화된 실존 속에서 거부될 뿐이라면, 바로 이것은 가로지르는 연결을 향하고 있는 전복적인(안티-오이디푸스적인) 욕망을 만들어낼 것이다. "욕망은 본질적으로 파편적이고 파편화된 부분대상과 지속적인 흐름이 서로 결합하도록 끊임없이 작용한다. 욕망은 흐르게 만들고 흐르고 분리한다."[4]

이로부터 사회와 기술 사이의 관계에 대한 '설명'으로 나아가는데, 이 설명은 '욕망 대 결핍'의 이진법이 지배하는 담론에서 이루어진다. 자본주의 문화가 추구하는 것은 생산에서의 모든 저항활동을 파괴하는 것이고 소비사회로서 '생산의 생산'(말하자면 상품물신성의 생산)을 가속화하는 것이지만, 이러한 자본주의 문화는 결국은 모든 욕망을 극적으로 소홀히 하는 그러한 주체(오이디푸스적 실존)만을 허락할 뿐이다. 간략히 말해, 이러한 전체는 자본주의적 기계로 불리는데, 이 자본주의적 기계는 파편화된 코드를 생산하는 숙명적 결과와 함께 근대에 성립되었다. 이 자본주의적 기계는 "앞선 사회의 기계와 반대로 전체 사회영역을 포괄하는 코드를 제공할 능력이 없"기 때문에 화폐와 같은 "추상적인 양의 공리체계"에 매달린다.

결핍된 코드화, 공리화 그리고 끝으로 중심개념인 **탈영토화**Deterritorialisierung에 대해 말해보자. 주체가 단지 억압의 힘으로만 존재하는 경우에는,

---

3 앞의 책, 503쪽.
4 앞의 책, 11쪽.

현실적인 실존이란 없다. 이드가 도처에(예컨대 생산현장에) 존재하지만 개인 안에는 결코 더 이상 존재하지 않는다. 그 결과는 정신분열증으로 표현되는 불안정한 주체들이다. 자본주의적 기계는 이러한 불안정한 주체들에 대해서 재영토화Reterritorialisierung운동의 조치를 취한다(즉 관료체계와 경찰조직을 통해 조치를 취하고, 이러한 제도들로부터 통제사회가 형성된다). 재영토화는 탈주로를 은폐하고 가로막는 보완장치이고 그 반면에 탈영토화는 탈주로를 전복적으로 폭로하는 것이다. 탈영토화는 "'사람들'에게 영토를 떠나게 하는 운동이다."[5] 이러한 표현은 그 당시 전개되었던 '수동적 수취도구'라는 표현에 비해서 포스트혁명주의적이고 무정부주의적·공산주의적인 해방의 수사학을 허락했다. 이 수사학은 바로 1960년대의 학생운동의 신념에 찬 체제변혁 요구가 실패로 돌아간 이후 반향을 일으켰다.

여기서 우리는 시대 진단적인 분석을 만나게 되는데, 이 분석은 높은 추상의 차원에서 독특한 용어를 사용하면서 현재에 대해 상당히 종말론적인 형상을 그려내고 있다. 그것이 왜 그렇게 인기를 얻게 되었는가? 빈클러 Hartmut Winkler는 물론 들뢰즈와 가타리와의 직접적인 연관성 속에서 말하고 있지 않지만 사태를 정확히 파악하면서 다음과 같이 쓰고 있다. "욕망들은 존재하는 것과의 차이 속에서 자신의 힘을 확장시키기 때문에, 욕망들은 실증적인 것과 실증적인 것의 위협적인 총체화에 맞서 싸울 수 있는 유일한 척도이다. 역사가 말하자면 정지해 있는 것처럼 보이고 역사의 운동이 오직 기술의 '창발적 진화'에만 위임되어 있다면, 적어도 이러한 문제 해결을 추구하는 욕망은 방향을 전환해서는 안 된다."[6]

그러나 이것이 모든 효과를 완전하게 설명하고 있는 것은 아니다. 이뿐만 아니라 들뢰즈와 가타리는 자유롭게 성립되는 구조들이라는 전략을 일

---

5 Gilles Deleuze, und Félix Guattari, *Tausend Plateaus*, 같은 책, 703쪽.
6 Hartmut Winkler, *Docuverse. Zur Medientheorie der Computer*, Boer 1997, 338쪽.

6

관되게 제안하고, '리좀'을 통해서 하나의 사유형상을 제안한다. 리좀의 형상은 앞에서 언급된 '흐름의 결합'이 어떻게 작동할 수 있는지를 보여준다. 리좀은 지하에서 사방으로 가지를 뻗는 뿌리줄기 식물을 뜻하는데, 이 식물의 경우 뿌리와 가지가 구분되지 않는다. 리좀은 전략적 기획을 위한 은유가 되었다.[7] 이러한 생물학적 개념내용과 더불어, 리좀은 유기적으로 성장한 것('식물의 지혜'), 번성하는 발육, 세분, 확장, 응축('덩이줄기'), 비체계적인 세분화를 표현하기 위한 것으로 쓰인다. 그러므로 리좀은 근대에서 체계적으로 확장되었던 명확성에 대립해서 형식들의 다양성을 위한 표현으로 존재한다.[8] 리좀은 단자론적인 것이 아니라 **유목론적인** 것으로서 비선형적인 (가로지르는) 네트워크에 대한 은유이다. 이 은유에 대한 폭발적인 인기[9]는 다음과 같은 이유에서 기인한다. 리좀은 지하적이고 배후적인 전복을 약속하고 이로써 학문 내에서 지배적인 심층적인 의미 파악의 프로그램에 맞서 등장하기 때문이다. 심층적인 의미파악은 라인강 오른쪽의 해석학과 라인강 왼쪽의 구조주의에 의해, 그리고 이 양쪽을 목적에 알맞게 수용했던 정신분석학에 의해 학문적으로 주장되었던 것이다. 리좀은 '이성의 목소리'라는 학문적 형태에 대항해 바로 푸코적인 의미에서의 더듬거리면서 불분명하게 말하는 광기의 목소리를 지지한다(이것은 강박증에 사로잡힌 텍스트 문화의

---

7 들뢰즈의 차이개념의 계속된 전개에 관해서는 Gilles Deleuze, *Differenz und Wiederholung* (1969), München: Fink 1992와 Gilles Deleuze, und Félix Guattari, *Tausend Plateaus*, 같은 책, 16쪽 이하를 참조하라. 플루서가 이러한 단초들을 알고 있었는지는 분명하지 않다. 플루서가 진보의 조건으로 간주했던 한가로운 손의 형상을 생각해보자(제13, 14장). 손이 자유롭게 되면 이 손을 갖고 무엇인가를 잡을 수 있게 된다. "예컨대 먹기 위해서 뿌리를 캐낼 수 있다." 따라서 언뜻 보기에는 역설적으로 보이고 더 나아가 냉소적으로 보이기도 하는 다음과 같은 전제가 타당하다. "먼저 철학을 하고 그러고 나서 먹는 것이다." 이에 대해서는 Vilém Flusser, *Vom Subjekt zum Projekt*, 같은 책, 192쪽을 참조하라.

8 이에 관한 비판적 견해는 Zygmunt Baumann, *Moderne und Ambivalenz. Das Ende der Eindeutig keit*, Hamburg: Junius 1992을 참조하라.

9 1980년경의 대중적인 수용 상황에 대해서는 예컨대 Ariane Bath, "Luftwurzeln und Wildwuchs verlieben sich", in: *Der Spiegel* Nr.53, 1980, 98~102쪽을 참조하라.

지도제작술에 의해서 서서히 사라졌던 목소리이다).

리좀은 무엇보다도 특히 이것을 요구한다. '낡은 타자기'의 유출(流出)로부터 벗어나는 것이 그것이다. 리좀은 플루서가 다른 곳에서 말한 바 있는 투사(投射)의 왕국과 관계있다. "선은 이제 더 이상 윤곽을 형성하기 않고 사물들 사이와 점들 사이로 뻗어나간다. 선은 매끄러운 공간에 속한다."[10] 리좀은 글쓰기활동('지도를 제작하는 것')과 독특한 표현 미디어인 책과 대결한다. 리좀은 개별주체의 표현들이 아니라 표현들의 공동의 연결망에 근거하는 하나의 텍스트 문화를 보여주는 시도이다. 결국 글쓰기는 리좀을 만드는 것을 뜻한다. 말하자면 글쓰기는 수천 개의 지평('천 개의 고원')에서 자유롭게 현실화될 수 있는 기호들의 관계 망(網)을 만드는 것을 뜻한다.

무엇보다도 특히 전체를 포괄하는 연결성Konnektivität이 리좀의 특징에 속한다. "리좀의 각각의 점들은 각각의 다른 점들과 연결될 수 있다(그리고 연결되어야만 한다)." 여기에는 전통 논리학의 상징으로서의 **반암질의 나무**에 대한 비판이 담겨 있다.[11] 기호연결의 논리학적 차원뿐만 아니라 그 언어학적 차원도 철저하게 비판된다. 리좀적인 연결은 **그야말로 명백하게** 무차별적인 연결가능성을 허락하고 있기 때문이다. 따라서 리좀적인 연결은 '기호체계와 그 대상들 사이에' 간격을 만드는 기호학의 잘못된 이원화(소쉬르Ferdinand de Saussure)에 대립한다. 많은 점들이 다음과 같은 점을 가리키고 있다. 이러한 리좀에 관한 구상은 기본적으로 프랑스의 이론전통에서 언어학적 개념이 주도권을 쥔 상황에 대한 숨겨진 저항을 나타낸다는 것이 그것이다. 컴퓨터와 소프트웨어, 정보학과 텔레커뮤니케이션 등의 새로운 미디어상황은 새로운 기호체계들을 위한 조건을 창출하고 있는데, 이 기호체계들은 언어학적 분석에 의해서는 파악될 수 없다. 하지만 리좀의 구상은 이 기호체계

---

10 Gilles Deleuze, und Félix Guattari, *Tausend Plateaus*, 같은 책, 700쪽.
11 앞의 책, 16쪽 이하. 이러한 비판에 대해서는 Umberto Eco, *Semiotik und Philosophie der Sprache*, 같은 책, 92쪽 이하를 참조하라.

들에 손쉽게 적용될 수 있는 것처럼 보인다.

리좀은 포스트글쓰기 문화에 대한 은유로서 1990년대의 네트워크문화에서 즐겨 사용되었다. 왜냐하면 리좀은 "모든 유형의 비위계적인 네트워크를 기술하"[12]고 있기 때문이다. 바르트Roland Barthes가 최초로 '저자의 죽음'을 말하고 나서 20년이 지난 후, 이러한 관점에서 문화적 구성물인 '책'은 이제 완전히 해체된다. 말하자면 책은 "객체도 주체도 갖지 않는다." 책은 단지 기관 없는 신체와 관련될 뿐이다. 책이 사회적 맥락(생산자들, 수용자들)에서 표현했던 모든 것이 이 신체에 속한다. "실재의 영역(세계), 서술과 표상의 영역(책), 주체성의 영역(저자)이라는 세 개의 영역구분이 이제 더 이상 존재하지 않는다. 이와 반대로 하나의 네트워크가 이 모든 질서로부터 특정한 다양성들 사이의 연결을 만들어낸다. 따라서 하나의 책은 이어지는 후속의 책 속에서 계속성을 갖게 되는 것이 아니고 세계를 객체로 갖는 것도 아니고 하나의 저자 내지 다수의 저자들을 주체로 갖는 것도 아니다. 간단히 말해, 우리가 생각하는 것은 사람들이 결코 쉽게 바깥의 이름으로 글쓰기를 할 수 없게 되었다는 점이다. 바깥은 형상도 없고 기의도 없고 주체성도 없다. 바깥의 접합으로서의 책은 세계의 상징으로서의 책과 대립해 있다. 하나의 리좀책Rhizom-Buch은 이제 더 이상 이분법적이지도 않고 중심점이 정해 있지도 않고 묶여진 상태로 있지도 않다. 결코 뿌리를 뽑거나 심을 수 없다. 매우 어려운 일처럼 보이듯이 이러한 낡은 방식으로 되돌아갈 수 없다."[13]

세계를 읽을 수 있게 하기 위한 백과전서적 기획은 이로써 새로운 기획

---

12 이에 대해서는 Rhizom-Web site, *http://www.rhizome.org*를 참조하라. 리좀에 대한 급진적인 비판에 관해서는 Richard Barbrook, "Die heiligen Narren. Deleuze, Guttari und die High-Tech Geschenksökonomie", in: *Telepolis*, Dez. 1998, *http://www.heise.de/tp/deutsch/special/med/6344/1.html*을 참조하라.

13 Gilles Deleuze, und Félix Guattari, *Tausend Plateaus*, 같은 책, 38쪽.

속에서 극복된다. **바깥의 이름으로 글을 쓰는 것**의 가능성은 실제로 어떻게 나타나는가? 저자가 더 이상 존재하지 않는다면, 저자의 권력은 독자에게 넘어가는 것인가? 글쓰기가 실제로는 하나의 **지도제작술**이라면, 들뢰즈와 가타리가 요구하듯이, 모든 것을 모든 것과 예민하게 연결시키는 이러한 리좀의 형식은 어떻게 저자의 절대적 지향성으로서의 내면의 원리로부터 완전히 독립해 최상으로 실현되는가? 어떻게 주어진 내용을 수동적으로 수용하는 것에서 상호작용적 형성(텍스트에 대한 독자의 참여에서 볼 때 보다 합당한 것이다)으로 전환될 수 있는지, 다시 말해 어떻게 텍스트로부터 **하이퍼텍스트**로 탈주할 수 있는지를 제시할 수 있어야만 할 것이다. 하이퍼텍스트는 무한한 가능성들의 문법을 더 이상 인위적으로 절단하지 않는다.

역사의 아이러니는, 수십 년 전에 재영토화의 어떤 한 대리인이 이에 관한 혁명적 개념을 고안했었다는 사실이다. 사람들은 물론 1968년 5월에도 그리고 그 이후에도 이 혁명적 고안에 대해 관심을 두지 않았다. 그 발명가는 MIT대학에서 아날로그 계산기의 한 가지인 **미분해석기**differential analyzer의 개발자이자 미국 국방부의 과학자였던 부시이다. 그것은 우연이 아니었다. 왜냐하면 부시는 지식의 조직과 생산이 벌써 오래 전부터 정신과학의 연구논문형식이나 그 결과물인 책을 통해 진행되지 않았던 환경 속에서 작업했기 때문이다.

미국의 전설적인 두뇌집단이 최초로 탄생했던 제2차 세계대전에, 부시는 **과학연구 개발국**Office of Scientific Research and Development의 연구책임자로서 서로 완전히 다른 과학분야의 대표자들을 학제간 공동연구를 위해 (전쟁에 과학을 이용한다는 차원에서) 조직해야만 했다. 수백 명 또는 수천 명의 전문가들의 작업을 조정해야만 한다면, 어떤 문제들이 발생하겠는가? 초보적인 공동작업의 형식, 다시 말해 지식이동을 위한 커뮤니케이션 토대는 전쟁이 끝난 후 어떻게 적절하게 계속해서 발전될 수 있겠는가? 이러한 문제들에 대한 부시의 대답은 다음과 같다. 결코 어느 누구에 의해서도 그 전체가 읽혀질 수 없고 또 읽혀져서도 안 되는, 그러한 거대한 양의 중요한 정보자료에 연결하는 능력은 지식의 커뮤니케이션 조직과 새로운 기술의 실제적인 발전에 좌우된다는 것이다.

미국의 잡지 『애틀랜틱 먼슬리The Atlantic Monthly』는 1945년 7월 「As We Many Think」[14]라는 제목을 단 부시의 텍스트를 출간했다. 현재의 미디어상황을 고려해 볼 때 이 텍스트는 '예언적'이었다고 말할 수 있다. 이 텍스트의 가장 중요한 점은 아마 다가올 지식사회의 문제를 일찍이 파악했다는 데 있을 것이다. 각 연구자는 수많은 다른 연구자들 속에 있으며 거대한 양의 전문적인 연구결과에 직면해 있다고 생각했다. 글쓰기 사회의 도구들을 이용한 정보처리는 복잡해진 사회의 지식생산을 더 이상 감당해 낼 수 없었다. 데이터의 선택과 정보의 조직이 문제시되었고, 따라서 알파벳숫자 코드에 구속된 위계질서와는 다른 새로운 가능성이 발견되어야만 했다. 종래의 기술적 혁신들이 항상 인간의 육체능력을 향상시키는 쪽에 방향을 맞추었다면, 이제 정신능력을 확장시키는 시간이 된 것이다.

자신의 텍스트에서 부시는 특정한 반복적인 정신능력이 합리화된다면 인간의 정신이 해방될 수 있다고 제안한다. 여기서 물론 그는 그 당시 막 등장했던 '컴퓨터computing machines'를 생각했고, 만약 반복적인 사유와 창조적인 사유가 엄밀하게 분리되기만 한다면, 이 기계가 바로 인간정신의 해방을 성취할 수 있다고 보았다. 이미 앞서 거론한 바와 같이, 부시에게 중요한 것은 인공지능Artificial Intelligence이 아니라 지능의 증폭Intelligence Amplification[15]이었다. 따라서 선택의 문제, 다시 말해 자료선택의 문제는 다루어져야만 했

---

14 James M. Nyce/ Paul Kahn, *From MEMEX to Hypertext. Vannevar Bush and the Mind's Machine*, Boston: Academic Press 1992에 다시 수록되어 있다. 온라인에서도 부시의 글들을 찾을 수 있다 (*http://www.theatlantic.com/unbound/flashbks/computer/bushf.html*). 빈클러(Hartmut Winkler)의 코멘트가 달린 요약된 독일어판은 *http://www.uni-paderborn.de/~winkler/bushd.html*에서도 찾을 수 있다.
15 이에 대해서는 Howard Rheingold, *Tools for Thought*, New York: Simon&Schuster 1985.

다. 우리가 필요로 할지라도 지식자원에 실질적으로 접근할 수 없는 우리의 무능력이 핵심 문제였기 때문이다.

"전문가적 입장에서 보면 우리가 연구결과를 전달하고 검토하는 방법은 시대에 뒤떨어져 있고 현시점에서 그들의 목표를 충족시키기에 전적으로 부적당하다. (……) 우리가 자료를 얻는 방법은 대부분 색인시스템을 이용하여 인위적으로 얻어지며 이 과정의 부조리성이 바로 문제의 가장 중요한 핵심이다." 지식을 처리하는 데 있어 이러한 형태의 인위성은 모든 도서관에서 찾아볼 수 있고 이것은 우리 문화의 인쇄술 원리의 효과이다. "어떤 종류의 데이터를 저장할 때 그것들은 대부분 알파벳 또는 숫자별로 정리되며 정보를 찾기 위해서는 한 목록에서 다른 한 목록으로 추적하게 된다. 복사를 해놓지 않았다면 찾으려는 정보는 오직 한 곳에만 위치하게 된다. 그래서 우리는 어떤 경로에 위치할 것인지를 찾을 수 있는 규칙을 이용해야 하는 데 그 규칙이란 것이 매우 다루기 힘든 것이다. 게다가 한 항목을 찾기 위해서는 시스템에서 빠져 나와 새로운 경로로 다시 들어가야 한다. 그러나 인간이 사고하는 방법은 다르다. 그것은 바로 연상과정에 의해 운용된다는 것이다. 즉 한 항목을 이해할 때 뇌세포의 매우 복잡한 인식망에 따른 사고의 연상과정에 따라 즉각적으로 다음 단계로 이동한다는 것이다."[16]

이러한 진단으로부터 도출된 메시지는 다음과 같다. 특수한 문화기술들은 다른 것에 우선성을 두었기 때문에 인간의 두뇌작업의 특수성을 무시했고 훼손했다는 것이 그것이다. 그리고 단지 진보된 기술을 통해서만 "연결된 목록"과 같은 대안을 찾을 수 있는 가능성이 열리고 이로써 지식사회의 도전에 대처할 수 있을 것이라고 한다. 부시는 이를 위해 메멕스MEMEX라고 불리는 하나의 기계를 고안했다. 이 기계는 지식을 기계적으로 목록화하는 것이 아니라 연결의 형태로 목록화함으로써 완전히 새로운 형태의 정보

---

16 Vannevar Bush, *As We May Think*, 같은 책.

관리를 예견했다. 말하자면 이 기계는 알파벳숫자 코드화의 원리를 따르지 않으면서도 정보들을 개별적으로 맥락화하고 서로 연결할 수 있었다. 이 기계는 일종의 책상처럼 고안되었는데, 그 책상표면은 **터치스크린**과 사진술이 장착된 **스캐너**로 이루어졌으며 모든 존재하는 정보에 대한 주석기능을 갖고 있다("개인이 사용할 미래의 도구는 일종의 기계화된 개인파일과 도서관으로서 매우 빠른 속도와 유연성을 가지고 정보를 찾을 수 있게 만들어질 것이다"). 그래서 이 기계는 저장된 지식요소들 사이에 경로를 설치함으로써 사용자의 수용능력을 계속하여 확장시켜줄 것이라고 보았다. 사용자들은 정보의 유목민이 될 것이고 보다 많은 개인들의 정보은행을 활용할 수 있게 된다는 것이다. 그리고 더 나아가 경로추적자라는 새로운 직업부문이 생겨날 것이라고 한다. 이들은 거대한 양의 기록과 문서를 횡단하는 유용한 경로를 설치하는 일을 하는 사람들이다. "트라이얼 블레이저trial blazer라는 새로운 전문인들은 방대한 양의 공동의 기록들을 가로질러 유용한 길을 개척하는 데 기쁨을 느끼는 사람들이다."[17]

메멕스는 기계론적 아날로그컴퓨터의 연구맥락에서 생겨났다. 메멕스는 시제품으로 탄생했고 물론 대량으로 생산되지는 않았다. 하지만 메멕스의 근본적인 이념은 지속적으로 남아 있다. 정보를 개인적으로 적합하게 그리고 의미 있게 사용할 수 있게 하기 위해 정보를 연결한다는 것이 그것이다. 이러한 연결들이 교환을 가능하게 한다면, 이 '논리기계'는 지능의 증폭뿐만 아니라 공동의 지성을 위한 기반시설이 될 것이다. 그렇다면 이 논리기계는 이제 더 이상 단순한 도구가 아니다. 오히려 이것은 상이한 사용자들에게 그들의 '사유의 경로'를 교환할 수 있게 해주고 이렇게 함으로써 근본적으로 지식을 커뮤니케이션과 연결시키는 하나의 미디어가 된다. 사용자들이 상이한 지식의 영역들과 정보단위들 사이에서 만들어 나갈 경로들은

---

17 앞의 책.

지식의 텍스트로부터 잠재적으로 무제한적인 하이퍼텍스트가 생겨나게 할
것이다. 부시의 생각들은 온라인망[18]으로의 컴퓨터의 계속된 발전은 물론이
고 하이퍼미디어 정보체계[19]의 발전과 연관해서도 결정적으로 중요한 것들
이다.

18 Martin Greenberger, "The Computers of Tomorrow", in: *The Atlantic Monthly*, May 1964. *http://
www.theatlantic.com/unbound/flashbks/computer/greenbf.html*을 참조하라. 계속하여 다음을 참조하
라. Joseph R.C.L. Licklider und Robert W. Taylor, *The Computer as a Communication Device*(1968)—
http://www.memex.org/licklider.html.

19 부시의 생각이 가장 탁월하게 전개된 경우는 넬슨(Ted Nelson)의 하이퍼텍스트 프로젝트 재
너두(Xanadu)이다. *http://www.sfc.keio.ac.jp/~ted/XU/XuPageKeio.html*을 참조하라. 이에 대해서
는 Gary Wolf, "The Curse of Xanadu", in: *WIRED* 3.06, Juni 1995와 *http://www.wired.com/wired/
archive/3.06/xanadu.html*을 참조하라.

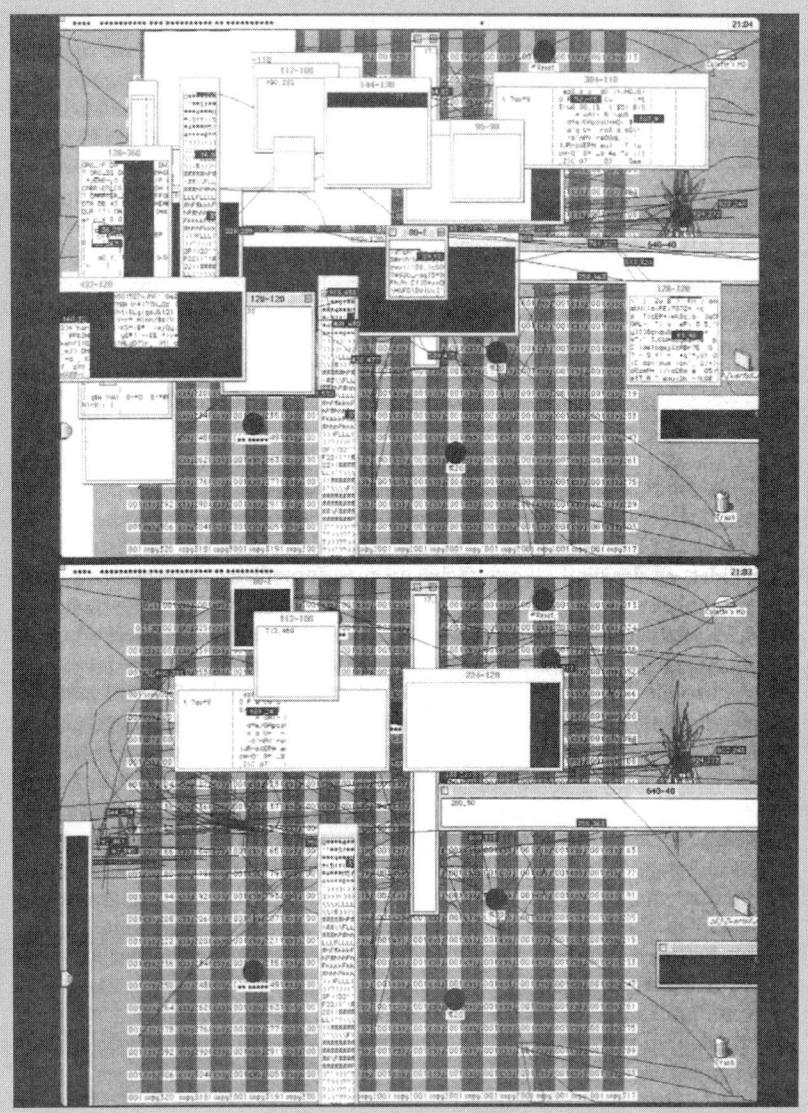

〈삽화 23〉 다운로드 http://jodi.org.

네트워크 문화

데이터 물결 속의 삶

> "데이터 세계는 영상미디어가 물려준 유산을
> 상속하는데, 그 공통된 토대는
> 언어의 결함을 극복하려는 충동이다."
>
> ──하르트무트 빈클러(Hartmut Winkler)

1. 기술문화의 커뮤니케이션 질서

지난 몇 년 동안 '네트워크'를 통해 새로운 미디어현실이 형성되었다. 그런데 종래의 언론학은 매스미디어적인 커뮤니케이션에 적합한 것이고 그렇기 때문에 새로운 미디어현실을 분석하는 데 지금까지 실패하고 있다. 이러한 미디어현실과 관련해 몇 개의 인식방식이 구분될 수 있을 것이다. 이 인식방식들은 인프라스트럭처의 물질성, 단말기 기술, 사용된 소프트웨어 기술, 콘텐츠 제공자의 의도, 사용자의 현실, 문화적 현실, 정치적 · 경제적 전략 사이에서 그 모습을 달리한다. 다시 말해 유럽에서는 다양한 커뮤니케이션 현상의 사회적 · 정치적 차원을 '정보사회Informationsgesellschaft'라는 새로운 용어로 바꿔 표현했는데, 커뮤니케이션학의 접근방식들은 이러한 현상과 관련해 이상하게도 무기력해 보인다. 하지만 다른 한편으로는 인터넷[1]과 같은 것이 존재한다는 지금까지 없었던 흥분으로 인하여 이 주제에 관한 문헌은 상당히 과잉되게 존재하는 실정이다.

인터넷이 자신의 보편적인 사용가능성을 통해 문화적으로 열어준 다양한 전망들은 대학 내 학문분과들의 규준화의 압박을 극복해가고 있다. 대학 내의 학문분과들의 개념도구들은 커뮤니케이션 상황의 변화를 파악하는 데 충분하지 않다. 현재의 커뮤니케이션 상황은 영상과 텍스트 사이에서 방황하고 있는 것으로 파악되고 있다. '네트워크'에 관한 **문화연구**Cultural Studies of the 'net'는 아직 없다. 그 이유 중 하나는 디지털 멀티미디어 기술의 사회적인 영향은 이것이 등장한 당시의 실천으로부터는 불충분하게 해명될 수밖에 없다는 방법론적 딜레마일 것이다. 이로써 이와 관련된 모든 근본적 사유의 예언적 잠재력은 오히려 극적으로 과장된다. 해당 출판물들은 이에 관한 시대진단적 잠재력을 결여하고 있으며 또한 자주 격정과 가정법의 형태에 빠짐으로써 완전히 낡은 과거 수십 년 전 미래학자들의 기술낙관주의에 무의식적으로 동화되었다.[2]

대학 내의 이론구성 관행을 따르지 못하는 그러한 부족한 연결능력은 우선은 불안을 초래할지 모른다. 하지만 이러한 관행과의 무관성은 오히려 엄청난 약속을 보장한다. 이 약속이란 사회적 재탄생의 신화를 오로지 기술의

---

1 기술적 발전에 관해서는 Katie Haffner und Matthew Lyon, *Where wizards stay up late: the origins of the Internet*, New York: Touchstone 1998을 참조하라.
2 현재의 미디어이론은 맥루한(Marshall McLuhan)이 『미디어의 이해』(1964)를 통해 제시한, 포괄적으로 재구성적이며 시대진단적인 수준을 따라잡지 못했다고 나는 생각한다. 미래학적 모방에 관해서는 '비트영역 공동체(bitsphere communities)'에 관한 고찰을 다룬 William J. Mitchell, *City of Bits. Space, Place and the Infobahn*, MIT Press 1996을 참조하라. '디지털적 존재'에 관해서는 Nicholas Negroponte, *Being Digital*, New York: Knopf 1995를 참조하라. 새로운 '기계생물학(Biologie der Maschinen)'에 관해서는 Kevin Kelly, *Out of Control*, 같은 책을 참조하라. 마찬가지로 "집단 지능"에 관해서는 Pierre Lévy, 같은 책을 참조하라.

정신에서 배양하는 것과 더불어 근본적 커뮤니케이션에 관한 여러 다양한 표상들의 토대를 만드는 것이다. 아마 1990년대의 인터넷은 1960년대의 우주비행과 같은 것이라고 할 수 있다. 왜냐하면 인터넷은 인류를 위한 비전적인 전망과 엔지니어의 초라한 기술적인 일상작업을 결합시키고, 유토피아적인 간절한 소망과 진보의 물질적 토대를 결합시키기 때문이다. 이미 아폴로 프로그램과 미디어 통합적인 달 착륙에서 보듯이 이러한 엔지니어적인 전망은 '스타십 엔터프라이즈Starship Enterprise'와 같은 신화창조적인 미디어 생산물에 의해 과장되었는데, 이처럼 현재 '네트워크'의 인프라스트럭처의 발전도 이데올로기적으로 과장되고 있다. 예컨대 기존의 사회적 속박을 벗어난 성공적인 커뮤니케이션, 보편적 민주주의의 약속, 비트-비즈니스Bit-business, 전자상거래, 즉 무제한적인 전자적 시장에 관한 전망과 같은 사회정책적 비전에 의해 이데올로기적으로 과장되고 있다. 우리는 이제 이러한 비전 있는 주장을 받아들여야 할 것인가 아니면 문화비판적 염세주의를 표명해야 할 것인가?

그 대신에 우리는 이 현상을 이 현상이 드러나는 몇 가지 형태들을 근거로 하여 재구성하는 시도를 시작할 것이고 이를 통해 '네트워크 현실'이란 것을 개념적으로 해명해야할 것이다. 달리 말해 현재 '네트워크'나 '웹'에 관한 이론적 담론은 '디지털 문화'에 대한 기술적 세부묘사나 자주 논의된 과대선전의 차원을 넘어 진정 어떠한 특징을 밝혀내고 있는가? 누가 이러한 담론의 수행자를 만들어내는가? 새로운 가상계급virtuelle Klasse인가 아니면 오히려 비트영역 공동체Bitsphere Communities인가?

2. 네트워크문화, 가상의 공동체

인터넷은 컴퓨터가 미디어로 사용되는 곳이다. 그래서 인터넷은 기본적으로 잘못된 사용의 결과물이라는 인상을 준다. 왜냐하면 계산기가 본래의 목적과 달리 커뮤니케이션에 사용되었기 때문이다. 이것은 단순한 생각 속에서 표현된 것이기는 하지만 나중에 이에 관해 다루게 될 것이다. 그 밖에 인터넷은 서유럽 문화의 불완전한 사회화형태를 극복하려는 희망과 관련된 관념, 또한 추상적인 사회를 넘어 상징적 공동체를 향해 나아가려는 아직 성취되지 못한 약속과 관련된 관념과 같은 개개의 관념들을 위한 보편적 토대이다.[3] 인터넷은 참된 것으로서의 '완전히 다른 것'을 약속한다. 이 시대의 사회철학자들은 이것을 암시적으로만 주제로 삼으려 했다. 여기서 다룰 것은 디지털의 '의미 영역'에 관한 것인가 아니면 새로운 '사회의 탄생' 장소에 관한 것인가?

물론 그렇게 간단하게 이분법적으로 물음이 제기될 수 있는 것은 결코 아니다. 왜냐하면 영역(지방)의 개념은 중앙이라는 대립개념을 환기시키기 때문이다. 중앙은 의미부여의 중심척도로서 사회의 허구적인 소실점이다. 이러한 암묵적 가정은 유럽적 이론구성의 맥락에서 볼 때 오래 전부터 (예컨대 쇼펜하우어Schopenhauer 이래로) 실행된 몰락논리의 토대이지만 이에 따라 미디어현실들이 다루어져왔다. 이러한 논리가 현재의 상황에 적합하지 않다는 것은 더 이상 말할 필요도 없다.[4] 우리가 인터페이스 구조를 통해 접근하는 전자미디어는 **그야말로** 표면 또는 피상성을 구현한다. 이에 대항하여 유럽의 정신사 전통의 그릇된 심층성을 모든 문헌학적 꾸밈 속에서 제시하는 것

---

3 모범적인 사례로서 발로(John Perry Barlow)의 선언을 들 수 있다(John Perry Barlow, "*Unabhängigkeitserklärung des Cyberspace*", in: *Telepolis. Zeitschrift für Netzkultur*, Nr.0/1996, 85~88쪽. 이에 대한 비판에 관해서는 Richard Barbrook und Andy Cameron, "*Die kalifornische Ideologie*", in: Nettime(Hg.), *Netzkritik. Materialien zu Internet-Debatte*, Berlin: ID-Archiv 1997, 15~36쪽.
4 대략 특성을 파악하면, 서유럽의 철학적 담론을 규정했던 인식비판, 언어비판, 그리고 암묵적으로 이에 부합했던 문화비판 이후 정보사회의 '가능조건들'을 파악하기 위해서는 새로운 비판형식을 발견해야 한다는 주장이 등장했다. 이를 위해 우선 자리를 잡아주는 "데이터비판"이 임시적으로 투입된다고 한다. 이에 관해서는 Frank Hartmann, *Cyberphilosophie. Von der Sprachkritik zur Datenkritik*, in: *Medienjournal*, 23. Jg. Nr.1/1999, 19~28쪽을 참조하라.

은 완전히 낡은 것이라고 할 수 있다. 물론 미디어현실에 접근하는 다른 대안도 존재한다. 빌렘 플루서가 자신의 『피상성 예찬Lob der Oberflächlichkeit』에서 시도했던 것처럼, 이 대안의 이론적 출발점은 변화하는 미디어매개성에 대한 현상학이다. 이 대안적 실천은 대학 내의 학문관습을 벗어나 새로운 기술철학의 담론장에 영감을 주고 있다. "모든 예술형식은 디지털화를 통해 엄밀한 학문 분야가 되고 이제 더 이상 과학과 구별되지 않는다."[5] 그렇다면 이제 남아 있는 것은 디지털 현실 내지 '물질의 가상'이다.

인식방식에서 보면, 인터넷은 우선 탈물질적인 형식을 띤다. 다시 말해 그래픽 형식의 사용자표면을 통해 매개되는 커뮤니케이션 구조이다. 인터넷의 일상적 현상형식 또는 인터페이스는 그 동안에 WWW가 되었다. 즉 이것은 월드와이드웹World-Wide-Web 또는 줄여서 '웹Web'으로 불린다. 웹은 단순하게 표면으로 보일 수 있게 되었다. 전자적 데이터 구조가 우선적으로 과학적 커뮤니케이션 미디어나 출판미디어로서 대중화될 수 있도록 웹이 개발되었기 때문이다. 웹은 소프트웨어 프로토콜을 통해 아날로그 기반구조와 디지털의 기반구조의 미묘한 협동 속에서 성립된다. 이때 전혀 공익적이지 않은 관심으로부터 끊임없이 새로운 응용들이 생겨난다. 특별한 스크립트를 지닌 브라우저, 플러그인, 편집기, 오디오 및 비디오 응용프로그램이 그것이다. 이 경우 '네트워크'는 장소와 무관하거나 비물질적이거나 한 것이 아니다. 이 경우 '네크워크'는 서에서 동으로, 북에서 남으로 경제적·기술적 불평등이 반영된 지정학적 격차를 확실하게 나타낸다. 이러한 격차 속에서 국가적 차원의 다양한 사용자 공동체들이 생성되며 여타의 관심에 따라 세분된다.

이러한 현상은 사회학적으로 관심거리이다. 새로운 분배채널과 커뮤니케이션 채널이 발전하기 때문만이 아니라 특히 새로운 형태의 '가상적 공동

---

5 Vilém Flusser, *Lob der Oberflächlichkeit*, 같은 책, 284쪽.

체'가 생성되기 때문이다.[6] 컴퓨터에 의해 매개된 커뮤니케이션이 원격노동 Teleworking으로부터 원격구매Teleshopping에 이르기까지 광범위한 스펙트럼 속에서 지니고 있는 사회적 함의는 이러한 커뮤니케이션이 새로운 하위문화를 형성할 것이라는 정도의 생각을 이미 오래 전에 뛰어넘었다. 다시 말해 변화하는 문화기술은 새로운 멀티미디어적 형태의 공지성과 새로운 커뮤니케이션 문화를 창출한다. 그런데 이것이 전부가 아니다. 실재하는 네트워크 문화는 사회적 유토피아를 위한 배경, 말하자면 문화적 정신생활의 광범위한 혁신을 위한 배경으로도 사용된다. "근대의 사회적 유토피아가 실패로 돌아가 포기된 이후, 공동체를 향한 동경은 오늘날 사이버공간을 통해 성취될 수 있는 것처럼 보인다. 그 반면에 이러한 동경은 동시에 현실공간에서는 새로운 장벽이 설치됨으로써 이원적 도시 속에서 실행되고 있다."[7]

그러나 이러한 진단은 그 반대가 될 수도 있다. 현실적 공간의 법칙들은 사이버공간에서 해체되는 것이 아니기 때문이다. 마찬가지로 사이버 공간들도 현실적 공간의 법칙들에 따라 이미 다르게 나타나기 때문이다. 확실히 사이버 공간은 새로운 사회적 공간들과 새로운 생활세계들을 개척하지만, 이것들이 현실세계로부터 독립해 있는 것도 아니고 새로운 정보경제로부터 독립해 있는 것도 아니다. 근본적인 오류는 네트워크 문화를 동질적인 공론장의 형태로 번역될 수 있는 것으로 간주할 때 발생하게 된다. 다시 말해 모두가 함께 느끼는 현실이란 과거의 방송시대의 중앙집중적인 커뮤니케이션 질서가 낳은 환상이다.[8]

---

6 Lorenz Gräf und Markus Krajewski(Hg.), *Soziologie des Internet. Handeln im elektronischen Web-Werk*, Frankfurt: Campus 1977.

7 Florian Rötzer, *Digitale Weltentwürfe. Streifzüge durch die Netzkultur*, München: Hanser 1998, 205쪽.

8 Rudolf Maresch, "Öffentlichkeit im Netz. Ein Phantasma schreibt sich fort", in: Stefan Münker und Alexander Roesler(Hg.), *Mythos Internet*, Frankfurt: Suhrkamp 1997, 193쪽 이하를 참조하라.

3. 미확인 이론 물체

이러한 새로운 공지성 영역의 현재상태에 관한 각종의 서술들은 기술적 역동성에 의존하고 있는데, 이 기술적 역동성은 기존의 문화공간과 전혀 다른 조건들을 강요한다. 인프라스트럭처와 하드웨어는 지속적으로 혁신되고 있고, 대부분의 기구들은 사용자에 의해 실제로 실행될 순간에 이미 대체로 낡은 것이 된다. 소프트웨어와 '사이버공간'의 운영체계는 짧은 주기 속에서 혁신되며 기계와 사용자 사이의 인터페이스 또한 마찬가지이다. 인터넷의 멀티미디어적 응용부분으로서 월드와이드웹www은 1990년에야 비로소 존재하고, 그것의 하이퍼텍스트−트랜스퍼−프로토콜Hypertext-Transfer- Protokoll(http)에 기초한 브라우저도 마찬가지이다. 웹은 내용적으로는 44%의 휘발성을 나타낸다(IP주소, 1998년에 확인된 웹 사이트는 1999년에 더 이상 존재하지 않는 것으로 확인되었다).

그럼에도 불구하고 1970년대 초 256개의 IP주소가 (하위네트워크의 운영을 위한 기본주소로서 인터프로토콜Inter-Protokoll) 계획되었다면, 오늘날 IP주소는 4개의 3자리수로 이루어져 있다. 진행 중인 한 연구에서 32비트의 주소의 수

WWW−성장(OCLC)	1997	1998	1999
웹 사이트	1,570,000	2,851,000	4,882,000
단독 사이트	1,230,000	2,035,000	3,649,000
공공 사이트	800,000	1,457,000	2,229,000
개인 사이트			389,000
1999년 6월 웹 통계[9]			

는 1999년 중반에 42억 9496만 7,296개로 추정되었다. 1997년과 1999년 사이의 기간에만 국제적 웹사이트의 백분율 증가는 총 211%에 달한다(거의 500만 개의 웹사이트).

웹은 현재 도저히 기록으로 확정할 수 없을 만큼 역동적이다. 반면에 부족한 공적 인프라스트럭처 또는 더 정확히 말해 보편적으로 부족한 대역폭(帶域幅)은 웹의 실행을 더디게 함으로써 월드와이드웹을 일명 세계적 범위의 기다림World-Wide-Wait, 세계적 범위의 쐐기World-Wide-Wedge 등으로 부르는 유명한 부정적인 말장난을 낳게 했다. 이러한 관찰들에서 웹은 UTO, 즉 미확인 이론물체Unbekanntes Theorie-Objekt(아겐투어 빌베트Agentur Bilwet)의 대표사례가 되었고, 이것에 대해서는 그 생성사와 기술적 세부 사항 외에 별로 논의된 것이 없다.

웹은 구체적인 묘사를 넘어서 있는 대상이기도 한데, 사변적인 미디어이론의 진술들에서 나타나는 "이론적 장의 우연적인 실체화"를 통해 적지 않게 구체화되기도 했다.[10] 웹은 이론적 대상으로서 적어도 두 가지의 미지 요소를 갖고 있다.

• 한편으로 대상으로서: 사람들은 이 전자적 네트워크의 데이터의 물결을 소프트웨어-브라우저를 수단으로 '서핑'하는데, 이 전자적 네트워크는 정확히 무엇인가? 이러한 활기찬 실천, 다시 말해 데이터 물결 속의 삶은 유물론적인 정보이론에 따라 파악될 수 있을까?

• 다른 한편으로 이론적 메타 차원과 관련해서: 기존의 정립된 매스미디

---

9 수치와 도표의 출처는 OCLC Research / Web Characterization Project (Online Computer Library Center, Inc., Ohio)이다. 또한 *http://www.oclc.org/oclc/research/projects/webstats/statistics.html*을 참조하라.

10 1992년에 편찬된 Medien-Archiv에서 웹은 ADLIKNO, 즉 아겐투어 빌베트 자신에게도 아직 그야말로 미확인 이론물체였다. 그렇지만 미디어적 변혁에 관한 텍스트에서의 이 개념은 우리의 미디어이론적 글쓰기의 모범으로 적합한 것이다. 이것은 이에 걸맞게 이론이 아니라 "충전된 이론미립자"를 목표로 한다. 이에 관해서는 Agentur Bilwet, *Medien-Archiv*, Düsseldorf: Bollmann 1993을 참조하라. 또한 *http://thing.desk.nl/bilwet*을 참조하라.

어이론 중 어떤 이론이 상호작용적 미디어 사용을 특징으로 하는 이러한 새로운 문화기술을 맞이할 준비를 하고 있었는가? 여기에 절대적인 문화적 단절이 존재하는 것인가? 아니면 미디어 역사의 연속성이 이 새로운 상황을 더 이상 규정하지 못하는 것은 아닌가?

이 물음들은 구체적인 해답을 기대해서 제기된 것이 아니다. '네트워크'를 이것의 실존형식인 '웹'과 관련하여 직접적으로 다루는 담론을 맥락화하기 위한 의도에서 이 물음들이 제기되었다. 이러한 담론들은 점차 대학 외부에서도 형성되고 있다. 아래에서 우리는 이러한 새로운 미디어현실에 대한 두 가지 형태의 접근방식을 다루게 될 것이다. 그리고 이 논의는 전자적 공간의 구조에 대한 숙고를 통해서 (그리고 공적인 것과 사적인 것의 전치(轉置)된 의미에 관한 숙고를 통해서) 보완될 것이며, 그리고 나서 공지성의 변형에 관한 몇 가지 물음으로 다시 돌아오게 될 것이다.

4. 가상계급에 관한 이론

새로운 미디어현실에 대한 시각은 적지 않게 종말론적인 문화비판을 통해 형성되었다. 이 새로운 것은 몰이해에 부딪혔고, 이러한 몰이해는 역사적으로 볼 때 종래의 지성주의적 교양의 특권유지와 관련이 있다고 할 수 있다. 이렇게 볼 때 네트워크의 존재는 이미 그 자체로 하나의 단절을 나타내는 것이었고, 이에 대해 지식인들은 예상대로 거부반응을 보였다. 물론 컴퓨터에 대한 이데올로기적 비판[11]은 자기 모순처럼 보였기 때문에, 미디어이론은 테크놀로지의 언어로 행해졌고 점차로 모든 사회적 준거로부터

---

11 이러한 문화철학적 노력은 인공지능연구의 월권을 거부하려는 데 있었다. 예컨대 Hubert Dreyfus, *What Computers Can't Do. The Limits of Artificial Intelligence*, New York 1972를 참조하라.

벗어났다.[12]

새로운 미디어상황으로 인해 평가절하된 채, 지식인들에게는 종말론 외에는 기껏해야 순응만이 남아 있다. 즉 자신들이 사회와 미디어에 대한 영향력을 상실했다는 비밀스런 고백만이 남아 있다(보론 2 참조) 종말론자들이 우울한 경고를 내놓고 순응하는 자들이 상업화의 근처로 접근하는 동안, 여기서 비롯된 한쪽의 비관주의와 또 다른 한쪽의 (미디어 위에 서 있는, 거리를 두는 태도로서의) 냉소주의를 넘어서 미디어에 대한 지성적 담론기능으로 존재하는 비판은 그 기반을 상실했고, 이러한 현상을 강조하는 것은 이제 불필요한 일이 되었다.

기술문화Technokultur의 지식인들은 비즈니스와의 냉소적인 동맹 속에서 유선문화Wired culture의 '가상계급'으로 자신들의 부활을 경축했다. 이러한 가상계급은 가상성에의 의지를 통해 규정된다. 이 가상성에의 의지는 사회적 에너지를 기꺼이 자체 속으로 흡인하는데, (아서 크로커Arthur Kroker의 정의에 의하면) 인터넷의 공공적 차원에 대항하는 '포스트-후기자본주의' 운동으로 나타난다.

"정보고속도로는 가상계급이 자신의 생존을 위해서 인터넷의 공적 차원을 파괴해야만 했던 것과 똑같은 방식으로 네트워크의 반대테제이다. 가상 생산의 새로운 힘으로서 인터넷의 정보기술은 전자적 창조의 근본적으로 새로운 관계들을 제도화하기 위해서 필수적인 사회적 조건들을 제공한다. (……) 네트워크는 네트워크 속으로 사회적 에너지를 흡인하기 때문에, 네트워크로 몰아가는 것은 네트워크를 지탱하는 이익들의 협주에 달려 있는 거대한 자본주의적 기술프로젝트techno-project 중 하나이다."[13]

---

12 예컨대 Friedrich Kittler, *Draculas Vermächtnis. Technische Schriften*, Leipzig: Reclam 1993을 참조하라.

13 Arthur Kroker und Michael A. Weinstein, *Data Trash. The theory of the virtual class*, New York: St. Martins Press 1994, 7쪽과 17쪽 이하를 참조하라.

문화과학적으로나 사회과학적으로 유의미한 미디어이론을 만들지 못하는 무능력으로부터 광택 나게 잘 닦인 네트워크 현실에 대한 이데올로기적 가정으로 나아가는 다리가 놓이게 되었을 때, 네트워크 현실을 통해서 그리고 네트워크 현실 속에서 좋은 비즈니스를 할 수 있게 된 것처럼 보였던 것이다. 이론적으로 다루기 힘든 것이 오히려 실천 속에서는 때때로 매우 잘 기능한다. 웹의 역동성은 다층적인 행위차원과 관련이 있는데, 이러한 행위차원은 매우 다양한 행위지침들 속에 표명된다. **웹을 생각하라**Think the web, **웹을 건설하라**Build the web, **웹을 서핑하라**Surf the web, **웹을 작동하라**Work the web 등이 개발지향적인 온라인－고고학Online-Archaeology의 주간지 '핫와이어드Hotwired'의 표제들이다. 새로운 가상계급 속에서 사이버자본주의의 금광채굴자의 기분이 명확하게 드러난다. 이러한 사이버자본주의는 비판적 문화비판이라는 유럽적 유산에 대한 지성적 대안으로 등장하며, 사이버자본주의의 순박한 구호는 다음과 같다. 웹 속에서 그리고 웹을 수단 삼아 능동적 활동을 위해 (그리고 당연히 사업을 위해) 적극적으로 존재하라는 것이 그것이다.

캘리포니아의 '태평양 장벽'(장-프랑수아 리오타르Jean-François Lyotard의 은유)에 부딪혀 튕겨 나와 미국 대륙을 거쳐 유럽으로 넘쳐흘러간 이 운동의 문화적 패러다임은 '미디어 판매촉진Push Media'이라는 매스미디어적인 오락문화 패러다임일 것이다. 이러한 패러다임은 저명한 웹문화인쇄소라 할 수 있는, 1993년부터 샌프란시스코에서 출간되는 잡지 『와이어드WIRED』가 상징적으로 구현하였다. 이 잡지는 기술을 신봉하는 과학, 신자유주의적 기업가정신, 하위문화적 팝 아이콘Pop-Ikonen이 혼합된 라이프스타일을 대변한다. 하지만 매달 세계의 80개국에 35만 부가 배포되는 이 디지털혁명의 중앙기관지는 최근에는 영국판의 판촉에 실패했을 뿐만 아니라 독일판의 설립에도 실패했다.

현재에는 거대한 출판기업들이 일반적인 모방적 출판물을 가지고 참여했지만, 그러하고 해도 『와이어드』와 비교될 만한 유럽의 출판물은 거의 없다. 네트워크 문화를 위한 대안적 출판물들, 예컨대 온라인으로 발행되는 잡지 『텔레폴리스TELEPOLIS』 같은 것은 확실히 보다 학술적으로 정향되어 있다.[14] 네트워크 담론에 대한 유럽적 접근방식은 기술에 도취되어 있는 미국의 서부해안Westcoast의 이데올로기보다는 대체적으로 회의적인 특성을 띠고 있다.[15] 회의주의는 종말론과 순응론 사이에서 바로 제3의 길로 제안된 것처럼 보인다. 이를 위한 하나의 조건은 유럽위원회의 공식적인 정책이 데이터고속도로 또는 정보고속도로 같은 미국식 개념을 공식적으로 거부한 데 이미 담겨 있다. 이때 유럽위원회는 단호하게 (보다 더 사회적인 것을 앞세우는) 정보사회라는 대립개념을 만들어냈다.[16]

5. 전자적 공간의 지형도

기본적으로 이러한 대립은 자명한 것이다. 웹문화는 완전히 '다른 것'으로, 즉 1960년대의 저항문화 운동에서 생겨난 산물로 표상되었고, 동시에 엄청나게 좋은 비즈니스를 가능하게 하는, 다가올 세기의 새로운 주류문화의 현장으로 표상되었다. 미래의 권력질서를 선취하면서, '네트워크'는 변화된 구조를 반영하고 있는 모사물이 되고 산업사회 너머를 예견하는 유토피아가 된다.

새로운 권력구조는 전자적 네트워크의 효과에 달려 있는데, 이것의 경제

---

14 *http://www.heise.de/tp*(처음에 같이 발행되던 인쇄판은 그동안에 절판되었다.)

15 Richard Barbrook und Andy Cameron, *Die Kalifornische Ideologie*, 같은 책.

16 이른바 *Bangemann-Report*, "Europe and the Global Information Society", in: *High-Level Group on the Information Society*, Brüssel 1994를 참조하라. 이에 관해서는 Frank Hartmann, "Annäherung an eine Metapher", in: Frank Hartmann(Hg.), *Informationsgesellschaft. Sozialwissenschaftliche Aspekte*, Wien: Forum Sozialforschung 1998, 9~22쪽을 참조하라.

434 미디어철학

적 가능조건들은 아직 폭넓게 이해되지 못한 채로 있다. (실제적으로 기능하는) 지배관계의 재생산을 보장하는 것들은 네트워크 외부에 있는 신화적이고 이데올로기적인 규준들이며 특히 미디어 외적인 경제적 구조이다. 최근에 도처에서 상업화로 인한 '네트워크'의 위험성이 화제가 되고 있다. 데이터 네트워크는 신화가 원하는 것처럼 권력과 무관한 공간으로 존재했던 적은 확실하게 결코 없었다. 컴퓨터에 의해 매개된 커뮤니케이션 실천은 인터넷에 대한 논의에서 일반적으로 가정된 것보다도 훨씬 더 광범위하다는 것도 여기에 관련된다. 사이버 공간, 즉 전자적으로 개발된 공간에 대한 우리의 사적인 생각들은 제한적이며 또한 상대적으로 한정된 담론에서만 유효하다. 기존의 인쇄미디어의 방어적 태도는 부정적 상투어를 전파하기 위해서 온 힘을 다한다. 그렇기 때문에 네트워크를 **재이론화**하라는 정당한 요구가 점차 제기되고 있다. 이것은 사회유토피아적 표상들을 넘어서 네트워크의 실재 조건들을 파악하기 위해서이다.

말하자면 근본적인 사회과학적 탈신화화가 시급하게 필요하다. 여기에는 다음과 같은 '네트워크 비판적' 통찰이 속한다. 우리가 일반적으로 '네트워크', 즉 인터넷이라고 부르는 것은 그 수가 4만 여에 달하는 현재 존재하는 전자 네트워크의 4분의 1 정도를 조금 넘을 뿐이라는 통찰이 그것이다. 이러한 조건 아래서 사실적 토대에 관심을 갖는다는 것은 텔레매틱스의 복잡성을 경제현상으로 파악하고 이를 간과하지 않는 새로운 비판적 개념도구를 고안한다는 의미이다. 이를 위해 필요한 것은 현실적 공간의 법칙들이 여기서 효력을 잃어서는 안 된다는 사실을 인정하는 것이다. 자스키아 자센 Saskia Sassen이 주장하듯이, 정치적·경제적 특성을 갖는 결정적인 행위들은 가상공간의 외부에서 정해진다.[17] 마찬가지로 정보산업의 토대는 이 산업이

---

17 Saskia Sassen, "Cyber-Segmentierungen. Elektronischer Raum und Macht", in: Stefan Münker und Alexander Roesler(Hg.), *Mythos Internet*, 같은 책, 215~235쪽.

활동할 영역의 외부에 위치한다. 다시 말해 텔레매틱스 기술에서는 **내장형 기술**embedded technologies이 중요한 것이다.

전자적 공간이 생성한 새로운 경제적 지형도는 훨씬 더 큰 경제적 연쇄고리의 한 단면 내지 한 부분을 나타내고, 이 연쇄고리의 대부분은 비전자적 공간에 편입되어 있다. 완전히 가상화된 회사도 완전히 디지털화된 산업도 없다. 금융계와 같은 가장 발전된 정보산업조차도 단지 부분적으로만 전자적 공간에 설치되어 있다.

전자적 공간에 대한 접근조건의 문제는 이러한 관점에서 새롭게 제기되어야 한다. 우리는 자센이 말한 바와 같이 사이버 분절화의 과정 안에 있다. 사이버 분절화란 힘의 위계적 집중이 사적인 네트워크 내에서 증가하며, 더 나아가 인터넷의 공적인 구조 위에도 점차 증가된다는 뜻이다. "아마 가장 두드러진 새로운 발전 중 하나는 기업이 웹을 사용한다는 것이다. 기업들은 자신의 고유한 내부 네트워크를 설치하고 전체 네트워크 속에서 전술적으로 다른 네트워크와 벽을 쌓는다. (……) 이런 식으로 기업들은 웹을 고유한 내부업무에 이용함으로써 엄청난 비용을 절감한다. (……) 웹에 사적인 내부 네트워크를 건설하는 것은 아마도 사이버 분절화를 가장 자극하는 요인 중 하나일 것이다."[18]

이와 같이 사적인 목적을 위해 공적인 공간을 전유하는 것은 아마 캘리포니아 이데올로기와 자유로운 시장이라는 이 이데올로기의 교의를 실제로 이행하는 것을 의미할 것이다. 인터넷의 건설과 발전은 미국 국방부 예산과 미국 국립과학재단을 통해서 이루어졌다는 점, 즉 그것은 자유시장의 산물이 아니라 막대한 세금투자의 산물이라는 점을 기억해야할 것이다. 이러한 차원에서 볼 때 '네트워크'는 공적인 자산이다. 물론 상업적인 글로벌 플레

---

18 위의 책, 228쪽.

이어들Global Players은 이 네트워크를 완전하게 통제하기 위해 노력하고 있다. 대부분 컴퓨터 네트워크들은 사적이며 인터넷과 병렬적으로 존재한다. 하지만 전자적 공간의 증대하는 경제적 중요성은 여기서 새로운 권력구조를 형성시키고 있다. 여기에 자원의 재구조화가 추가된다. 말하자면 인프라스트럭처, 노동력, 능력에 대한 높은 집중은 자센이 논증한 바와 같이 디지털적인 생산과정을 거쳐 '중앙집권적 형태의 새로운 지리학'으로 나아간다. 이 중앙집권적 형태의 지리학은 '전자적 공간을 기초로 하고' 이 공간의 '내부에' 있다.

이러한 고찰로부터 도출되는 것은 가상성에 대한 새로운 정치경제학이 요청된다는 점이다. 웹에 대한 담론이 어떻게 변화했으며, 초기의 기술에의 도취와는 완전히 다른 새로운 출발점은 어떻게 만들어졌는지를 보여주어야 한다. 공적인 것과 사적인 것의 비율은 직접적으로는 파악할 수 없을 정도로 뒤바뀌었다. 지구촌Global Village이라는 수사학은 무제한적 자유라는 비전과 함께 포기되어야 할 것이다. 사회를 넘어서는 하나의 (가상) 공동체에 대한 희망은 여기서 근본적으로 파괴된다. 왜냐하면 네트워크의 이론화에 대한 앞서 묘사된 접근방식처럼, 경제적 토대와 지배적인 사회규칙들이 전자적 공간에서 간단하게 효력을 상실하지 않기 때문이다.

6. 네트워크 비판 : 유럽적 접근

네트워크에 대한 현재의 담론에서는 새로운 방향이 뚜렷하게 나타나고 있다. 무제한적인 자유를 갖고 있는 '무법적인' 전자공간은 새로운 공동체성에 대한 희망사항과 동시에 미국적인 개척자정신의 환상을 보여주고 있다. 이 미국적인 개척자정신의 환상은 경제적·정치적 현실을 간과하거나 주어진 현실을 과장하도록 유혹한다. 이러한 많은 환상 속에서 탈규제적인 정보경제는 글로벌한 세계로 확장된 '사이버 회사 미국corporate Cyber America'의 특성을 분명하게 띠고 있다.[19]

완전히 자족적인 비물질적인 것의 세계에 대한 생각은 전자적 공간에서 나타나는 권력재생산의 명백한 메커니즘 때문에 유지될 수 없는 것으로 포기되어야 했다. 임마누엘 칸트의 시대처럼 공지성에의 권리라는 상세하게 규정되지 않은 형식에 진리문제를 연결시키는 것은 공지성의 변형된 조건 때문에 충분하지 않은 것처럼 보인다. 자유는 '무엇으로부터의 자유'로 정의되는 것이 아니라 어떤 하나의 맥락과 관련된다. 마찬가지로 자유는 학술적인 관점에서 모든 대상성에 거리를 두는 격정으로부터 도달될 수 있는 영역도 아니다. 새로운 형태의 디지털 초월주의는 발로Barlow의 '사이버 공간의 독립선언'에서 탁월하게 주장되었는데, 이 새로운 형태의 디지털 초월주의는 전자적 정보산업의 상업주의에 대한 대안이 아니라 단순한 도피일 뿐이다. 이러한 입장에서 벗어나, 그리고 또한 유럽적인 문화염세주의에서 벗어나 이러한 전개에 대한 회의론Skeptizismus은 새로운 대안적 방향을 암시적으로 보여주고 있다.

우선 살펴보면, 네트워크를 비판하는 작업에서는 소극적인 자유 개념이 중심이 되고 있는데, 이 소극적인 자유는 미디어적인 재현형식들에 대해 우상 파괴적으로 저항하는 자유이다. 네트워크 비판 요구가 목표로 삼고 있는 것은 순수기술적 관점을 넘어서 네트워크 현상을 다루는 것이다. 넓은 의미에서는 새로운 사회적 인터페이스의 발전이 중요하다. 다시 말해 네트워크에 대한 담론적인 관점을 활성화시키는 것이 중요하다. 이러한 활성화는 우선 새로운 채널이 개통되는 것을 통해 아주 간단하게 이루어질 것이다. 1995년 이래로 '협력적 텍스트필터링collaborative textfiltering'으로 고안된 메

---

19 Esther Dyson/ George Gilder/ George Keyworth/ Alvin Toffler, *Cyberspace and the American Dream: A Magna Charta for the Knowledge Age, Progress and Freedom Foundation*, Washington D.C. 1994.

일링리스트 「네트타임nettime」이 바로 그 사례이다.[20]

이러한 구상의 기본테제는 **미디어 내재적**medienimmanent 비판이다. 말하자면 새로운 미디어에서 새로운 기술과 이 새로운 기술의 미학적 · 사회적 · 문화적 효과를 적극적으로 파악하고, 그야말로 이러한 적극적인 파악을 통해 지식인의 방어적인 외부관찰자 시각을 극복하는 것이다. 중요한 것은 기술이 아니라 네트워크를 '미디어'로 주제화하는 것이다. 네트워크가 단지 종래의 미디어 개념을 규정했던 회로체계나 여타의 기술적 메커니즘에만 관계된 것이 아니라는 점을 참작한다면, 네트워크를 **메타미디어**Metamedium로 주제화하는 것은 중요한 문제이다. 이와 같이 캘리포니아 방식의 습관적 태도뿐만 아니라 교만한 엘리트적인 문화산업 비판 속에 숨겨진 이데올로기적 원칙을 극복하는 것을 전제로 하면서 비판의 가능조건들에 대해 묻는 것이다.

협력적 텍스트필터링은 자체적으로 이미 우리가 자연과학을 통해 알고 있는 것과 같은 전자적 '프리퍼블리싱Prepublishing'의 전략을 선호할 뿐만 아니라 텍스트를 새로운 질적 맥락 속에 배치하는 텍스트의 '리사이클링Recycling'도 선호한다. 사람들은 이것을 몇 백 명을 동원하여 만들어내는 멋진 실험일 뿐이라고 무시할 수도 있다. 하지만 이것은 하나의 모범적인 사례 그 이상을 의미하는 것이다. 이것은 여기서 논의되는 맥락에서 볼 때 어떻게 '사회'에 대항해 사이비 종교적인 공동체사상을 연출하는 것과 무관하게 대안적인 미디어적 생산과 소비형태를 지닌 생산적 사회모델이 개발될 수 있는지에 대한 패러다임적인 실연(實演)이기 때문이다.

그 밖에 텍스트필터링은 읽기의 분석적 활동이 쓰기와 직접출판의 종합적 형식과 서로 혼합된다는 것을 뜻한다. 다시 말해 텍스트필터링은 선형적 코드화를 상대화하고 이를 통해 완전히 다른 새로운 '독해가능성'을 만드는

---

20 Nettime(Hg.), *Netzkritik*, 같은 책과 Nettime(Hg.), *Readme! ASCII Culture and the Revenge of Knowledge*, New York: Autonomedia 1999를 참조하라. *http://www.nettime.org*를 참조하라.

미래의 문화기술의 선구자일 것이다. "텍스트의 독해가 아니라 데이터 흐름의 우회와 변속이, 해석이 아니라 재조합이, 재현이 아니라 맥락화가, 세분화가 아니라 네트워크화가 중요한 문제이다."[21]

여기서는 우선 '네트워크' 자체가 성찰의 주제와 대상이 된다. 이러한 네트워크의 실천은 배타적인 재현의 기술을 고집하지 않기 때문에 개념예술 konzeptuelle Kunst(네트예술net.art)과 높은 친화력을 보인다. 이때 미래의 비판은 텍스트 분석을 넘어 사회적인 맥락을 정의하는 것을 둘러싸고 일어날 것이고 이러한 사회적인 맥락 안에서 자신의 정당한 권리를 청구할 것이다. 말하자면 인터넷 비판은 아카데믹의 신화가 자신의 이익을 위해서 설정한 비판적 거리두기를 넘어서는 경우에야 가능할 것이다. 이것은 접촉에 대한 공포에 대항하는 것이라기보다는 절대적인 독점 전략 속에서 비판을 실천하는 증후군에 대항하는 것이다.

이러한 형태의 미디어현실에 대한 적극적 파악은 움베르토 에코가 1960년대 초에 주창했던, 수용의 측면에서 실천하는 '기호학적 게릴라'라는 생각이 포괄적으로 발전된 것인데, 이것은 현실을 긍정적인 것으로 만들기 위해서는 커뮤니케이션 채널들을 잘못된 관념들로부터 해방시키는 것이면 충분하다는 대안적 미디어전략의 구상을 실천적 입장에서 비판하고, 좋은 의미에서건 나쁜 의미에서건 조작적인 미디어 효과를 목표로 하는 이 대안적 미디어전략을 비판한다. 현재 우리는 생각해낼 수 있는 모든 사회비판에 관한 정보를 이미 수중에 갖고 있다. 그럼에도 불구하고 이것은 기이하게도 아무런 결과를 낳지 못했다. 전복도 없고 혁명도 없다. 공론장에 반대하는 좌파는 오히려 자신의 고유한 게토로 퇴거해버렸다.[22] 정보 내용을 절대시하는 미디어전략은 미디어 속의 과다한 섹스와 폭력에 대해 경고하는 순진

21 Geert Lovink und Pit Schultz, "Aufruf zur Netzkritik", in: Nettime(Hg.), *Netzkritik*, 같은 책, 7쪽.
22 Autonomie a.f.r.i.k.a.-Gruppe, "Bewegungsle(e/h)re? Anmerkung zur Entwicklung alternativer und linker Gegenöffentlichkeit", in: Nettime(Hg.), *Netzkritik*, 같은 책, 177~185쪽.

한 교육자들과 마찬가지로 미디어 효과를 과대평가하고 있다.

지금까지의 논의들은 새로운 미디어가 사용되면서부터, 특히 컴퓨터 네트워크의 일반적 현상형식인 '웹'이 사용되면서부터 기술적 기능과 현상적 지각 사이에 점차 간극이 커지고 있다는 사실에서 기인한다. 인간이 기술적으로 이해하는 차원과 실제로 사용하는 차원은 점차 간격이 벌어지고 있고, 기술의 기능적 차원은 사용적 차원에 의해 은폐되고 있다. 상징적 원칙은 하드웨어 구조를 알 수 없을 정도까지 겹겹이 둘러싸고 있지만 사용자에게는 자신의 자율성을 믿도록 속이고 있다. 다음과 같은 사실은 유효하다.

"마이크로소프트의 백성들은 어쨌든 하늘에서 떨어진 것이 아니라 그들도 미디어역사 속의 그들의 모든 선배들, 책의 독자들, 영화관객들, 텔레비전 시청자들처럼 어느 때인가 만들어진 것이다. 세계적 범위로 승전행렬을 벌이기 위해, 어떻게 하면 이러한 예속이 주체들에게 은폐될 수 있는지의 문제만이 중요하다."[23]

키틀러Kittler에 따르면, 마이크로소프트와 인텔의 불경스런 동맹에 의해, 즉 이들의 통합적인 마이크로프로세서와 이것의 보호모드기능protected mode-Funktion에 의해 이 기술에 대한 인간의 마지막 남은 주권이 박탈되었다는 것이다. 이제는 소수의 전문적 사용자들만이 무엇이 기계의 내부에서, 즉 현실모드에서 진행되고 있는지 알고 있고, 그 반면에 대다수의 사용자 대중은 '이해할 수 없는 시뮬레이션'에 휘말려 있을 뿐이라는 것이다. 독창적이기보다는 이미 알려져 있는 하드웨어구조의 현상학으로부터 '근대 미디어기술의 근본적인 이분법'에 관한 이론이 추론되는데, 이 이분법은 프로그래밍된 텍스트를 사용자 '표면'으로부터 분리시키는 것이며 하드웨어 속에서도 현실모드 / 보호모드의 형식 같은 근본적인 이원주의로 다시 나타난다. '군사 및 산업

---

23 Friedrich Kittler, "Protected Mode", in: Friedrich Kittler, *Draculas Vermächtnis*, 같은 책, 211쪽. 이에 관해서는 Frank Hartmann, *Vom Sündenfall der Software*, in: *Telepolis*: *http://www.heise.de/ tp/deutsch/special/med/63451/1.html*을 참조하라.

영역의 논리'가 정보과학을 규정하고 넓게는 정보사회를 규정한다. 이것은 모든 것을 단순화하는 냉전시대의 흑백논리이고 네트워크 구조의 발전에 대한 유의미한 해석 틀로서가 아니라 사변적 투영Projektion으로서 다시 나타난다. 제2차 세계대전 당시 암호해독기로 존재했던 컴퓨터의 초기 역사로부터는 컴퓨터가 20세기의 '시민사회Zivilgesellschaft'에서 차지하는 의미가 결코 규명되지 않는다. 결국 컴퓨터는 절대적 기계라는 의문스러운 신화의 의미만을 갖게 될 것이고 이 절대적 기계는 오직 전능한 엔지니어와 프로그래머에 의해서만 지배되는 것으로 여겨질 것이다.

전체 사회과정은 하드웨어 문제를 통해 상대적으로 파악된다. 말하자면 이러한 기술해석학의 접근방식에서는 컴퓨터가 사회집단들의 '미디어Medium'로서나 자율적 사회과정의 촉매자Katalysator로서가 아니라 그것의 조작자 Manipulator로서 존재한다. 바로 이것이 지난 수년 동안에 일어난 네트워크 발전의 본질이라는 것이다. 물론 하드웨어구조의 은폐된 관점들에 관심을 기울이는 것은 개별적으로 볼 때는 매우 흥미로운 것이다. 하지만 이것은 인터넷에서 '도구적 이성'을 넘어서 일어나고 있는 것에 대해서는 별로 설명하지 못한다. 인터넷에는 생산자와 사용자 사이에, 집단과 도구 사이에 맥락에 민감한 새로운 인터페이스 구조를 만들 수 있는 가능성이 실제로 존재하고 있다.

7. 사회적 인터페이스 : 상호작용적 오류수정

지속적으로 새로운 미디어현실들을 직면하게 되는 초현대적hypermodern 인간의 존재상태는 정보의 과다함 때문에 혼란스러운 것이 아니다. 오히려 이러한 혼란은 미디어현실이 완전히 종합적인 새로운 세계로 경험되기 때문에 일어나는 것이다. 이 새로운 세계는 성스럽고 '완전한 세계'의 형상에서 산만한 대략적인 영역의 형상으로 변환되고 있다. 왜냐하면 기술적 정보처리의 원리와 구조가 "본래 정보에 관해 전혀 다른 구조나 기준을 갖고 있던"[24] 부문들에까지 문제 있는 방식으로 확산되고 있기 때문이다.

계몽의 문제는 기술에의 의지가 지니고 있는 함의, 즉 새로운 미디어의 '상호작용성Interaktivität'의 '상호적Inter'이라는 형용사에 아직 담겨 있는 함의를 공지성의 변형된 규칙과 관련해 물음으로써 해결될 수 있을 것이다. 이것은 고전적인 계몽주의의 핵심개념에 존경을 표하기 위한 것이다.[25]

웹의 현재의 생성사와 영향사에서 볼 때 웹은 아카데믹한 공지성 원칙에 대한 일종의 자기비판으로 이해될 수 있다. 다시 말해 책, 잡지, 강연 등으로 존재하는 전통적인 지식의 유통 영역은 포스트모던시대의 시대적 요청에 더 이상 부합하지 않는다. 포스트모던시대의 탈경계화는 새로운 형태의 네트워크에 의해 발생되었다. 이 새로운 형태의 네트워크들은 새로운 하이퍼텍스트적인 연결 논리를 통해 학문분과를 가로지르는 참조지시와 조응하는데, 이것은 현재 학문적 담론에서 결정적인 것이다. 이러한 현상은 이미 인쇄 미디어에도 적용된다. 엘리자베트 아이젠슈타인Elisabeth Eisenstein이 (케플러의 루돌프 도표 인쇄를 근거로) 증명한 것처럼, 근대과학의 발전에서 '코페르니쿠스적 혁명'은 자연에 대한 새로운 관점과 관찰에서 기인한 것일 뿐만 아니라 서적 인쇄를 통해 가능하게 된 과학적 커뮤니케이션의 새로운 조건들에서 기인한 것이다.[26] 비교적 지속적인 과학적 정보의 원천이야말로, 즉 필사된 서적과 대비되는 인쇄된 서적이야말로 피드백의 차원에서 비교적 지속적인 준거범위 내에서의 인용, 참조지시, 비판을 허용한다. 이러한 준거

---

24 Michael Giesecke, *Sinnenwandel, Sprachwandel, Kulturwandel*, 같은 책, 61쪽.

25 칸트는 자신의 계몽주의에 관한 에세이에서 우선 "이성을 모든 부분에서" "공적으로 사용"하는 것을 모든 계몽의 조건이라고 말했다. 따라서 '공지성'은 "공법의 선험적 공식"이다. 다시 말해 '공지성'은 법과 정치의 기본원칙이다. '대중계몽'과 공지성 사이의 연관성은 『학문분과들의 논쟁(*Streit der Fakultäten*)』(2.Abschnitt, Abs.8)"에서 분명해진다. Kant, Schriften *zur Antropologie*, *Werkausgabe XI*, 같은 책, 55쪽과 244쪽 이하 그리고 363쪽을 참조하라.

26 Elisabeth Eisenstein, "Die Wandlungen des Buchs der Natur: Der Buchdruck und der Aufschwung der modernen Wissenschaften", in: Elisabeth Eisenstein, *Die Druckerpress*, 같은 책, 170쪽 이하.

범위가 과학적 작업의 기초인 전공문헌의 조사를 가능하게 한다. 과학적 코드화로서도 표현될 수도 있는 바로 이러한 경계짓기는 이제 인쇄미디어의 저편으로 점차 해체된다. 하지만 웹은 (아직도) 과학적 담론에서 인정되지 않는 미디어이다.

그렇다고 하더라도 웹은 이미 출판계 전체[27]를 혁신하는 변형된 공지성의 선언적 기호일 뿐만 아니라 공지성의 학술적 가능조건들을 변형하는 새로운 지능의 지표이기도하다. 이는 예컨대 국방고등연구기획청(DARPA)의 연구책임자 조셉 릭라이더Josep Licklider가 온라인 활동의 사회적 의미에 대해서 깊이 생각했던 컴퓨터 네트워크 발전의 시발점으로 우리를 되돌아가게 한다.

"사회를 위해서 그 영향이 좋을 것인지 나쁠 것인지는 주로 다음 질문에 달려 있다. 즉 '온라인에 있음to be on line'은 특권인가 권리인가? 선별된 일부의 주민만이 지능확장intelligence amplification의 혜택을 향유할 기회를 갖는다면, 네트워크는 지적 기회의 스펙트럼 속에서 단절을 가속하게 될 것이다. 그 반면에 네트워크라는 발상이 몇몇이 희망 속에서 고대했던 것을 교육하는 데 기여한다고 입증된다면, 비록 구체적으로 상세한 계획 속에서는 아니라고 해도 모든 사람이 공명하는 것으로 입증된다면, 인류에게 주는 급격한 발전은 확실히 엄청난 것이다. (……)

실업은 지구상에서 영원히 사라질 것이다. 전 세계인이 컴퓨터의 모든 새로운 세대에, **온라인 상호작용적 오류수정의 무한한 증가**infinite crescendo of on-line interactive debugging 속에 휩쓸릴 때까지 그들의 앞선 세대를 더욱 밀착해서 뒤따르며, 네트워크 소프트웨어를 적응시키는 일의 규모를 생각해보라."[28]

27 Electronic Publishing. Strategische Entwicklungen für die Europäische Verlagsindustrie im Hinblick auf das Jahr 2000. Hauptbericht, Europäische Kommission DG VIII/E, Brüssel 1996.

28 Joseph R. C. Licklider und Robert Taylor, *The Computer as a Communication Device*(1968). *http://www.memex.org/licklider.html*을 참조하라.

이 텍스트는 매우 분명하게 커뮤니케이션을 정보의 발신·저장·수신활동보다는 폭넓게 파악하고 있다. 또한 보편적으로 접속가능한 중앙기구(general purpose, multi-access machine)와 커뮤니케이션의 협동적인 모델(connected groups)을 사용하는 커뮤니티Community를 구분한다. 릭라이더는 네트워크로부터 또다시 네트워크가 형성될 것임을, 그것도 매우 불안정한 특성을 갖는 네트워크가 형성될 것임을 매우 일찍 알아차렸다. 왜냐하면 이 네트워크는 변화하는 내용들에 조응하며 또한 변화가능한 형태들을 수용하기 때문이다.

공동의 장소 대신에 공동의 관심을 통해 결합된 온라인 공동체들은 이러한 비전 속에서 결국에는 추상적인 종합공동체Overall Community로 발전하는데, 이 공동체의 '온라인 상호작용적 오류수정의 무한한 증가'가 예컨대 우리가 오늘날 (변화된 문화기술에는 또한 더 복잡한 텍스트/그림 관계의 미학이 추가되며, 또한 미디어의 상징성에 대해 더 큰 요구가 제기된다는 것을 제외하고는) 네트워크 문화라고 알고 있는 것 속에 나타난다. 사회적 조건 아래서 (커뮤니케이션 미디어의 가능 조건으로서) 새로운 미디어공간 즉 사이버네틱스공간이 발전되는 동안에, 어쨌든 대형컴퓨터Numbercruncher, 즉 보편계산기는 여기서 (초기에는 부수적인) 추가효과를 통해 커뮤니케이션 미디어로 도구화되었다. 다시 말해, 릭라이더가 대충 인간—컴퓨터—공생Man-Computer-Symbiosis을 언급했던 것은 아니다.[29]

문화기술의 발전과 지성의 발전의 연관성이 달리 강조될 필요는 없다. 포스트모던적 지능성의 기획은 짧은 핵심적 표현에서, 축적적인 지식구축의 발상을 통해 공지성의 정태적 모델을 극복하려는 시도로서 달리 표현된다고 하겠다. 축적적인 지식구축이라는 목적에 사용되는 담론기구는 아마도 계속해서 이제껏 지능성의 구어적 조건화에 집중적으로 나타났던 것과 같

---

29 릭라이더의 배경과 ARPA(고등연구계획국)의 연구맥락에 관해서는 Hafner und Lyon, *Where Wizards Stay up Late*, 같은 책, 27쪽 이하를 참조하라.

은 '격리의 논리Logik der Isolation'(하르트무트 빈클러Hartmut Winkler)를 따를 것이다. 이러한 각성을 고려할 때, 형상의 폭발에는 또한 텍스트의 폭발적인 증가가 상응한다는, 포스트 미디어적 현상으로서의 집단지능의 발상(피에 레비Pierre Lévy)은 문제가 없지 않다.

그럼에도 불구하고 집단지능은 **변형된 공지성**이라는 제목 아래 쉽게 이해된다. 집단지능은 거듭 '텍스트'와 '그림' 사이에서 제3의 길을 제시했던 플루서의 숙고에 기인한다. 플루서에게는, 이미 항상 글쓰기의 조건을 초월해서, 먼저 에세이 형식이 있었다. 플루서의 말에 따르면, 에세이는 논증적으로 입증하거나 비판적으로 반박하지 말고 "대화적으로 모든 것을 항상 새롭게 사유해야 한다."[30] 그런데 이는 우선 기술적 수단 때문에 실패한다. 새로운 사유들이 원래의 사유들 위에 겹치면, 전지적(全知的) 진술의 인쇄판은 급속하게 낡은 것이 된다. 글쓰기Schrift에서 '추서Nachschrift'로 탈주하기 위해서는 두 갈래 길이 열려 있는 것처럼 보인다. '형상으로 돌아가기', 말하자면 아이콘으로 회귀하거나 '숫자로 나아가기', 즉 디지털을 향한 앞으로의 탈주가 그것이다.

첫 번째 길은 지적인·종교적인 형상금지에 충실한 계몽주의적 사유의 오만 때문에 포기되었다.[31] 두 번째 길도 마찬가지로 막힌 것처럼 보이는데, 사유 자체가 분석적으로 수학적 계산에 전력을 다하기 때문이다. 그럼에도 불구하고 플루서가 이러한 고찰을 시작한 시기에는 즉 대체로 80년대에는 그래도 아직 제3의 길이 있다고 판명되었다. 즉 텍스트에서 형상의 도상성으로의 후퇴 대신에 상징성으로 즉 복합적인, 숫자로써 컴퓨팅된 회화성으

---

30 Vilém Flusser, *Die Schrift*, 같은 책, 143쪽.
31 이것은 적어도 임마누엘 칸트에 해당된다. 구약의 우상숭배금지와 '단순히 소극적인 것만을 산출해야' 하는 계몽주의 사이의 연관성에 대한 그의 규정은 『판단력비판(*Kritik der Urteilskraft*)』(1790 / 1793)에서 읽을 수 있다. 이러한 생각은 자신의 미학이론의 고안은 "사람에 대한 형상의 권력을 제거하려는 계몽주의의 객관적 경향"을 지속시키는 것이라는 아도르노에게까지 이른다. Theodor W. Adorno, *Minima Moralia*, Frankfurt: Suhrkamp 1951, Nr.92를 참조하라.

로의 전진이다(제13장 참조).

미디어가 오래 전부터 인간사유와 이러한 사유의 사회적 자원과의 관계를 규정했다는 것을 숙고한다면, 바로 월드와이드웹 내의 그리고 월드와이드웹을 통한 새로운 미디어 실천의 존재에 직면해서 플루서의 새로운 철학에 대한 전망은 장난삼은 것이 아니다. 즉 플루서가 이러한 견지에서 옳다면, 각종 지적인 텍스트 생산의 진정한 협력적 관점은 전통적인, 즉 인쇄에 구속된 존재방식 속에서 단지 일시적으로만 은폐되었던 것이다. 미디어는 결국 커뮤니티Communities의 조직에 봉사하는 것이고, 그렇기 때문에 커뮤니티의 요청에 따라 미디어적인 것의 형태들 또한 변한다는 것이 놀랄 일은 아니다.

8. 새로운 계몽？

지난 수십 년 동안 새로운 지식문화의 다양한 요소들이 생성되었다. 이 요소들은 (18세기의 대학과 19세기의 학과에) 지식의 조직형태로서 존재했던 전문분과적인 규준화Kanonisierung를 앞질러 가고 있다. 예측할 수 없는 기술과 사회의 발전은 신중한 미래 예측 속에서 예견되어야 할 것이다. 정확한 예측은 가능하지 않을 것이다. 하지만 현재의 문화과정에 대한 진단으로부터 개연적인 발전과정에 관한 진술은 가능하다. 정확한 예측은 아닐지라도 추정Extrapolation, 즉 알려져 있는 함수의 크기를 근거 삼아 알려져 있지 않은 것을 추론하는 것은 가능하다.

미래를 성찰할 때 핵심적인 것은 아마 앞으로 두드러지게 나타날 새로운 집단지능의 존재가능성일 것이고 또한 이미 언급한 바와 같이 개인적인 지식단위체와 사회적 지식단위체 사이의 관계가 혁신될 가능성일 것이다. 컴퓨터산업 영역에서 나타나는 발전은 배려경영의 방향을 가리키고 있는데,

이 배려경영의 본질적 내용은 인간과 기계 사이의 상호작용에 대한 주체적 패러다임을 형성하는 것이다. 주체와 집단은 새로운 관계에 놓여 있다. 개별화나 대중화가 아니라 개별부분들의 상호지시가 예고된다. 네트워크 문화에서는 협동적 구조가 지배적이다. 네트워크 문화는 기술에 의해 지원된 과정의 매우 다양한 요소들로 이루어지는데, 이 과정의 본질적 특성은 기술복제를 통해 자유롭게 된 질적으로 다른 사용가능성Verfügbarkeit이다. 이러한 현상은 기구 자체에도 마찬가지로 적용된다. 비로소 기구의 산업적 대량생산이 기술에 대한 민주주의적 사용가능성을 가능하게 했던 것이다.

이러한 조건들을 토대로 새로운 인식론이 탄생한다. 이러한 새로운 인식론이 외적으로 반영된 표현이 하이퍼텍스트 형식이다. 이 하이퍼텍스트 형식은 내용을 정적으로 재현하는 것이 아니라 동적으로 재현하고 데이터와 정보를 사용자 중심으로 배열한다. 이로 인해서 생산자, 생산물, 콘텐츠의 수용자(또는 저자, 텍스트, 독자)는 익숙한 선형적 문자문화의 구조원칙들이 약화되어 가는 새로운 상황에 놓이게 된다. 과거 수백 년 동안에는 주도적 미디어였던 '책'의 미디어적 구성원칙들이 곧바로 자명한 것이었다면, 이제 이러한 형식은 힘을 잃었고 새로운 형태의 지식소유와 지식매개방식에 자리를 내준다. 이와 같이 미디어문화 안에서의 다양한 지표들은 새로운 커뮤니케이션 관계를 가리키고 있다.

- 언어는 단지 말로 된 언어로만 환원되는 것이 아니다. 우리는 보다 확장된 기호 개념을 필요로 한다.
- 읽기는 단순하게 순차적인 해독만이 아니다. 인간 정신은 연상적으로 작동한다.
- 텍스트는 폐쇄적인 대상이 아니라 개방적인 체계이다.
- 지식은 존재가 아니라 과정이다.

새로운 조건에 해당하는 것은 새로운 분배방식 외에도 특히 문화적 생산물에 대한 확대된 접근 가능성이다. 문화적 생산물과 관련해서 볼 때 디지털화된 상황에서는 희미한 복사물들을 동반하는 하나의 원본이 존재하는 것이 아니라 점차로 다수의 원본들이 존재하게 된다. 이로써 문화적 생산물을 '불변의 것으로 확정하는 것'과 이 확정을 법적으로 보호하는 것(순수 권력 문제가 된 슬로건인 저작권)은 점점 더 어렵게 되었다. 이것은 문화의 활기를 함축하는 것일 수도 있고 또한 바로 항구적 접근가능성을 요구하는 새로운 지식형태를 함축하는 것일 수도 있다.

기술적 발전과 문화적 진보의 결합에 대해 생각할 수 있는 여러 가능성들이 존재한다. 여기서는 새로운 계몽의 문제라는 제목 하에서 이 가능성들 중 세 가지를 결론적으로 언급할 것이다.

① 사이보그 원리나 기술적 보족기구를 통한 개인의 상승이다. 맥스 모어 Max More는 이러한 엑스트로피Extropy의 원리(기술의 도움을 받아 유사 자연법칙적으로 증가하는 질서·정보·활력·지능을 뜻한다)를 초현대Hypermoderne의 조건 속에서 계속 전개되는 계몽이라는 차원에서 옹호한다.[32] 기술공학적으로 전능한 주체라는 이러한 판타지는 아마도 지나치게 개량되고 값비싼 인공물의 원로정치Gerontokratie로 귀결될 것이다.

② 인공지능 내지 인공지능과 병행하는 세계의 발전에 대한 관념이다. 수십 년 전부터 마빈 민스키Marvin Minsky와 그의 주변사람들은 이것에 대해 생각해 왔다. 이러한 생각은 컴퓨터를 일종의 슈퍼두뇌와 같은 것으로 이해했던 시대에서 유래한다. 이 슈퍼두뇌는 인간의 능력과 경쟁하고 단지 몇몇의 전문가에 의해서만 실제적으로 제어되는 것이다. ①의 경우와 유사하게 여기에서도 엘리트적인 사유유형을 발견할 수 있다.

---

32 Max More, "Europäische Ursprünge—amerikanische Zukunft", in: *Telepolis* Nr.3, 94~103쪽을 참조하라. *http://www.heise.de/tp/deutsch/special/mud/6142/1.html*을 참조하라.

③ 세 번째 그리고 보다 현실적인 변형은 사실상 이러한 발상들에 대립해 있는, 기술에 의해 지원된 집단적인 **지능논쟁**Intelligence Argumentation일 것이다. 여기서는 새로운 커뮤니케이션 모델들이 등장한다. 이 새로운 커뮤니케이션 모델은 이미 존재하는 잠재력을 네트워크화하는 것과 비인지적 지식구조를 가능한 한 높게 평가하는 것을 전제로 삼는다. 또한 이 모델은 이른바 '제3세계'의 발전 영역도 광범위하게 포함하고 있다.[33]

그리고 덧붙여 인프라스트럭처의 문제를 살펴보자. 현재의 **저장광**Storage Mania의 문화는 디지털 데이터저장기에 매료됨으로써 투입된 부품들의 탈물질화와 소형화의 과정에서 결정적으로 도약할 수 있는 기술을 요구하고 있는데, 이는 이미 성공적으로 이루어지고 있다. 고전적인 전자부품의 소형화는 이미 마이크로구조에서 나노구조로 진입했다. 실리콘을 토대로 하는 트랜지스터는 거대한 저장수요(킬로→메가→기가→테라→어떤 바이트?)를 충족시키는 데 더 이상 적합하지 않다. 양자물리학 차원으로의 도약이 차례를 기다릴 수도 있다. 이미 데이터저장기와 '미래의 하드디스크'를 원자구조로 옮기려고 하는 나노구조 물리학의 여러 구상과 시도는 진부한 것이 되었다. 고도의 데이터 밀도, 거대하게 확장된 데이터 저장용량, 예상외의 데이터 흐름 가속력(광전자) 등은 오늘날 추정하기 매우 어려운 문화기술을 함축하고 있는 것이다.

그리고 또한 지금 문화적으로 선호되는 이진법적 데이터의 흐름을 넘어서, 현실에 대한 모든 분리된 접근방식을 넘어 예기치 못한 다른 세계들이 아직 존재할 수 있다. 근본적으로 보면 존재하는 모든 것이 예측 가능한 것은 아니기 때문이다. 다른 코드나 다른 미디어세계에 대해서 사유할 수 있

---

33 이에 관해서는 Michel Serres, "Superhighways for All", in: *Revue Quart Monde*, Nr.163, 1997을 참조하라. 영어 온라인 텍스트 "Knowledge's Redemption", *http://nettime.khm.de/mettinme.w3archive/199810/msg00137.html*을 참조하라.

는 것이다. 그렇다면 디지털방식의 프로그램화라는 우리의 현재 단계는 역사 속의 산업혁명의 마지막 장에서 별로 의미 없는 장으로 기록될 것이다. 또한 우리가 벌인 야단법석은 (우리 이전의 많은 사람들이 이미 그랬던 것처럼) 스스로를 다소 지나치게 중요하게 생각한 어떤 한 시대의 평범한 에피소드로 역사에 기록될 것이다.

〈삽화 24〉 잠재의식의 아이 디제이 스푸키(DJ Spooky that Subliminal Kid)

15 종결부: 모든 것이 재즈

디제이 문화DJ-Culture와 담론혼합

> "쿵, 저기 있다. 소리와 의미작용. 사회적 기억의
> 운반자로서 소리. 거기 누구세요?"
>
> ──디제이 스푸키(DJ Spooky)

1. 뒤얽힘

네트워크문화에서 나타나는 담론의 착종현상을 제대로 평가하기 위해, 전자예술센터Ars Electronica Center의 강연 시리즈인 '뒤얽힘Intertwinedness'은 1998년 린츠에서 미디어이론적인 '강독과 이벤트'를 통해 '콘텐츠와 콘셉트 Content und Concept' 사이에 존재하는 내적 구조를 규정하려고 시도했다. 이 구조는 여러 방향으로 읽힐 수 있는 것으로 나타났다. 그리고 여기서 사이버공간은 문화적 추가공간으로, 다시 말해 문화의 창작이 실제적으로 이루어지는 테크노커뮤니티의 형성을 위한 사회적 환경으로 해독되었다. 여기에 디제이 문화DJ-Culture를 연관짓는 것, 다시 말해 샘플링, 비저작권 Non-Copyright, 청각적 경험의 고양 등과 같은 디제이문화의 다양한 방식을

연관짓는 것은 전혀 이상한 것이 아니다. 왜냐하면 이것은 미디어적인 생활현실에 대한 학문분과를 가로지르는 해석을 위한 창조적인 접근방식이기 때문이다. 조형예술, 미디어이론, 도시적인 디제이문화 사이의 경계를 뛰어넘는 가장 급진적인 사례 중 하나는 디제이 스푸키DJ Spooky로 알려진 뉴욕 출신의 폴 D. 밀러Paul D. Miller이다.[1]

디제이 스푸키는 저명한 디제이에 속한다. 하지만 그는 전문적인 책이나 공상과학책을 저술하기도 하고 또한 퍼포먼스 예술가로서 활동한다. 철학과 프랑스 문학을 공부한 그는 디제잉DJ-ing을 '음악패턴들의 재결합Recombining of Musical Patterns'으로 이해한다. 그리고 그는 자신의 음악을 서사적 전략으로, 즉 주위 환경Ambient과 힙합Hip Hop 그리고 갑자기 생각난 모든 것을 혼합하는 것으로 이해한다. 그의 노래는 불순하고 혼돈스러우며 변화무쌍하게 들리지만, 그는 그의 노래를 청중들이 결코 가볍게 받아들이지 않게 하려고 노력한다. 그는 청중들이 음악, 미디어, 세계화, 문화기술에 관한 그의 생각을 통찰할 수 있게 한다.

질문 당신은 상이한 시기에 발표된 상이한 음반들이 항상 동일한 드럼비트를 사용하는 것을 보여주었다. 그리고 당신에게 디제잉이란 음악사에서 나타난 발전노선들의 여러 전형적인 유형을 인식하고 재결합하는 것의 일종이다. 하지만 다른 한편으로 당신은 각종의 모든 음악스타일을 사용해 거칠고 혼란스럽게 뒤섞는다고 말한다. 당신은 음악을 통해서 이 발전노선들을 제시하고 서로 연관지으려고 하는 것인가 아니면 완전히 새로운 어떤 것을 만들려는 것인가?

---

1 *http://intertwine.aec.at/spook.html*을 참조하라. 다음의 인터뷰들은 1998년 4월 21일에 퍼포먼스를 마친 후에 Richard Pettauer와 이루어진 대담에서 나온 것이다. 최초로 *http://www.hiese.de/tp/deutsch/inhalt/musik/3230/1.html*에 출간되었다(Telepolis 편집부와 Ritchie의 친절한 허락 속에서 가능했다. 그리고 그루브에 감사한다! Thanx 4 the groove!).

스푸키 내 스타일은 다양한 영향들 사이를 이동하는 것이다. 여기에서 이러한 특이한 분류하기 어려운 혼란스런 사운드가 나온다. 나는 이 사운드를 좋아한다. 대부분의 디제이들은 매우 단정하게 작업한다. 그것도 괜찮지만 나와는 무관하다. 나는 수많은 커트업Cutup과 스크래치로 결합된 내 방식의 디제잉을 통해 문화적 울타리들을 극복하는 시도를 하고 싶다. 예컨대 미국에서 인종적 울타리는 예나 지금이나 매우 크다. 짐작건대 유럽에서도 마찬가지일 것이다. 대화를 통한 주고받음을 위해서는, 교류를 위해서는 혼합을 통하는 것이 가장 쉽다고 사람들은 생각한다. 내가 속한 아프로-아메리카인의 세대는 이 씁쓸한 울타리를 서서히 극복하기 시작했다. 내가 매우 높이 평가하는 퍼프 대디Puff Daddy를 예로 들자. 이 분야에서 그보다 더 통합적인 인물은 없다. 왜냐하면 그가 아주 많은 다양한 음악스타일을 사용했기 때문이다. 그는 레드 제플린Red Zeppelin, 레게Reggae 등 무엇이든지 샘플링 한다. 경제 영역뿐만 아니라 사회심리적 영역에서도 평등의 의미가 공존의 차원에서 서서히 형성되기 시작했다. 예전에 엘비스Elvis는 블루스 선술집에 가서 거기서 연주되는 것을 듣고 그것을 간단히 훔쳐 자신의 이름으로 팔 수 있었다. 현재의 발전은 그것과 반대로 이루어지고 있다.

질문 『Flood My Blood the DJ Said』라는 당신의 저서는 디지털미디어 시대에 미묘한 주제라 할 수 있는 지적 소유와 저작권에 관한 문제를 다루고 있다. '채소밭을 가로 질러 샘플링하는' 디제이로서 당신은 이 테마를 어떻게 다루는가?

스푸키 전유appropriation와 인용quotation은 다른 것이다. 인용이 뜻하는 것은 "이 음악가의 이 작품은 내 맘에 든다. 그래서 내가 이것을 사용한다"를 말하는 것이다. 이것은 해당하는 예술가에 대한 경의이다. 전유는 다른 사람의 이름을 근본적으로 지운다는 것을 의미한다. 이것을 나는 결코 원치 않는다.

팝문화는 대체로 다문화적으로 되었다. 퍼프 대디는 하위문화를 포괄하는 이러한 발전의 완벽한 예이다. 그의 CD는 미국에서, 유럽에서, 일본에서, 어디서든지 팔린다.

나는 샘플링할 때 전적으로 의식적으로 인용을 사용하며 그것에서 무엇인가를 형성하려고 한다. 다른 한편 내 사운드에 흥미를 느끼는 사람은 누구라도 내 사운드를 샘플링해도 된다고 나는 말해야 할 것이다. 당연히 나는 어느 누구도 고발하지 않을 것이다.

나에게 음악은 항상 하나의 은유이다. 나는 이러한 기존의 은유들을 재맥락화하려고 시도한다. 이러한 재맥락화가 내 음악의 공상과학적인 시각을 만들어준다.

일관된 설명이란 이제 더 이상 가능하지 않다. 이제 가능한 것은 퍼포먼스뿐이다. 다시 말해 원본과 복사본 사이의, 예술가와 관중 사이의 '이중적 불이치'와 함께 하는 유희만이 가능할 뿐이다. 여기서 예술가는 솜씨를 통해 관중들을 마술에 걸리게 할 수 있는 마술사의 특성을 띤다. 그렇지만 그는 또한 아프리카의 그리오Griot 같은 이야기꾼Storyteller이기도 하다. 그는 거대담론을 통해서가 아니라 전승된 전형적인 서사들을 통해서 (그럼에도 불구하고 지금의 현실적인 것을 소재로 사용해서) 청중을 완전히 사로잡는다. 디제이 스푸키는 **사운드 패턴들**Soundpatterns로 작업할 뿐만 아니라 할리우드 B급 영화를 시각적으로 샘플링하면서 작업한다. 그의 퍼포먼스 도중에 관중은 그의 직접적인 이야기와의, 20세기의 상투적인 그림과의, 진부한 미디어와의, 미디어적인 기억과의 어떤 영적인 접촉에 들어간다. 하나의 세계, 지구촌 등과 같은 이러한 구상들은 착각일지도 모른다. 그러나 미디어의 발전은 생활세계를 통일하는 방향으로 서서히 흘러가고 있다. '사운드'는 인간의 기본적인 심적 상태를 규정할 뿐만 아니라 이른바 우리의 공통적인 문화

논리를 규정하는 하나의 선험적 범주가 될 것이다. 물론 현대의 철학자들에 의해 인지되지 않은 채 그렇게 될 것이다.

질문 음악에는 심층적인 수학적 구조들이 존재하고 이 구조들은 적어도 항상 반복되며 이 구조들은 밝혀질 수 있다는 생각이 오랫동안 당신을 매혹시켰다. 아직도 당신은 보편적인 음악적 코드를 연구하는 데 몰두하고 있는가?

스푸키 당연히 그렇다. 음악은 간단히 그 자체로 보편적인 문화적 언어이다. 이는 음악가에게 대단한 가능성을 열어준다. 음악은 결코 음악 자체만을 위해 있는 것이 아니다. 각각의 작품은 많은 영향들을 내적으로 통일한다. 이를 통해 각각의 작품은 다시 일종의 인용모음집이 되는 것이다. 진공 속에서는 아무 일도 일어나지 않는다. 디제잉에서 바로 이것이 확연히 드러나고 의식되는 것이다. 당신이 음악을 만든다면, 당신은 결코 진공 속에 있을 수 없고 영향들의 결합 속에 있게 된다.

질문 당신은 자신을 우선 작가라고 부르고 단지 부수적으로만 디제이라고 부른다. 그 차이는 어디 있는가?

스푸키 어디에도 없다. 차이는 전혀 없다. 디제잉은 쓰기이며 또한 역으로도 마찬가지다. 유일한 차이는 아마도 역사적으로 성장한 접근방식에 있을 것이다. 독서는 더 많은 노력을 요구한다. 당신은 읽을 수 있어야 하며, 책을 잡고 책에 몰두해야 한다. 그렇지만 이것은 사안 자체에 관련되는 문제가 아니라 단지 접근방식에만 관련된 문제이다. 우리는 여러 가지 문화기술들, 말하자면 독서, 음악, 텔레비전 등을 병행해서 가지고 있다. 그 어느 하나에 자신을 국한시키기보다는 이것들 사이에서 이리저리 전환해야 한다.

이것이 분명 이상주의적으로 들린다는 것을 나는 알고 있다. 나는 팝문화에 상당히 몰두해 있는데, 거기에는 내가 '문화적 타성Cultural Inertion'이라고 부르는 현상이 존재한다. 사람들은 미디어의 사용습관에 사로잡혀 있기 때문에 새로운 미디어가 관철되기까지는 오랜 시간이 필요하다.

내 음악 안에 있는 철학적인 또는 이론적인 요소들에 관해 말하면, 이것은 분명하다. 두 개의 턴테이블을 조작하고 있는 길거리의 청소년은 아마 데리다Derrida의 해체론에 거의 관심을 갖지 않을 것이다. 그러나 그 통로는 바로 음악에 있다.

앰비언트 사운드Ambient Sound는 새로운 의미를 지니고 있는데, 이것은 녹음배경음악Muzak을 모순되게 급진화한 것이며 20세기 말엽의 음향적 조각품이다. 디제이 스푸키가 강연이나 퍼포먼스에 등장하면, 전자음악Groove은 화물차처럼 참석자들의 신경 위를 달린다. 이때 퍼포먼스적인 사운드믹스의 '언술행위'는 (전적으로 텍스트를 수단으로 해 요구되는) 지성적 신뢰성의 경계를 변형시킨다. 디제이 스푸키는 자신의 영상물들, 즉 '다양한 체험에 열려 있는 영상물들Objektilen' 속에서, 그리고 '발견된 소리들Found Sounds'에 관한 텍스트 속에서 사이버공간의 전자적 환경 안에서 일어나는 사회적 진화, 재조합, 반복 등에 대해 성찰하면서, 이를 단순하게 재즈Jazz라고 부른다. 그러나 재즈는 한 시대의 음악적 스타일이 아니다. 재즈는 문화적 전통으로의 통로이자 문화적 전통과의 접촉을 뜻한다. 하나의 음악은 문화적 창조성으로부터 탄생하는데, 이 디제이가 이러한 문화적 창조성을 언급할 경우 하이든, 슈베르트, 베토벤을 인용한다. 하지만 그는 이러한 고전적 재료들을 가지고 작업하는 것은 물론 기꺼이 아프로-아메리카적 아방가르드도 소재로 삼는다. 그리고 더 나아가 사람들은 히치콕이나 맥루한의 사운드비트를 들을 수 있을 것이고, 또한 미디어 생산물 안의 소도구들과 최근 십 년간의 디제이 문화에서 필수가 된 B급 영화들의 샘플도 들을 수 있을 것이다.

질문 당신은 다양한 스타일들을 결합하려고 한다. 청소년문화나 하위문화는 물론 지난 수십 년 동안 전례 없는 다양한 변화를 겪었다. 이러한 다양성 속에서 창조적이고 혁신적인 잠재력을 보는가?

스푸키 이는 굉장히 중요한 것이다. 왜냐하면 이것이야말로 비로소 상이한 '심리상태들'을 가능하게 하기 때문이다. 어떤 사람이 항상 동일한 입장에만 머물러 있다면, 즉 동일한 하위문화에만 머물러 있다면, 그는 이로 인해 항상 동일한 정신적 상태에 고착되어 머물러 있게 된다. 나는 실제로 1920년대와 1930년대 음악의 대부분이 완전히 미쳤으며 거칠고 혼란스럽고 실험적이었다고 생각한다. 그러나 당신이 이 시대의 누군가를 1990년대의 한 클럽에 데려간다면, 그는 거기서 듣게 되는 것을 아마 음악이라기보다는 완전한 카오스라고 여길 것이다. 이와 같이 청취습관도 변화한다. 텔레비전이나 요즈음의 인터넷과 같은 미디어와 함께 성장한 세대는 이전의 어떤 세대보다도 다양한 문화에 대한 열린 시각을 가질 수 있는 더 나은 조건 속에 있다. 그렇지만 다른 한편에는 필름문화가 있다. 지구의 도처에서 나이키와 리복Reebok을 착용하고 있는 아이들은 그들이 동일한 음악을 듣는 것보다 훨씬 더 공통적으로 된다. 이는 완전히 무의미한 유형의 세계화이다. 여기서 나는 이상주의자이며, 아이들이 다양한 종류의 음악을 듣고 이를 통해 공통점들을 찾았다면 차라리 좋았을 것이다.

질문 당신은 철학과 음악에 몰두한다. 어떤 것이 먼저인가? 그리고 그 관계는 어떤 것인가?

스푸키 음악은 이론이고 이론은 음악이다. 당신이 좋은 필자라면, 당신은 음악가가 될 것이다. 쓰기는 음악이다. 나는 이것을 달리 설명할 수 없다. 니체를 예로 들어 보자. 그는 뛰어난 작가였기 때문에 이미 그의 텍스트들은 거의 음악이 되었던 것이다. 위대한 시인들의 경우 사람들은 그들의 텍스트 안에서 음악을 느낀다. 음악은 비서사적인 기술이 아니다. 그러나 음악에서 전달은 전혀 다르게 기능한다.

질문 당신은 음악을 작업할 때 인용을 대단히 많이 한다. 사람들은 당신이 거기에 사용하는 앨범들 전부를 알지도 못하면서 당신의 일을 이해하고 있는가?

스푸키 사람들이 누군가가 박식하다고 말한다면, 이것은 그가 많은 책을 읽었고 그것들을 참조할 수 있으며 그것들을 개념적 틀 속에서 정리할 수 있다는 것을 뜻한다. 다시 말해 그 사람은 조망을 갖고 있다. 음악에서도 마찬가지로 그러한 어떤 '박식함' 같은 것이 있다. 당신이 많이 들으면 들을수록, 당신은 참조를 더욱더 잘 제시할 수 있고 인용을 더욱더 잘 인식할 수 있다. 둘 중 하나에 전문적인 능력을 갖추기 위해서는 수개월 또는 수년이 필요하다. 이 동안에 읽거나 음악을 들어야 한다. 그렇지만 그 차이는 있다. 인간은 음악에 훨씬 더 쉽게 접근할 수 있다. 그것이 감정적인 접근이기 때문일 것이다. 어떤 책이 당신 마음에 들지 않으면, 당신은 몇 장 읽은 후 그것을 치울 것이다.

〈삽화 25〉 비상구

역자후기

　미디어는 최근에 관심이 집중되고 있는 분야 중 하나이다. 미디어의 개념을 맥루한의 의미에서 넓게 잡건 아니면 매스미디어나 뉴미디어의 차원에서 좁게 잡건 간에, 미디어는 그야말로 정치, 경제, 군사, 문화, 예술 등 우리 사회체계의 모든 곳에 스며들어 있고, 우리의 일상 생활세계도 미디어와 분리시켜 놓고서는 전혀 생각할 수 없는 상황에 이르렀다. 이러한 배경 속에서 미디어의 본질과 미디어현실을 규명하려는 시도는 이미 신문방송학이나 사회학 등 여러 학문분야에서 이루어졌고, 이제 비로소 철학적인 차원에서도 이러한 문제들을 다루기 시작했다.

　우리는 미디어가 현실을 재현하는 것이 아니라 구성한다는 사실을 그 사이에 명확하게 알게 되었다. 말하자면 미디어는 우리에게 현실을 매개하는 것이 아니라 새롭게 현실을 만들어내고 있는 것이다. 미디어는 우리의 세계와 삶을 지배하는 강력한 힘을 가지고 있다. 미디어는 자신의 코드 체계에 따라 우리의 인식과 행위 방식을 결정하고 통제하기 때문이다.

　하르트만의 『미디어철학』은 미디어시대에 미디어와 우리 인간에 대한 철학적 성찰을 시도하고 있다. 실재와 가상의 이분법을 해체하는 미디어존재론에서 출발하면서, 이 책은 철학자들이 그동안 미디어가 근대의 인쇄미디어에서 현대의 전자미디어와 인터넷미디어로 진화되어 가는 과정에서 어떤 입장을 취했는지, 어떤 시대 진단을 내렸는지, 그리고 어떤 미래 방향을 제시했는지를 밝히는 동시에 이러한 입장들을 미디어철학의 계보학 차원에서

'재맥락화'하는 것에 초점을 맞추고 있다. 매우 다양한 관점과 그야말로 엄청난 양의 관련 자료를 제시하는 가운데, 이 책은 이러한 미디어철학의 계보학과 미디어철학의 미래 전망의 작업을 성공적으로 이루어냈다고 할 수 있다.

이 책은 우선 책인쇄가 존재하지 않았다면 근대의 합리주의적인 체계철학을 전개시킬 수 없었던 르네 데카르트와, 18세기 말에야 비로소 본격적으로 형성되었던 공론장이 없었다면 비판철학을 성공시킬 수 없었던 임마누엘 칸트에서 시작한다. 여기서의 논의는 '근대적' 미디어와 '근대적' 커뮤니케이션이 없었다면 '근대' 철학은 존재할 수 없었을 것이라는 결론에 이르게 된다. 그리고 계속하여 요한 고트프리트 헤르더, 요한 게오르크 하만, 빌헬름 폰 훔볼트의 언어철학을 중심으로 사유와 언어의 문제, 다시 말해 '인식미디어'로서의 언어 문제를 살피고 난 후, 프리츠 마우트너의 '언어구성주의', 찰스 샌더스 퍼스의 '기호학', 고틀로프 프레게의 '논리학', 오토 노이라트의 '그림언어'를 알파벳숫자 코드의 지배를 벗어나려는 일련의 시도들로 해석한다.

그리고 나서 후설과 하이데거를 통해 매스미디어가 철학적 담론에 어떤 영향을 주었는지, 철학의 주제를 어떻게 변화시켰는지를 살펴보고, 막스 호르크하이머, 테오도르 아도르노, 발터 벤야민 같은 미디어시대의 철학자들은 '책의 종말'을 야기한 새로운 미디어현실에 대해 어떤 입장을 취했는지,

새로운 미디어의 기능과 효과에 대해 어떤 다른 전망을 제시했는지를 보여주고 있다. 그리고 그 다음으로 귄터 안더스의 미디어시대의 인간학에서 미디어시대 인간의 운명에 대해 논의하고, '진정한' 미디어철학의 선구자인 해럴드 애덤스 이니스, 마셜 맥루한, 빌렘 플루서의 이야기들 속에서 '구텐베르크 은하계'를 벗어난 전자미디어와 인터넷 시대에 인간은 어떤 상황에 처해 있는지, 그리고 앞으로 인간의 과제가 무엇인지를 설득력 있게 그려내고 있다. 끝으로 이 책은 네트워크 문화와 가상공동체의 미래를 전망하는 동시에 새로운 미디어현실에 조응하는 새로운 형태의 공지성과 공론장의 개념을 모색한 후, DJ 스푸키의 인터뷰를 인용하면서 미디어시대의 담론 형성의 독특한 모습을 은유적으로 표현하고 있다.

이 책은 앞서 열거된 인물들뿐만 아니라 기 드보르, 지크프리트 기디온, 미셸 푸코, 질 들뢰즈 등을 미디어철학의 각각의 문제 맥락 속에 위치시키고, 이들의 이야기도 미디어철학의 모자이크 전체 중 한 부분을 차지할 수 있도록 한다. 이 책은 미디어철학의 계보학이자 동시에 일종의 미디어철학 백과사전과 같은 것이라고 할 수 있다. 이 책은 미디어철학과 관련된 다양한 입장과 상이한 개념, 그리고 역사적 자료를 담고 있기 때문이다. 물론 이 책은 저자 스스로가 말했듯이 기존의 철학사를 미디어철학의 관점에서 재구성하고 앞으로의 미디어철학의 과제를 암시적으로 제시하는 미디어철학 서론의 성격을 지닌 책이다. 그렇다고 하더라도, 아니 바로 그렇기 때문에 미디어철학에 관심이 있는 사람이라면 이 책을 꼭 한번 읽어 볼 필요가 있다. 미디어시대를 성찰하는 데 필요한 다양한 관점은 물론 기본적인 역사, 개념, 방법, 전망 등을 이 책에서 얻을 수 있을 것이다.

이 책의 번역은 오래 전에 시작되었다. 그런데 이 책에는 매우 독창적이고 다양한 분야의 사상가들이 등장했고 또한 그 분량도 상당했다. 따라서 혼자 번역을 하면서 많은 어려움을 겪게 되었는데, 바로 이때 미디어이론에 관심을 갖고 있던 강웅경 선생이 이 책의 번역에 함께 참여해 주었다. 그 후 몇 년의 시간이 흘렀고 이제 비로소 하나의 책으로 그 결실을 보게 된 것이다. 이 과정에서 많은 도움을 준 강웅경 선생에게 깊은 감사를 드린다. 이 책에는 이해하기 어려운 문맥들이 상당히 많았고 또한 낯설고 생소한 개념들도 많았지만 역자들은 이 번역본이 원본에 충실하면서도 동시에 가능한 한 우리말의 문맥에 맞는 번역이 될 수 있도록 노력했다.

이 책이 나오기까지 정말 오랜 시간 동안 참고 또 참아주신 북코리아 이찬규 사장님께 진심으로 감사드린다. 아무쪼록 이 책이 한국에서 미디어철학 담론이 활성화되는 데 기여를 했으면 좋겠다는 생각을 가져 본다.

2008년 울산 무거동에서
이상엽

Agentur Bilwet: Medien-Archiv, Bensheim: Bollmann 1993

Der DatenDandy. Über Medien, New Age, Technokultur, Mannheim: Bollmann 1997

Agre, Philip E.: Computation and Human Experience, New York: Cambridge Univ. Press 1997

Blumenberg, Hans: Die Lesbarkeit der Welt, Frankfurt: Suhrkamp 1986

Bolz, Norbert: Am Ende der Gutenberg-Galaxis. Die neuen Kommunikationsverhältnisse, München: Fink 1993

Castells, Manuel: The Information Age: Economy, Society and Culture.
Vol.1 – The Rise of the Network Society, Oxford: Blackwell 1996

Vol.2 – The Power of Identity, Oxford: Blackwell 1997

Vol.3 – End of Millennium, Oxford: Blackwell 1998

Chartier, Roger: Lesewelten. Buch und Lektüre in der frühen Neuzeit, Frankfurt: Campus 1990

Coy, Wolfgang / Tholen, Georg Christoph / Warnke, Martin (Hg.): HyperKult. Geschichte, Theorie und Kontext digitaler Medien, Basel: Stroemfeld 1997

Crary, Jonathan: Techniken des Beobachters. Über Sehen und Modernität im 19. Jahrhundert, Dresden: Verlag der Kunst 1995

Darnton, Robert: Der Mesmerismus und das Ende der Aufklärung in Frankreich, München: Hanser 1983

Glänzende Geschäfte. Die Verbreitung der Encyclopédie, oder: Wie verkauft man Wissen mit Gewinn? Berlin: Wagenbach 1993

Davis, Eric: TechGnosis: myth, magic and mysticism in the age of information, New York: Harmony Books 1998

Derrida, Jacques: Grammatologie, Frankfurt: Suhrkamp 1974

Eco, Umberto: Die Suche nach der vollkommenen Sprache, München: Beck 1994

Eisenstein, Elisabeth: Die Druckerpresse. Kulturrevolutionen im frühen modernen Europa, Wien: Springer 1997

Faßler, Manfred: Was ist Kommunikation? München: Fink (UTB) 1997 ders.: Cyber-Moderne. Medienevolution, globale Netzwerke und die Künste der Kommunikation, Wien: Springer 1999

ders. (Hg.): Alle möglichen Welten. Virtuelle Realität, Wahrnehmung, Ethik der Kommunikation, München: Fink 1999

Faßler, Manfred / Halbach, Wulf (Hg.): Geschichte der Medien, München: Fink (UTB) 1998

Flichy, Patrice: Tele. Geschichte der modernen Kommunikation, Frankfurt: Campus 1994

Flusser, Vilém: Kommunikologie, Frankfurt: Fischer 1998

ders.: Vom Subjekt zum Projekt. Menschwerdung, Frankfurt: Fischer 1998

ders.: Die Revolution der Bilder. Der Flusser-Reader zu Kommunikation, Medien und Design, Mannheim: Bollmann 1995

ders.: Die Schrift. Hat Schreiben Zukunft? Modifizierte Ausgabe für MS-DOS Rechner, Göttingen: Europ.Phot. 1994

ders.: Die Krise der Linearität. Vortrag im Kunstmuseum Bern, Wabern: Benteli 1992

Foucault, Michel: Die Ordnung der Dinge. Eine Archäologie der Humanwissenschaften, Frankfurt: Suhrkamp 1974

ders.: Dies ist keine Pfeife, Frankfurt, Berlin: Ullstein 1974

ders.: Die Ordnung des Diskurses, Frankfurt: Fischer 1997

ders.: Botschaften der Macht. Reader Diskurs und Medien, Stuttgart: DVA 1999

Franck, Georg: Ökonomie der Aufmerksamkeit. Ein Entwurf, München: Hanser 1998

Gabriel, Norbert: Kulturwissenschaften und Neue Medien. Wissensvermittlung im digitalen Zeitalter, Darmstdat: Primus 1997

Gellner, Ernest: Descartes & Co. Von der Vernunft und ihren Feinden, Hamburg: Junius 1995

Pflug, Schwert und Buch. Grundlinien der Menschheitsgeschichte, Stuttgart: Klett-Cotta (DTV) 1993

Giesecke, Michael: Der Buchdruck in der frühen Neuzeit. Eine historische Fallstudie über die Durchsetzung neuer Informations- und Kommunikationstechnologien, Frankfurt: Suhrkamp 1998

ders.: Sinnenwandel, Sprachwandel, Kulturwandel. Studien zur Vorgeschichte der Informationsgesellschaft, Frankfurt: Suhrkamp 1992

Hafner, Katie / Lyon, Matthew: Where wizards stay up late: the origins of the Internet, New York: Touchstone 1998

Haraway, Donna: Die Neuerfindung der Natur. Primaten, Cyborgs und Frauen, Frankfurt: Campus 1995

Hartmann, Frank: Cyber-Philosophy. Medientheoretische Auslotungen, Wien: Passagen 1996

Heim, Michael: The Metaphysics of Virtual Reality, New York: Oxford Univ. Press 1993

Innis, Harold A.: Kreuzwege der Kommunikation. Ausgewählte Texte, hg. von Karlheinz Barck, Wien: Springer 1997

Johnson, Steven: Interface Culture. Wie neue Technologien Kreativität und Kommunikation verändern, Stuttgart: Clett-Cotta 1999

Kelly, Kevin: Das Ende der Kontrolle. Die biologische Wende in Wirtschaft, Technik und Gesellschaft, Mannheim: Bollmann 1997

Kerckhove, Derrick de: Schriftgeburten. Vom Alphabet zum Computer, München: Fink 1995

Kohanski, Daniel: The Philosophical Programmer. Reflections on the Moth in the Machine, New York: St. Martins Press 1998

Kittler, Friedrich: Aufschreibesysteme 1800/1900, München: Fink 1987

ders.: Grammophon, Film, Typewriter, Berlin: Brinkmann&Bose 1986

ders.: Draculas Vermächtnis. Technische Schriften, Leipzig: Reclam 1993

Krämer, Sybille: Medien Computer Realität. Wirklichkeitsvorstellungen und neue Medien, Frankfurt: Suhkamp 1998

Kroker, Arthur / Weinstein, Michael A.: Data Trash. The theory of the virtual class, New York: St. Martins Press 1994

Künzel, Werner / Bexte, Peter: Maschinendenken/Denkmaschinen. An den Schaltstellen zweier Kulturen, Frankfurt: Insel 1996

Lévy, Pierre: Die kollektive Intelligenz. Eine Anthropologie des Cyberspace, Mannheim: Bollmann 1997

Manovich, Lev: The Language of New Media, Camridge, Mass.: MIT Press 2000 (i.E.)

McLuhan, Herbert Marshall: Medien verstehen. Der McLuhan-Reader, hg. von Martin Baltes et al., Mannheim: Bollmann 1997

ders.: Die mechanische Braut. Volkskultur des industriellen Menschen, Amsterdam: Verl. Der Kunst 1996

ders.: Understanding Media. The Extensions of Man, New York 1964

ders.: The Gutenberg Galaxy. The Making of Typographic Man, Toronto 1962

Mitchell, William J.: City of Bits. Space, Place and the Infobahn, Cambridge Mass.: MIT Press 1996

Münker, Stefan / Roesler, Alexander (Hg.): Mythos Internet, Frankfurt: Suhrkamp 1997

Nettime (Hg.): Netzkritik. Materialien zur Internet-Debatte, Berlin: ID-Archiv 1997

ders.: Readme! ASCII Culture and the Revenge of Knowledge, New York: Autonomedia 1999

Rötzer, Florian: Die Telepolis. Urbanität im digitalen Zeitalter, Mannheim: Bollmann 1995

ders.: Digitale Weltentwürfe. Streifzüge durch die Netzkultur, München: Hanser 1998

ders.: Megamaschine Wissen. Vision: Überleben im Netz, Frankfurt: Campus 1999

Schade, Sigrid / Tholen, Georg Christoph: Konfigurationen. Zwischen Kunst und Medien, München: Fink 1999

Schmidt, Artur P.: Der Wissensnavigator. Das Lexikon der Zukunft, Stuttgart: DVA 1999

Schwemmer, Oswald: Die kulturelle Existenz des Menschen, Berlin: Akademie Verlag 1997

Sloterdijk, Peter: Blasen. Sphären Band 1, Mikrosphärologie, Frankfurt: Suhrkamp 1998

Globen. Sphären Band 2, Makrosphärologie, Frankfurt: Suhrkamp 1999

Toulmin, Stephen: Kosmopolis. Die unerkannten Aufgaben der Moderne, Frankfurt: Suhrkamp 1991

Vattimo, Gianni / Welsch, Wolfgang (Hg.): Medien-Welten Wirklichkeiten, München: Fink 1998

Webster, Frank: Theories of the Information Society, London: Routledge 1995

Winkler, Hartmut: Docuverse. Zur Medientheorie der Computer, Boer 1997

Internet-Links

As we may think – http://www.theatlantic.com/unbound/flashbks/computer/bushf.htm

Benjamin, Passagenwerk– http://art.derby.ac.uk/~g.peaker/arcades/passagenwerk.html

Boole, George – http://www-groups.dcs.st-and.ac.uk/~history/Mathematicians/Boole.html

Californian Ideology – http://www.wmin.ac.uk/media/HRC/ci/calif1.html

Cassirer, Ernst – http://www.cassirer.org/

Cyberculture Studies – http://vos.ucsb.edu/shuttle/cyber.html

Debord, Guy – http://www.nothingness.org/si/debord/index.html

Deleuze, Gilles – http://www.imaginet.fr/deleuze/

Deleuze, Gilles / Guattari, Félix – http://www.uta.edu/english/apt/d&g/d&gweb.html

Descartes, René – http://www.epistemelinks.com/Pers/DescPers.htm

Flusser, Vilém – http://www.equivalence.com/labor/flusser.htm

Frege, Gottlob – http://home.t-online.de/home/wstelzner/

Giesecke, Michael – http://www.ifgb.uni-hannover.de/extern/kommunikationslehre/giesecke/index.htm

Hamann, Johann Georg – http://www.weltkreis.com/mauthner/hist/hama2.html

Herder, J.G.: Abhandlung – http://www.gutenberg.aol.de/herder/sprache/sprache.htm

Heidegger, Martin – http://people.delphi.com/gkemerling/ph/heid.htm

Humboldt, Wilhelm von – http://www.weltkreis.com/mauthner/humb.html

Husserl, Edmund – http://sac.uky.edu/~rsand1/husserl.html

Husserl, Krisisschrift – http://www.jyu.fi/~rakahu/kirjat/krisis_kleine.html

Innis, Harold – http://kali.murdoch.edu.au/~hopehume/innis.html

Kant, Immanuel – http://www.gutenberg.aol.de/autoren/kant.htm

Kittler, Friedrich – http://www2.rz.hu-berlin.de/inside/aesthetics/los49/index.htm

Leibniz, Gottfried Wilhelm von – http://www.gutenberg.aol.de/autoren/leibniz.htm

Manovich, Lev – http://jupiter.ucsd.edu/~manovich/

Mauthner, Fritz – http://www.weltkreis.com/mauth_99.html

McLuhan, H. Marshall – http://www.mcluhanmedia.com/

Media Studies – http://vos.ucsb.edu/shuttle/media.html

Nelson, Ted – http://www.sfc.keio.ac.jp/~ted/

Peirce, Charles S. – http://www.peirce.org

Philosophy pages – http://people.delphi.com/gkemerling/index.htm

Turing, Alan – http://www.turing.org.uk/turing/

Weltrevolution nach Flusser – http://www.snafu.de/~klinger/flusser/

Winkler, Hartmut – http://www.uni-paderborn.de/~winkler/index.html

Wittgenstein, Ludwig – http://www.phil.uni-passau.de/dlwg/

Weitere Links und Informationen – http://www.medienphilosophie.net

찾아보기

저자소개

프랑크 하르트만(Frank Hartmann)은 유럽의 가장 선구적이고 독창적인 미디어철학자로서 오스트리아의 비인 대학(Universität Wien)에서 '미디어 및 커뮤니케이션 이론'을 가르치면서 정보디자인, 미디어학, 미디어고고학, 문화정보학, 정보경영학과 관련하여 연구와 저술 활동을 하는 것과 더불어 기업과 단체를 대상으로 자문활동도 하고 있다. 그가 지은 책 중 대표적인 것으로는 『Mediologie』(2003), 『Bildersprache. Otto Neurath, Visualisierungen』(2006), 『Globale Medienkultur』(2006), 『Medien und Kommunikation』(2008) 등이 있다.

역자소개

이상엽(李相燁)은 독일 베를린 자유대학교에서 철학 박사학위를 취득했다. 연세대학교에서 Post-Doc.을 마친 후 현재 울산대학교 철학과 교수로 재직하고 있다. 『허무주의와 극복인』이란 주제로 박사학위 논문을 썼고, 『니체철학의 키워드』, 『니체의 역사관과 학문관』, 『니체의 문화철학』 등의 책을 썼고, 『니체 유고』, 『문화과학과 자연과학』, 『문화학이란 무엇인가』, 『문화철학이란 무엇인가』를 번역했으며, 문화철학, 해석학, 미학, 미디어철학에 관심을 두고 연구하고 있다.

강웅경(姜雄瓊)은 독일 괴팅겐 대학교에서 사회학 석사학위를 취득한 후 베를린 자유대학교에서 사회학 박사과정에서 수학했다. 현재 한경대 등에 출강하고 있다. 「현대화 이론과 이익 연관성」 등에 관한 논문을 썼고, 『감각하는 인간』(공저) 등의 책을 썼다. 현재 미디어문화 및 미디어이론에 관심을 두고 연구하고 있다.

이 책은 2009년도 대한민국학술원 기초학문분야 **우수학술도서**로 선정되었습니다.

미 디 어 철 학

2008년 2월 25일 초판1쇄 발행
2013년 8월 10일 초판3쇄 발행
2018년 12월 10일 초판4쇄 발행

지은이 ｜ 프랑크 하르트만
옮긴이 ｜ 이상엽 · 강웅경
펴낸이 ｜ 이찬규
펴낸곳 ｜ 북코리아
등록 ｜ 제03-01240호
주소 ｜ 13209 경기도 성남시 중원구 사기막골로 45번길 14
        우림2차 A동 1007호
전화 ｜ 02-704-7840
팩스 ｜ 02-704-7848
이메일 ｜ sunhaksa@korea.com
홈페이지 ｜ www.북코리아.kr
ISBN ｜ 978-89-92521-61-1 (93100)

값 17,000원

◦ 이 책의 무단전재와 복제를 금하며, 잘못된 책은 바꾸어 드립니다.